Ralph Sander

DIE Star Trek Biographien

Das Who is Who für alle Fans

Weltbild
Verlag

Herausgegeben von Bernhard Matt

Redaktion: Rolf Thissen

Genehmigte Lizenzausgabe für
Weltbild Verlag GmbH, Augsburg 1995

Umschlaggestaltung: Adolf Bachmann, Reischach
Umschlagbilder: Intertopics (2); Dr. Karkosch (1)
Gesamtherstellung: Presse-Druck Augsburg
Printed in Germany
ISBN 3-89604-092-8

Inhalt

Vorwort

Schon wieder ein Buch über *Star Trek?* Das wird wohl mancher denken, der dieses Buch erstmals in den Händen hält.
Ja, schon wieder ein Buch über *Star Trek.*
DIE STAR TREK-BIOGRAPHIEN widmet sich fast ausschließlich den Schauspielern, die diese Serie mit Leben erfüllt haben. Und das sind nicht nur die bekannten Akteure wie Patrick Stewart, Leonard Nimoy oder William Shatner. Das sind auch jene Menschen, die im Hintergrund stehen oder irgendwann einmal ein knappes »Jawohl, Sir« sagen dürfen. In diesem Buch sind sie erstmals fast alle vertreten, ihre Rolle in Film oder Episode wird bezeichnet, biographische Angaben werden – wo verfügbar – genannt, außerdem die Serien, in denen die Betreffenden in einer festen Rolle mitgewirkt haben, ferner die Gastauftritte, die oft nur eine kleine (alphabetisch nach Titeln geordnete) Auswahl sind, und schließlich die Filme, in denen sie eine mehr oder weniger wichtige Rolle spielten.
Am Schluß des Buchs finden sich außerdem noch zwei Register, die all denen helfen, denen der Name des betreffenden Schauspielers nicht einfällt, die aber entweder wissen, wie seine Rolle heißt, oder sich erinnern, in welcher Episode sich der Gesuchte befindet.
Aber da sind eben noch diese beiden »fast«. Das erste macht eine kleine Ausnahme von der Ausschließlichkeit hinsichtlich der Schauspieler. Man kann kein Buch über *Star Trek* schreiben, ohne den Erfinder und Produzenten Gene Roddenberry mit zu berücksichtigen. Nimmt man aber – wie geschehen – Roddenberry mit auf, dann dürfen auch die zwei anderen wichtigen Produzenten nicht fehlen: Harve Bennett und Rick Berman.
Das zweite »fast« bedeutet, daß nicht jeder, der in irgendeiner Episode zu sehen war, in diesem Buch wiederzufinden ist. Weitgehend ausgelassen wurden jene Schauspieler, deren Rolle in irgendeiner Episode namenlos war und beispielsweise als »Erste Wache« oder »Alter Mann« bezeichnet wurde. Eine Ausnahme wurde lediglich dann gemacht, wenn der gleiche Schauspieler zu einem anderen Zeitpunkt eine wichtigere Rolle gehabt hat oder wenn es sich um einen Schauspieler handelte, der aus anderen Serien oder Filmen bekannt ist und der sich zu einem winzigen Gastauftritt bereit erklärt hat.
Daß dieses in der *Film*-Reihe erscheinende Buch auch auf die Schauspieler aus den diversen *Star Trek*-Fernsehserien zurückgreift, mag im ersten Moment unpassend wirken. Eine strikte Trennung nach Kinofilmen und Serien wäre aber ungeeignet, da die Filme aus der ersten Fernsehserie hervorgegangen sind und der Erfolg der Kinofilme mittlerweile drei weitere Fernsehserien ins Leben gerufen hat, von denen eine beim Erscheinen des Buchs bereits ebenfalls den Weg auf die Kinoleinwand gefunden hat.

Was auf den ersten Blick lediglich wie eine Fleißarbeit erscheinen mag, war in Wirklichkeit ein immens zeitraubendes Projekt, da man erst bei der Erstellung eines Werkes dieser Art feststellt, wie wenig Sekundärliteratur der deutsche Markt vorweisen kann, die umfassend auf die Schauspieler eingeht und nicht nur die ersten zwei oder drei wichtigen Akteure nennt. Zu den informativsten mit Blick auf die Anzahl der genannten Mitwirkenden pro Film gehören dabei zweifellos die Jahresbände in der Heyne-*Film*-Reihe, deren Manko aber darin besteht, daß sie bis vor ein bestimmtes Jahr nicht zurückgehen.
Das einzige andere nennenswerte Werk, das bei der Erstellung von DIE STAR TREK-BIOGRAPHIEN komplett ausgewertet wurde, ist das Rororo-Lexikon des internationalen Films, bei dem man sich aber vor einige Probleme gestellt sieht. Zum einen sind die Auflistungen der Schauspieler offensichtlich sehr willkürlich erstellt worden. So fällt zum Beispiel auf, daß beim zweiten *Star Trek*-Film Ricardo Montalban in der Schauspielerauflistung fehlt, obwohl er seit Jahrzehnten ein bekannter Schauspieler ist und als Filmakteur zweifellos einen wichtigeren Platz einnimmt als William Shatner oder Leonard Nimoy. Das nächste Problem ist das Register der Originaltitel, das nach einem mir noch immer nicht nachvollziehbaren System sortiert ist.
Problem Nummer drei ist das Fehlen eines Schauspieler-Registers. Für die Regisseure wurde es erstellt, aber ich bin sicher, daß viele Benutzer dieses Lexikons auch gerne wissen würden, in welchen Filmen ihr bevorzugter Schauspieler mitgewirkt hat. Da bleibt dann nichts anderes übrig, als mehr als 20 000 Filme auf rund 5000 Seiten durchzuarbeiten. Bemerkenswert ist dabei vor allem, daß ähnliche amerikanische Werke jährlich in einem Band erscheinen und auf knapp 1500 Seiten immerhin noch mehr als 13 000 Filme enthalten – also ein krasses Mißverhältnis zu dem zehnbändigen deutschen Werk.
Es bleibt zu hoffen, daß sich dieser Mißstand bald ändert.
Soviel zu diesem Thema, viel Spaß beim Nachschlagen. (Hinweise auf Ergänzungen und Korrekturen sind übrigens willkommen.) Zum Schluß noch ein kleiner Hinweis: Sind Titel in An- und Abführungen gesetzt, handelt es sich um einzelne Episoden einer Serie, und »dito« heißt, daß der deutsche Titel mit dem Originaltitel identisch ist. Sinn und Zweck der Buchstaben-Zahlen-Kombinationen hinter den Episodentitel ergeben sich aus Anhang I.

Köln, August 1994 *Ralph Sander*

A

John Abbott

Ayelborne in »Errand of Mercy« (C27).
Geb. 5. Juni 1905.

GASTAUFTRITTE:

Alfred Hitchcock Presents (1962) »First-Class Honeymoon«; The Man from U.N.C.L.E. (1966) »The Birds and Bees Affair«; McMillan and Wife (1971) »Husbands, Wives and Killers«; Thriller (1961) »Trio of Terror«.

FILME:

1945 Pursuit to Algiers (Gefährliche Mission);
1948 Women in White (Das Geheimnis der Frau in Weiß);
1953 Treasure of Kalifa (Spur in die Wüste);
1966 Gambit (Das Mädchen aus der Cherry-Bar);
1982 Smorgasbord (Immer auf die Kleinen);
1982 Slapstick (dito).

Olivia d'Abo

Amanda Rogers in »True Q« (N132).
Cousine der Schauspielerin Maryam d'Abo.

SERIE:

ab 1988 in *The Wonder Years.*

GASTAUFTRITT:

Tour of Duty (1988) »Soldiers«.

FILME:

1984 Conan the Destroyer (Conan der Zerstörer);
1984 Bolero (Ekstase);
1984 Mission Kill (Mission Cobra);
1985 Dream to Believe;
1985 Bullies (dito);
1987 Really Weird Tales (TV);
1987 The Legend of Wolf Lodge (Die Nacht kennt keine Zeugen);
1988 Into the Fire;
1989 Beyond the Stars (Moon Trek);
1991 The Spirit of '76 (dito);
1993 Point of No Return/The Assassin (Codename: Nina).

Sharon Acker

Odona in »The Mark of Gideon« (C72).
Geb. 2. April 1935 in Toronto.

SERIEN:

o. J. in *Texas;*
1970–71 als Erin Stowe in *The Senator;*
1973–74 als Della Street in *Perry Mason;*
1976–77 als Helen Walling in *Executive Suite.*

GASTAUFTRITTE:

Hec Ramsey (1974) (»Das Ende des Faustrechts«); Knight Rider (1985) »Knight Song«; McMillan and Wife (1972) »The Night of the Wizard«; Mission: Impossible (1970) »Homecoming«, (1972) »Trapped«; The Wild Wild West (1968) »The Night of the Sedgewick Curse«.

FILME:

1957 Lucky Jim;
1968 You Don't Need Pyjamas at Rosie's (Wer trägt bei Rosie schon Pyjamas?);
1978 Cry for Justice (Das Urteil des Richters);
1980 Happy Birthday to Me (Ab in die Ewigkeit).

Stanley Adams

Cyrano Jones in »The Trouble with Tribbles« (C45).
Geb. 1920.
Adams ist Co-Autor der Episode »The Mark of Gideon« (C72).
1951 gehörte er zum Rateteam der Sendereihe *How To,* die sowohl im Radio als auch im Fernsehen lief.

GASTAUFTRITTE:

The Gallant Men (1963) »Next of Kin«; Kolchak: The Night Stalker (1972; Pilotfilm); McHale's Navy (1965) »The Great Eclipse«, »Will the Real Admiral Please Stand up?«, (1966) »Wally for Congress«; The Rat Patrol (1966) »The Last Harbor Raid«; Thriller (1961) »The Weird Tailor«; The Twilight Zone (1961) »Once Upon a Time«, (1964) »Mr. Garrity and the Graves«.

FILM:

1959 North by Northwest (Der unsichtbare Dritte).

Marc Alaimo

Anticaner Badar N'D'D in »Lonely Among Us« (N7);
Romulaner T'Bok in »The Neutral Zone« (N26);

Cardassianer Gul Macet in »The Wounded« (N86);
Frederick La Rouque in »Time's Arrow Part I« (N127);
Gul Dukat in *Star Trek – Deep Space Nine.*
Geboren und aufgewachsen in Milwaukee, Wisconsin; seit 1965 als Schauspieler tätig.

GASTAUFTRITTE:

The A-Team (1987) »Without Reservation«; CHiPs (1978) »Vintage '54«, (1981) »Diamond in the Rough«; Hardcastle and McCormick (1984) »One of the Girls from Accounting«; Hunter (1985) »The Shooter«; The Phoenix (1982) »One of Them«; Streethawk (1985) »The Assassin«; 21 Jump Street (1988) »Fear and Loathing with Russell Buckins«.

FILME:

1975 Mr. and Ms. and the Bandstand Mystery (TV);
1981 The Archer and the Sorceress (Der Zauberbogen);
1986 Avenging Force (Night Hunter);
1987 Case Closed (Trouble Cops);
1989 Arena (Arena – Todesmatch der Giganten);
1989 Tango & Cash (dito);
1990 Total Recall (Die totale Erinnerung);
1991 Quicksand – No Escape (Am Abgrund);
1993 Donato & Daughter (Punishment – Spur der Gewalt).

Edward Laurence Albert

Zayra in »A Man Alone« (D4).

FILME:

1977 Un taxi mauve (Irisches Intermezzo);
1980 How to Beat the High Cost of Living (Cash Machine);
1982 The House Where Evil Dwells (Das Haus der Verdammten);
1986 Turnaround (dito);
1987 Distortions (dito);
1988 The Underachievers (Nachtakademie);
1989 Mind Games (Mindgames);
1989 Accidents (Accidents – Der Tod kennt keinen Zufall).

Budd Albright

Rayburn in »What Are Little Girls Made of?« (C8).

Rhonda Aldrich

Madeline in »Man Hunt« (N45), »Clues« (N88).

GASTAUFTRITTE:

Misfits of Science (1985) »Sort of Looking for Gina«; V (1985) »The Wildcats«.

FILME:

1988 Jailbird Rock (Prison Dancing);
1988 Saturday the 14th Strikes Back (Samstag der 14. schlägt zurück).

Virginia Aldridge

Lt. Karen Tracy in »Wolf in the Fold« (C44).

Chad Allen

Jono/Jeremiah Rossa in »Suddenly Human« (N78).
Geb. 5. Juni 1974 in Cerritos, Kalifornien.

SERIEN:

1985–86 als Rob Whitaker in *Webster;*
1986–88 als David Whitherspoon in *Our House;*
ab 1993 in *Medicine Woman.*

GASTAUFTRITTE:

Highway to Heaven (o. J.) (»Ganz der Vater«); Hunter (1988) »Heir of Neglect«.

FILME:

1986 Terror Vision (dito);
1992 Murder in New Hampshire (TV).

Phillip Richard Allen

Captain J.T. Esteban in *Star Trek III – The Search for Spock.*
Geb. 26. März 1939 in Pittsburgh, Pennsylvania.

SERIEN:

o. J. *Washington Behind Closed Doors;*
o. J. *Friendly Fire;*
1978–79 als Harry Gibbon in *The Hardy Boys Mysteries;*
1979–80 als Roy Turner in *The Bad News Bears;*
1981–82 als Mitch Adams in *Alice.*

GASTAUFTRITT:

21 Jump Street (1988) »Champagne High«.

FILME:

1982 Honeyboy;
1992 Mortal Sins.

Richard Allen

Noe in »The Ensigns of Command« (N50).

Kirstie Alley

Lt. Saavik in *Star Trek II – The Wrath of Khan.*
Geb. 12. Januar 1955 in Wichita, Kansas, verheiratet mit dem Schauspieler Parker Stevenson.
Kirstie Alleys Werdegang und Karriere waren recht extremen Schwankungen unterworfen. Nach dem Abschluß der Schule entschloß sie sich zunächst, englische Literatur zu studieren, brach dieses Studium aber schnell ab und wurde Innendekorateurin. Sie kam mit Drogen in Kontakt und geriet rasch in die Abhängigkeit von Kokain. Erst als sie nach Los Angeles umgezogen war und erfolgreich eine Therapie abgeschlossen hatte, schwor sie jeglichen Drogen ab. Seelische Unterstützung fand sie nach eigener Aussage bei der weltweit äußerst umstrittenen Scientology-Sekte, eine Tatsache, die in den folgenden Jahren immer wieder in die Schlagzeilen gebracht werden sollte, nachdem Kirstie Alley populär genug geworden war.

Kirstie Alley

In Los Angeles fand sie erneut Arbeit als Dekorateurin; eine berufliche Änderung sollte erst eintreten, als sie bei Paramount für die Rolle der Lt. Saavik für den zweiten *Star Trek*-Film vorsprach und sie bekam. Grund für diesen schnellen Entschluß war tatsächlich ihr Talent, denn auf vorherige Erfahrungen in Film und Fernsehen konnte sie zu diesem Zeitpunkt noch nicht verweisen. Mit dem Vertrag für den zweiten Kinofilm erfüllte sich auch fast ein Kindheitstraum von Kirstie Alley, da sie sich zur Zeit der Fernsehserie stets vorgestellt hatte, sie sei die Tochter von Mr. Spock. Das war zwar bei Lt. Saavik nicht der Fall, aber als seine Schülerin kam sie ihrem Traum sehr nahe.
Alleys Erfolg im Filmgeschäft gleich beim ersten Anlauf hatte aber für sie einen bitteren Beigeschmack, da in der gleichen Woche, in der sie für den zweiten *Star Trek*-Film engagiert wurde, ihre Mutter bei einem Verkehrsunfall ums Leben kam und ihr Vater schwer verletzt wurde.
Es war nicht nur erstaunlich, daß sie trotz mangelnder Erfahrung für den Film engagiert wurde, mindestens genauso überraschend war ihre Beteiligung an der Handlung. Sie bekam mehrere gute Szenen und Dialoge, mit denen sie den Stammschauspielern die Schau stahl und sie manchmal sogar an die Wand spielte.
Diese Fakten könnten mit über Alleys weiteres Schicksal in *Star Trek* entschieden haben, das darin bestand, daß man sie für den dritten Film nicht mehr engagierte, obwohl ihre Rolle nach wie vor Bestandteil der Handlung war. Es gab später unterschiedliche Versionen über ihre fehlende weitere Beteiligung. So erklärte Harve Bennett, daß sie für Teil III die Gage gefordert habe, die auch William Shatner vertraglich zugesagt worden war. Alleys Version ging dagegen in die Richtung, daß Paramount ihr weniger Gage als für Teil II geboten habe. Die letztere Version erscheint im direkten Vergleich die glaubwürdigere. Immerhin muß man bedenken, daß es ihr Kindheitswunsch gewesen war, in *Star Trek* mitzuspielen. Warum also sollte sie die Chance auf eine Rückkehr mit einer Gagenforderung verbinden, die von vornherein zum Scheitern verurteilt war?
Der wirkliche Grund scheint dagegen an ganz anderer Stelle zu liegen, auch wenn dies weder offiziell noch inoffiziell bestätigt wurde. Es ist ein offenes Geheimnis, daß insbesondere William Shatner sich gerne im Mittelpunkt sieht. Kirstie Alleys Rolle war dagegen so angelegt, daß sie Kirk viel öfter zum Reagieren zwang, anstatt ihn zur allzeit treibenden Kraft zu machen.
Da sie für die Rolle der Lt. Saavik definitiv nicht zur Verfügung stand, wurde Robin Curtis ihre Nachfolgerin in den beiden folgenden Filmen. Trotz der offensichtlichen Unstimmigkeiten vor *Star Trek III – The Search for Spock* beabsichtigte Regisseur Nicholas Meyer, ihre Rolle in *Star Trek VI – The Undiscovered Country* in die Handlung aufzunehmen und mit Kirstie Alley zu besetzen. Zum einen scheiterten aber bereits die Versuche, sie für ein erneutes Engagement zu begeistern, zum

anderen griff Gene Roddenberry ein letztes Mal kontrollierend ein und setzte durch, daß die Figur der Lt. Saavik nicht in der beabsichtigten Form in die Handlung aufgenommen wurde. Er wehrte sich vehement dagegen, diese Figur, die die Zuschauer in drei Filmen als loyale Angehörige der Sternenflotte kennengelernt hatten, mit einemmal zur Verräterin zu machen. Die Rolle wurde umbenannt in Valeris und mit Kim Cattrall besetzt.

Im Anschluß an *Star Trek II – The Wrath of Khan* erhielt Kirstie Alley eine Rolle in der Serie *Masquerade.* Die war aber nicht viel mehr als eine uninspirierte Variation von *Mission: Impossible,* lediglich mit dem Unterschied, daß das feste Team, zu dem Kirstie Alley in der Rolle der Casey Collins gehörte, eine Gruppe von Zivilisten für einen speziellen Auftrag zusammenstellte, die über besondere Fähigkeiten und Kenntnisse verfügten. Diese Variation war zwar ungewöhnlich, aber weder die Stories noch die Akteure konnten wirklich überzeugen. Ein entsprechend kurzes Leben war dieser Serie beschieden.

Diesem Abstecher schlossen sich zwei kleinere Rollen in den Filmen *One More Chance* und *Champions* an. Es scheint so, daß Kirstie Alley 1984 daran zweifelte, doch noch den ganz großen Wurf im Filmgeschäft zu landen. Anders läßt sich nicht erklären, daß sie in der griechischen Produktion *Blind Date* nicht nur in übertrieben offenherziger Kleidung auftrat, sondern in diesem Film auch zum ersten und bislang einzigen Mal in einer Nacktszene zu sehen war.

Im gleichen Jahr wirkte sie als »Gangsterbraut« in *Runaway* mit, einem actionorientierten SF-Thriller, der große Erwartungen geweckt hatte, die nach Ansicht des Publikums jedoch nicht erfüllt wurden. Die Ablehnung war aber ungerechtfertigt, lediglich für Deutschland war eine gewisse Zurückhaltung verständlich, da der Verleih den Film mit dem irreführenden Zusatz »Spinnen des Todes« versehen hatte.

Ebenfalls 1984 bekam Alley eine Rolle in *Infidelity,* einem Problemfilm, der fast zwangsläufig auf wenig Interesse beim TV-Publikum stieß. 1985 sah man sie in der TV-Komödie *Prince of Bel Air*, einem durchaus vergnüglichen Film. Partner in diesem Film war Mark Harmon, mit dem sie 1987 in der Komödie *Summer School* ein weiteres Mal zusammenarbeitete. Ebenfalls 1985 erhielt sie eine Rolle in dem TV-Mehrteiler *North and South,* einer Produktion nach einem Roman von John Jakes. Die Geschichte über eine Männerfreundschaft, über Fehden und Intrigen im amerikanischen Bürgerkrieg wurde ein weltweiter Erfolg und rückte neben anderen Schauspielern auch Kirstie Alley in den Mittelpunkt des Publikumsinteresses.

1987 war sie in einer weiteren Fernsehproduktion zu sehen, *A Bunny's Tale,* einem Spielfilm, der auf Tatsachen beruhte und Kirstie Alley in der Rolle einer Journalistin zeigte, die »undercover« in einem Playboy-Club arbeitet.

Noch im gleichen Jahr erhielt ihre Popularität einen weiteren kräftigen Schub, als sie für die Sitcom *Cheers* unter Vertrag genommen wurde. *Cheers,* eine Serie über eine Bar und ihre recht skurrilen Stammgäste, lief seit 1982 und hatte sich nach anfänglichen Startschwierigkeiten als äußerst erfolgreich erwiesen. Als Shelley Long, die zweite Hauptdarstellerin neben Ted Danson, ihre Rolle 1987 aufgab, mußte eine Nachfolgerin gefunden werden. Die hatte man offensichtlich in Kirstie Alley gefunden, zugleich hatten die Produzenten die neue Rolle der Rebecca Howe, die von ihr verkörpert wurde, aber wohl ein wenig überschätzt. In der Season 1987/88 dominierte Kirstie Alley die Serie, was aber vermutlich dem eigentlichen Hauptdarsteller Ted Danson nicht sonderlich gefiel. In den folgenden Jahren bis zum Ende der Serie 1993 wurde ihre Rolle kleiner und geriet schließlich weitgehend in den Hintergrund, wenn man von einzelnen Episoden absah, die sich auf sie konzentrierten. Parallel zu *Cheers* war Kirstie Alley konstant in mehreren Kinoproduktionen zu sehen.

1988 erhielt sie eine Rolle in *Shoot to Kill,* einem Thriller mit Sidney Poitier und Tom Berenger in den Hauptrollen, der von Roger Spottiswoode perfekt inszeniert wurde und der Kirstie Alley Gelegenheit zu mehreren guten Szenen gab.

Das Jahr 1989 brachte den endgültigen internationalen Durchbruch für Alley, als sie die weibliche Hauptrolle in *Look Who's Talking* bekam, einer Komödie, deren eigentlicher Witz darin bestand, daß ein Säugling altkluge Gedanken von sich gab, die aber nur der Kinobesucher hören konnte. An der Seite von Kirstie Alley hatte John Travolta ein überraschendes Comeback. Im gleichen Jahr übernahm sie auch eine kleine Rolle in der Komödie *Loverboy.*

Der internationale Durchbruch markierte aber zugleich auch Alleys Gipfel des Erfolgs; alle sich anschließenden Produktionen konnten nicht mehr wirklich überzeugen. Da war zum einen 1990 die wegen des großen Erfolgs unvermeidliche, aber auch völlig überflüssige Fortsetzung *Look Who's Talking Too;* im gleichen Jahr kamen zwei weitere Filme mit ihr in der Hauptrolle in die Kinos, beide als Komödien deklariert. Bei *Madhouse* mochte das noch stimmen, zumal Alley trotz der ein wenig in die Länge gezogenen Handlung schauspielerisch überzeugen konnte. *Sibling Rivalry* war dagegen eine herbe Enttäuschung, von einer Komödie war wenig zu merken und die Handlung schien auf der Stelle zu treten.

1992 wagte sie einen kurzen Ausflug in die Popmusik: Prince holte sie als Sprecherin für mehrere Zwischentexte seines Albums *Love Symbol.* 1993 wurde dann zu allem Überfluß *Look Who's Talking Now* gedreht. In diesem dritten Aufguß waren es dann nicht mehr die Kinder, deren Gedanken man hören konnte (sie waren bereits alt genug, um zu sprechen), sondern zwei Hunde. Mit dieser mehr als unnötigen Produktion tat sich keiner der Beteiligten einen Gefallen.

Kirstie Alley arbeitet gegenwärtig an einem eigenen Filmdrehbuch, dessen Verwirklichung aber noch in den Sternen steht. Daß ihre Popularität in den letzten Jahren sehr gelitten hat, wird nicht zuletzt in ihren Aktivitäten für die Scientology-Sekte begründet sein.

SERIEN:

1983–84 als Casey Collins in *Masquerade;*
1985–86 als Virgilia Hazard in *North and South;*
1987–93 als Rebecca Howe in *Cheers* (in gleicher Rolle war sie auch in *The Earth Day Special [Unser Planet Erde]* zu sehen).

GASTAUFTRITTE:

The Hitchhiker (o. J.) »Out of the Night« (»Im Dunkeln der Nacht«), »The Legend of Billy B.« (»Der legendäre Billy B.«); Love Boat (o. J.) (»Weltmeister im Küssen«); Stark (1985) »Mirror Image« (Tödliche Hitze/Las Vegas Cop 2).

FILME:

1982 One More Chance (Die Begegnung);
1983 Champions (Sein größter Sieg);
1984 Blind Date (dito);
1984 Runaway (Runaway – Spinnen des Todes);
1984 Infidelity (Nur eine Nacht);
1985 Prince of Bel Air (TV; Der Prinz von Bel Air);
1987 Summer School (dito);
1987 A Bunny's Tale (Mein Leben als Bunny);
1988 Shoot to Kill/Deadly Pursuit (Mörderischer Vorsprung);
1989 Look Who's Talking (Kuck mal, wer da spricht);
1989 Loverboy (dito);
1990 Look Who's Talking Too (Kuck mal, wer da spricht Teil 2);
1990 Madhouse (dito);
1990 Sibling Rivalry (Eine fast anständige Frau);
1993 Look Who's Talking Now (Kuck mal, wer da jetzt spricht).

Jeff Allin

Ensign Daniel Sutter in »Imaginary Friend« (N122).

Alan Altshuld

Pomet in »Starship Mine« (N144);
Yranac in »Gambit I« (N156).

Mädchen Amick

Junge Anya in »The Dauphin« (N36).
Geb. 1970 in Reno, Nevada.

SERIE:

1990 in *Twin Peaks.*

GASTAUFTRITT:

Baywatch (1989) »Panic at Malibu Pier«.

FILME:

1990 I'm Dangerous Tonight (Im Banne des Grauens);
1991 Don't Tell Her It's Me (Mit den besten Absichten);
1992 Stephen King's Sleepwalkers (Schlafwandler);
1994 Dream Lover.

Barbara Anderson

Lenore Karidian in »The Conscience of the King« (C14).
Geb. 27. November 1945 in Brooklyn, New York.

SERIEN:

1967–71 als Sgt. Eve Whitfield in *Ironside* (1968 mit einem Emmy Award für die beste weibliche Nebenrolle ausgezeichnet, insgesamt dreimal nominiert);
1972–73 als Mimi Davis in *Mission: Impossible;*
1974 in *The Six-Million-Dollar Man* (Pilotfilm, ihre Rolle wurde nicht wiederaufgenommen).

GASTAUFTRITTE:

Amy Prentiss (1974) »Profile in Evil«; Harry-O (1974) (»Die Augenzeugin«); Jericho (1972); The Night Gallery (1972) »Fright Night«.

FILME:

1972 Visions of Death (TV; Um drei Uhr geht die Bombe hoch);
1973 Murder in the Computer (TV);
1973 Don't Be Afraid of the Dark (Gate of Darkness);
1977 Death Flight (Todesflug).

Dion Anderson

Zolan in »Cardassians« (D25).

FILME:

1989 Money, Power, Murder (Mörderische News);
1990 Havana (Havanna);
1991 Dying Young (Entscheidung aus Liebe);
1992 Honor Thy Mother (Das vierte Gebot).

Erich Anderson

Kieran McDuff in »Conundrum« (N114).

Dame Judith Anderson (links)

FILME:

1986 Welcome to 18 (Welcome to 18 – Jetzt wird's gefährlich);
1991 Love Kills (dito).

Dame Judith Anderson

Vulkanische Hohepriesterin T'Lar in Star Trek III – The Search for Spock.
Geb. 10. Februar 1898 in Australien; gest. 3. Januar 1992.
Voller Name: Frances Judith Anderson.
Judith Andersons Karriere begann 1915 in dem Theaterstück *A Royal Divorce* in Sydney. Gemeinsam mit ihrer Mutter reiste sie nach Amerika und stellte sich dem Regisseur Cecil B. DeMille vor, der aber nicht an ihr interessiert war. Nach diesem ersten enttäuschenden Treffen mit DeMille zogen sie und ihre Mutter nach New York, wo sie sich zunächst mit Gelegenheitsarbeiten über Wasser hielten.
Erst 1918 konnte Anderson ihren ersten Auftritt in einem New Yorker Theater verzeichnen. Weitere vier Jahre später, am 25. September 1922, gab sie ihr Schauspieldebüt am Broadway. In den folgenden Jahren trat sie mit stetig wachsendem Erfolg in zahlreichen Theaterproduktionen auf, die sie auch nach Großbritannien und zurück nach Australien führten.
1933 hatte sie ihr Spielfilmdebüt in *Blood Money,* 1940 war sie in Hitchcocks *Rebecca* zu sehen. Seit dieser Zeit arbeitete sie stets parallel in

Film und Theater. Schließlich meldete sich auch Cecil B. DeMille bei ihr, da er sie in der Zwischenzeit in einem Theaterstück gesehen und seine Meinung über sie geändert hatte. Er engagierte sie für die Neuverfilmung von *The Ten Commandments* im Jahre 1956.
1960 wurde ihr von Queen Elizabeth II. der Titel »Dame Commander« verliehen, was für sie eine besondere Auszeichnung darstellte, da sie Australierin war.
Trotz ihrer eigentlich seriösen Karriere schreckte sie nicht davor zurück, von 1984 bis 1987 als Minx Lockridge in der Soap Opera *Santa Barbara* aufzutreten. Grund dafür waren nicht etwa ein massiver Popularitätsverlust und eine damit verbundene Notwendigkeit, in einer Fernsehserie mitwirken zu müssen, vielmehr war sie bereits in den sechziger Jahren so von der Serie begeistert gewesen, daß es für sie eine besondere Freude war, eine Rolle zu bekommen.

SERIE:

1984–87 als Minx Lockridge in *Santa Barbara.*

FILME:

1933 Blood Money;
1940 Rebecca (dito);
1941 King's Row;
1941 Lady Scarface;
1942 All Through the Night;
1943 Edge of Darkness;
1944 Laura (dito);
1945 And Then There Were None (Das letzte Wochenende);
1946 The Strange Love of Martha Ivers;
1946 Diary of a Chambermaid (Tagebuch einer Kammerzofe);
1947 Pursued (Verfolgt);
1947 The Red House;
1947 The Specter of the Rose;
1947 Tycoon (dito);
1950 The Furies (Die Farm der Besessenen);
1953 Salome (dito);
1956 The Ten Commandments (Die Zehn Gebote);
1958 Cat on a Hot Tin Roof (Die Katze auf dem heißen Blechdach);
1959 Cinderfella (Aschenblödel);
1960 Don't Bother to Knock! (Herein ohne anzuklopfen);
1961 Macbeth (TV) (dito);
1970 A Man Called Horse (Der Mann, den sie Pferd nannten).

John Anderson

Kevin Uxbridge in »The Survivors« (N51).
Geb. 20. Oktober 1922 in Clayton, Illinois; gest. 7. August 1992.

SERIEN:

1959–61 als Virgil Earp in *The Life and Legend of Wyatt Earp;* 1976–77 als Scotty in der Miniserie *Rich Man, Poor Man – Book II;* 1979 als Präsident Franklin D. Roosevelt in *Backstairs at the White House.*

GASTAUFTRITTE:

The Alfred Hitchcock Hour (1965) »The Second Wife«; Alfred Hitchcock Presents (1961) »The Old Pro«; Emergency (o. J.) (»Mißtrauisch«); The Fugitive (1964) »Come Watch Me Die«, (1965) »Scapegoat«; The Greatest American Hero; Hec Ramsey (1974) »The Mystery of Chalk Hill«; Hunter (o. J.) »No Good Deed Ever Goes Unpunished«; M*A*S*H (1983) »Say no More«; McMillan and Wife (1971) »Death Is a Seven Point in Favorite«; The Outer Limits (1963) »Nightmare«; Project UFO; The Rat Patrol (1966) »The Last Harbor Raid«, (1968) »The Pipeline to Disaster Raid«; Route 66 (1963) »... Shall Forfeit His Dog and Ten Shillings to the King«; The Sixth Sense (1972) »Through a Flame, Darkly«; Starman; Tales of the Unexpected; Thriller (1962) »The Innocent Bystanders«; The Twilight Zone (1960) »A Passage for Trumpet«, (1961) »The Odyssey of Flight 33«, (1963) »Of Late I Think of Cliffordville«, »The Old Man in the Cave«; Voyage to the Bottom of the Sea (o. J.) »Cradle of the Deep«, »The City Beneath the Sea«; Voyagers! (1982) »The Day the Rebs Took Lincoln«; The Wackiest Ship in the Army (1966) »The Lamb Who Hunted Wolves«.

FILME:

o. J. Regeneration;
o. J. Deadly Innocents;
1955 The Serpent from the Nile (Die Schlange vom Nil);
1960 Psycho (dito);
1961 Geronimo (Das letzte Kommando);
1962 Ride the High Country (Sacramento);
1964 The Satan Bug (Geheimagent Barrett greift ein);
1967 Day of the Evil Gun (Totem);
1967 A Man Called Gannon (Sein Name war Gannon);
1968 Heaven with a Gun (Pulver und Blei);
1970 Soldier Blue (Das Wiegenlied vom Totschlag);
1970 Five Savage Men/The Animals (Die Bestialischen);
1971 Molly and Lawless John (Molly und der Gesetzlose);
1971 Man and Boy;
1973 Call to Danger (Gefährlicher Ruf);
1973 Executive Action (Unternehmen Staatsgewalt);
1974 Smile, Jenny, You're Dead (TV);
1977 The Lincoln Conspiracy;
1977 The Medicine Hat Stallion (TV);

1978 The Deerslayer (TV);
1978 Donner Pass: The Road to Survival (TV);
1979 In Search of Historic Jesus;
1981 Zoot Suit;
1982 Ashes and Embers (Asche und Glut);
1986 Never Too Young to Die (Lance – Stirb niemals jung);
1986 Namu, the Killer Whale (Namu, der Raubwal);
1987 Firehouse;
1988 Eight Men Out (Acht Mann und ein Skandal).

Michael John Anderson

Rumpelstilzchen in »If Wishes Were Horses« (D16).

FILM:
1987 The Great Land of Small (Im großen Land der kleinen Leute).

Steven Anderson

Nilrem in »First Contact« (N89).

Keith Andes

Akuta in »The Apple« (C35).
Geb. 12. Juli 1920 in Ocean City, New Jersey.

SERIEN:
1959 als Col. Frank Dawson in *This Man Dawson;*
1963 als Keith Granville in *Glynis;*
1965–66 in *Paradise Bay;*
1973 als Dr. Barnett in *Search.*

GASTAUFTRITTE:
Buck Rogers in the 25th Century (1980) »Buck's Duel to the Death«; The Outer Limits (1964) »Expanding Human«; 77 Sunset Strip (1964) »The Target«.

FILME:
1947 The Farmer's Daughter (Die Farmerstochter);
1952 Blackbeard the Pirate (Kampf um den Piratenschatz);
1952 Clash by Night (Vor dem neuen Tag);
1956 Back from Eternity (Zurück aus der Ewigkeit);
1956 Away all Boats! (Klar Schiff zum Gefecht);
1957 The Girl Most Likely (Kess und kokett);
1979 The Ultimate Impostor (Computer manipuliert/Der Mann der tausend Eigenschaften).

Benita Andre

Anara in »The Forsaken« (D17).

Alyce Andrece

Alice-Serie in »I, Mudd« (C38).

Rhea Andrece

Alice-Serie in »I, Mudd« (C38).

Tige Andrews

Kras in »Friday's Child« (C41).
Geb. 19. März 1923 in Brooklyn, New York.
Wirklicher Name: Tiger Androwaous.

SERIEN:

Mitte der fünfziger Jahre als Private Gander in *The Phil Silvers Show;* 1959–62 als Lt. John Russo in *The Detectives, Starring Robert Taylor;* 1968–73 als Captain Adam Greer in *The Mod Squad.*

GASTAUFTRITTE:

Amy Prentiss (1974) »Profile in Evil«; ChiPs (1978) »The Volunteers«, (1979) »Bio-Rhythms«, (1981) »Moonlight«; Jericho (1966) »Wall to Wall Kaput«; Misfits of Science (1985) »Fumble on the One«; Streethawk (1985) »Fire on a Wing«; Tucker's Witch (1982) »Big Mouth«; Twelve O'Clock High (1965) »R/X for a Sick Bird«.

FILM:

o. J. The Werewolf of Woodstock (TV).

Philip Anglim

Vedek Bareil in »In the Hands of the Prophets« (D20), »The Circle« (D22), »The Siege« (D23), »The Collaborator« (D44).
Geb. 11. Februar 1953 in San Francisco, Kalifornien.

SERIEN:

o. J in *The Adams Chronicles;*
1983 als Dane O'Neill in *The Thorn Birds.*

FILME:

1980 The Elephant Man (Der Elefantenmensch);
1983 Testament (Das letzte Testament);
1987 Malone (dito);
1988 Haunted Summer (Schwarzer Sommer);
1990 Milena (Geliebte Milena).

Michael Ansara

Kang in »Day of the Dove« (C63), »Blood Oath« (D39).
Geb. 15. April 1922 in Lowell, Massachusetts.
Von 1958 bis 1972 war Michael Ansara mit Barbara Eden verheiratet, der Hauptdarstellerin aus der Serie *I Dream of Jeannie,* in der Ansara gelegentlich in Gastrollen zu sehen war.

SERIEN:

1956–58 als Cochise in *Broken Arrow;*
1959–60 als Deputy Sam Buckhart in *Law of the Plainsman;*
1978–79 als Lame Beaver in *Centennial;*
1979–80 als Kane in *Buck Rogers in the 25th Century* (Ansara übernahm für die Serie die Rolle von Henry Silva, der im Pilotfilm zu sehen war).

GASTAUFTRITTE:

Alfred Hitchcock Presents (1956) »The Orderly World of Mr. Appleby«; CHiPs (1981) »The Poachers«; Cowboy in Africa (1968) »The Kasubi Death«; Hardcastle and McCormick (1985) »Mirage a Trois«; I Dream of Jeannie; Kojak (o. J.) (»Ein Toter und sein Doppelgänger«); The Man from U.N.C.L.E. (o. J.) »The Arabian Affair« (»Spurlos verschwunden«); McCloud (1976) »The Sheik of Arami«; McMillan and Wife (1972) »An Elementary Case of Murder«, »Cop of the Year«, (1974) »Reunion in Terror«; Mission: Impossible (1973) »The Western«; The Outer Limits (1964) »Soldier«; Shaft (1973) »The Killing«; Tarzan (1968) »Trek to Terror«; The Wackiest Ship in the Army (1965) »Gold Snatchers«; Voyage to the Bottom of the Sea (o. J.) »The Killers of the Deep«, »Hot Line«.

FILME:

1944 Action in Arabia;
1953 The Serpent from the Nile (Die Schlange vom Nil);
1955 Abbott and Costello Meet the Mummy (Abbott and Costello als Mumienräuber);
1956 Gun Brothers (Revolvermänner);
1961 Voyage to the Bottom of the Sea (Unternehmen Feuergürtel);
1961 The Comancheros (Die Comancheros);
1965 Harum Scarum;
1965 And Now Miguel (... und jetzt Miguel);
1968 Daring Game (Die Tollkühnen);
1969 Guns of the Magnificient Seven (Die Rache der glorreichen Sieben);
1971 Quick, Let's Get Married;
1972 Dear Dead Delilah;
1973 The Doll Squad (Das Kommando der Frauen);
1974 It's Alive! (Die Wiege des Bösen);

1976 Powderkeg;
1977 Day of the Animals (Panik in der Sierra Nova);
1977 The Message – Mohammad, Messenger of God/Al-Risalah (Mohammed – Der Gesandte Gottes);
1978 The Manitou;
1979 Mission to Glory;
1982 Bayou Romance;
1984 Access Code;
1984 KGB – The Secret War (KGB – Der schmutzige Krieg);
1987 Assassination;
1987 Knights of the City;
1989 Border Shootout.

Larry Anthony

Ensign Berkley in »Dagger of the Mind« (C10).

Lou Antonio

Lokai in »Let That Be Your Last Battlefield« (C71).
Geb. 23. Januar 1934 in Oklahoma City, Oklahoma.
Auch als Serien- und Filmregisseur tätig.

SERIEN:

1973–74 als Barney in *The Snoop Sisters;*
1977 als Jack Ramsay in *Dog and Cat;*
1979 als Joseph Manucci in *Makin' It.*

GASTAUFTRITTE:

The Fugitive (1963) »See Hollywood and Die«, (1965) »A. P. B.«; Mission: Impossible (1970) »The Hostage«, (1972) »Double Dead«; The Night Gallery (1973) »Death on a Barge«; The Rookies (1972) »Tarnished Idol«, (1974) »An Ugly Way to Die«; Route 66 (1963) »And Make Thunder His Tribute«; Twelve O'Clock High (1964) »The Men and the Boys«, (1965) »Target 802«; The Wackiest Ship in the Army (1966) »Liberty Was a Lady«.

FILM:

1967 Cool Hand Luke (Der Unbeugsame).

Jonathan Del Arco

Hugh in »I, Borg« (N123), »Descent Part II« (N153).
Geboren in Uruguay, mit zehn Jahren kam er in die USA, mit 14 Jahren hatte er seinen ersten Bühnenauftritt.

GASTAUFTRITTE:

Miami Vice; The Mommies; The Wonder Years.

FILME:

1989 Roadhome (dito);
1989 Lost Angels;
1992 The Mambo Kings (Mambo Kings).

Lee Arenberg

Prak in »Force of Nature« (N161);
Gral in »The Nagus« (D11);
Bok in »Bloodlines« (N174).

GASTAUFTRITT:

Columbo (1989) »Great Deceptions« (»Tödliche Kriegsspiele«).

FILME:

1987 Cross My Heart (Was nun?);
1988 The Underachievers (Nachtakademie);
1990 Hollywood Boulevard II (dito);
1991 Snow Kill (dito).

Joey Aresco

Brul in »The Vengeance Factor« (N57).

SERIEN:

1976–77 als Corporal Hutch in *Baa Baa Black Sheep* (auch *Black Sheep Squadron*);
1979 als Wayne Randall in *Supertrain.*

GASTAUFTRITTE:

The A-Team (1983) »Bad Time on the Border«; CHiPs (1978) »The Sheik«; Hunter (1991) »The Reporter«; Kolchak: The Night Stalker (1975) »Chopper«; T. J. Hooker (o. J.) (»Tödlicher Strip«).

FILME:

1989 Circle of Fear;
1990 Primary Target.

Gary Armagnal

Polizeichef Dan Hill in »The Big Goodbye« (N12).

Dawn Armenian

Miß Gladstone in »The Child« (N27).

Dave Armstrong

Kartan in »Operation: Annihilate!« (C30).

Vaughn Armstrong

Koras in »Heart of Glory« (N20);
Gul Dunar in »Past Prologue« (D3).

FILM:

1989 High Desert Kill (dito).

John Arndt

Enterprise-Crewmitglied in »Dagger of the Mind« (C10);
Fields in »Balance of Terror« (C15).

Cameron Arnett

Ensign Mandel in »Disaster« (N105).

Michael Aron

Jack London in »Time's Arrow Part I« (N126), »Time's Arrow Part II« (N127).

Rod Arrants

Rex in »Man Hunt« (N45).

FILM:

1984 Vamping (Spiel ums Leben).

Daphne Ashbrook

Melora Pazlar in »Melora« (D26).
Geb. in Long Beach, Kalifornien.
Die Rolle der Melora Pazlar war in der Entwicklungsphase von *Star Trek – Deep Space Nine* als feste Rolle geplant. In die Handlung aufgenommen wurde sie aber erst in der zweiten Season, bislang ist es allerdings lediglich bei einem Auftritt geblieben.

SERIEN:

1985–86 als Liz McKay in *Our Family Honor;*
1986 als Kathy Davenport in *Fortune Dane.*

GASTAUFTRITTE:

The A-Team (1985) »Road Games«; Knight Rider (1984) »A Knight in Shining Armour«; Streethawk (1985) »Dog Eat Dog«.

FILME:

1984 Gimme an »F« (Cheerballs);
1985 Brothers-In-Law (TV; Ausgetrickst);

1986 Quiet Cool (Quiet Cool – Die Abrechnung);
1986 That Secret Sunday (Die Stunde des Todes);
1988 14 Going on 30 (Eine verhängnisvolle Erfindung);
1988 Longarm (TV; Showdown in Silver City);
1991 Midnight Heat (Midnight Hero);
1992 Intruders (TV; Intruders – Die Aliens sind unter uns);
1992 Sunset Heat.

Kelly Ashmore

Francine in »We'll Always Have Paris« (N24).

FILM:

1989 Nowhere to Run (Ausweglos).

Shay Astar

Isabella in »Imaginary Friend« (N122).

GASTAUFTRITTE:

China Beach (1991) »100 Klicks Out«, »Rewind«.

Barry Atwater

Surak in »The Savage Curtain« (C78).
Geb. 1918, gest. 24. Mai 1978.

SERIE:

In den fünfziger Jahren in *The Loretta Young Show.*

GASTAUFTRITTE:

The Alfred Hitchcock Hour (1963) »You'll Be the Death of Me«, (1965) »Thanatos Palace Hotel«; Jericho (1966) »Eric the Redhead«; Kolchak: The Night Stalker (1972; Pilotfilm); Mission: Impossible (1966) »Elena«, (1968) »The Play«, (1970) »Gitano«, (1971) »The Field«, (1973) »The Western«; The Night Gallery (1973) »The Doll of Death«; One Step Beyond (1959) »The Riddle«, (1960) »The Day the World Wept: The Lincoln Story«; The Outer Limits (1963) »Corpus Earthling«; The Twilight Zone (1960) »The Monsters Are Due on Maple Street«; Voyage to the Bottom of the Sea (1968) »No Way Back«, »The Buccaneer«; The Wild Wild West (1968) »The Night of the Camera«.

FILME:

1956 Nightmare (Im Dunkel der Nacht);
1958 The True Story of Lynn Stewart (Der blonde Käfer).

René Auberjonois

René Auberjonois

Odo in *Star Trek – Deep Space Nine;*
Colonel West in *Star Trek VI – The Undiscovered Country.*
Geb. 1940 in New York City.

Nach einer bewegten Jugend, die Auberjonois nach London und Paris führte (sein Vater arbeitete als Schriftsteller und Nachrichtenkorrespondent), kam er mit 16 Jahren zum erstenmal mit der Schauspielerei in Berührung. Wenige Jahre später arbeitete er erstmalig professionell an der Arena Stage in Washington.

Seine erste Rolle in einem Musical, »Coco« an der Seite von Katharine Hepburn, brachte ihm direkt einen Tony Award ein.

Während er sich in den sechziger Jahren noch fast ausschließlich auf Rollen in Bühnenaufführungen konzentrierte, verlagerte er in den siebziger Jahren seine Aufmerksamkeit auf Film- und Fernsehproduktionen und konnte seitdem in zahlreichen Filmen und Serien mitwirken.

Auberjonois war darüber hinaus Mitbegründer des American Conservatory Theatre in San Francisco, des Mark Taper Forum in Los Angeles und der Brooklyn Academy of Music Repertory Company in New York.

In den Achtzigern bekam er seine erste feste Serienrolle in der Sitcom *Benson,* für die er mit einem Emmy Award ausgezeichnet wurde.
Neben seiner konstanten Arbeit als Filmschauspieler ist er auch als Sprecher in Zeichentrickfilmen und -serien tätig.
Obwohl er erst mit seiner Rolle als Gestaltwandler Odo in *Star Trek – Deep Space Nine* dem Publikum in Sachen Star Trek vertraut wurde, hatte er bereits in *Star Trek VI – The Undiscovered Country* mitgewirkt. Seine Rolle als Colonel West, der schließlich als Klingone maskiert eine Friedenskonferenz gewaltsam beenden will, wurde aus der endgültigen Fassung des Films geschnitten, bevor er die Kinos erreichte. Für die Veröffentlichung des Films als Videokassette wurden die fehlenden Minuten dann aber wieder eingefügt und ließen so einen Widerspruch in der Handlung verschwinden. Diese fehlenden Szenen sind aber bislang nur in der englischsprachigen Videofassung zu sehen.
Seine Rolle als Odo in *Star Trek – Deep Space Nine* tritt in die geistigen Fußstapfen von Spock (Leonard Nimoy) und Data (Brent Spiner), da er gleichfalls der Außenseiter ist, der das Verhalten der ihn Umgebenden bestens reflektieren und kommentieren kann.
Darüber hinaus haben die Produzenten mit dem Verhältnis zwischen Odo und Quark (Armin Shimerman) die Geplänkel zwischen McCoy (DeForest Kelley) und Spock wiederaufleben lassen, eine Tatsache, die zur Popularität des Charakters Odo in besonderem Maß beiträgt.

SERIEN:

o. J. als Sprecher in *Aladdin;*
o. J. als Sprecher in *Little Nemo: Adventures in Slumberland;*
1980–86 als Clayton Endicott III. in *Benson;*
1989 als Sprecher in *The Little Mermaid.*

GASTAUFTRITTE:

Baa Baa Black Sheep (1978) »Small War«; The Bionic Woman (o. J.) (»Die Fälscher«); Faerie Tale Theatre (o. J.) »The Frog Prince«, »Sleeping Beauty«; Matlock (o. J.) »The Assassination« (»Das Porno-Attentat«); McMillan and Wife (1971) »Once Upon a Dead Man«; Murder, She Wrote (o. J.) (»Freunde in der Not«); The Night Gallery (1971) »Camera Obscura«; The Rookies (1975) »The Voice of Thunder«.

FILME:

1970 M*A*S*H (dito);
1970 Brewster McCloud;
1971 McCabe & Mrs. Miller (dito);
1972 Pete 'n' Tillie (Peter und Tillie);
1975 The Hindenburg;
1976 King Kong (dito);

1976 The Big Bus (Die haarsträubende Reise in einem verrückten Bus);
1978 The Eyes of Laura Mars (Die Augen der Laura Mars);
1979 Once Upon a Midnight Scary;
1979 The Wild Wild West Revisited;
1980 More Wild Wild West (TV; Undercover USA);
1980 Where the Buffalo Roam (Blast – Wo die Büffel röhren);
1982 Tale of the Frog Prince;
1982 Wild Card (TV; dito);
1985 3:15 – The Moment of Truth (3:15 – Die Stunde der Cobras);
1986 My Best Friend Is a Vampire;
1986 The Christmas Star (TV; Seine zweite Chance);
1986 I Was a Teenage Vampire (Liebe mit Biß);
1988 The Feud;
1988 Police Academy 5 – Assignment: Miami Beach (Police Academy V – Auftrag: Miami Beach);
1988 Walker;
1988 The Legend of Sleepy Hollow;
1989 The Little Mermaid (Sprecher in der Originalfassung);
1991 Lucky Luke Café Olé (Lucky Luke 3);
1991 Absolute Strangers (Zwischen Leben und Tod).

Erick Avari

B'ljik in »Unification Part I« (N107), »Unification Part II« (N108).

FILME:

1988 She's Back (Zeichen aus dem Jenseits);
1988 Beast of War (Bestie Krieg).

Jerry Ayres

Lt. O'Herlihy in »Arena« (C19);
Ensign Rizzo in »Obsession« (C43).

GASTAUFTRITTE:

Combat (1966) »One at a Time«; The Immortal (1970) »The Rainbow Butcher«; Twelve O'Clock High (1965) »The Idolator«.

B

Barbara Babcock

Mea III in »A Taste of Armageddon« (C24);
Philana in »Plato's Stepchildren« (C66).
Geb. 27. Januar 1937.

SERIEN:

1978–82 als Liz Craig in *Dallas;*
1981–85 als Grace Gardner in *Hill Street Blues;*
1984 als Lorraine Elliot in *The Four Seasons;*
1986 als Mrs. June Swinford in *Mr. Sunshine;*
1987–88 als Ellie Maginnis in *The Law and Harry McGraw.*

GASTAUFTRITTE:

Alfred Hitchcock Presents (1987) »Conversation with a Corpse«; China Beach (1990) »The Gift«; Logan's Run (1978) »Night Visitors«; McMillan and Wife (1977) »Affair of the Heart«; Mission: Impossible (1968) »The Cardinal« (»Der falsche Kardinal«); Murder She Wrote; The

Barbara Babcock

Night Gallery (1971) »Brenda«; Remington Steele (o. J.) (»Wer erbt, muß leiden«); The Sixth Sense (1972) »Coffin, Coffin in the Sky«.

FILME:

1971 The Last Child (dito);
1973 Bang the Drum Slowly (Das letzte Spiel);
1977 The Christmas Coal Mine Miracle;
1980 Back Roads (Nebenstraßen);
1980 The Black Marble (Hollywood Cop);
1982 Memories Never Die (TV; Im Netz der Angst);
1983 Quarterback Princess;
1985 News at Eleven;
1985 That Was Then … This Is Now (Jungs außer Kontrolle);
1989 Happy Together (dito);
1992 Far and Away (In einem fernen Land).

Brenda Bakke

Rivanne in »Justice« (N8).

FILME:

1988 Scavengers (Scavenger – Der Spion mit der Glut im Blut);
1989 Nowhere to Run (Ausweglos);
1989 Gunhead (Robot-War);
1990 Death Spa (Witch Bitch – Tod aus dem Jenseits);
1993 Hot Shots Part Deux (Hot Shots – Der zweite Versuch).

Jeanne Bal

Nancy Crater in »The Man Trap« (C2).
Geb. 3. Mai 1928 in Santa Monica, Kalifornien.

SERIEN:

1959–60 als Pat Baker in *Love and Marriage;*
1960 Präsentatorin des *NBC Playhouse;*
1961 als Suzanne Collins in *Bachelor Father;*
1963–64 als Jean Pagano in *Mr. Novak.*

GASTAUFTRITTE:

McHale's Navy (1965) »The Great Necklace Caper«; Route 66 (1966) »Effigy in Snow«; Thriller (1961) »Papa Benjamin«.

Barbara Baldavin

Angela Martine in »Balance of Terror« (C15);
Angela Martine-Teller in »Shore Leave« (C16);

Besatzungsmitglied Baker in »Space Seed« (C23);
Angela in »Turnabout Intruder« (C80).
Barbara Baldavins Rolle war geprägt von einem einzigartig schlechten Gedächtnis des Produktionsteams. Während sie in »Balance of Terror« den Charakter Robert Tomlinson heiratete, der im Verlauf der Episode starb, lautete ihr Name nur eine Woche später Martine-Teller, wonach sie sehr schnell wieder geheiratet haben mußte. In »Space Seed« bemerkte dann offensichtlich niemand, daß sie vor nicht allzu langer Zeit schon zweimal mitgewirkt hatte, sondern man gab ihr einen neuen Namen. In der letzten Episode, »Turnabout Intruder«, kehrte sie dann zwar als Angela zurück, ihr Nachname war aber untergegangen.

SERIE:
1971–76 als Schwester Holmby in *Medical Center.*

Emily Banks

Yeoman Tonia Barrows in »Shore Leave« (C16).

SERIE:
1970 als Becky Parks in *The Tim Conway Show.*

GASTAUFTRITT:
Airwolf (1986) »Girl Who Fell from the Sky«.

Jonathan Banks

Golin Shel'La in »Battle Lines« (D13).

SERIEN:
1981 als Dutch Schultz in *Gangster Chronicles;*
1985 als Nuveen Kroll in *Otherworld;*
1987 als Kolinski in *Falcon Crest;*
ab 1987 als Frank McPike in *Wiseguy.*

FILME:
1985 Assassin (Special Terminator – Die Kampfmaschine);
1985 Fifth Missile (Top Missile);
1987 Downpayment on Murder (Mord auf Bestellung);
1991 Free Jack (Freejack);
1991 Don't Touch My Daughter/Nightmare (TV; Das Gesetz der Angst);
1993 Blind Side (TV; dito).

Jennifer Barlow

Ensign Gibson in »The Dauphin« (N36).

Majel Barrett (Mitte)

Majel Barrett

Number One in »The Cage« (C1);
Christine Chapel in *Star Trek, Star Trek – The Motion Picture, Star Trek IV – The Voyage Home;*
Lwaxana Troi in »Haven« (N11), »Man Hunt« (N45), »Menage à Troi« (N72), »Half a Life« (N96), »Cost of Living« (N120), »Dark Page« (N159), »The Forsaken« (D17).
Geb. 23. Februar 1930 in Columbus, Ohio.
Majel Barrett stand erstmalig mit zehn Jahren auf der Bühne des Cleveland Playhouse. Nach dem Abschluß der High School besuchte sie zunächst die Case University (die seinerzeit noch Flora Stone Mother College of Western Reserve University hieß) und studierte Rechtswissenschaften. Sie wechselte aber zur University of Miami, wo sie Schauspielerei im Bereich Radio- und TV-Drama studierte.
Nach dem Umzug nach New York war sie dort in verschiedenen Theateraufführungen zu sehen, aber es zog sie nach Los Angeles, wo die Chancen, für das Fernsehen entdeckt zu werden, ungleich größer waren. Anthony Quinn, von dem sie Schauspielunterricht bekam, empfahl Barrett weiter, ein offensichtlich so gewichtiges Wort, daß Paramount sie 1957 für die Mitwirkung in drei Filmen unter Vertrag nahm. Ihr erster Film war 1958 *As Young as We Were,* im gleichen Jahr folgte die Neuverfilmung von *The Buccaneer,* 1959 wurde der Vertrag mit dem Film *Black Orchid* erfüllt und zu Barretts Enttäuschung nicht verlängert. In der Folgezeit nahm sie Gastrollen in diversen Serien an, bis sie 1962 von Lucille Ball unter Vertrag genommen wurde, um für das folgende Jahr für Produktionen ihres Desilu-Studios zur Verfügung zu stehen. Das Ergebnis dieses Vertrages bestand aber im wesentlichen in ei-

nem Gastauftritt in *The Lucy Show* (»Lucy Is a Kangaroo for a Day«). Diese Verpflichtung wurde ebenfalls nicht verlängert. 1964 holte Roddenberry – der sie bereits seit 1961 kannte – Majel Barrett zu MGM, damit sie in einer Episode seiner Serie *The Lieutenant* mitwirkte, weitere Gastauftritte in verschiedenen Serien schlossen sich im folgenden Jahr an.
Kurz darauf war es erneut Gene Roddenberry, der Majel Barretts Dienste in Anspruch nahm, diesmal für den Pilotfilm »The Cage« seiner geplanten Serie *Star Trek.* Unter ihrem Mädchennamen M. Leigh Hudec spielte sie als Erster Offizier eines Raumschiffs eine zentrale Rolle, die sowohl den Verantwortlichen bei NBC als auch dem Testpublikum, das über den Film urteilen mußte, zu groß war. Roddenberry, dem natürlich alles an der Produktion der Serie lag, strich schließlich Majel Barretts Rolle, um einige seiner anderen Ideen (insbesondere die Rolle des Vulkaniers Spock) behalten zu können. Nur wenig später stellte sich Majel Barrett bei Gene Roddenberry mit blondgefärbten Haaren vor, um sich für eine Rolle in dessen Serie zu bewerben. Ihr neues Erscheinungsbild ließ Roddenberry zunächst nicht erkennen, wen er vor sich hatte. Als sie sich dann endlich zu erkennen gab, kamen sie gemeinsam auf die Idee, daß sie unter ihrem Namen Majel Barrett und mit blonden Haaren auch die Studiochefs täuschen und so in die Serie zurückkehren konnte. Der Plan gelang, aber die Rolle, die Majel Barrett bekam – die der Krankenschwester Christine Chapel –, war von deutlich untergeordneter Bedeutung und nicht mit ihrer Rolle im ersten Pilotfilm vergleichbar.
Nach dem Ende der Serie 1969 heiratete sie Gene Roddenberry, der sich zwischenzeitlich von seiner ersten Frau getrennt hatte. Sie betreute das gemeinsame Unternehmen »Lincoln Enterprises«, das sich auf die Vermarktung von *Star Trek*-Artikeln jeglicher Art konzentrierte.
Ähnlich entbehrlich, wie sie als Schwester Chapel gewesen war, gestalteten sich auch ihre weiteren Rollen in Filmen und Serien, so zum Beispiel 1973 in *Westworld.*
Erst 1979 schien sich ein Wandel abzuzeichnen, als sie in *Star Trek – The Motion Picture* ihre Rolle als Schwester Chapel wiederaufnahm und zur Ärztin »befördert« wurde. Dieser Eindruck täuschte aber, da sie in den zwei folgenden Filmen nicht mehr mitwirkte und ihre Szenen in *Star Trek IV – The Voyage Home* auf ein Minimum zurückgeschnitten worden waren. Auch in den drei folgenden Filmen blieb sie unberücksichtigt.
Als 1987 *Star Trek – The Next Generation* ins Fernsehen kam, bekam sie erstmals die Gelegenheit, ihr (vor allem komödiantisches) Talent unter Beweis zu stellen, als sie dort in »Haven« (N11) in ihrer neuen Rolle als extravagante Lwaxana Troi auftrat. Die zunächst scheinbar völlig auf Äußerlichkeiten fixierte Figur der Lwaxana Troi wurde mit jedem weiteren Auftritt besser und vielseitiger charakterisiert. Diese Verbesse-

rungen der Rolle bewiesen außerdem, daß Majel Barretts Talent jahrelang verkannt worden war.

SERIE:

1958–63 als Gwenn Rutherford in *Leave It to Beaver.*

GASTAUFTRITTE:

Beyond Westworld (1980); Bonanza (1962) »Gift of Water«; Cain's Hundred (1962) »The Quick Brown Fox«; Divorce Court; Dr. Kildare (1965) »Love Is a Sad Song«; The Eleventh Hour; The FBI (1974); General Hospital; Here Come the Brides (1968) »Love and Wanderers«; The Lieutenant (1964) »In the Highest Tradition«; Love on a Rooftop (1966) »117 Ways to Cook Hamburgers«; The Lucy Show (1962) »Lucy Is a Kangaroo for a Day«; Many Happy Returns; The Next Step Beyond (1978) »Drums at Midnight«; Pete and Gladys; Please Don't Eat the Daisies (1967); The Second Hundred Years (1968); 77 Sunset Strip; The Untouchables; The Wackiest Ship in the Army (1966); The Westinghouse Desilu Playhouse (1959); Window on Main Street (o. J.) »The Charity Drive«.

FILME:

1958 As Young as We Were;
1958 The Buccaneer (König der Freibeuter);
1959 Black Orchid (Schwarze Orchidee);
1961 Love in a Goldfish Bowl (Blond, süß und sehr naiv);
1965 Sylvia;
1966 Guide for the Married Man (Leitfaden für Seitensprünge);
1968 Track of Thunder;
1973 Westworld (dito);
1973 Genesis II (TV-Pilotfilm, nicht in Serie gegangen);
1974 Planet Earth (TV-Pilotfilm, nicht in Serie gegangen);
1974 The Questor Tapes (TV-Pilotfilm, nicht in Serie gegangen; Ein Computer wird gejagt);
1977 The Domino Principle (Das Domino-Komplott);
1977 Spectre (TV-Pilotfilm, nicht in Serie gegangen);
1987 The Quick and the Dead.

Michael Barrier

Lt. De Salle in »The Squire of Gothos« (C18), »This Side of Paradise« (C25);
Wache in »The City on the Edge of Forever« (C29).

FILM:

1969 Angel in My Pocket.

Harry Basch

Dr. Brown in »What Are Little Girls Made of?« (C7).

SERIE:

1982–84 als Vince Caproni in *Falcon Crest.*

GASTAUFTRITT:

Mission: Impossible (1968) »The Diplomat«.

FILM:

1970 The Love War (dito).

William Bastiani

Omag in »Unification Part II« (N108).

FILM:

1990 Blood & Concrete (Blood, Drugs & Libido).

Arthur Batanides

Lt. D'Amato in »That Which Survives« (C73).

GASTAUFTRITTE:

Alfred Hitchcock Presents (1958) »The Jokester«; Combat! (1963) »The Long Way Home«; McCloud (1973) »Showdown at the End of the World«; Mission: Impossible (1967) »The Frame«, (1969) »Doomsday«, (1969) »Commandante«, (1971) »The Party«, (1972) »Stone Pillow«; Route 66 (1961) »Fly Away Home«; The Twilight Zone (1959) »Mr. Denton on Doomsday«, (1961) »The Mirror«; The Wild Wild West (1965) »The Night of the Dancing Death«, (1967) »The Night of the Gypsy Peril«, (1968) »The Night of the Death Maker«.

Paul Baxley

Ensign Freeman in »The Trouble with Tribbles« (C45);
Patrouillenführer in »A Private Little War« (C49);
Soldat in »Patterns of Force« (C51);
Sicherheitschef in »Assignment: Earth« (C56).

Susan Bay

Admiral in »Past Prologue« (D3).
Zweite Ehefrau von Leonard Nimoy.

Stephanie Beacham

Countess Regina Bartholomew in »Ship in a Bottle« (N138).
Geb. 28. Februar 1947 in Hertfordshire, England.

Stephanie Beacham

SERIEN:

o. J. Tenko (britische Serie)
1985–87 als Sable Scott Colby in *Dynasty II: The Colbys;*
1987 in *Napoleon and Josephine: A Love Story;*
1993–94 als Dr. Kristin Westphalen in *SeaQuest DSV;*
1993 als Iris in *Beverly Hills 90210.*

FILME:

1968 The Games;
1971 The Nightcomers (Das Loch in der Tür);
1972 Dracula A. D. 1972 (Dracula jagt Minimädchen);
1973 And Now the Screaming Starts/Fengriffen (Embryo des Bösen);
1976 Schizo (Amok);
1980 Insemnoid/Horror Planet (Samen des Bösen);
1989 Troop Beverly Hills (Die Wilde von Beverly Hills);
1990 Eine Frau namens Harry;
1993 Foreign Affairs.

Bruce Beatty

Ben in »Lower Decks« (N167).

John Beck

John Beck

Raymond Boone in »Tribunal« (D45).
Geb. 28. Januar 1944 in Chicago, Illinois.

SERIEN:

1971–72 als Ketcham in *Nichols;*
1981–82 als Sam Curtis in *Flamingo Road;*
ab 1983 als Mark Graison in *Dallas.*

GASTAUFTRITTE:

Baywatch (o. J.) (»Spuk im Hotel«); Love Boat (o. J.) (»Bitte nicht rauchen«); Magnum P. I. (o. J.) (»Im Angesicht des Todes«); Scarecrow and Mrs. King (o. J.) (»Unter Hypnose«).

FILME:

1973 Pat Garrett and Billy the Kid (Pat Garrett jagt Billy the Kid);
1973 Sleeper (Der Schläfer);
1975 Rollerball (dito);
1976 The Big Bus (Die haarsträubende Reise in einem verrückten Bus);
1977 Audrey Rose (Audrey Rose – Das Mädchen aus dem Jenseits);
1977 The Other Side of Midnight (Jenseits von Mitternacht);

1987 Deadly Illusion;
1991 A Climate for Killing.

Bonnie Beecher

Sylvia in »Spectre of the Gun« (C62).

GASTAUFTRITTE:

Cowboy in Africa (1968) »The Quiet Death«; The Twilight Zone (1964) »Come Wander with Me«.

Gregory Beecraft

Mickey Dee in »The Royale« (N38).

Hagan Beggs

Lt. Hansen in »The Menagerie« (C12/C13), »Court-Martial« (C21).

GASTAUFTRITTE:

Airwolf (1986) »Blackjack«, »Code of Silence«; Cowboy in Africa (1967) »The Man Who Has Everything«; 21 Jump Street (1987) »Bad Influence«.

FILM:

1971 The Groundstar Conspiracy (Der Agent, der seinen Leichnam sah).

Felecia M. Bell

Jennifer Sisko in »Emissary« (D1/D2).

Michael Bell

Groppler Zorn in »Encounter at Farpoint« (N1/N2);
Borum in »The Homecoming« (D21).

SERIE:

1980–81 als Les Crowley in *Dallas.*

GASTAUFTRITTE:

CHiPs (1979) »MAIT Team«; Hunter (1988) »Dead on Target«; M*A*S*H (1977) »Souvenirs«; The Streets of San Francisco (o. J.) (»Callgirls«).

John Bellah

Dr. Harrison in »The Naked Time« (C5).

GASTAUFTRITT:
Voyage to the Bottom of the Sea (o. J.) »The Terrible Leprechaun«.

FILM:
1972 The Limit.

Caesar Belli

Steve O'Connell in »And the Children Shall Lead« (C60).
Geb. ca. 1958.
Sohn von Melvin Belli, der in der gleichen Episode den Engel Gorgan spielte. Caesar Belli wurde später Anwalt, so wie sein Vater.

Melvin Belli

Gorgan in »And the Children Shall Lead« (C60).
Geb. am 29. Juli 1907 in Sonora, Kalifornien.
Bellis Auftritt in dieser Episode war sein TV-Debüt. Im Hauptberuf war Belli Anwalt und rückte als Verteidiger von Jack Ruby, dem Mörder von Lee Harvey Oswald (seinerseits mutmaßlicher Mörder von John F. Kennedy), ins Licht der Öffentlichkeit.

SERIE:
1979 Mitglied des Rateteams in der Quiz-Show *Whodunnit.*

GASTAUFTRITT:
Hunter (1988) »Dead on Target«.

FILM:
1970 Gimme Shelter (dito).

Fran Bennett

Admiral Shanthi in »Redemption Part II« (N101).

GASTAUFTRITT:
Tour of Duty 1989 »Green Christmas«.

Harve Bennett

Starfleet-Admiral in *Star Trek V – The Final Frontier*
Geb. 1930.
Wirklicher Name: Harvey Fischman.
Harve Bennett hatte 1949 mit der Radioserie »The Quiz Kids« begonnen, bei der er fünf Jahre blieb. Danach war er als Kolumnist und freier Fernsehautor tätig. Mitte der fünfziger Jahre arbeitete er beim Live-

Fernsehen in New York und war für den Sender CBS tätig. In den sechziger Jahren zog er um nach Los Angeles und wechselte von CBS zum Konkurrenzsender ABC. Dort schrieb und produzierte er drei Jahre lang die Serie *The Mod Squad* und wechselte dann erneut. Nunmehr bei Universal untergekommen, produzierte er zunächst eine Reihe von »Movies of the Week«, darunter auch *The Alpha Caper,* seine erste Zusammenarbeit mit Leonard Nimoy. Bennett produzierte außerdem die Serien *Rich Man, Poor Man* sowie *The Invisible Man, The Six Million Dollar Man* und *The Bionic Woman.* 1977 verließ er Universal und ging zu Columbia, 1980 wechselte er erneut das Studio und landete schließlich bei Paramount. Dort produzierte er dann sein unbestritten bestes und anspruchsvollstes Werk, den TV-Film *A Woman Called Golda,* in dem er die Lebensgeschichte von Golda Meir erzählte, mit Ingrid Bergman und – zum zweiten Mal für Bennett – Leonard Nimoy in den Hauptrollen. Für diesen Film erhielt Bennett 1982 als ausführender Produzent eines herausragenden Drama-Specials einen Emmy Award. Nach dem finanziellen Beinahe-Desaster von *Star Trek – The Motion Picture* fürchtete Paramount beim zweiten Anlauf eine ähnliche Katastrophe. So wurde Bennett zum Produzenten des Films gemacht. Was zunächst noch eine Fernsehproduktion mit einer Option für eine Kinoveröffentlichung war, wurde dann aber ein ausgesprochen erfolgreicher Kinofilm. Dieser Erfolg führte dazu, daß Bennett auch bei den folgenden drei Filmen die Rolle des Produzenten übernahm. *Star Trek V – The Final Frontier,* in dem Bennett auch für einen kurzen Auftritt vor die Kamera trat, geriet unter der Regie von William Shatner zu einem Reinfall an den Kinokassen. Da ein sechster Film unwahrscheinlich war, holte Bennett sein As aus dem Ärmel, das den Namen »Starfleet Academy« trug. Dieser Film, der in die Jugendzeit von Kirk und Co. zu ihren Tagen auf der Akademie zurückgehen sollte, erforderte eine komplett neue Schauspielertruppe, die einen Bruchteil der Gagen kosten sollte, die für Shatner und Co. ausgegeben werden mußten. Paramount zeigte Interesse, aber personelle Veränderungen im Studio ließen die Idee scheitern. Diese Meinungsverschiedenheiten mit Paramount veranlaßten Bennett schließlich, sich von der dortigen Arbeit zurückzuziehen, um Anfang 1992 für Fox Network eine neue SF-Serie mit dem Titel *Time Trax* zu entwickeln, um dem Marktführer *Star Trek – The Next Generation* wenigstens einen kleinen Teil der Zuschauer abzunehmen.

Craig Benton

Ensign Davis in »Violations« (N112).

Lee Bergere

Abraham Lincoln in »The Savage Curtain« (C78).
Geb. in New York City.

SERIEN:

1975 als George in *Hot L Baltimore;*
1981–83 als Joseph Anders in *Dynasty.*

GASTAUFTRITTE:

The Alfred Hitchcock Hour (1965) »Wally the Beard«; Jericho (1966) »Have Traitor, Will Travel«; The Man from U.N.C.L.E. (1965) »The Tigers Are Coming Affair«; McHale's Navy (1964) »McHale and His Jet Set«; Mission: Impossible (1967) »The Legacy«, (1969) »The Brothers«; The Outer Limits (1960) »The Storm«; The Wild Wild West (1967) »The Night of the Colonel's Ghost«.

FILME:

1973 A Prowler in the Heart (TV);
1989 Time Trackers (dito).

Alan Bergmann

Lal in »The Empath« (C69).

Rick Berman

Berman war seit 1984 Programmdirektor bei Paramount; 1986 wurde er Vizepräsident von Paramount Network Television und war seit Beginn von *Star Trek – The Next Generation* mit dabei. Zu Beginn fungierte er als heimlicher Wachhund für Gene Roddenberry, den Paramount seit *Star Trek – The Motion Picture* mit Argusaugen bewachte. Diese enge Zusammenarbeit mit Roddenberry ließ Berman dessen generelles Konzept der Serie so gut verstehen, daß er auch nach Roddenberrys Tod *Star Trek – The Next Generation* weiterproduzieren konnte, ohne qualitativ die geringste Einbuße hinnehmen zu müssen. Ab der zweiten Season wurde Berman Ausführender Produzent, wodurch er die Serie weitgehend kontrollierte.
Anfang 1991 arbeitete er gemeinsam mit dem Co-Produzenten Michael Piller an der Idee für eine neue Serie, die ein Ableger von *Star Trek – The Next Generation* sein sollte. Im Oktober 1991 gab Paramount grünes Licht für die Entwicklung einer neuen Serie, im Dezember 1991 legten Berman und Piller ihr Konzept vor. Es wurde akzeptiert und konnte in Produktion gehen. Im Januar 1993 startete die erste *Star Trek*-Serie, die nicht mehr von Roddenberry geschaffen worden war. Der Erfolg der Serie ließ Berman und Piller nicht ruhen. Noch bevor *Star Trek – The Next Generation* mit Ablauf der siebten Season aus dem Programm genommen wurde, entwickelten sie zwei neue Projekte. Das erste war *Star Trek: Generations,* der erste Kinofilm mit der neuen Crew um Captain Picard, dessen Start für den Herbst 1994 geplant ist. Das zweite ist eine weitere Fernsehserie mit dem Namen *Star Trek: Voya-*

ger. Diese Serie, die Anfang 1995 ins Fernsehen kommt, ist eine Ablegerserie von *Star Trek – Deep Space Nine* und trägt somit auch nicht Gene Roddenberrys Handschrift. *Star Trek – Deep Space Nine* hatte den Beweis erbracht, daß das Publikum zwei *Star Trek*-Serien gleichzeitig ertragen kann; damit steht dem Erfolg des neuen Ablegers nichts im Wege.

Arthur Bernard

Apella in » A Private Little War« (C49).

Joseph Bernard

Tark in »Wolf in the Fold« (C44).

Corbin Bernsen

Q2 in »Déjà Q« (N61).
Geb. 7. September 1954.
Corbin Bernsen begann seine Karriere in der Fernsehwerbung. Er folgte später den Fußstapfen seiner Mutter Jeanne Cooper, die seit 1973 in der Soap Opera *The Young and the Restless* mitwirkte, und spielte zwei Jahre lang in der Soap Opera *Ryan's Hope* mit. Ab 1986 war er erfolgreich in der Anwaltsserie *L. A. Law,* die 1994 wegen sinkender Einschaltquoten eingestellt wurde, da das sogenannte »Court TV«, also die Direktübertragung von Prozessen aus den Gerichtssälen, dieser sehr realitätsnah angelegten Serie den Rang abgelaufen hatte.

SERIE:

o. J. in *Ryan's Hope;*
o. J. in *Grass Roots;*
1986–94 als Arnold Becker in *L. A. Law.*

FILME:

1987 Mace (dito);
1987 Dead Aim;
1987 Hello Again;
1989 Bert Rigby, You're a Fool (Singende Kumpel haben's schwer);
1989 Breaking Point (dito);
1989 Disorganized Crime (Im Tresor ist die Hölle los);
1989 Major League (Die Indianer von Cleveland);
1990 Dead on the Money;
1990 Line of Fire: The Morris Dees Story (TV; Blinder Haß);
1991 Shattered (Tod im Spiegel);
1992 Love Can Be Murder (TV; Ein Geist zum Küssen);
1992 Frozen Assets (Frozen Assets – Ein Baby von der Bank).

Michael Berryman

Captain Rixx in »Conspiracy« (N25).

FILME:

1977 The Hills Have Eyes (Hügel der blutigen Augen);
1984 The Hills Have Eyes, Part Two (Im Todestal der Wölfe);
1984 Voyage of the Rock Aliens (Rock Aliens – Let's Dance Tonight);
1984 Weird Science (L.I.S.A. – Der helle Wahnsinn);
1985 Cut and Run;
1986 Armed Response (Die Vergelter);
1987 The Barbarians (Die Barbaren);
1989 After Shock (Aftershock);
1991 Mutronics (dito);
1992 Auntie Lee's Meat Pies;
1992 The Guyver.

Bibi Besch

Dr. Carol Marcus in *Star Trek II – The Wrath of Khan.*
Geb. 1. Februar 1942 in Wien, aufgewachsen in Westchester County, New York.

SERIEN:

o. J. in *Somerset;*
1972–73 als Iris Garrison in *Love Is a Many Splendored Thing;*
1983 als Dorothy Wheeler in *Secrets of Midland Heights;*
1983 als Adrienne Duncan Mortimer in *The Hamptons.*

GASTAUFTRITTE:

Lady Blue; Streethawk (1985) »The Arabian«.

FILME:

o. J. Steeltown;
1975 Distance (Tödlicher Abstand);
1977 The Medicine Hat Stallion;
1978 Betrayal (TV; Betrug);
1978 Hardcore (Hardcore – Ein Vater sieht rot);
1979 The Promise;
1979 Meteor (dito);
1982 The Beast within (Engelsgesicht – Drei Nächte des Grauens);
1983 The Day After (Der Tag danach);
1983 The Lonely Lady (dito);
1986 Mrs. Delafield Wants to Marry (Alter schützt vor Heirat nicht);
1987 Who's That Girl (dito);
1990 Kill Me Again (dito);
1991 Doing Time on Maple Drive (Der Schein trügt).

Bibi Besch

Ivy Bethune

Katie in »When the Bough Breaks« (N17).

SERIE:

1981–82 als Miß Tuttle in *Father Murphy.*

GASTAUFTRITT:

The Outer Limits (1964) »The Duplicate Man«.

Richard Beymer

Li Nalas in »The Homecoming« (D21), »The Circle« (D22), »The Siege« (D23).
Geb. 21. Februar 1939 in Avoca, Iowa.
Beymer arbeitet in erster Linie als Regisseur.

SERIEN:

1984 als David Fenton in *Paper Dolls;*
1989 in *Twin Peaks.*

GASTAUFTRITT:

The Man from U.N.C.L.E. (1967) »The Survival School Affair«.

FILME:

1954 Indiscretion of an American Wife;

1957 Johnny Tremain;
1961 West Side Story (dito);
1963 The Stripper (Die verlorene Rose);
1983 Cross Country (Gehetzt);
1992 Black Belt (dito).

Andrew Bickell

Wagnor in »The Hunted« (N59).

Theodore Bikel

Sergej Rozhenko in »Family« (N76).
Bikel ist nicht nur ein vielbeschäftigter Schauspieler, er kann auch Erfolge als Sänger vorweisen. Vorwiegend singt er jiddische Lieder.

SERIE:

1985 als Minister Vornik in *Dynasty.*

GASTAUFTRITTE:

Alfred Hitchcock Presents (1957) »The Hands of Mr. Othermole«; Columbo (1977) »The Bye-bye Sky High I.Q. Murder Case« (»Todessymphonie«); Combat! (1964) »Mountain Men«; Hawaii Five-O (o. J.)

Theodore Bikel

(»Die Bestie hinter Gitter!«); Knight Rider (1983) »Chariot of Gold«; Little House on the Prairie (o. J.) (»Die Jahrhundertfeier«); Mission: Impossible (1968) »The Cardinal« (»Der falsche Kardinal«); Route 66 (1962) »Only by Cunning Glimpses«; Star Tonight (1955); Studio One (1955) »Julius Caesar«; The Twilight Zone (1962) »Four O'Clock«.

FILME:

1951 The African Queen (African Queen);
1953 The Kidnappers (Besiegter Haß);
1954 The Young Lovers (Die jungen Liebenden);
1956 Flight from Vienna;
1957 The Colditz Story;
1957 The Vintage (Unter glühender Sonne);
1957 The Enemy Below (Duell im Atlantik);
1957 The Pride and the Passion (Stolz und Leidenschaft);
1958 The Defiant Ones (Flucht in Ketten);
1958 I Bury the Living;
1958 I Want to Live! (Laßt mich leben);
1958 Fräulein (dito);
1959 The Blue Angel (Der blaue Engel);
1959 The Angry Hills (Hügel des Schreckens);
1959 Woman Obsessed (Ungebändigt);
1960 A Dog of Flanders;
1965 Sands of the Kalahari (Die Verdammten der Kalahari);
1966 The Russians Are Coming, the Russians Are Coming! (Die Russen kommen, die Russen kommen);
1967 The Desperate Ones/Beyond the Mountains (Flucht aus der Taiga);
1967 Sweet November (Adieu, geliebter November);
1969 My Side of the Mountain;
1969 Darker Than Amber (McGee, der Tiger);
1971 Killer by Night (Der unsichtbare Mörder);
1971 200 Motels (dto);
1975 Murder on Flight 502;
1987 Dark Tower;
1991 Shattered (Tod im Spiegel);
1992 The Assassination Game;
1992 Benefit of the Doubt (Im Bann des Zweifels);
1992 Crisis in the Kremlin (Die letzten Tage der Sowjetunion).

Earl Billings

Admiral Henry in »The Drumhead« (N95).

FILME:

1986 Stakeout (Die Nacht hat viele Augen);

1991 One False Move (dito);
1992 Nails (dito).

Geoffrey Binney

Compton in »Wink of an Eye« (C67).

Raye Birk

Wrenn in »Haven« (N11).

SERIE:

1987 als Leonard Brown in *The Popcorn Kid.*

GASTAUFTRITT:

The Twilight Zone (1985) »Wordplay«.

FILME:

1991 Doc Hollywood (dito);
1991 Aftermath: A Test of Love (Alptraum).

David Tristan Birkin

René Picard in »Family« (N76);
junger Jean-Luc Picard in »Rascals« (N133).

Whit Bissell

Mr. Lurry in »The Trouble with Tribbles« (C45).
Geb. 25. Oktober 1909 in New York City; gest. 1981.

SERIE:

1966–67 als General Heywood Kirk in *The Time Tunnel.*

GASTAUFTRITTE:

Alfred Hitchcock Presents (1962) »Burglar Proof«; The Bionic Woman; Bourbon Street Beat (1960) »Interrupted Wedding«; Darkroom; Hawaiian Eye (1960) »Hong Kong Passage«, (1962) »Total Eclipse«, »Lalama Lady«; The Invaders (1967) »Dark Outpost«; Jericho (1966) »Wall to Wall Kaput«; One Step Beyond (1963) »Nightmare«; Ripcord (1962) »Hijack«; Route 66 (1960) »Black November«; Surfside 6 (1960) »Girl in the Galleon«; Twelve O'Clock High (1966) »The Underground«; Voyage to the Bottom of the Sea (o. J.) »The Peacemaker«.

FILME:

1948 He Walked by Night (Schritte in der Nacht);
1948 Canon City (Revolte hinter Gittern/Rebellion im grauen Haus);
1951 The Lost Continent (Bestien lauern vor Caracas);
1952 Boots Malone (Tommy macht das Rennen);
1954 Target Earth;

1954 The Atomic Kid;
1954 Creature from the Black Lagoon (Der Schrecken vom Amazonas);
1954 The Shanghai Story (Hotel Schanghai);
1955 The Young Stranger (Das nackte Gesicht);
1955 Shack-Out on 101;
1956 Invasion of the Bodysnatchers (Die Dämonischen);
1957 I Was a Teenage Frankenstein;
1957 I Was a Teenage Werewolf (Der Tod hat schwarze Krallen);
1958 Monster on the Campus (Der Schrecken schleicht durch die Nacht);
1959 The Time Machine (Die Zeitmaschine);
1962 Hud (Der Wildeste unter tausend);
1962 The Manchurian Candidate (Botschafter der Angst);
1964 Seven Days in May (Sieben Tage im Mai);
1970 City Beneath the Sea (Um 9 Uhr geht die Erde unter);
1973 Soylent Green (... Jahr 2022 ... die überleben wollen ...);
1975 Psychic Killer (dito);
1975 Nick and Nora (TV).

William Blackburn

Lt. Hadley in »A Piece of the Action« (C47).

Cynthia Blaise

Junge Amanda in *Star Trek V – The Final Frontier.*

Geoffrey Blake

Arjin in »Playing God« (D37).

SERIE:

1984 als Steve in *Paper Dolls.*

FILM:

1991 Fatal Exposure.

Arell Blanton

Lt. Dickerson in »The Savage Curtain« (C78).

FILM:

1987 House of Terror.

Earl Boen

Nagilum in »Where Silence Has Lease« (N28).
Geb. in Pueblo, Colorado.

SERIEN:

1981–82 als Dennis Hubner in *It's a Living;*
1987 als Howard in *The Law and Harry McGraw.*

GASTAUFTRITTE:

Baywatch (1989) »Rookie School«; A Man Called Sloane (1979) »Samurai«; M*A*S*H (1982) »Heroes«.

FILME:

1976 The Annihilator (TV; Die Androiden/Die Roboter kommen);
1982 The Man with Two Brains (Der Mann mit zwei Gehirnen);
1984 The Terminator (Terminator);
1991 Terminator 2: Judgment Day (Terminator II – Tag der Abrechnung).

Michael Bofshever

Toran in »Progress« (D15).

Cal Bolder

Keel in »Friday's Child« (C41).

FILME:

1965 One Spy Too Many (Ein Spion zuviel);
1966 One of Our Spies Is Missing (Krieg der Spione);
1966 Jesse James Meets Frankenstein's Daughter.

Bill Bolender

Albino in »Blood Oath« (D39).

Shirley Bonne

Ruth in »Shore Leave« (C16).
Geb. 1934 in Inglewood, Kalifornien.

SERIE:

1960–61 als Eileen Sherwood in *My Sister Eileen.*

Brian Bonsall

Alexander Rozhenko ab »New Ground« (N110).
Geb. 3. Dezember 1981 in Torrance, Kalifornien.
Brian Bonsall war bereits als Dreijähriger in Werbespots zu sehen. Bekannt wurde er durch seine Rolle in der Serie *Family Ties.* Seine Rolle in *Star Trek – The Next Generation* übernahm er von John Steuer.

SERIE:

1982–85 als Andrew Keaton in *Family Ties.*

Brian Bonsall

GASTAUFTRITT:

Booker (1989) »Deals and Wheels«.

FILME:

1989 Do You Know the Muffin Man (Wer hat Angst vorm schwarzen Mann);
1991 Intimate Terror: Angel of Death (Spur in den Tod 3);
1991 Desperate Motive;
1992 Mikey;
1992 Distant Cousins (dito);
1994 Father Hood;
1994 Blank Check (MäcMillionär);
1994 Cub Scout (TV).

Walker Boone

Leland T. Lynch in »Skin of Evil« (N23).

Lucy Boryer

Ensign Janeway in »Man of the People« (N129).

Barbara Bosson

Roana in »Rivals« (D31).
Geb. 1. November 1939 in Belle Vernon, Pennsylvania.

Barbara Bosson ist die Frau von Steven Bochco, Produzent der Serie *Hill Street Blues,* in der sie auch mitwirkte.
Abseits von ihrer Schauspielarbeit war sie als Centerfold im *Playboy* zu sehen.

SERIEN:

1978 als Sharon Deterson in *Ritchie Brockelman, Private Eye;*
1981–87 als Fay Furillo in *Hill Street Blues;*
ab 1987 als Celeste Stern in *Hooperman.*

FILME:

1984 The Last Starfighter (Starfight);
1990 Little Sweetheart.

Barbara Bouchet

Kelinda in »By Any Other Name« (C52).
Geb. 1944 als Barbara Gutsch in der Tschechoslowakei, in Deutschland aufgewachsen.
Nach einer Vielzahl von Werbespots und verschiedenen Rollen in Serien und Filmen heiratete Barbara Bouchet 1969 und verließ Hollywood, um sich mit der Familie in Italien niederzulassen. Dort war sie weiterhin im Filmgeschäft aktiv, außerdem unterhält sie seit 1989 in Rom ein Fitneßstudio, hat eine eigene Fitneßsendung im italienischen Fernsehen und entwirft und verkauft Sportbekleidung.

GASTAUFTRITTE:

The Man from U.N.C.L.E. (1966) »The Project Deephole Affair«; Tarzan (1968) »Jungle Ransom«; Voyage to the Bottom of the Sea (o. J.) »The Left-Handed Man«.

FILME:

o. J. Don't Touch the Duckling;
1965 Agent for H.A.R.M. (Im Auftrag von H.A.R.M.);
1967 Casino Royale (dito);
1967 Danger Route (Ratten im Secret Service);
1971 Milano Calibro 9 (Milano Kaliber 9);
1971 La tarantola del ventre nero (Der schwarze Leib der Tarantel);
1972 Amuck!;
1972 Casa d'appuntamento (Das Auge des Bösen);
1975 L'anatra all'arancia (Ente auf Orange);
1976 Sex with a Smile;
1978 Sabato, domenica e venerdi (Ein total versautes Wochenende);
1987 Como perdere una mogliere e trovare un'amante (Wie man seine Frau verliert und eine Freundin gewinnt).

Antoinette Bower

Sylvia in »Catspaw« (C37).

GASTAUFTRITTE:

Alfred Hitchcock Presents (1962) »The Silk Petticoat«; Bring 'em Back Alive (1982) »The Pied Piper«; Columbo (1974) »Negative Reaction« (»Momentaufnahme für die Ewigkeit«); Combat! (1963) »Battle of the Roses«; Convoy (1965) »Felicia«; Cowboy in Africa (1968) »The Lions«; Hawaiian Eye (1962) »V Is for Victim«; Hawkins (1973) »Hawkins on Murder«; The Invaders (1967) »Condition: Red«; Jericho (1966) »Two for the Road«; Mission: Impossible (1967) »The Slave«, (1970) »The Phantoms«, (1971) »The Party«; The Starlost (1973) »The Beehive«; Tarzan (1967) »The Last of the Supermen«; Thriller (1961) »The Return of Andrew Bentley«, (1962) »Waxworks«; Twelve O'Clock High (1964) »The Suspected«, (1965) »Faith, Hope, and Sergeant Aronson«, (1966) »Twenty-Five Mission«; The Twilight Zone (1963) »Probe 7 – Over and Out«; The Wackiest Ship in the Army (1965) »The Sisters«, (1966) »I'm Dreaming of a White Isthmus«, (1966) »Brother Love«; The Wild Wild West (1965) »The Night of the Sudden Death«.

FILME:

1974 A Beautiful Killing (TV);
1979 Prom Night (Prom Night – Die Nacht des Schlächters);
1982 Blood Song (dito);
1983 The Evil That Men Do (Der Liquidator).

William Boyett

McNary in »The Big Goodbye« (N12).

SERIEN:

1955–59 in *Highway Patrol;*
1968–75 als Sgt. MacDonald in *Adam 12.*

FILM:

1991 Strays (Strays – Blutige Krallen).

Kim Braden

Janet Brooks in »The Loss« (N84).

SERIE:

1977–78 in *Laugh-In.*

Robert Bralver

Grant in »Friday's Child« (C41).

GASTAUFTRITT:

Mission: Impossible (1971) »Blues«.

Victor Brandt

Watson in »Elaan of Troyius« (C69);
Tongo Rad in »The Way to Eden« (C76).

FILM:

1990 They Came from Outer Space (Teen Aliens).

Walker Brandt

Jean Hajar in »The First Duty« (N119).

J.C. Brandy

Marta in »Tapestry« (N141).

Eve Brenner

Inad in »Violations« (N112).

David Brian

John Gill in »Patterns of Force« (C51).
Geb. 5. August 1914 in New York City.

SERIEN:

1954 als Paul Garrett in *Mr. District Attorney;*
1970–71 als Arthur Maitland in *The Immortal.*

GASTAUFTRITTE:

Cain's Hundred (1961) »Degrees of Guilt«; Mission: Impossible (1972) »Move«.

FILME:

1949 Beyond the Forest;
1949 Flamingo Road (Die Straße der Erfolgreichen);
1949 Intruder in the Dust (Griff in den Staub);
1950 The Great Jewel Robber (Juwelenraub um Mitternacht);
1950 Breakthrough (6.6., 6 Uhr 30 – Durchbruch in der Normandie);
1951 Inside the Walls of Folsom (Meuterei im Morgengrauen);
1951 Fort Worth (Das letzte Fort);
1952 Million Dollar Mermaid (Die goldene Nixe);
1953 Ambush at Tomahawk Cap (Stunde der Abrechnung);
1954 The High and the Mighty (Es wird immer wieder Tag);
1954 Dawn at Socorro (Duell in Socorro);

1955 Timberjack (Der Rächer vom Silbersee);
1956 Accused of Murder (Schach dem Mörder);
1958 The Rabbit Trap (Die Kaninchenfalle);
1966 Blade Rider;
1966 Castle of Evil.

Charlie Brill

Arne Davin in »The Trouble with Tribbles« (C45).

SERIEN:

1968–69 in *Rowan & Martin's Laugh-In;*
1979 als Robert in *Supertrain.*

Peter Brocco

Claymare in »Errand of Mercy« (C27).
Geb. 1903, gest. 3. Januar 1993.
Wegen seiner liberalen Einstellung geriet Peter Brocco in der McCarthy-Ära auf die berüchtigte schwarze Liste, die ihn so wie viele andere Schauspielerkollegen lange Zeit daran hinderte, seiner Arbeit nachzugehen.

SERIE:

o. J. in *Commander Cody.*

GASTAUFTRITTE:

Captain Midnight; The Invaders; Lost in Space; The Night Gallery; The Outer Limits; Superman; Thriller; The Time Tunnel; The Twilight Zone; Voyage to the Bottom of the Sea (o. J.) »The City Beneath the Sea«.

FILME:

1948 The Boy with Green Hair (Der Junge mit den grünen Haaren);
1952 Radar Men from the Moon;
1953 Tobor the Great;
1954 The Atomic Kid;
1959 Spartacus (dito);
1962 The Three Stooges in Orbit;
1965 Dark Intruder;
1974 Homebodies (Die Straße des Bösen);
1975 One Flew Over the Cuckoo's Nest (Einer flog übers Kuckucksnest);
1982 Jekyll and Hyde... Together Again (Jekyll und Hyde – Die schärfste Verwandlung aller Zeiten);

1986 Invaders from Mars (Invasion vom Mars);
1989 The War of the Roses (Der Rosenkrieg).

Roy Brocksmith

Sima Kolrami in »Peak Performance« (N47).

SERIE:
ab 1993 in *Lois and Clark.*

GASTAUFTRITTE:
Hunter (1988) »Boomerang«; L. A. Law; Tales from the Crypt (o. J.) »The Switch«, »Cutting Cards«.

FILME:
1988 Killer Instinct (Killerinstinkt);
1988 Big Business;
1989 Tango & Cash (dito);
1989 Tales from the Crypt (TV; Im Horrorkabinett);
1989 The War of the Roses (Der Rosenkrieg);
1990 Arachnophobia (dito);
1990 Total Recall (Total Recall – Die totale Erinnerung);
1992 Nickel & Dime (Wer erben will, muß zahlen);
1992 Steel Justice (Robosaurus);
1994 The Hudsucker Proxy;
1994 Lightning Jack (dito);
1994 The Road to Wellville (Willkommen in Wellville);
1994 i. V. A Summer Story;
1994 i. V. Resurrection.

Jacqueline Brookes

Admiral Brand in »The First Duty« (C119).
Geb. 24. Juli 1930 in Montclair, New Jersey.

SERIE:
1986–87 als Nora in *Jack and Mike.*

FILME:
1981 Paternity (Ich brauche einen Erben);
1991 Naked Gun 2 ½: The Smell of Fear (Die nackte Kanone 2 ½);
1992 Whispers in the Dark (Stimmen im Dunkel).

Alison Brooks

Ensign Chilton in »All Good Things ...« (N177).

Avery Brooks

Avery Brooks

Benjamin Sisko in *Star Trek – Deep Space Nine.*
Geb. 2. Oktober 1950 in Evansville, Indiana, aufgewachsen in Gary, Indiana.
Brooks besuchte das Oberlin College, die Indiana University und die Rutgers University. Von 1972 bis 1985 arbeitete er als Professor für Theaterwissenschaften an der Rutgers-Universität in New Jersey. Dort und am Case Western College erteilt er noch heute gelegentlich in diesem Fach Unterricht. Parallel zu seiner Professorentätigkeit trat Brooks in zahlreichen Bühnenstücken auf, unter anderem auch in Broadway-Aufführungen. In Washington bekam er im Folger Shakespeare Theatre die Hauptrolle in Shakespeares »Othello«, beim New York Shakespeare Festival ist er regelmäßig Gast. Brooks, der auch talentierter Musiker und Sänger ist, spielt immer wieder mit diversen Jazzgrößen, so mit Lester Bowie, Butch Morris, Jon Hendricks und Henry Threadgill.
Brooks spielte im Musical *X: The Life and Times of Malcolm X* und moderierte die prämierte Dokumentation *The Musical Legend of Roland Hayes.*

Ab 1985 spielte er seine erste feste TV-Rolle als Hawk in der Krimi-nalserie *Spenser: For Hire,* mit Robert Urich in der Hauptrolle. Die gleiche Figur verkörperte er wenig später in der Ablegerserie *A Man Called Hawk,* in der ihm die Hauptrolle zufiel. Hier war er außerdem Co-Produzent und Mitkomponist der Serienmusik. Dieser Serie war trotz der guten Produktion kein langes Leben beschieden. Im Dezember 1988 spielte er Cletus in der Weihnachtssondersendung »The Gift« zur Serie *Roots.*
Daß die Produzenten Rick Berman und Michael Piller sich für Brooks bei der Besetzung der Rolle des Benjamin Sisko entschieden, war nicht nur ein Glücksgriff für die Serie, da hier ein exzellenter Schauspieler gefunden worden war. Darüber hinaus konnte auch Roddenberrys Idee einer friedlichen und von Rassenunterschieden befreiten Zukunft verwirklicht werden, da in dieser dritten Serie die Hauptrolle von einem Farbigen gespielt wurde.
Wie sehr sich Brooks in die Rolle hineinversetzt, die er spielen soll, merkt man, wenn man ihn als den mysteriösen Hawk in den Serien *Spenser: For Hire* und *Hawk* sieht. So glaubwürdig, wie er den recht aggressiven und leicht aufbrausenden Hawk verkörpert, so überzeugend spielt er den völlig gegensätzlichen Commander Sisko, der sich stets unter Kontrolle hat.
Da die Vorgabe für die Rolle des Sisko besagte, der Commander sei mit der Versetzung auf die Raumstation unzufrieden, spielte Brooks so realistisch, daß mehrere Szenen noch einmal gedreht werden mußten; da Brooks so distanziert wirkte, befürchtete man, die Sympathien des Publikums nicht gewinnen zu können.
Wie sehr sich aber der private Brooks von seinen Rollen unterscheidet, konnte man 1994 in einer Talkshow mit Larry King sehen, der dem vor Energie überschäumenden Brooks bescheinigte, er könne alleine eine Talkshow bestreiten, als Moderator und Gast in einer Person.
Im Verlauf der bisherigen zwei Seasons hat sich die Einstellung des Sisko weiterentwickelt und erlaubt Brooks, mehr aus sich herauszugehen. Zum Schluß der zweiten Season von *Star Trek – Deep Space Nine* führte er erstmals Regie.
In der Drehpause zwischen zweiter und dritter Season spielte Brooks in zwei Fernsehfilmen zur mittlerweile eingestellten Serie *Spenser: For Hire* wieder die Rolle des Hawk.

SERIEN:

1985–1988 als Hawk in *Spenser: For Hire;*
1989 als Hawk in *A Man Called Hawk.*

FILME:

1984 Solomon Northup's Odyssey;
1987 Uncle Tom's Cabin (TV).

Joel Brooks

Falow in »Move Along Home« (D10).
Geb. in New York City.

SERIEN:

1982 als Lt. Billy Dean in *Private Benjamin;*
1983 als Barney Betelman in *Teachers Only;*
1985 als Randy in *Hail to the Chief;*
ab 1986 als J. D. Lucas in *My Sister Sam.*

GASTAUFTRITTE:

Hunter (1989) »Investment in Death«; M*A*S*H (1980) »Cementing Relationships«; The Twilight Zone (1986) »Cold Reading«.

FILME:

1986 The Mating Season (SOS – Zwei Schwiegermütter);
1989 Skin Deep (Skin Deep – Männer haben's auch nicht leicht);
1990 Dinner at Eight (TV);
1991 Are You Lonesome Tonight (TV; Flirt mit dem Tod – Eine gnadenlose Affäre).

Stephen Brooks

Ensign Garrovick in »Obsession« (C43).
Geb. 1942 in Ohio, Columbus.

SERIEN:

1963–64 als Ned Lowry in *The Nurses;*
1965–67 als Jim Rhodes in *The F.B.I.;*
1970–71 als Dr. Greg Pettit in *The Interns.*

Brian Brophy

Commander Bruce Maddox in »The Measure of a Man« (N35).

FILME:

o. J. Paranoia;
1988 Skinheads (Skinheads in USA);
1989 An Innocent Man;
1991 Shattered (Tod im Spiegel).

Caitlin Brown

Ty Kajada in »The Passenger« (D9);
Vekor in »Gambit Part I« (N156), »Gambit Part II« (N157).

Georgia Brown

Helena Rozhenko in »Family« (N76), »New Ground« (N110).

FILME:

1965 A Study in Terror (Sherlock Holmes' größter Fall);
1968 The Fixer (Ein Mann wie Hiob);
1970 Long Ago Tomorrow;
1973 Tales That Witness Madness (Geschichten, die zum Wahnsinn führen);
1976 The Bawdy Adventures of Tom Jones (Vagabund in tausend Nöten);
1979 The Devil's Undead;
1987 Burnin' Love/Love at Stake (Verhext noch mal!).

Marcia Brown

Alice in »Shore Leave« (C16).

Robert Brown

Lazarus in »The Alternative Factor« (C28).
Geb. 1927 auf den schottischen Hebriden, aufgewachsen in New York City.
Robert Brown wurde kurzfristig als Ersatz für John Drew Barrymore verpflichtet, der nach dem ersten Drehtag nicht wieder erschien.
1948 bekam Brown seine erste Broadway-Rolle in »Skipper Next to God«. Ab 1957 erhielt er verschiedene feste Serienengagements; 1976 zog sich Brown völlig von der Schauspielerei zurück, da sie sich nicht so entwickelt hatte, wie er es sich erhofft hatte. Heute arbeitet er als Sprecher für Radio- und TV-Werbung.

SERIEN:

1957 als Mönch in *Ivanhoe;*
1968–70 als Jason Bolt in *Here Come the Brides;*
1971 in *Primus.*

GASTAUFTRITTE:

Dick Powell Theatre (1962) »Colossus«; Perry Mason; Twelve O'Clock High (1965) »Mutiny at 10000 Feet«.

FILME:

1957 The Steel Bayonet (Stahlbajonett);
1965 One Million Years B. C. (Eine Million Jahre vor unserer Zeit).

Kathie Browne

Deela in »Wink of an Eye« (C67).

SERIEN:

1965 als Liz Andrews in *Slattery's People;*
1967 als Angie Dow in *Hondo.*

FILM:

1967 Hondo and the Apaches (Zusammenschnitt aus drei Episoden der Serie *Hondo*).

Karl Bruck

König Duncan in »The Conscience of the King« (C14).

Ellen Bry

Dr. Farallon in »The Quality of Life« (N135).

SERIEN:

1978–79 als Julie Mason in *The Amazing Spider Man;*
1982–85 als Schwester Shirley Daniels in *St. Elsewhere.*

GASTAUFTRITTE:

CHiPs (1979) »High Octane«; Salvage-I (1979) »Golden Orbit«.

FILME:

1979 Spiderman: The Dragon's Challenge (Spider-Man gegen den gelben Drachen);
1986 I-Man (TV; I-Man – Die Kampfmaschine aus dem All).

Clara Bryant

Chandra in »Move Along Home« (D10).

Todd Bryant

Captain Klaa in *Star Trek V – The Final Frontier.*

GASTAUFTRITTE:

Baywatch (1989) »Rookie School«; 21 Jump Street (1988) »Fun with Animals«; Werewolf (1988) »To Dream of Wolves«.

FILME:

1984 Lovelines (dito);
1988 Beach Balls (dito).

Ursaline Bryant

Captain Tryla Scott in »Conspiracy« (N25).

Geneviève Bujold

Captain Elizabeth Janeway in *Star Trek: Voyager.*
Geboren 1942 in Kanada.
Mitte September 1994 gab man bekannt, daß die gestandene Filmschauspielerin als Captain für die neue Serie *Star Trek: Voyager* engagiert wurde. Das *Time*-Magazin vom 26. September 1994 berichtet aber, daß sie bereits nach drei Drehtagen aus den Dreharbeiten ausstieg, da ihr die Hektik einer wöchentlichen TV-Serie zu groß war. Bei Redaktionsschluß war nicht bekannt, ob Geneviève Bujold doch noch überredet werden konnte oder ob eine andere Darstellerin gesucht werden muß.

FILME:

1966 King of Hearts;
1969 Anne of a Thousand Day (Königin für tausend Tage);
1972 The Trojan Women (Die Troerinnen);
1974 Earthquake (Erdbeben);
1976 Obsession (Schwarzer Engel);
1976 Swashbuckler (Der scharlachrote Pirat);
1977 Another Man, Another Chance;
1978 Coma (dito);
1979 Murder by Decree (Mord an der Themse);
1980 Last Flight of Noah's Arc (Bruchlandung im Paradies);
1981 Mistress of Paradise (Das letzte Paradies – Schatten der Vergangenheit);
1982 Monsignor (dito);
1984 Choose Me (Choose Me – Sag ja);
1984 Tightrope (Der Wolf hetzt die Meute);
1988 Dead Ringers (Die Unzertrennlichen);
1988 The Moderns (dito);
1990 False Identity (Evil Blood);
1990 Les noces de papier (Scheinehe).

Brooke Bundy

Chefingenieur Sarah MacDougal in »The Naked Now« (N3).
Geb. 1944

GASTAUFTRITTE:

Amos Burke; CHiPs (1982) »The Spaceman Made Me Do It«; Circle of Fear; Cowboy in Africa (1967) »The Hesitant Hero«; The Magician; The Man from U.N.C.L.E. (1964) »The Deadly Games Affair«; Mission: Impossible (1969) »The Controllers«; The Rookies (1972) »A Bloody Shade of Blue«; Search; Secret Agent; Starman (1987) »Starscape«; Voyage to the Bottom of the Sea (o. J.) »The Cyborg«; Wonder Woman.

FILME:

1969 Along Came a Spider (Das Netz der Spinnen);
1969 The Gay Deceivers (Ein Stall voll süßer Bubis);
1974 A Beautiful Killing (TV);
1975 The Centerfold Murders (TV);
1976 Francis Gary Powers: The True Story of the U-2 Spy Incident (TV);
1978 Crash of Flight 401 (Todesflug 401);
1985 Explorers;
1987 A Nightmare on Elm Street 3: The Dream Warriors;
1988 A Nightmare on Elm Street 4: The Dream Master;
1988 Twice Dead;
1988 Beverly Hills Body Snatchers (dito);
1989 Riding the Edge (Red Fox);
1989 Night Visitor (Never Cry Devil).

Michael Riley Burke

Goval in »Descent Part II« (N153);
Hogue in »Profit and Loss (D38).

Elkanah J. Burns

Temarek in »The Vengeance Factor« (N57).

Tim Burns

Russ in »The Doomsday Machine« (C36).

LeVar Burton

Geordi LaForge in *Star Trek – The Next Generation* und *Star Trek: Generations.*
Geb. 16. Februar 1957 in Landstuhl bei Kaiserslautern.
LeVar Burtons Vater arbeitete als Fotograf im US Signal Corps, seine Mutter war Lehrerin und Sozialarbeiterin. Burton war erst wenige Jahre alt, als seine Eltern von Deutschland in die USA nach Kalifornien zurückkehrten. Als er 13 Jahre alt war, beschloß er, Priester zu werden; später besuchte er ein Priesterseminar, nach zwei Jahren verließ er dieses Seminar aber und wandte sich der Schauspielerei zu. Er studierte Schauspiel an der University of Southern California und wurde schließlich 1977 für die Hauptrolle des Sklaven Kunta Kinte in dem Fernsehmehrteiler *Roots* ausgesucht. Die Serie war ein weltweiter Erfolg und machte Burton praktisch über Nacht weltberühmt.
Der Erfolg zahlte sich aus, und Burton bekam in der Folgezeit Rollen in zahlreichen Kino- und Fernsehfilmen. Außerdem gründete er eine eigene Produktionsgesellschaft für Film und Fernsehen. Seit 1983 ist er Präsentator der Kinderserie *Reading Rainbow.*

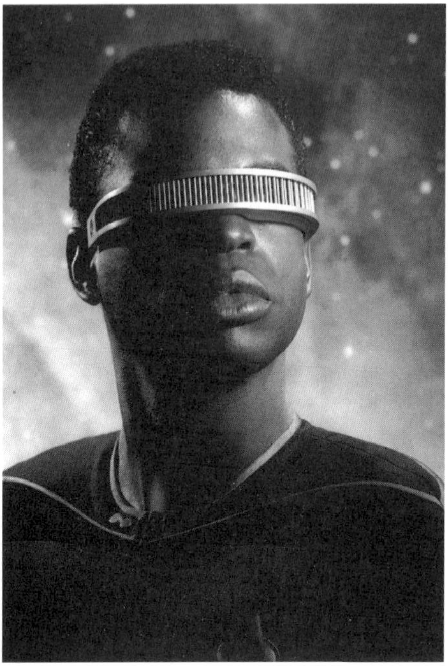

LeVar Burton

In *Star Trek – The Next Generation* bekam er die Rolle des blinden Navigators Geordi LaForge, die nach einem behinderten und jung gestorbenen *Star Trek*-Fan, George LaForge, benannt wurde. Der Weg zu *Star Trek – The Next Generation* führte für Burton über eine Rolle in dem Fernsehfilm *Emergency Room,* der von Robert Justman produziert wurde. Während der Dreharbeiten entpuppten beide sich als große *Star Trek*-Fans, und diese Gespräche blieben Justman, der auch an der Produktion von *Star Trek – The Next Generation* beteiligt war, in lebhafter Erinnerung. Er lud Burton zu einem Vorstellungsgespräch und zum Testlesen ein. Wenig später bekam er die Rolle.
In seiner Funktion als Navigator war für Geordi LaForge eine nur geringe Beteiligung an der Handlung vorprogrammiert. Bereits in der Vorläuferserie hatte George Takei als Sulu nur selten größere Szenen. Diese unglückliche Situation änderte sich zu Burtons Vorteil mit dem Ausscheiden von Denise Crosby zum Ende der ersten Season.
1988 war Burton gemeinsam mit Nichelle Nichols in dem SF-/Horrorfilm *The Supernaturals* zu sehen, einem Film, der als Kinoproduktion begann, der aber nach dem Konkurs der Produktionsgesellschaft als Videoveröffentlichung endete.

Mit Beginn der zweiten Season wurden diverse Umstellungen vorgenommen, Geordi LaForge wurde von der Brücke in den Maschinenraum versetzt und zum Chefingenieur befördert – eine Rolle, die Burton in den folgenden Jahren deutlich mehr Beteiligung am Geschehen gab. Er wurde zwar nicht allzu oft zum Mittelpunkt der Handlung, seine Auftritte waren aber stets überzeugend. Ein zentrales Problem der Rolle war, daß die Produzenten ihn als einen Typ charakterisierten, der zwar seine Arbeit bis zur Perfektion verrichtete, aber offensichtliche Schwierigkeiten im Umgang mit Frauen hatte. Diese Entwicklung gefiel Burton zwar nicht sonderlich, aber es blieb ihm nichts anderes übrig, als sich mit den Umständen zufriedenzugeben. So wie Jonathan Frakes und Patrick Stewart erlaubten die Produzenten auch ihm, bei *Star Trek – The Next Generation* als Regisseur zu debütieren.

SERIEN:

1977 als Kunta Kinte in *Roots;*
ab 1983 Präsentator von *Reading Rainbow;*
1988 als Kunta Kinte in *Roots: The Gift.*

GASTAUFTRITTE:

Love Boat; Murder She Wrote.

FILME:

o. J. The Guayana Tragedy: The Story of Jim Jones (Das Guayana-Massaker);
1976 Almos' a Man;
1977 Billy: Portrait of a Street Kid (TV);
1977 Looking for Mr. Goodbar (Auf der Suche nach Mr. Goodbar);
1978 One in a Million: The Ron LeFlore Story (TV);
1978 Battered;
1979 Dummy (TV; Mauern des Schweigens);
1980 The Hunter (Jeder Kopf hat seinen Preis);
1981 Grambling's White Tiger (TV);
1983 Emergency Room (TV; Notarzt Dr. Sullivan);
1984 The Jesse Owens Story (TV);
1986 Midnight Hour (Halloween – Besuch aus dem Jenseits);
1988 The Supernaturals (Rebellen des Grauens);
1993 Firestorm (TV; 72 Stunden in der Flammenhölle).

Merritt Butrick

David Marcus in *Star Trek II – The Wrath of Khan, Star Trek III – The Search for Spock;*
Tejon in »Symbiosis« (N22).
Geb. 3. September 1959 in Gainesville, Florida. Gestorben 17. März 1989 in Los Angeles.

Merritt Butrick

Butrick hatte zahlreiche Auftritte in Theateraufführungen, außerdem war er in dem Film *The Whiz Kid* zu sehen. Im Fernsehen hatte er 1982/83 eine permanente Rolle in der Serie *Square Pegs* als Johnny Slash sowie Gastauftritte in zahlreichen Serien, darunter in *Hill Street Blues* und *Jake and the Fatman.* Butricks Rolle in *Star Trek II – The Wrath of Khan* war ähnlich gewichtig wie die von Kirstie Alley als Saavik – wohl einer der maßgeblichen Gründe dafür, daß seine Rolle bereits in *Star Trek III – The Search for Spock* auf ein Minimum reduziert wurde und David Marcus schließlich durch Tod ausschied. In einem Interview erklärte Butrick aber später, daß er über diese Entwicklung nicht verärgert war, sondern es vielmehr begrüßte, daß er nicht für alle Zeit als Kirks Sohn betrachtet wurde. Leider wäre ihm diese unangenehme Rolle auch nicht allzu lange gewährt worden. Er wirkte noch einmal in einer anderen Rolle in *Star Trek – The Next Generation* mit, starb aber 1989 an der Folgen der Immunschwäche AIDS.

SERIE:

1982–83 als Johnny Slash in *Square Pegs.*

GASTAUFTRITTE:

Jake and the Fatman (o. J.) (»Engelsgesicht«); The Law and Harry McGraw (o. J.) (»Mit Pfeil und Bogen«); Hill Street Blues.

FILME:

1985 Head Office (Männer für jeden Job);
1986 Booby Trap (M.R.C.V. – Der Killerrobot);
1987 Shy People (Shy People – Bedrohliches Schweigen).
1990 Death Spa (Witch Bitch – Tod aus dem Jenseits);

Amick Byram

Ian Andrew Troi in »Dark Page« (N159).

Carl Byrd

Lt. Shea in »By Any Other Name« (C52).

GASTAUFTRITTE:

Mission: Impossible (1972) »Underground«; Daktari (1968) »The Big Switch«.

C

Anthony Call

Lt. Dave Bailey in »The Corbomite Manœuver« (C11).

GASTAUFTRITTE:

Combat! (1965) »Hills Are for Heroes«; The Fugitive (1964) »Fun and Games and Party Favors«; 77 Sunset Strip (1963) »Reunion at Balboa«.

J.D. Callum

Toral in »Redemption Part I« (N100).

William Campbell

Trelane in »The Squire of Gothos« (C18);
Captain Koloth in »The Trouble with Tribbles« (C45), »Blood Oath« (D39).
Geb. 30. Oktober 1926 in Newark, New Jersey.

SERIEN:

1958–59 als Jerry Austin in *Cannonball;*
1986–88 als Detective Joey Indelli in *Crime Story.*

GASTAUFTRITTE:

The Bigelow Theatre; Combat! (1967) »Nightmare on the Red Ball Run«; Garrison's Gorillas (1967) »The Magnificient Forger«; Next Step Beyond (1978) »Portrait of the Mind«; The Wild Wild West (1966) »The Night of the Freebooters«.

FILME:

o. J. Sweet Charlotte;
1950 Breaking Point (Menschenschmuggel);
1951 The People Against O'Hara;
1951 Operation Pacific (Unternehmen Seeadler);
1952 Holiday for Sinners;
1953 Battle Circus (Arzt im Zwielicht);
1953 Escape from Fort Bravo;
1953 Small Town Girl;
1953 The Big Leaguer;
1955 Running Wild (Die Ungezähmten);
1955 Man without a Star (Mit stahlharter Faust);
1955 Cell 2455 Death Row (Todeszelle 2455);

1956 Backlash (Das Geheimnis der fünf Gräber);
1956 Love Me Tender (Pulverdampf und heiße Lieder);
1958 The Naked and the Dead (Die Nackten und die Toten);
1958 The Sheriff of Fractured Jaw (Sheriff wider Willen);
1963 Dementia 13 (dito);
1982 Quincy's Wedding (TV; Quincys Hochzeit);
1990 Checkered Flag (Thunder Race).

William O. Campbell

Captain Thadiun Okona in »The Outrageous Okona« (N30).

SERIE:

1984–85 als Luke Fuller in *Dynasty.*

FILM:

1991 The Rocketeer (Rocketeer).

Richard Cansino

Dr. Garin in »Deja Q« (N61).

Timothy Carhart

Lt. Cmdr. Christopher Hobson in »Redemption Part II« (N101).

GASTAUFTRITT:

Quantum Leap (1991) »Nuclear Family, October 26, 1962«.

FILME:

1989 Pink Cadillac (dito);
1991 Quicksand: No Escape (Am Abgrund);
1991 Thelma & Louise (dito);
1992 Red Rock West (dito).

Richard Carlyle

Lt. Karl Jaeger in »The Squire of Gothos« (C18).

SERIE:

1951 als Casey in *Crime Photographer.*

Roger C. Carmel

Harcourt (Harry) Fenton Mudd in »Mudd's Women« (C7), »I, Mudd« (C38).
Geb. 1932 in Brooklyn, New York; gest. 11. November 1986.

Roger C. Carmel wollte zunächst eine Karriere als Schriftsteller einschlagen, entschied sich dann aber, Schauspieler zu werden. Sein Filmdebüt gab er in Hitchcocks *North by Northwest,* wo er allerdings nur in einer kurzen Szene als einer von vielen Statisten in einer Bahnhofshalle zu sehen ist. Ab etwa 1963 war er Gast in vielen Serien und Filmen. 1967 bekam er seine erste feste Serienrolle in *The Mothers-in-Law,* aus der er aber nach eineinhalb Jahren wegen Vertragsstreitigkeiten vorzeitig ausstieg.
Seine Rolle als Harry Mudd spielte er so gut, daß Roddenberry ihm eine eigene Serie in Aussicht stellte, die dann aber wegen Terminschwierigkeiten und auch wegen des damals scheinbaren Mißerfolgs von *Star Trek* schon im frühesten Planungsstadium scheiterte.

SERIEN:
1967–68 als Roger Buell in *The Mothers-in-Law;*
1981 als Lawrence Brody in *Fitz and Bones.*

GASTAUFTRITTE:
Alfred Hitchcock Presents (1965) »The Crimson Witness«; Hart to Hart; The Man from U.N.C.L.E. (1965) »The Ultimate Computer Affair«; McCloud (1975) »The Man with the Golden Hat«; McMillan and Wife (1973) »Death of a Monster – Birth of a Legend«; Route 66 (1964) »There's a Will, There's a Way«; Voyage to the Bottom of the Sea (o. J.) »The Machine Strikes Back«.

FILME:
1959 North by Northwest (Der unsichtbare Dritte);
1963 Act One;
1964 Goodbye Charlie (dito);
1965 The Art of Love (Bei Madame Coco);
1966 The Silencers (Leise flüstern die Pistolen);
1966 Gambit (Das Mädchen aus der Cherry Bar);
1967 The Venetian Affair (Mitternacht Canale Grande);
1970 Skullduggery (Abenteuer in Neuguinea);
1973 Breezy (Begegnung am Vormittag);
1977 Thunder and Lightning (Wie Blitz und Donner);
1977 Close Encounters of the Third Kind (Unheimliche Begegnung der dritten Art);
1981 Hardly Working (Alles in Handarbeit).

Darleen Carr

E'Tyshra in »Armageddon Game« (D33).
Geboren 1950 in Chicago, Illinois.
Darleen Carr wirkte in zahlreichen Serien mit. Die einzige Serie, in der sie eine Hauptrolle spielte *(Miss Winslow and Son),* eine Comedy-Rei-

he, scheiterte wohl nicht zuletzt an der Tatsache, daß die Hauptfigur eine unverheiratete Mutter war, eine für das US-Fernsehen deutlich zu kontroverse Grundidee.
Einen weitaus größeren Bekanntheitsgrad erlangte Darleen Carr durch ihre sporadischen Auftritte als Serientochter von Karl Malden in *The Streets of San Francisco.*

SERIEN:

1965–66 als Kathy in *The John Forsythe Show;*
1969 in *Dean Martin Presents The Golddiggers;*
1971–72 als Cindy Smith in *The Smith Family;*
1972–77 als Jeannie Stone in *The Streets of San Francisco;*
1976–77 als Thomas Caldwell Damon in *Once an Eagle;*
1977 als Margaret Devlin in *The Oregon Trail;*
1979 als Susan Winslow in *Miss Winslow and Son;*
1981–82 als Mary Lou Springer in *Bret Maverick.*

FILME:

1975 Sleepwalker (TV);
1992 Back to the Streets of San Francisco (TV; Zurück auf die Straßen von San Francisco).

Paul Carr

Lee Kelso in »Where No Man Has Gone Before« (C4).
Geb. in New Orleans, Louisiana.
Mit 17 Jahren zog er nach New York und erhielt seine erste Filmrolle in Hitchcocks *The Wrong Man.* Nach seinem unfreiwilligen Ende in *Star Trek* erhielt er zwar eine wiederkehrende Rolle in *Voyage to the Bottom of the Sea,* dennoch zog er sich aus der Schauspielerei zurück und besitzt heute einen Produktionsbetrieb für biologisch angebaute Lebensmittel.

SERIEN:

1966–67 in *Voyage to the Bottom of the Sea;*
1979–81 als Lt. Devlin in *Buck Rogers in the 25th Century;*
1980 als Pat O'Brynne in *Scruples.*

GASTAUFTRITTE:

Airwolf (1984) »One Way Express«; Cain's Hundred (1961) »Comeback«; Columbo (1971) »Ransom for a Dead Man«; Combat! (1966) »Hills Are for Heroes«; Convoy (1965) »Flight from Norway«; The Fugitive (1964) »Dark Corner«; The Gallant Men (1963) »To Hold Up a Mirror«; Hardcastle and McCormick (1986) »When I Look Back on All the Things«; The Invaders (1967) »The Innocent«; Logan's Run (1978) »Stargate«; Magnum P. I. (o. J.) (»Der letzte Auftritt«); Mission: Impossible (1969) »The Test Case«; One Step Beyond (1959) »Reunion«; The Rookies (1973) »Three Hours to Kill«; Twelve O'Clock High (1965) »Loneliest Place in the World«, (1966) »The Hollow Man«.

FILME:

1956 The Wrong Man (Der falsche Mann);
1971 Ben (dito);
1972 The Dirt Gang (Gott sei den Bullen gnädig);
1973 The Severed Arm;
1974 The Bat People (Bat People – Die Blutsauger);
1975 The Deadly Tower (TV; Turm des Schreckens);
1980 Raise the Titanic! (Hebt die Titanic).

Anthony Caruso

Bela Oxmyx in »A Piece of the Action« (C47).

GASTAUFTRITTE:

Cain's Hundred (1962) »The Quick Brown Fox«; Hawaiian Eye (1960) »Sea Fire«; Michael Sharpe, Private Detective (1960) »Murder in Wonderland«; Mission: Impossible (1971) »Shape-Up«; Tarzan (1966) »The Figurehead«; The Unexpected (1952) »Eclipse«, »The Perfectionist«; The Wild Wild West (1966) »The Night of the Green Terror«, (1967) »The Night Dr. Loveless Died«.

FILME:

1945 Objective, Burma! (Der Held von Burma);
1949 The Threat;
1950 The Asphalt Jungle (Asphalt-Dschungel);
1951 Drum Beat (Der einsame Adler);
1956 When Gangland Strikes;
1956 The Big Land (Herrscher über weites Land).

Stephen James Carver

Tayar in »Descent« (N152);
Ibudan in »A Man Alone« (D4).

Nicholas Cascone

Ensign Davies in »Pen Pals« (N41).

FILM:

1988 Vietnam War Story.

Bernie Casey

Lt. Commander Cal Hudson in »The Maquis Part I« (D40), »The Maquis Part II« (D41).

Geboren 8. Juni 1939 in Wyco, West Virginia.
Ex-Profi-Football-Spieler für die San Francisco 49ers und die L. A. Rams.

SERIEN:

1979 als Mike Harris in *Harris and Company;*
1983 als Ozzie Peoples in *Bay City Blues.*

FILME:

1969 Guns of the Magnificent Seven (Die Rache der glorreichen Sieben);
1971 Brian's Song;
1972 Boxcar Bertha (Die Faust der Rebellen);
1973 Cleopatra Jones (Ein Fall für Cleopatra Jones);
1975 Cornbread, Earl and Me;
1976 Dr. Black and Mr. Hyde;
1978 Ring of Passion;
1978 Love Is Not Enough;
1981 The Sophisticated Gents;
1981 Sharky's Machine (Sharky und seine Profis);
1983 Never Say Never Again (Sag niemals nie);
1984 Revenge of the Nerds (Die Rache der Eierköpfe);
1985 Spies Like Us (Spione wie wir);
1987 Backfire (Gesetzlos);
1988 Rent-A-Cop (dito);
1989 I'm Gonna Git You, Sucka!;
1991 Chains of Gold;
1993 The Cemetery Club.

Seymour Cassel

Lt. Cmdr. Hester Dealt in »The Child« (N27).
Geb. 1935.

GASTAUFTRITTE:

Combat! (1964) »Point of View«; Convoy (1965) »Admiral Do-Right«; Twelve O'Clock High (1965) »Hot Shot«, »We're Not Coming Back«, (1966) »Gauntlet of Fire«, »Burden of Guilt«; The Twilight Zone (1964) »The Self-Improvement of Salvadore Ross«; Voyage to the Bottom of the Sea (o. J.) »The Mechanical Man«.

FILME:

1968 Faces (Gesichter);
1976 Black Oak Conspiracy (Verschwörung in Black Oak);
1977 Death Game;
1977 A Very Special Place (Ein ganz besonderer Ort);
1977 The Seducers (Blond und brutal);

1977 Valentino (dito);
1978 The Ravagers (Zum Überleben verdammt);
1979 California Dreaming;
1980 The Mountain Men (Duell am Wind River);
1982 Double Exposure;
1984 Love Streams (dito);
1986 Eye of the Tiger (Der Tiger);
1986 Tin Men (dito);
1987 Survival Game (Dyna Mike);
1988 Johnny Be Good (dito);
1988 Plain Clothes (Plain Clothes – Mord an der Highschool);
1988 Track 29 (Track 29 – Ein gefährliches Spiel);
1989 Cold Dog Soup (Cold Dog – Zur Hölle mit dem Himmelhund);
1990 Cold Heaven (dito);
1990 Dick Tracy (dito);
1991 Dead in the Water (Der perfekte Mord);
1991 Operation Lookout (dito);
1991 White Fang (Wolfsblut);
1992 Chain of Desire (dito);
1992 Diary of a Hitman (Keiner kommt hier lebend raus);
1992 In the Soup (dito);
1992 Love Is Like That (Wild Angel);
1993 Boiling Point;
1993 Indecent Proposal (Ein unmoralisches Angebot).

Ted Cassidy

Ruk in »What Are Little Girls Made of?« (C8).
Geb. 1932 in Pittsburgh, Pennsylvania; gest. 16. Januar 1979.

SERIEN:

1964–66 als Lurch und »Ding« in *The Addams Family;*
1968–69 als Injun Joe in *The New Adventures of Huck Finn.*

GASTAUFTRITTE:

Banacek (1973) »Ten Thousand Dollars a Page« (»Asche zu Asche«); Lost in Space; The Man from Atlantis (1977) »Scavenger Hunt«; The Man from U.N.C.L.E.; Tarzan (1968) »Jungle Ransom«.

FILME:

1973 Genesis II (TV);
1974 Planet Earth (TV).

Reg E. Cathey

Morag in »Aquiel« (N139).

Jerry Catron

Montgomery in »The Doomsday Machine« (C36).

GASTAUFTRITT:
Voyage to the Bottom of the Sea (1967) »Destroy Seaview!«.

Kim Cattrall

Valeris in *Star Trek VI – The Undiscovered Country.*
Geb. 21. August 1956 in Liverpool.
Mit 18 Jahren hatte sie ihr Filmdebüt neben Peter O'Toole in *Rosebud.* In Toronto war sie in der *Rocky Horror Show* zu sehen. Mit ihrem damaligen Mann lebte sie danach einige Jahre in Frankfurt/Main, zog aber dann in die USA um. In Hollywood erhielt sie schon bald Gastauftritte in diversen Serien sowie eine beträchtliche Anzahl Filmengagements.
In *Star Trek VI – The Undiscovered Country* sollte sie eigentlich die dritte Schauspielerin sein, die nach Kirstie Alley und Robin Curtis die Rolle der Saavik übernehmen sollte. Daß dieser Charakter nicht ein weiteres Mal in die Handlung einbezogen wurde, war in erster Linie Gene Roddenberry zu verdanken, der seinen Willen ein letztes Mal durchsetzte und sich dagegen wehrte, daß ein Charakter, den die Zuschauer liebgewonnen hatten, zu einem Verräter gemacht wurde.
Außerdem war Kim Cattrall nicht davon begeistert, als dritte in

Kim Cattrall

eine bereits eingeführte Rolle zu schlüpfen. Sie konnte aber nicht wirklich überzeugen, da die Figur Roddenberrys Konzept zuwiderlief.

SERIE:

1980 als Melanie Adams in *Scruples.*

GASTAUFTRITTE:

Charlie's Angels; Columbo (1978) »How to Dial a Murder« (»Mord per Telefon«); Logan's Run (1977) »Half Life«; The Paper Chase; Quincy, M. E.; Starsky and Hutch; Tales of the Gold Monkey (1983) »Naka Jima Kill«.

FILME:

1974 Rosebud (Unternehmen Rosebud);
1976 Deadly Harvest (1993 – Welt im Chaos);
1978 The Bastard;
1980 The Gossip Columnist (Die Skandalreporterin);
1981 Porky's (dito);
1981 Ticket to Heaven (Das süße Wort Verheißung);
1984 City Limits (City Limits – Sie kennen kein Erbarmen);
1984 Police Academy (Police Academy – ... dümmer als die Polizei erlaubt);
1985 Turk 182 (Das Schlitzohr);
1986 Big Trouble in Little China (dito);
1987 Mannequin (dito);
1988 Masquerade (Masquerade – Ein tödliches Spiel);
1988 Midnight Crossing (dito);
1988 Palais Royale;
1989 Good Night, Michelangelo;
1989 Return of the Musketeers (Rückkehr der Musketiere);
1990 Bonfire of the Vanities (Fegefeuer der Eitelkeiten);
1990 Honeymoon Academy (Flitzerwochen);
1990 Smokescreen;
1991 Miracle in the Wilderness (TV);
1992 Double Vision;
1992 Split Second (dito);
1992 Running Delilah (Cyborg Agent).

Michael Cavanaugh

Captain Robert DeSoto in »Tin Man« (N68).
Geb. in New York City.

SERIEN:

1984 als Captain Lester Cain in *Hunter;*
1986–87 als George Fox in *Starman.*

GASTAUFTRITTE:

The A-Team (1984) »Deadly Maneuvers«; Airwolf (1985) »Fortune Teller«; CHiPs (1981) »Home Fires Burning«; Lois and Clark (1993) »Smart Kids«; Tales of the Gold Monkey (1983) »A Distant Shout of Thunder«; Tour of Duty (1990) »Three Cheers for Orange, White and Blue«.

FILME:

1981 Comeback (dito);
1982 Forced Vengeance (Kalte Wut);
1988 Two to Tango;
1988 Street of Dreams (Straße der Träume);
1990 Full Fathom Five;
1992 Angel Street (TV; dito).

Michael Champion

Boratus in »Captain's Holiday« (N67).

FILME:

1990 Total Recall (Die totale Erinnerung);
1992 The Swordsman (dito);
1993 Private Wars (Defender – Der Tod ist sein Geschäft).

Rosalind Chao

Keiko O'Brien in *Star Trek – The Next Generation* ab »Data's Day« (N85) und in *Star Trek – Deep Space Nine.*
Geb. in Los Angeles.
Rosalind Chao wurde ab der Episode »Data's Day« unregelmäßig in die Handlung der Serie einbezogen.
Im Sommer 1992 wechselte sie gemeinsam mit Colm Meaney zur Ablegerserie *Star Trek – Deep Space Nine.*

SERIEN:

1982–83 als Miss Chung in *Diff'rent Strokes;*
1983 als Soon-Lee in *M*A*S*H* (in den beiden letzten Episoden »As Time Goes By« und »Goodbye, Farewell and Amen«);
1983–84 als Soon-Lee Klinger in *AfterMASH.*

GASTAUFTRITTE:

The A-Team (1986) »Point of No Return«; Bring 'em Back Alive (1982) »The Real World of Frank Buck«; Tour of Duty (1988) »Gray-Brown Odyssey«.

Rosalind Chao

FILME:

1979 The Ultimate Impostor (Computer manipuliert/Der Mann der tausend Eigenschaften);
1979 Spiderman: The Dragon's Challenge (Spider-Man gegen den gelben Drachen);
1983 Heart of a Champion: The Terry Fox Story (TV; Marathon der Hoffnung);
1986 Ein Chinese sucht seinen Mörder (dt.-chin. Koprod.);
1987 Slam Dance (dito);
1988 Shooter (TV; Shooter – Reporter in der Hölle);
1988 White Ghost;
1990 Last Flight Out (Flug in die Freiheit);
1991 Thousand Pieces of Gold;
1992 Intruders (Intruders – Die Aliens sind unter uns).

Lanei Chapman

Ensign Rager in »Galaxy's Child« (N90), »Relics« (N130), »Schisms« (N131).

Susan Christy

Tarrana in »Homeward« (N165).

Clive Church

Maurice Picard in »Tapestry« (N141).

Gordon Clapp

Hadran in »Vortex« (D12).

SERIE:

ab 1986 als Viker in *Check It Out.*

FILME:

1980 Return of the Secaucus Seven (Die Rückkehr nach Secaucus);
1987 Matewan (dito);
1989 Small Sacrifices (Schrei am Abgrund);
1989 Termini Station;
1991 Kurt Vonnegut's Monkey House.

Tom Cleister

Kolus in »Q-less« (D7)

Julie Cobb

Yeoman Leslie Thompson in »By Any Other Name« (C52).
Geb. in Los Angeles. Tochter des Schauspielers Lee J. Cobb.

SERIEN:

1971–72 als Katherine Benson in *The D.A.;*
1977 als Trish in *A Year at the Top;*
1984–85 als Jill Pembroke in *Charles in Charge.*

GASTAUFTRITTE:

CHiPs (1978) »Rainy Day«; The Fantastic Journey (1977) »Turnabout«; Starman (1987) »Fathers and Sons«; Tucker's Witch (1983) »Living and Presumed Dead«.

FILM:

1991 Lisa (Stimme des Todes).

Shannon Cochrane

Kalita in »Preemptive Strike« (N176).

George Coe

Kanzler Avel Durkin in »First Contact« (N89).

SERIEN:

1983 als Dick Novak in *Goodnight, Beantown;*
1987 als Ben Cheviot in *Max Headroom.*

FILME:

1981 Red Flag: The Ultimate Game (Operation Red Flag);
1983 Listen to Your Heart;
1984 A Flash of Green;
1984 Head Office (Männer für jeden Job);
1985 Remo Williams: The Adventure Begins (Remo – Unbewaffnet und gefährlich);
1987 Blind Date (Blind Date – Verabredung mit einer Unbekannten);
1987 Best Seller (Bestseller);
1990 The End of Innocence;
1991 The Hollywood Detective.

Megan Cole

Noor in »The Outcast« (N117).

John Colicos

Commander Kor in »Errand of Mercy« (C27), »Blood Oath« (D39).
Geb. 10. Dezember 1928 in Toronto, Kanada.

SERIEN:

o. J. in *General Hospital;*
1978–79 als Graf Baltar in *Battlestar Galactica.*

GASTAUFTRITTE:

Alfred Hitchcock Presents (1987) »Deathmate«; The Hitchhiker (o. J.) (»Kleine Diebe«); Mission: Impossible (1967) »The Reluctant Dragon«, (1968) »The Play«, (1970) »Flight«; The Night Gallery (1971) »Lone Survivor«; Scarecrow and Mrs. King (o. J.) (»Unter Hypnose«); The Starlost (1973) »The Goddess Calabra«; Switch (o. J.) (»Verschollen im Koronado-Dreieck«); Then Came Bronson (1970) »Still Waters«; War of the Worlds (1988) »The Prodigal Son«, (1989) »My Soul to Keep«.

FILME:

1955 Passport to Treason (Jaguar packt zu);
1969 Anne of the Thousand Days (Königin für tausend Tage);
1971 Raid on Rommel (Im Morgengrauen brach die Hölle los);
1972 The Wrath of God (Zum Teufel mit Hosianna);
1973 Scorpio (dito);
1976 Drum (Die Sklavenhölle der Mandingos);
1976 King Solomon's Treasures (König Salomons Schatz);
1980 Phobia (dito/Labyrinth der Angst);
1981 The Postman Always Rings Twice (Wenn der Postmann zweimal klingelt);
1987 Nowhere to Hide (Die Unbarmherzigen);

John Colicos

1989 Shadow Dancing;
1990 In Defense of a Married Man (TV; Mörderischer Verdacht).

Christopher Collins

Kargan in »A Matter of Honor« (N34);
Grebnedlog in »Samaritan Snare« (N43);
Durg in »The Passenger« (D9);
Assistent des Albinos in »Blood Oath« (D39).

Joan Collins

Edith Keeler in »The City on the Edge of Forever« (C29).
Geb. 23. Mai 1933 in London. Schwester der Erfolgsautorin Jackie Collins.
Mit neun Jahren spielte sie ihre erste Theaterrolle als Junge in *A Doll's House.* Seit 1951 ist sie permanent im Filmgeschäft. Ihr US-Filmdebüt hatte sie in *Land of the Pharaohs.* Sie bekam in zahlreichen Serien Gastrollen, den größten internationalen Erfolg erzielte sie trotz ihrer beträchtlichen Filmographie in der Rolle der Alexis Colby in *Dynasty.* Darüber hinaus geriet sie insbesondere durch ihre unglücklich verlaufenden Ehen in die Schlagzeilen der internationalen Regenbogenpresse.
Erst vor kurzem folgte sie der seit Jahren anhaltenden Welle und veröffentlichte ein Fitneß-Video.
Ihre Rolle in *Star Trek* war eine ungewöhnlich positive, während sie in den meisten anderen Produktionen Rollen mit relativ schlechtem Cha-

Joan Collins

rakter spielte, die sie nicht zuletzt wegen finanzieller Schwierigkeiten annehmen mußte.

SERIEN:

1976 *The Moneychangers* (Miniserie);
ab 1981 als Alexis Colby in *Dynasty;*
1985 als Helene Junot in *Sins;*
1986 als Katrina Petrovna in *Monte Carlo.*

GASTAUFTRITTE:

Batman (1967) »Ring Around the Riddler«, »Wail of the Siren«; Fantastic Journey (1977) »Turnabout«; Fantasy Island (1980) »My Fair Pharaoh«; Future Cop (1977) »The Kansas City Kid«; Love Boat (1983) »The Captain's Crush« (»Eine haarige Angelegenheit«); The Man from U.N.C.L.E. (1966) »The Galatea Affair«; Mission: Impossible (1969); Orson Welles' Great Mysteries (1973) »The Dinner Party«; The Persuaders (1971) »Five Miles to Midnight«; Police Woman (1976) »The Pawnshop« (»Die Schlüsselfigur«); Run for Your Life (1966) »The Borders of Barbarism«; Space: 1999 (1975) »Mission of the Darians«; Tales of the Unexpected (1979) »Neck and Georgy Porgy«, »A Girl Can't Always Have Everything«; The Virginian (1967) »The Lady from Wichita« (»Zwei feine Damen«).

FILME:

1951 Lady Godiva Rides Again (Maxie macht Karriere);
1951 Judgment Deferred;
1952 I Believe in You;
1952 The Woman's Angle;
1953 The Cosh Boy;
1953 The Square Ring (Jim, der letzte Sieger);
1953 Decameron Nights (Boccaccios große Liebe);
1953 Turn the Key Softly (Frauen auf Abwegen);
1953 Our Girl Friday;
1954 The Good Die Young (Vier bleiben auf der Strecke);
1955 Land of the Pharaohs (Das Land der Pharaonen);
1955 The Girl in the Red Velvet Swing (Das Mädchen auf der roten Samtschaukel);
1955 The Virgin Queen (Die jungfräuliche Königin/Rebell ihrer Majestät);
1956 The Opposite Sex (Das schwache Geschlecht);
1957 Sea Wife (Treibgut der Leidenschaft);
1957 Island in the Sun (Heiße Erde);
1957 Stop Over Tokyo (Geheimring Nippon);
1957 The Wayward Bus (Wo alle Straßen enden);
1958 The Bravados (Bravados);
1958 Rally 'round the Flag, Boys (Keine Angst vor scharfen Sachen);
1960 Seven Thieves (Sieben Diebe);
1960 Esther and the King (Das Schwert von Persien);
1962 The Road to Hong Kong (Der Weg nach Hongkong);
1965 La congiuntara/Cent millions ont disparu (Auf eine ganz krumme Tour);
1967 Warning Shot (Der Todesschuß);
1967 Stato d'assedio;
1969 If It's Tuesday, This Must Be Belgium (So reisen und so lieben wir);
1969 Subterfuge (Agenten leben gefährlich/Ausflucht);
1969 Can Hieronymus Merkin Ever Forget Mercy Humppe and Find True Happiness? (Die Gelüste des Hieronymus);
1969 Drive Hard, Drive Fast;
1970 The Executioner (Der Vollstrecker);
1970 Up in the Cellar (Der Nacktstar);
1971 Quest for Love (dito);
1971 Revenge;
1972 Fear in the Night (Furcht in der Nacht);
1972 Tales from the Crypt (Geschichten aus der Gruft);

1972 The Man Who Came to Dinner (Der Mann, der zum Essen kam);
1973 The Aquarian (TV);
1973 Dark Places (Das Grab der lebenden Puppen);
1973 Tales that Witness Madness (Geschichten, die zum Wahnsinn führen);
1974 Il ricchiamo del lupo/La llamada del lobo (Der Ruf des Wolfes);
1974 Playing the Field;
1975 The Devil within Her;
1975 Oh, Alfie (Alfie, der liebestolle Schürzenjäger);
1976 The Bawdy Adventures of Tom Jones (Vagabund in tausend Nöten);
1976 I Don't Want to Be Born;
1977 Empire of the Ants (In der Gewalt der Riesenameisen);
1977 Poliziotto senza paura (Die Zuhälterin);
1977 The Day of the Fox;
1978 The Big Sleep (Tote schlafen besser);
1978 Fearless;
1978 The Stud (Die Stute/Das Superbiest);
1978 Zero to Sixty (Erst 16 und schon auf vollen Touren);
1979 The Bitch (Lady Diamond);
1979 Sunburn (Heiße Hölle Acapulco/dito);
1979 A Game for Vultures (Spiel der Geier);
1982 Hansel and Gretel (TV);
1982 Homework (Teenage Love);
1982 The Innocents Abroad (TV; Die Arglosen im Ausland);
1982 Paper Dolls (TV);
1982 The Wild Women of Chastity Gulch (TV);
1982 Nutcracker (Falsches Spiel);
1983 The Making of a Male Model (TV; Ein Traummann auf der Titelseite);
1984 Her Life as a Man (TV);
1985 The Cartier Affair (TV; Die Cartier-Affäre);
1985 Dynasty of Fear;
1989 The Children (Meine liebe Rose).

Paul Collins

Zlangco in »Battle Lines« (D13).

Rickey D'Shon Collins

Eric in »Masks« (N169), »First Born« (N173).

Stephen Collins

Commander Willard Decker in *Star Trek – The Motion Picture.*
Geb. 1. Oktober 1949 in Des Moines, Iowa.

Stephen Collins

Collins hatte umfangreiche Theatererfahrung sammeln können, bevor man ihn für die Rolle des Commander Decker in *Star Trek – The Motion Picture* verpflichtete. Ursprünglich hatte er die gleiche Rolle in der geplanten Neuauflage der Serie spielen sollen, die aber kurz vor Drehbeginn gekippt wurde, und das ganze Projekt endete als Kinofilm. Collins war nicht besonders begeistert von dieser Rolle, aber zur Zeit der Vertragsunterzeichnung war sein Part noch deutlich größer.
Da sich aber in den Verträgen von William Shatner und Leonard Nimoy die Zusicherung befand, nach Überschreiten einer gewissen Drehzeit ein Mitspracherecht hinsichtlich des Drehbuchs zu bekommen, wendete sich das Blatt für Collins etwa in der Mitte des Films. Er selbst war nicht so unglücklich, daß seine Figur zum Filmschluß hin ausschied; so konnte er relativ sicher sein, nicht ein weiteres Mal mitwirken zu müssen.
1982 bekam Collins die Hauptrolle in der Serie *Tales of the Gold Monkey*, die aber nur eine Season lang überlebte. Von der Idee her gut angelegt, wurde sie vom Studio aber als an die *Indiana Jones*-Filme angelehnt vermarktet, ein Anspruch, den die Serie nie hatte erfüllen wollen.

Das wurde vom Publikum zwangsläufig mißverstanden und mit entsprechendem Desinteresse quittiert. Seitdem war Collins in zahlreichen Filmen und diversen Miniserien zu sehen; heute kann er auf eine recht erfolgreiche Karriere zurückblicken, die noch lange nicht ihren Höhepunkt erreicht haben dürfte. Einer seiner bemerkenswertesten Auftritte war der als Präsident John F. Kennedy in *A Woman Named Jackie*, eine Rolle, die man ihm auf den ersten Blick nicht unbedingt abnehmen würde. Die Serie konnte die Zuschauer vom Gegenteil überzeugen und einen sehr glaubwürdigen Stephen Collins präsentieren.

SERIEN:

1977 als David Spaulding in *The Rhineman Exchange;*
1982–83 als Jake Cutter in *Tales of the Gold Monkey;*
1982 in *Inside the Third Reich;*
1983 als Billy Lee in *Chiefs;*
1991 als John F. Kennedy in *A Woman Named Jackie;*
1994 als Ashley Wilkes in *Scarlett.*

GASTAUFTRITTE:

The Waltons; Charlie's Angels.

FILME:

1975 Visit from a Dead Man (TV);
1977 Between the Lines (Zwischen den Zeilen);
1979 The Promise;
1980 Loving Couples (Ein Walzer vor dem Frühstück);
1980 The Henderson Monster;
1985 Brewster's Millions (Zum Teufel mit den Kohlen);
1986 Choke Canyon;
1986 Hold the Dream (TV);
1986 Jumpin' Jack Flash (dito);
1988 Weekend War;
1988 The Big Picture (dito);
1990 Stella (dito);
1992 My New Gun (dito);
1985 On Dangerous Ground (Der einsame Kämpfer);
1987 The Two Mrs. Greenvilles (Society).

Frank Collison

Gul Dolak in »Ensign Ro« (N103).

FILME:

1990 Backstreet Dreams (Im Dschungel der Unterwelt);
1991 Dollman (dito).

Paul Comi

Lt. Andrew Stiles in »Balance of Terror« (C15).
Geb. 1932.

SERIEN:

1959 in *Men Into Space;*
1960–61 als Deputy Johnny Evans in *Two Faces West;*
1961–62 als Chuck Lambert in *Ripcord.*

GASTAUFTRITTE:

The Alfred Hitchcock Hour (1965) »The Crimson Witness«; CHiPs (1978) »The Volunteers«; The Invaders (1967) »Storm«; Police Story; Twelve O'Clock High (1964) »Golden Boy Had Nine Black Sheep«, (1966) »Falling Star«, (1966) »Massacre«; The Twilight Zone (1960) »People Are Alike All Over«, (1961) »The Odyssey of Flight 33«, (1963) »The Parallel«; Voyagers! (1982) »The Travels of Marco ... and Friends«; The Wild Wild West (1966) »The Night of the Two-Legged Buffalo« und (1966) »The Night of the Ready Made Corpse«.

FILM:

1972 Conquest of the Planet of the Apes (Eroberung vom Planet der Affen).

Sharon Conley

Jomat Luson in »Cardassians« (D25).

John P. Connolly

Lote in »True Q« (N132).

Bart Conrad

Captain Krasnowsky in »Court-Martial« (C21).

Kevin Conway

Kahless in »Rightful Heir« (N149).

FILME:

1971 Slaughterhouse Five (Schlachthof 5);
1976 The Gardener's Son (Der Sohn des Gärtners);
1977 The Deadliest Season (Blutiges Eis);
1982 The Elephant Man (TV);
1984 Flashpoint;
1986 Rage of Angels (Die Macht der Mächtigen);
1988 Homeboy;

1991 One Good Cop (Selbstjustiz – Ein Cop zwischen Liebe und Gesetz);
1991 Rambling Rose (Die Lust der schönen Rose);
1992 Jennifer 8 (dito).

Elisha Cook, jr.

Samuel T. Cogley in »Court-Martial« (C21).
Geb. 26. Dezember 1906 in San Francisco.

SERIE:

1983–88 als Francis Hofstetler alias »Ice Pick« in *Magnum P. I.*

GASTAUFTRITTE:

The A-Team (1985) »The Road to Hope«; Bring 'em Back Alive (1982) »Wilmer Bass and the Serengeti Kid«; Kolchak: The Night Stalker (1972; Pilotfilm); Surf Side Six (1961) »Witness for the Defense«; Thriller (1960) »The Fatal Impulse«; The Twilight Zone (1986) »Welcome to Winfield«; The Wild Wild West (1965) »The Night of the Double-Edged Knife«, (1966) »The Night of the Bars of Hell«.

FILME:

1940 Stranger on the Third Floor;
1941 The Maltese Falcon (Die Spur des Falken);
1944 Dark Waters;
1945 Dillinger (Jagd auf Dillinger);
1946 The Big Sleep (Tote schlafen fest);
1947 Born to Kill;
1947 The Gangster;
1951 Drum Beat (Der einsame Adler);
1952 Don't Bother to Knock (Herein ohne anzuklopfen);
1953 Shane (Mein großer Freund Shane);
1956 The Killing (Die Rechnung ging nicht auf);
1957 The Lonely Man (Der Einsame);
1957 Chicago Confidential (Chicago vertraulich);
1958 House on Haunted Hill (Das Haus auf dem Geisterhügel);
1961 One-Eyed Jacks (Der Besessene);
1963 The Haunted Palace (Die Folterkammer des Hexenjägers);
1963 Papa's Delicate Condition;
1965 The Spy in the Green Hat (Der Mann im grünen Hut);
1968 Rosemary's Baby (Rosemaries Baby);
1970 Night Chase (Flucht nach San Diego);
1972 The Great Northfield Minnesota Raid (Der große Minnesota-Überfall);
1973 Electra Glide in Blue (Harley Davidson 344);
1973 Pat Garrett and Billy the Kid (Pat Garrett jagt Billy the Kid);

Elisha Cook, jr.

1974 The Black Bird (Die Jagd nach dem Malteser-Falken);
1975 Winterhawk (dito);
1976 St. Ives (Der Tag der Abrechnung);
1977 Mad Bull (dito);
1978 Messiah of Evil (Messias des Bösen);
1979 Salem's Lot (Brennen muß Salem);
1980 Tom Horn (Ich, Tom Horn);
1981 Leave 'em Laughing;
1981 Harry's War (Harrys ganz privater Krieg);
1982 Hammett (dito).

Charles Cooper

General Korrd in *Star Trek V – The Final Frontier;*
K'mpec in »Sins of the Father« (N65), »Reunion« (N81).

SERIE:

1981–84 als Sheriff in *Father Murphy.*

GASTAUFTRITTE:

Alfred Hitchcock Presents (1957) »I Killed the Count«; CHiPs (1977) »Career Day«; Hardcastle and McCormick (1984) »School for Scandal«.

FILM:
1956 The Wrong Man (Der falsche Mann).

John Copage

Elliot in »The Doomsday Machine« (C36).

Glenn Corbett

Zefrem Cochrane in »Metamorphosis« (C39).
Geb. ca. 1929 in El Monte, Kalifornien; gest. 16. Januar 1993.

SERIEN:
1962–63 als Wes Macauley in *It's a Man's World;*
1963–64 als Linc Case in *Route 66;*
1964–65 als Lt. Lockridge in *Twelve O'Clock High;*
1966–67 als Chance Reynolds in *The Road West;*
1983–84 als Paul Morgan in *Dallas.*

GASTAUFTRITTE:
Garrison's Gorillas (1967) »Now I Lay Me Down to Die«; The Immortal (1970) »Sylvia«; The Man from U.N.C.L.E. (1965) »The Hong Kong Shilling Affair«; The Night Gallery (1971) »Brenda«; Tatort (1972) »Tote Tauben in der Beethovenstraße«.

FILME:
1956 The Violent Years;
1960 The Mountain Road (Der Kommandant);
1960 Homicidal (Mörderisch);
1965 Shenandoah (Der Mann vom großen Fluß);
1970 Chisum (dito);
1971 Big Jake (dito);
1974 The Log of the Black Pearl (Die Fahrt der Black Pearl).

Michael Corbett

Rabal in »Force of Nature« (N161).

Jeff Corey

Plasus in »The Cloud-Minders« (C77).
Geb. 10. August 1914 in New York City.
Jeff Corey geriet in der McCarthy-Ära auf die Liste der verfolgten Schauspieler und fand dementsprechend wenige Engagements als Schauspieler. Statt dessen gründete er eine Schauspielschule und wurde zu einem der führenden Schauspiellehrer in Hollywood; er unterrichtete unter anderem auch Leonard Nimoy. Außerdem führte er Regie bei

diversen Episoden der Serien *The Night Gallery, Police Story* und *The Bob Newhart Show.*

SERIEN:

1985 als Lawyer Sam in *Hell Town;*
1986 als Bill McGregor in *Morningstar/Eveningstar.*

GASTAUFTRITTE:

Beauty and the Beast; The Bionic Woman; Garrison's Gorillas (1967) »The Grab«; Lightning Force; McCloud (1976) »The Sheik of Arami«; The Night Gallery (1970) »The Dead Man«; The Outer Limits (1963) »O.B.I.T.«; The Powers of Matthew Star; Search; The Six Million Dollar Man; Starman; The Wild Wild West.

FILME:

1941 All That Money Can Buy (a.k.a.: The Devil and Daniel Webster);
1942 The Man Who Wouldn't Die;
1942 My Friend Flicka (Flicka);
1943 Frankenstein Meets the Wolf Man;
1947 Hoppy's Holiday;
1947 The Killers (dito);
1949 Follow Me Quietly;
1949 Home of the Brave;
1949 Bagdad (Bagdad – Die Schwarzmäntel);
1950 The Next Voice You Hear;
1951 The Prince Who Was a Thief (Die Diebe von Marschan);
1951 Rawhide (Zwei in der Falle);
1951 Red Mountain (Die Hölle der roten Berge);
1951 Superman and the Mole Men;
1964 Lady in a Cage;
1965 Mickey One (dito);
1966 Seconds (Der Mann, der zweimal lebte);
1967 In Cold Blood (Kaltblütig);
1968 Butch Cassidy and the Sundance Kid (Zwei Banditen);
1968 The Boston Strangler (Der Frauenmörder von Boston);
1968 Impulse (Auf der Jagd nach dem verlorenen Gold);
1969 They Call Me Mister Tibbs (Zehn Stunden Zeit für Virgil Tibbs);
1970 Shoot Out (Shoot Out – Abrechnung in Gun Hill);
1970 Getting Straight (dito);
1970 Little Big Man (dito);
1970 Beneath the Planet of the Apes (Rückkehr zum Planet der Affen);
1971 Catlow (Catlow – Leben ums Verrecken);
1971 Something Evil (TV; Das Haus des Bösen);
1975 The Premonition;

1977 Captains Courageous (TV; Junge über Bord);
1978 Jennifer;
1979 Butch and Sundance: The Early Years (Butch & Sundance – die frühen Jahre);
1980 Cognac (dito);
1980 Battle Beyond the Stars (Sador, Herrscher im Weltraum);
1980 Up River (dito);
1982 The Sword and the Sorcerer (Talon im Kampf gegen das Imperium);
1984 Conan the Destroyer (Conan der Zerstörer);
1985 Creator;
1985 The Boy Who Left Home to Find Out About the Shivers;
1988 Messenger of Death (Das Gesetz ist der Tod);
1990 The Rose and the Jackal;
1990 Bird on a Wire (Ein Vogel auf dem Drahtseil);
1991 Payoff (dito).

Frank Corsentino

DaiMon Bok in »The Battle« (N9);
DaiMon Tog in »Menage à Troi« (N72).

Robert Costanzo

Slade Bender in »Man Hunt« (N45).

SERIEN:

1978–79 als Vincent Pizo in *Joe & Valerie;*
1979–80 als Murray in *The Last Resort;*
1981 als Hank Sabatino in *Checking In.*

FILME:

1979 Fatso (TV; Fatty – Der Dicke legt los);
1985 Triplecross (TV);
1986 The Boss' Wife (Die Frau vom Boß);
1991 Delusion (dito);
1992 Relentless 3 (Der Sunset-Killer 3).

Ward Costello

Admiral Gregory Quinn in »Coming of Age« (N19), »Conspiracy« (N25).

FILME:

1958 Terror from the Year 5000;
1960 Gallant Hours (Der Admiral);
1978 The City (Stadt der Gewalt).

Nicolas Coster

Admiral Anthony Haftel in »The Offspring« (N64).
Geb. 30. Dezember 1934 in London.

SERIEN:

1965 als John Eldredge in *Our Private World;*
1980–81 als J. C. Carson in *Lobo;*
1983 als Dr. Morris Whitford in *Ryan's Four;*
ab 1979 sporadisch in *The Facts of Life.*

FILME:

1971 The Sporting Club;
1979 The Electric Horseman (Der elektrische Reiter);
1983 M. A. D. D.: Mothers Against Drunk Driving (Die Initiative);
1988 Big Business (Zweimal zwei).

John Cothran jr.

Nu'Daq in »The Chase« (N146).

FILM:

1991 Ricochet (Ricochet – Der Aufprall).

Mickey Cottrell

Kanzler Alrik in »The Perfect Mate« (N121).

Chuck Courtney

Davod in »Patterns of Force« (C51).

FILM:

1966 Billy the Kid vs. Dracula.

Brian Cousins

Parem in »The Next Phase« (N124);
Crosis in »Descent« (N152), »Descent Part II« (N153).

FILME:

1990 Longtime Companion (dito);
1993 Mandroid (dito).

Nikki Cox

Sarjenka in »Pen Pals« (N41).

FILM:
1988 The Ryan White Story.

Richard Cox

Kyril Finn in »The High Ground« (N60).
Geb. 6. Mai 1948 in New York City.

SERIE:
1976–77 als Mark Desmond in *Executive Suite.*

GASTAUFTRITTE:
Alfred Hitchcock Presents (1986) »Four O'Clock«; Hunter (1987) »Crossfire«; Magnum P. I. (o. J.) »The Big Blow« (»Stürmische Nacht«).

FILME:
1977 Between the Lines (Zwischen den Zeilen);
1980 Cruising (dito);
1981 King of the Mountain (dito);
1984 The Vindicator (Mikro-Chip-Man/Vindicator);
1984 The Oasis (Tödliche Wüste);
1987 Zombie High (dito/Das Böse ist überall);
1987 Shattered Innocence (Dead and White).

Ronny Cox

Captain Edward Jellico in »Chain of Command Part I« (N136), »Chain of Command Part II« (N137).
Geb. 23. Juli 1938 in Cloudcroft, New Mexico.
Ronny Cox kam zu einer Zeit als Gastcaptain zu *Star Trek – The Next Generation*, als sich die Gerüchte verdichteten, daß Patrick Stewart in absehbarer Zeit aus der Serie aussteigen würde. Letzteres bewahrheitete sich zwar nicht, aber dennoch gelang Cox eine glaubwürdige Darstellung des nur scheinbar unsympathischen Captain Jellico.

SERIEN:
1974–75 als George Apple in *Apple's Way;*
1984–85 als George Winger in *Spencer;*
1987–88 als Dr. John Gideon in *St. Elsewhere.*

GASTAUFTRITTE:
Alfred Hitchcock Presents (1986) »Road Hog«; Murder She Wrote (o. J.) (»Ein neues Leben«).

FILME:
1972 Deliverance (Flußfahrt/Beim Sterben ist jeder der erste);
1972 The Mind Snatchers;

Ronny Cox

1973 Connection;
1975 Who Is the Black Dahlia?;
1976 Bound for Glory (Dieses Land ist mein Land);
1976 The Car (Der Teufel auf Rädern);
1976 Having Babies (Hallo Babys!);
1977 Gray Lady Down (U-Boot in Not);
1978 Harper Valley, P. T. A.;
1979 The Onion Field (Mord im Zwiebelfeld);
1980 Kavik the Wolf Dog (TV);
1980 The Last Song (Frau in Gefahr);
1980 Our Town (TV; Unsere kleine Stadt);
1980 The Whole Shocking Story (Alcatraz);
1981 Fallen Angel;
1981 Taps (Die Kadetten von Bunker Hill);
1982 The Beast Within (Engelsgesicht – Drei Nächte des Grauens);
1982 Some Kind of Hero (Ein besonderer Held);
1982 Two of a Kind (Zwei von einer Sorte);
1983 Raw Courage (nach einem Drehbuch von Ronny Cox);
1984 Beverly Hills Cop (Ich lös' den Fall auf jeden Fall);
1985 Vision Quest (Crazy for You);
1986 Hollywood Vice Squad (Hollywood Cop);
1987 Beverly Hills Cop II (dito);
1987 RoboCop (RoboCop – Das Gesetz in der Zukunft);

1987 Steele Justice (Stahljustiz);
1988 The FBI Murders (TV);
1988 Target: Favorite Son;
1989 One-Man Force;
1989 Scandal in a Small Town;
1989 Martians Go Home (dito);
1990 Captain America (dito);
1990 Loose Cannons (Der Harte und der Zarte);
1990 Scissors;
1990 Total Recall (Die totale Erinnerung).

Yvonne Craig

Marta in »Whom Gods Destroy« (C70).
Geb. 16. Mai 1937 in Taylorville, Illinois.

SERIE:

1967–68 als Batgirl/Barbara Gordon in *Batman.*

GASTAUFTRITTE:

The Man from U.N.C.L.E. (1965) »The Brain Killer Affair«; McHale's Navy (1965) »Pumpkin Takes Over«; Michael Shayne, Private Detective (1961) »It Takes a Heap o' Dyin'; 77 Sunset Strip (1960) »Family Skelton«, (1963) »Lady in the Sun«, (1964) »Lover's Lane«; The Wild Wild West (1966) »The Night of the Grand Emir«.

FILME:

1956 Rock, Pretty Baby (Rock 'n' Roll);
1959 Gidget (April entdeckt die Männer);
1959 The Young Land (Land ohne Gesetz);
1959 The Gene Krupa Story (Jazz-Ekstase);
1961 By Love Possessed (Und die Nacht wird schweigen);
1963 It Happened at the World's Fair (Ob blond, ob braun);
1965 One Spy too Many (Ein Spion zuviel);
1966 One of Our Spies Is Missing (Krieg der Spione);
1966 Mars Needs Women;
1967 In Like Flint (Derek Flint – Hart wie Feuerstein).

John Crawford

High Commissioner Ferris in »The Galileo Seven« (C17).
Geb. 1926.

SERIEN:

o. J. in *Blackhawk;*
o. J. in *The Powers of Matthew Star;*
o. J. in *Man from the 21st Century*

1948 in *Dangers of the Canadian Mounted* (als Film: R.C.M.P. and the Treaure of Genghis Khan);
1950 in *The Invisible Monster* (als Film: Slaves of the Invisible Monster);
1952 in *Zombies of the Stratosphere;*
1953 in *Take a Guess;*
1972–81 als Sheriff Ep Bridges in *The Waltons.*

GASTAUFTRITTE:

Combat! (1965) »A Cry in the Ruins«; Hardcastle and McCormick (1986) »Round Up the Old Gang«; Lost in Space (o. J.) »The Time Merchant«; Mission: Impossible (1967) »The Legacy«, (1969) »Live Bait«, (1971) »Blues«, (1972) »The Puppet«; Swiss Family Robinson (o. J.) »Jean Lafitte«; Tarzan (1967) »Jai's Amnesia«; Time Tunnel (o. J.) »Robin Hood«, »Billy the Kid«, »The Death Merchant« und »Raiders from Outer Space«; Voyage to the Bottom of the Sea (1967) »Time Lock«.

FILME:

1958 The Space Children;
1958 Satan's Satellite (Des Satans Satellit);
1959 Hell Is a City (Hetzjagd);
1961 The Devil's Messenger;
1963 Captain Sinbad (Kapitän Sindbad);
1963 Jason and the Argonauts (Jason und die Argonauten);
1975 Night Moves (Die heiße Spur);
1977 Outlaw Blues (dito);
1979 Tilt (Ich kann's am besten);
1981 The Boogens;
1989 Grave Secrets (Die phantastische Geisternacht).

Dennis Creaghan

Louis in »Family« (N76).

FILM:

1990 Breaking Point (dito).

Robin Christopher

Neela in »Duet« (D19), »In the Hands of the Prophets« (D20).

Leonard John Crofoot

Trent in »Angel One« (N14).
Lal (erste, geschlechtslose Version) in »The Offspring« (N64).

Peter Crombie

Fallit Kot in »Melora« (D26).

James Cromwell

Premierminister Nayrok in »The Hunted« (N59);
Jaglom Shrek in »Birthright Part I« (N142), »Birthright Part II« (N143).

SERIEN:
1974 als Stretch Cunningham in *All in the Family;*
1975 als Bill Lewis in *Hot L Baltimore;*
1976 als Glen in *The Nancy Walker Show;*
1986–87 als Quentin Standard in *Easy Street;*
1986 in *The Last Precinct.*

GASTAUFTRITTE:
China Beach (1988; Pilotfilm); Hardcastle and McCormick (1985) »Undercover McCormick«; Hunter (1985) »The Sniper«; M*A*S*H (1977) »Last Laugh«; The Twilight Zone (1985) »A Message from Charity«.

FILME:
1980 A Christmas without Snow;
1980 Nobody's Perfect (dito);
1982 The Man with Two Brains (Der Mann mit zwei Gehirnen);
1984 Revenge of the Nerds (Die Rache der Eierköpfe);
1990 Miracle Landing (Katastrophenflug 243);
1992 The Babe (The Babe – Ein amerikanischer Traum).

Denise Crosby

Tasha Yar in *Star Trek – The Next Generation* (N1–N23), »Yesterday's Enterprise« (N63), »All Good Things ...« (N177);
Sela in »The Mind's Eye« (N98), »Redemption Part I« (N100), »Redemption Part II« (N101), »Unification Part II« (N108).
Geboren 24. November 1958 in Hollywood, Kalifornien.
Voller Name: Denise Michelle Crosby.
Denise Crosby ist die uneheliche Tochter von Dennis Crosby, seinerseits Sohn von Bing Crosby aus dessen erster Ehe.
Die Tatsache, daß sie eine uneheliche Tochter war, haftete ihr viele Jahre an, da sie einerseits von allen als Bing Crosbys Enkelin betrachtet wurde, der aber so wenig mit ihr zu tun haben wollte, daß sie ihn bis zu seinem Tod nur einmal sah. Obwohl der Name sie stets mit ihrem Großvater in Verbindung bringen würde, entschloß sie sich, am Cabrillo College in Santa Cruz Schauspielunterricht zu nehmen.
Mit 20 Jahren beschloß sie, sich auf die drastischste aller Möglichkeiten aus dem Schatten ihres übermächtigen Großvaters zu lösen. Sie ließ

Denise Crosby

sich nackt für den *Playboy* fotografieren, der im Begleittext zu den Fotos mehr als deutlich auf die Verbindung zu Bing Crosby hinwies. 1982 bekam sie eine erste winzige Rolle in *48 hrs.;* auch die beiden folgenden Filme, *Trail of the Pink Panther* und *The Man Who Loved Women,* erlaubten ihr nur Augenblicke vor der Kamera. 1984 heiratete sie Geoff Edwards, den Sohn des für Komödien aller Art bekannten Blake Edwards und der Schauspielerin Julie Andrews.
1986 bekam sie die weibliche Hauptrolle in *The Eliminators,* was ihrer Schauspielkarriere aber nicht zugute kam, da sich die Produzenten des Films nicht entscheiden konnten, ob sie einen Action-, Abenteuer-, Kung-Fu- oder SF-Film drehen wollten. Das Ergebnis war eine Kombination aus allen Elementen, die zwangsläufig den Film scheitern ließ.
Für *Star Trek – The Next Generation* hatte man zuerst beabsichtigt, ihr die Rolle der Beraterin Deanna Troi zu geben, deren spätere Besetzung Marina Sirtis ihrerseits für die Rolle der Sicherheitschefin Tasha Yar vorgesehen war. Man tauschte die Rollen aus und bekam die ideale Besetzung. Nach den ersten Episoden schien es noch so, als würde Crosbys Rolle eine der wichtigeren der Serie werden, aber im Verlauf der ersten Season sank ihre Beteiligung am Geschehen immer mehr, so daß sie Roddenberry ihren schweren Herzens gefaßten Entschluß mitteilte, die Serie zu verlassen. Roddenberry fiel es gleichfalls schwer, die Entscheidung zu akzeptieren; auf der anderen Seite wollte er sich aber von keinem drohenden Ausstieg eines Schauspielers unter Druck setzen lassen. Um Denise Crosby einen definitiven Ausstieg zu ermöglichen, ließ man ihre Figur in der Episode »Skin of Evil« sterben. Damit wäre eigentlich

eine Rückkehr unmöglich geworden, doch die Karriere, die sich Denise Crosby erhoffte, kam bei weitem nicht in Gang.
Bemerkenswert war vor allem ihre Rolle in der Fernsehproduktion *Arizona Heat,* in der sie als lesbische Polizistin mit einem Bilderbuch-Macho als Kollegen zusammenarbeiten muß. Ebenfalls noch zu erwähnen ist ihre Mitwirkung in der Verfilmung eines Romans von Stephen King, *Pet Sematary.* In der nur streckenweise lustigen Komödie *Skin Deep* war sie 1989 lediglich zu Beginn des Films in einer kurzen Szene zu sehen, die zwar im Gedächtnis blieb, aber auf den Film insgesamt keine Wirkung hatte. Inwieweit dieser Auftritt aber auf das Verwandtschaftsverhältnis zwischen ihr und dem Regisseur des Films, Blake Edwards, zurückzuführen ist, blieb bislang unklar.
Daß ihre Filmkarriere keineswegs die gewünschten Dimensionen annahm, wurde spätestens in dem Moment deutlich, als Denise Crosby kurzzeitig in einer neuen Rolle zu *Star Trek – The Next Generation* zurückkehrte. Der Hintergrund dieser Figur war zwar recht interessant angelegt, aber eigentlich schien niemand daran zu zweifeln, daß sie ihren verfrühten Ausstieg aus der Serie längst bereute. In der letzten Episode »All Good Things …« kehrte sie dann noch einmal als Tasha Yar zurück.

GASTAUFTRITTE:

Dark Justice (o. J.) (»Mit markierten Patronen«); The Flash (1991) »Deadly Night Shade«; Hotel (o. J.) (»Gnade«); Hunter (1991) »All That Glitters«; Mancuso F.B.I. (o. J.) (»Verdammt zum Schweigen«); Ohara (o. J.) (»Laura«).

FILME:

1982 48 hrs. (Nur 48 Stunden);
1982 Trail of the Pink Panther (Der rosarote Panther wird gejagt);
1983 The Man Who Loved Women (Frauen waren sein Hobby);
1985 Stark (TV; Las Vegas Cop);
1986 The Eliminators (Die Zerstörer/Destroyers);
1988 Arizona Heat (TV; In der Hitze von Arizona);
1988 Miracle Mile (Die Nacht der Entscheidung);
1989 Pet Sematary (Friedhof der Kuscheltiere);
1989 Skin Deep (Skin Deep – Männer haben's auch nicht leicht);
1989 Tennessee Nights (Minnie);
1991 Dolly Dearest (dito);
1992 Red Shoe Diaries II: Double Dare.

Mary Crosby

Natima Lang in »Profit and Loss« (D38).
Geb. 14. September 1959 in Austin, Texas.
Tochter von Bing Crosby aus dessen zweiter Ehe mit Katherine Grant.

Weltweite Aufmerksamkeit erregte sie in ihrer Rollc als Kristin Shepard in *Dallas,* da sie diejenige war, die auf J. R. Ewing schoß. Der Schuß fiel in der letzten Episode der zweiten Season, der Schütze bzw. die Schützin wurde aber erst in der ersten Episode der dritten Season im Herbst 1979 bekannt. Die schier unerträglich spannende Frage, wer denn nun auf J. R. geschossen haben mochte, führte zu einer Einschaltquote von fast 80 % aller US-Haushalte zu Beginn der dritten Season.

SERIEN:

1979 als Suzi Cooper in *Brothers and Sisters;*
1979–81 als Kristin Shepard in *Dallas.*

GASTAUFTRITTE:

Automan (1983) »Staying Alive While Running a High Flashdance Fever«; Cop Rock (o. J.) (»Eine geldgierige Klientin«); Lois and Clark (1993) »Neverending Battle« (»Wer anderen eine Story klaut«); Love Boat (o. J.) (»Ein Fisch auf dem Trockenen«).

FILME:

1984 Ice Pirates (Krieg der Eispiraten);
1986 Stagecoach;
1988 Tapeheads;
1989 Quicker Than the Eye;
1990 Body Chemistry;

Mary Crosby

1990 Corporate Affairs;
1991 Eating;
1991 The Berlin Conspiracy;
1992 Distant Cousins (dito).

Emilia Crow

Zyree in »Rules of Acquisition« (D27).

FILME:

1989 Judgment (Dark Justice – Eine Richterin sieht rot);
1992 Grand Tour: Disaster in Time (TV; Timescape);
1992 Hitz.

Melinda Culea

Soren in »The Outcast« (N117).

SERIEN:

1982-83 als Amy Allen in *The A-Team;*
1984–85 als Terry Randolph in *Glitter.*

GASTAUFTRITTE:

NBC Comedy Theater (1981) »Dear Teacher« (Pilotfilm zu einer nicht in Produktion gegangenen Serie); Hotel (o. J.) (»Außenseiter«).

FILM:

1992 Through the Eyes of a Killer (Mit den Augen des Mörders).

John David Cullum

Toral in »Redemption Part II« (N101).

Kimberley Cullum

Gia in »Thine Own Self« (N168).

FILME:

1991 The Rapture;
1992 Grave Secrets: The Legacy of Hilltop Drive.

Kelly Curtis

Miss Sarda in »Captive Pursuit« (D6).

Robin Curtis

Saavik in *Star Trek III – The Search for Spock* und *Star Trek IV – The Voyage Home;*

Robin Curtis

Tallera in »Gambit Part I« (N156) und »Gambit Part II« (N157).
Geb. 1957 in Oswego, New York.
Robin Curtis war 1978 nach New York gezogen, wo sie neben Engagements in diversen Musicals unter anderem in Soap Operas mitwirkte. Robin Curtis übernahm im dritten und im vierten Kinofilm die Rolle der Vulkanierin Saavik, die im zweiten Teil von Kirstie Alley verkörpert worden war. Curtis konnte als Nachfolgerin jedoch nie ganz überzeugen und hatte nach einem relativ guten Auftritt im dritten Film in dessen Fortsetzung praktisch nichts mehr zur Handlung beizutragen. Nachdem man sie bei der Besetzung als Saavik für den sechsten Kinofilm überhaupt nicht in Erwägung gezogen hatte, konnte man sie in der Rolle der Tallera in dem Zweiteiler »Gambit« in *Star Trek – The Next Generation* sehen.

GASTAUFTRITTE:

Airwolf (1986) »Rogue Warrior«; The Equalizer; Knight Rider (1983) »Short Notice« (»Gekidnappt«); MacGyver; Mike Hammer; Scarecrow and Mrs. King (o. J.) (»Ein Toter namens Stetson«).

FILME:

1981 Ghost Story (Zurück bleibt die Angst);
1982 In Love with an Older Woman;
1993 Hexed (Hexina – schön verrückt und gefährlich).

Robert Curtis-Brown

Vedek Sorad in »Sanctuary« (D30).

D

Leslie Dalton

Drea in »By Any Other Name« (C52).

James Daly

Flint in »Requiem for Methuselah« (C75).
Geb. 23. Oktober 1918 in Wisconsin Rapids, Wisconsin; gest. 3. Juli 1978.
James Daly arbeitete vorwiegend als Bühnenschauspieler. 1966 erhielt er einen Emmy Award für die beste Nebenrolle in einem Drama für die Produktion »Eagle in a Cage« aus der Reihe *Hallmark Hall of Fame.*

SERIEN:

1950–51 als Moderator der Quiz-Reihe *We Take Your Word;*
1953–54 als Michael Powers in *Foreign Intrigue;*
1969–76 als Dr. Paul Lochner in *Medical Center.*

GASTAUFTRITTE:

The DuPont Show of the Week; Hallmark Hall of Fame (1966) »Eagle in a Cage«; The Loretta Young Show; Lux Video Theatre (o. J.) »Sunset Boulevard«; Omnibus; Studio One; Roots: The Next Generations (1979) (die Serie wurde nach seinem Tod ausgestrahlt); The Twilight Zone (1960) »A Stop at Willoughby«; The Web.

Jane Daly

Varria in »The Most Toys« (N70).

SERIE:

1987 als Ms. Adler in *Roomies.*

FILM:

1990 In the Line of Duty: A Cop for the Killing (Tödlicher Schnee).

Bertila Damas

Sakonna in »The Maquis Part I« (D40).

Gabriel Damon

Jeremy Aster in »The Bonding« (N53).

SERIEN:

1984–85 als Sarnac in *Call to Glory;*
1986–87 als Roger Hatton in *One Big Family.*

FILME:

1990 RoboCop 2 (dito);
1991 Iron Maze (Iron Maze – Im Netz der Leidenschaft).

Jerry Daniels

Marple in »The Apple« (C35).

Michael Dante

Maab in »Friday's Child« (C41).
Geb. 1935 in Stamford, Connecticut.

SERIE:

1967 als Crazy Horse in *Custer.*

GASTAUFTRITTE:

Cain's Hundred (1961) »Cain's Final Judgment«; Hawaiian Eye (1963) »Go Steady with Danger«.

FILME:

1960 Seven Thieves (Sieben Diebe);
1965 The Naked Kiss (Der nackte Kuß);
1967 The Legend of Custer (Colonel Custer);
1980 Beyond Evil;
1983 The Big Score (Chicago Cop);
1988 Cage Fighter (dito).

Cory Danzinger

Jake Potts in »Brothers« (N77).

SERIE:

ab 1987 als Kipper in *Beauty and the Beast.*

Kim Darby

Miri in »Miri« (C9).
Geb. 8. Juli 1947 in Los Angeles, Kalifornien.

SERIEN:

1976 als Virginia Calderwood in *Rich Man, Poor Man – Book I;*
1979 als Ann Rowan in *The Last Convertible.*

FILME:

1967 The Karate Killers (Die Karate-Killer);
1969 Generation;
1969 True Grit (Der Marshal);
1970 The Strawberry Statement (Blutige Erdbeeren);
1971 The Grissom Gang (Die Grissom-Bande);
1971 The People;
1973 Don't Be Afraid of the Dark (Gate of Darkness);
1977 The One and Only (Das charmante Großmaul);
1978 Flatbed Annie and Sweetie Pie: Lady Truckers;
1980 Enola Gay: The Men, the Mission, the Atomic Bomb (Enola Gay – Bomber des Todes);
1985 Better off Dead;
1987 Teen Wolf, Too (Teenwolf 2).

Henry Darrow

Admiral Savar in »Conspiracy« (N25).
Geb. 15. September 1933 in New York City.
Eigentlicher Name: Enrico Tomas Delgado. Neben seinem Beruf als Schauspieler arbeitet Darrow auch als Sänger, Gitarrist, Tänzer und Imitator.
Seine bekannteste Rolle war die des Manolito Montoya in *The High Chaparral,* die ihn so auf einen Charakter festlegte, daß er lange Zeit keine anderen Rollen angeboten bekam. Gezwungenermaßen begann er, Schauspielunterricht zu erteilen.

SERIEN:

o. J. in *Born to the Wind;*
o. J. als Rafael Castillo in *Santa Barbara;*
1967–71 als Manolito Montoya in *The High Chaparral;*
1973–74 als Alex Montenez in *The New Dick Van Dyke Show;*
1974–75 als Det. Lt. Manny Quinlan in *Harry-O;*
1975 als Dr. Nick Maggio in *The Invisible Man;*
1983 als Don Diego de la Vega (Zorro sen.) in *Zorro and Son;*
1985 als Lt. Rojas in *Me and Mom;*
1992 als Chief in *Time Trax.*

GASTAUFTRITTE:

Airwolf (1984) »One Way Express«; Dynasty; Gemini Man; McMillan and Wife (1975) »Requiem for a Bride«; Mission: Impossible (1971) »Blast«; The Night Gallery (1971) »Cool Air«; Quincy M. E. (o. J.) (»Tödliche Fluten«); T. J. Hooker; Tales of the Gold Monkey (1983) »Last Chance Louie«; The Wild Wild West (1967) »The Night of the Tottering Tontine«.

Henry Darrow

FILME:

1972 Brock's Last Case (TV; Brocks letzter Fall);
1973 Badge 373 (Wie ein Panther in der Nacht);
1980 Attica;
1981 Mount St. Helens (St. Helens – Der tödliche Berg);
1983 Losin' It (Der Aufreißer von der Highschool);
1984 Mission Kill (Mission Cobra);
1985 The Hitcher (Hitcher, der Highway-Killer);
1988 In Dangerous Company (Gefährliche Lust);
1989 L. A. Bounty (dito);
1990 The Last of the Finest (Blue Heat);
1992 Time Trax – A Stranger in Time (TV-Pilotfilm; Time Trax – Zurück ins 20. Jahrhundert);
1994 Maverick (dito).

Alex Datcher

Taitt in »Descent Part II« (N153).

FILME:

1991 Netherworld (dito);
1992 Passenger 57 (Passagier 57);
1992 Rage and Honor (dito).

Daniel Davis

Professor James Moriarty in »Elementary, Dear Data« (N29), »Ship in a Bottle« (N138).

GASTAUFTRITTE:

CHiPs (1982) »Battle of the Bands«; Hardcastle and McCormick (o. J.) (»Die Stimme aus dem Äther«); Scarecrow and Mrs. King (o. J.) (»Die Wahrheitsdroge«).

FILME:

1990 The Hunt for Red October (Jagd auf »Roter Oktober«);
1990 Havana (Havanna);
1991 She Stood Alone (TV; Ein dorniger Weg).

Vince Deadrick

Matthews in »What Are Little Girls Made of?« (C8).

John DeLancie

Q in »Encounter at Farpoint« (N1/2), »Hide and Q« (N10), »Q Who« (N42), »Déjà Q« (N61), »Qpid« (N94), »True Q« (N132), »Tapestry« (N141), »All Good Things ...« (N177), »Q-Less« (D7).
Geb. 20. März 1948 in Philadelphia, Pennsylvania.
Verheiratet mit der Schauspielerin Marnie Mosiman, zwei Kinder.
DeLancie entdeckte seine Liebe zur Schauspielerei bereits mit 14 Jahren, als er in einer Aufführung des Schultheaters Heinrich V. spielte. Nach dem Abschluß der High School ging er nach New York und besuchte dort die Juillard-Schauspielschule.
Bereits vor seinem Engagement für *Star Trek – The Next Generation* war DeLancie Gaststar in zahlreichen Serien gewesen und hatte auch kleinere Rollen in Kinoproduktionen bekommen. Aber erst seine Rolle als zynischer Q offenbarte sein wirkliches Schauspieltalent. Roddenberry und Rick Berman waren während der Dreharbeiten zum Pilotfilm so begeistert, daß sie ihm weitere Auftritte in Aussicht stellten. Seine Rolle wurde mit jedem neuen Auftritt zynischer und erreichte schließlich einen Zustand, in dem Q eigentlich die Serie an sich und ihre Eigenheiten parodierte und oft das aussprach, was die Zuschauer über die eine oder andere Rolle insgeheim dachten.
Seit *Star Trek – The Next Generation* sind auch seine Gastauftritte in anderen Filmen und Serien qualitativ besser geworden. Einer seiner skurrilsten Auftritte fand in *Hooperman* statt, wo er einen Mann spielte, der sich zur Frau hat umoperieren lassen. Der Auftritt dauerte zwar nur wenige Minuten, wurde aber von DeLancie brillant gespielt.
Für die *Star Trek – The Next Generation*-Comicserie von DC schrieb er außerdem die Geschichte »The Gift«, in der – natürlich – Q eine wichtige Rolle spielt.

SERIEN:

o. J. als Eugene in *Days of Our Lives;*
ab 1987 in *Amigos.*

GASTAUFTRITTE:

Gideon Oliver (o. J.) »Kennonite« (»Der falsche Zeuge«); Hooperman; Little Women (1978); Mission: Impossible (1988) »The Killer« (»Die Rückkehr«); Murder, She Wrote (o. J.) (»Kunst, Geld und Mord«); Nero Wolfe (o. J.) (»P. H. antwortet nicht«); Switch (o. J.) (»Verschollen im Koronado-Dreieck); The Twilight Zone (1986) »Dead Run«.

FILME:

1979 The Onion Field (Mord im Zwiebelfeld);
1980 Loving Couples (Ein Walzer zum Frühstück);
1989 Get Smart, Again (TV; Die nackte Bombe II);
1992 The Hand That Rocks the Cradle (Die Hand an der Wiege);
1990 Taking Care of Business/Filofax (Filofax oder Ich bin du, und du bist nichts);
1993 Arcade (Cyber World);
1993 Fearless (Fearless – Jenseits der Angst).

Lee Delano

Kalo in »A Piece of the Action« (C47).

Winston DeLugo

Timothy in »Court-Martial« (C21).

Carol Daniels Dement

Zora in »The Savage Curtain« (C78).

Chris Demetral

Jean-Luc/Ethan/Barash in »Future Imperfect« (N82).

FILME:

1991 Sometimes They Come Back (Manchmal kommen sie wieder);
1991 Dolly Dearest (dito);
1994 Blank Check (MäcMillionär).

Lincoln Demyan

Sgt. Lipton in »Assignment: Earth« (C56).

Susan Denberg

Magda Kovacs in »Mudd's Women« (C7).
Wer erinnert sich noch: In der britischen Hammer-Produktion *Frankenstein Created Woman* (1967) belebte Peter Cushing die ertrunkene Susan Denberg, um dann ihre Seele in den Körper ihres gehenkten Freundes zu übertragen ...

Jake Dengel

Mordoc in »The Last Outpost« (N5).

FILME:

1991 Bloodsucking Pharaohs in Pittsburgh;
1993 The Contenders (The Contenders – Rivalen des Glücks).

William Denis

Ki Mendrossen in »Sarek« (N71).

Elizabeth Dennehy

Lt. Commander Shelby in »The Best of Both Worlds Part I« (N74) und »The Best of Both Worlds Part II« (N75).
Tochter des Schauspielers Brian Dennehy.

Charles Dennis

Sunad in »Transfigurations« (N73).

Richard Derr

Commodore Barstow in »The Alternative Factor« (C28);
Admiral Fitzgerald in »The Mark of Gideon« (C72).
Geb. 1917.

SERIE:

1959 Präsentator der Serie *Fanfare.*

FILME:

1941 Charlie Chan in Rio (dito);
1942 Castle in the Desert (Charlie Chan: Das Schloß in der Wüste);
1946 The Secret Heart (Geheimnis des Herzens);
1951 When Worlds Collide (Der Jüngste Tag).

Shelly Desai

Friseur Mr. Mot in »Data's Day« (N85).
Die Rolle des hier noch namenlosen Friseurs wurde später übernommen von Ken Thorley.

Rosana DeSoto

Azetbur in *Star Trek VI – The Undiscovered Country.*
Geb. in San José, Kalifornien.

SERIE:

1986 als Diana Olmos in *The Redd Foxx Show.*

Rosana DeSoto

GASTAUFTRITTE:

Miami Vice; Murder She Wrote.

FILME:

1982 Cannery Row;
1987 La Bamba (dito);
1988 Stand and Deliver (dito);
1989 Family Business (dito);
1989 Face of the Enemy.

Cliff DeYoung

Croden in »Vortex« (D12).
Geb. 12. Februar 1945 in Inglewood, Kalifornien.

SERIEN:

1975 als Sam Hayden in *Sunshine;*
1978–79 als John Skimmerhorn in *Centennial;*
1984 als Brad Rogers in *Master of the Game.*

GASTAUFTRITT:

The Twilight Zone (1986) »The Road Less Travelled«.

FILME:
1973 Sunshine (dito);
1976 The Lindbergh Kidnapping Case (Die Entführung des Lindbergh-Babys);
1977 The 3000 Mile Chase (Die 3000-Meilen-Jagd);
1981 Shock Treatment (dito);
1983 The Hunger (Begierde);
1983 Independence Day (Ihre letzte Chance);
1984 Protocol (Protocol – Alles tanzt nach meiner Pfeife);
1984 Reckless (Jung und rücksichtslos/dito);
1985 Annie Oakley;
1985 Code Name: Dancer (TV);
1985 Secret Admirer (Crazy Love – Liebe schwarz auf weiß);
1986 Flight of the Navigator (Der Flug des Navigators);
1986 F/X (F/X – Tödliche Tricks);
1986 Hero in the Family (TV; Auf der Suche nach dem geheimnisvollen Kristall);
1987 Her Secret Life (TV; Todesgrüße aus Havanna);
1987 The Survivalist;
1988 Fear (Black Scorpion);
1988 In Dangerous Company (Gefährliche Lust);
1988 Pulse;
1989 Forbidden Sun;
1989 Rude Awakening;
1989 Glory (dito);
1990 Crackdown (Crackdown – Tödlicher Auftrag);
1990 Flashback;
1990 To Die Standing;
1991 Fourth Story (Twilight Mystery);
1992 Dr. Giggles;
1992 Immortal Sins;
1992 Nails (dito);
1992 Criminal Behaviour (Eine Frau für alle Fälle);
1993 The Tommyknockers (TV; Tommyknockers).

Tim deZarn

Satler in »Starship Mine« (N144).

GASTAUFTRITT:
Hunter (1989) »The Pit«.

Dick Dial

Lt. Kaplan in »The Apple« (C35).

Charles Dierkop

Morla in »Wolf in the Fold« (C44).
Geb. 11. September 1936 in LaCrosse, Wisconsin.

SERIE:

1974–78 als Det. Pete Royster in *Police Woman.*

GASTAUFTRITTE:

MacGyver (1991) »Off the Wall«; Mission: Impossible (1972) »The Bride«; Voyage to the Bottom of the Sea (o. J.) »The Left-Handed Man«.

FILME:

1970 City Beneath the Sea (Um 9 Uhr geht die Erde unter);
1972 Angels Hard as They Come;
1972 The Hot Box;
1974 Death Is a Bad Trip (TV);
1974 Police Headquarters (TV);
1977 Captains Courageous (TV; Junge über Bord);
1978 Messiah of Evil (Messias des Bösen);
1984 The Fix;
1984 Silent Night, Deadly Night;
1987 Grotesque (Grotesk – Kampf ums Überleben);
1990 Liberty & Bash (Crime Task Force);
1991 Roots of Evil (Wurzeln des Bösen).

Susan Diol

Carmen Davila in »Silicon Avatar« (N104).

GASTAUFTRITT:

Baywatch (1990) »Old Friends«.

Lawrence Dobkin

Botschafter Kell in »The Mind's Eye« (N98).

GASTAUFTRITTE:

Hawaiian Eye (1961) »The Comics« und »Tusitala«; Knight Rider (1982) »Inside Out«; Mission: Impossible (1971) »Kitara«; 77 Sunset Strip (1960) »Sierra«; Target: The Corruptors (1961) »Mr. Megalomania«, (1962) »Babes in Wall Street«.

FILME:

1961 The Cabinet of Caligari (Das Kabinett des Dr. Caligari);
1963 Gold, Glory and Custer (Der Scout der schwarzen Berge);
1969 Underground (Im Netz der Abwehr).

Elinor Donahue

Nancy Hedford in »Metamorphosis« (C39).
Geb. 19. April 1937 in Tacoma, Washington.

SERIEN:

o. J. in *Days of Our Lives.*
1954–60 als Betty Anderson in *Father Knows Best;*
1960–61 als Ellie Walker in *The Andy Griffith Show;*
1964–65 als Joan Randall in *Many Happy Returns;*
1972–74 als Miriam Welby in *The Odd Couple;*
1977 als Jane Mulligan in *Mulligan's Stew;*
1978–79 als Carol Lambert in *Please Stand By;*
1987–88 als Mrs. Susan Baxter in *The New Adventures of Beans Baxter*

GASTAUFTRITTE:

Mork and Mindy (1981) »Mindy and Mork«; NBC Comedy Theater (1981) »The Grady Nutt Show« (Pilotfilm für eine nicht verwirklichte Serie); One Day at a Time (1981/82); The Rookies (1974) »Blue Christmas«; 77 Sunset Strip (1963) »Scream Softly, Dear«; $weepstake$ (1979).

FILME:

1942 Mr. Big;
1959 Girls Town;
1990 Pretty Woman (dito).

Juli Donald

Tayna in »A Matter of Perspective« (N62).

SERIE:

1987–88 als E. J. Brunson in *The Law and Harry McGraw.*

Jack Donner

Tal in »The Enterprise Incident« (C58).

James Doohan

Montgomery Scott (»Scotty«) in *Star Trek. Star Trek – The Motion Picture, Star Trek II – The Wrath of Khan, Star Trek III – The Search for Spock, Star Trek IV – The Voyage Home, Star Trek V – The Final Frontier, Star Trek VI – The Undiscovered Country,* »Relics« (N130), *Star Trek: Generations.*
Geb. 3. März 1920 in Vancouver, Kanada.
Doohan ist der Sohn irischer Emigranten, sein Vater war Wissenschaft-

James Doohan

ler. Erste Bühnenerfahrung sammelte Doohan in der High-School in Sarnia, Ontario.

1940 trat er in die Royal Canadian Artillery ein und diente sich bis zum Rang eines Captains hoch. Am 6. Juni 1944, dem Tag der Invasion durch die Alliierten, wurde er verwundet. Nach seiner Entlassung aus dem Lazarett wurde er in den Niederlanden stationiert und als Pilot von Beobachtungsflugzeugen der Artillerie eingesetzt.

1946 verließ er die Armee, bewarb sich an der neueröffneten Academy of Radio Arts und wurde praktisch sofort aufgenommen. Bereits ein halbes Jahr später erhielt er ein Stipendium, das ihn nach New York führte. Dort studierte er zwei Jahre lang am New York Neighborhood Playhouse; darauf folgten drei Jahre, in denen er als Schauspiellehrer arbeitete. 1949 hatte er außerdem seinen ersten Auftritt in den Geburtsstunden des Live-Fernsehens in New York.

1953 kehrte er zurück nach Toronto und arbeitete am Theater, für das Radio und wiederum für das Live-Fernsehen. In den folgenden Jahren wirkte er in rund dreieinhalbtausend Sendungen mit; besonders zugute kam ihm dabei sein ausgesprochenes Talent, zahlreiche Dialekte und Akzente sowie bis zur Perfektion Tierstimmen zu imitieren.

1961 zog er nach Los Angeles, wo er in der Folgezeit in rund 350 Fernsehserien mitwirkte sowie weiter am Theater arbeitete. Insbesondere

für seine Fernseharbeit zahlte sich auch in Los Angeles sein Talent aus, Dialekte zu imitieren. Seinen ersten professionellen Auftritt mit schottischem Akzent, der ihn später berühmt machen sollte, hatte er in der Serie *Hazel.*
Etwa zwei Wochen bevor er sich zum erstenmal für eine Rolle in *Star Trek* zum Testlesen vorstellte, bewarb er sich um eine Rolle als Scotland-Yard-Inspektor in der Serie *Burke's Law,* gleichfalls eine Desilu-Produktion. Er bekam die Rolle nicht, aber der Regisseur dieser Serie meldete sich ein paar Tage später bei ihm und bat ihn, für *Star Trek* vorzusprechen, da er beim zweiten Pilotfilm Regie führen würde.
Zwei Tage nachdem er nach einem erfolgreichen Testlesen den Vertrag für *Star Trek* unterschrieben hatte, eröffnete sich ihm die Gelegenheit, in einer anderen Serie – *Voyage to the Bottom of the Sea* – ebenfalls einen Ingenieur zu spielen, diesmal in einem U-Boot und ohne Akzent. Er blieb bei *Star Trek,* aber rückblickend ist Doohan heute längst nicht mehr so sicher, ob die andere Rolle nicht besser gewesen wäre. Zwar hat keine andere Serie jemals solche Dimensionen angenommen wie *Star Trek,* jedoch hätte ihn die andere Rolle nicht auf das Klischee des Schotten festgelegt. Denn genau dieses Klischee war schuld daran, daß Doohans Karriere mit dem Ende der Serie weitgehend beendet war, da jeder ihn für einen Schotten hielt und nur wenige Rollen eine Besetzung mit einem Schotten erforderten.
Dabei hatte es zu Beginn der Dreharbeiten zu *Star Trek* für Doohan auch nicht so überwältigend ausgesehen. Immerhin bekam er zunächst nur für sechs der ersten 13 Episoden einen Vertrag. Da er es aber verstand, die selten in den Mittelpunkt rückende Figur des Scotty mit Leben zu füllen, zeigten sich die Zuschauer so sehr von ihm angetan, daß er schnell einen festen Vertrag erhielt.
Intensiv in die Handlung einbezogen wurde Doohans Rolle aber nur in zwei Episoden, »Who Mourns for Adonais?« und »The Lights of Zetar«. Nach dem Ende der Serie wurde er noch einmal für *Star Trek* aktiv als Sprecher seiner eigenen sowie zahlloser weiterer Rollen für die wenig erfolgreiche Neuauflage der Serie als Zeichentrickfilme.
Er investierte seine Gagen in ein Elektronikunternehmen, das ihm seine Existenzgrundlage sicherte, auch wenn er keine Rollenangebote mehr bekommen hätte.
Eben diese Angebote kamen äußerst spärlich, ganz im Gegensatz zur Zeit vor *Star Trek.* Während es im Fernsehen immerhin zu einigen Auftritten kam, so zum Beispiel in *Hotel* und *Magnum P. I.,* war er im Kino fast nicht mehr zu sehen, wenn man von einem weniger bedeutenden Engagement in dem von Gene Roddenberry produzierten Film *Pretty Maids All in a Row* absieht, bei dem aber zweifellos die Verbindung der beiden zu *Star Trek* im Vordergrund stand.
Bemerkenswert waren aber zwei jüngere Auftritte. 1991 hatte Doohan eine kurze Szene in der gescheiterten Neuauflage von *Knight Rider,*

Knight Rider 2000, in der er sich selbst darstellte und von David Hasselhoff als Jimmy Doohan, der Darsteller von Scotty, erkannt wurde. Nur Sekunden währte ein Auftritt als Scotty in der Persiflage *National Lampoon's Loaded Weapon I,* der aber bestens im Gedächtnis blieb.
Mit dem Start der Filme kehrte er so wie die anderen zu *Star Trek* zurück und nahm seine Rolle wieder auf, wobei ihm insbesondere in *Star Trek III – The Search for Spock* und *Star Trek IV – The Voyage Home* mehrere gute Szenen zufielen. 1981 erlitt er einen schweren Herzanfall, der seine Mitwirkung in *Star Trek II – The Wrath of Khan* kurzzeitig ungewiß werden ließ. Doohans Leibesfülle, die sich insbesondere ab dem dritten Kinofilm bemerkbar machte, die jedoch nichts an seinen Fähigkeiten als Schauspieler und Sprecher änderte, wurde zur ungerechtfertigten Zielscheibe der Kritiker (die offensichtlich alle absolut durchtrainiert sind).
Auch in *Star Trek – The Next Generation* war Doohan in der Episode »Relics« als Scotty zu sehen, der dank eines jahrzehntelangen Aufenthalts in einer Transporterschleife keinen Tag älter war als im sechsten Kinofilm. Diese Episode, die nicht nur zu den besten dieser Serie zählt, gab Doohan endlich die Gelegenheit, seine Rolle auszukosten.
Im siebten *Star Trek*-Kinofilm, der zugleich der erste *Star Trek – The Next Generation*-Film ist, hatte man für Doohan zunächst keine Beteiligung vorgesehen. Erst als Leonard Nimoy und DeForest Kelley absagten, da ihnen der Auftritt an der Seite des stärker in die Handlung einbezogenen Kirk nicht genügte, wurden James Doohan und Walter Koenig gefragt. Sie durften als zweite Wahl mit dem von vielen gehaßten William Shatner ins Kino zurückkehren.

SERIEN:

o. J. in *Peyton Place;*
o. J. in *Return to Peyton Place;*
1978–79 als Commander Cavarvin in *Jason of Star Command.*

GASTAUFTRITTE (kleine Auswahl):

Ben Casey (1965) »A Disease of the Heart Called Love«; Bewitched (1965) »A Strange Little Visitor«; Blue Light; Bonanza; CBS Television Theatre (1956) »Shadow of Suspicion«; Convoy (1965) »Lady on the Rock«; Daniel Boone (1969) »The Cache«, (1970) »Perilous Passage«; Empire (1963) »A House in Order«; The F.B.I.; First Night (1962) »Here Lies Mrs. Moriarty«, (1963) »Rehearsal for Invasion«; The Fugitive (1965) »Middle of a Heat Wave«, »Masquerade«; The Gallant Men (1963) »The Warrior«; Gunsmoke; Hazel (1963) »Hazel's Highland Fling«; Hotel; The Iron Horse; Jericho (1966) »Eric the Redhead«; Laredo (1965) »I See by Your Outfit«; Magnum P. I. (o. J.) »The Big Blow« (»Stürmische Nacht«); The Man from U.N.C.L.E. (1964) »The Shark Affair«, (1966) »The Bridge of Lions Affair«; Marcus Welby,

MD (1969) »Let Ernest Come Over«; The New Breed (1960) »The Deadlier Sex«; The Outer Limits (1964) »Expanding Human«; Tales of Tomorrow (1951) »Test Flight«; Then Came Bronson (1969) »Amid Splinters of the Thunderbolt«; The Twilight Zone (1963) »Valley of the Shadow«; The Virginian (1963) »The Man Who Wouldn't Die«; Voyage to the Bottom of the Sea (o. J.) »Hail to the Chief«.

FILME:

o. J. Fellowship;
1963 The Wheeler Dealers (Getrennte Betten);
1964 The Satan Bug (Geheimagent Barrett greift ein);
1965 Bus Riley's Back in Town (Widersteh, wenn du ein Mann bist);
1965 36 Hours (36 Stunden);
1966 One of Our Spies Is Missing (Krieg der Spione);
1966 Scalplock (TV);
1968 Jigsaw (Die nackte Tote);
1971 Man in the Wilderness (Ein Mann in der Wildnis);
1972 Pretty Maids All in a Row (Sex-Lehrer-Report);
1973 Indict and Convict (TV);
1991 Knight Rider 2000 (dito);
1992 Double Trouble (dito);
1993 National Lampoon's Loaded Weapon I (Loaded Weapon I).

Michael Dorn

Lieutenant Worf in *Star Trek – The Next Generation, Star Trek: Generations;*
Colonel Worf in *Star Trek VI – The Undiscovered Country.*
Geb. in Luling, Texas.
Dorn entdeckte seine Begeisterung für die Schauspielerei während seiner College-Zeit, blieb aber nach dem College zunächst seinem vorrangigen Hobby treu und spielte als Baßgitarrist in verschiedenen Rockbands, um sich so seinen Lebensunterhalt zu verdienen.
Er wandte sich dann aber doch der Schauspielerei zu und bekam zunächst kleine Filmrollen und eine Gastrolle in der Serie *W.E.B.;* durch diese Rolle fand er einen Agenten, der ihm weitere Rollenangebote vermittelte. Sein erstes größeres Engagement war die Rolle des Polizisten Jed Turner in der Serie *CHiPs.*
Diese sowie sich anschließende Rollen waren stets positiv angelegt, so daß Dorn schließlich Schauspielunterricht nahm, um variabler zu sein und auch finstere Charaktere angeboten zu bekommen.
Seine Rolle als Klingone Worf in *Star Trek – The Next Generation* wurde noch eingefügt, als das Konzept für die Serie fast ausgereift war. Grund für diese Verzögerung war Roddenberrys Abneigung, aus der Vorläuferserie bekannte Rassen aufzunehmen, was die ihn Umgebenden ihm nur mit Mühe ausreden konnten. Daß er dennoch nicht von

Michael Dorn

dem Klingonen restlos begeistert war, zeigte sich daran, daß Dorns Vertrag zunächst nur die Mitwirkung in 14 von 24 geplanten Episoden vorsah. Der Charakter erwies sich aber als recht beliebt, zudem fügte er sich nicht nahtlos in die Reihe der Sternenflotten-Offiziere, was ihn interessanter machte als viele andere Rollen.
Mit dem Ausstieg von Denise Crosby erhielt Dorns Rolle mehr Gewicht, sein Charakter wurde zum Sicherheitschef befördert. Mit den zahlreichen Episoden, die sich mit den Klingonen befaßten, bekam seine Rolle permanent mehr Tiefe, und er rückte dabei stets in den Mittelpunkt der Handlung.
Die Episode »The Enemy« stellte Dorn vor eine schwierige Entscheidung. In dieser Folge sollte er als Klingone einem schwerverletzten Romulaner, den Erzfeinden der Klingonen, eine lebensrettende Blutspende geben. Das Drehbuch verlangte jedoch, daß er sich weigern sollte und der Romulaner somit sterben würde. Nach gründlicher Überlegung entschied sich Dorn, die Szene drehbuchgerecht zu spielen, da er es für seine Rolle als angemessen betrachtete. Gleichzeitig lief er aber Gefahr, daß sich die Zuschauer gegen diese Entscheidung stellten und

er über kurz oder lang seine Rolle verlieren würde.
Seine Entscheidung erwies sich aber als richtig, da die von ihm gewählte Version die glaubwürdigere war.
Michael Dorn, der neben der Schauspielerei leidenschaftlicher Pilot ist, war ebenfalls in *Star Trek VI – The Undiscovered Country* zu sehen, wo er seinen eigenen Großvater darstellte.

SERIEN:

o. J. als Sprecher in *Dinosaurs;*
1980–82 als Officer Jed Turner in *CHiPs.*

GASTAUFTRITTE:

Capitol; Days of Our Lives; Falcon Crest; Hotel; Hunter (1985) »Waiting for Mr. Wrong«; Knots Landing; 221; W.E.B.

FILME:

1976 Rocky (dito);
1977 Demon Seed (Des Teufels Saat);
1985 Jagged Edge (Das Messer).

Phyllis Douglas

Yeoman Mears in »The Galileo Seven« (C17).

Charles Douglass

Haskell in »Where Silence Has Lease« (N28).

Ellen Albertini Dow

Felisa Howard in »Sub Rosa« (N166).

Deborah Downey

Mavig in »The Way to Eden« (C76).

Charles Drake

Commodore George Stocker in »The Deadly Years« (C42).
Geb. 2. Oktober 1914 in Bayside, New York.

SERIE:

1955–56 als Ensemblemitglied in *Robert Montgomery Presents.*

GASTAUFTRITT:

Lux Video Theatre (1954) »Jezebel«.

FILME:

1943 Air Force;
1945 Conflict (Konflikt);

1945 A Night in Casablanca (Die Marx Brothers: Eine Nacht in Casablanca);
1946 Whistle Stop;
1948 The Tender Years;
1950 Harvey (Mein Freund Harvey);
1952 Gunsmoke (Mündungsfeuer);
1952 The Treasure of Lost Canyon (Der Schatz im Canyon);
1952 Red Ball Express (Unternehmen Rote Teufel);
1953 It Came from Outer Space (Gefahr aus dem Weltall);
1953 War Arrow (Verschwörung auf Fort Clark);
1954 The Glenn Miller Story (Die Glenn Miller Story);
1954 Tobor the Great;
1955 To Hell and Back (Zur Hölle und zurück);
1956 The Price of Fear (Schonungslos);
1957 Until They Sail (Land ohne Männer);
1957 Jeanne Eagles (Ein Herzschlag bis zur Ewigkeit);
1963 The Cracksman (Kein Schloß ist vor ihm sicher).

Laura Drake

Vekna in »A Matter of Honor« (N34).

Marta DuBois

Ardra in »Devil's Due« (N87).
Geb. in David, Panama.

SERIEN:

ab 1981 als Michelle in *Magnum P. I.;*
1983–84 als Prinzessin Koji in *Tales of the Gold Monkey.*

GASTAUFTRITTE:

The A-Team (1984) »The Bend in the River«; Hardcastle and McCormick (1983) »The Black Widow«; Matlock (o. J.) »The Assassination« (»Das Porno-Attentat«); She-Wolf of London (1992) »Habeas Corpses«; Starman (1986) »Fever«; Voyagers! (1982) »Bully and Billy«.

FILME:

1979 Boulevard Nights;
1989 Trial of the Incredible Hulk (TV; Der unheimliche Hulk vor Gericht)

Shay Duffin

Ned Quint in »Sub Rosa« (N166).

Lee Duncan

Evans in »Elaan of Troyius« (C69).

Michael Dunn

Alexander in »Plato's Stepchildren« (C66).
Geb. 1935, gest. 29. August 1973.
Der kleinwüchsige Michael Dunn litt trotz zahlreicher Filmengagements unter seiner geringen Körpergröße. 1965 erhielt er einen Oscar für die beste Nebenrolle in *Ship of Fools.*
1973 setzte er seinem Leben mit einer Überdosis Rauschgift ein frühes Ende.

SERIE:

1965–70 als Dr. Miguelito Loveless in *The Wild Wild West.*

GASTAUFTRITT:

Voyage to the Bottom of the Sea (1967) »The Wax Men«.

FILME:

1965 Ship of Fools (Das Narrenschiff);
1966 You're a Big Boy Now (Big Boy, jetzt wirst du ein Mann);
1968 Madigan (Nur noch 72 Stunden);
1968 No Way to Treat a Lady;
1971 Murders in the Rue Morgue;
1972 Good Night My Love (TV; Ein Koffer für das Syndikat);
1973 Dr. Frankenstein's Castle of Freaks (Die Leichenfabrik des Dr. Frankenstein);
1973 Freakmaker;
1973 Werewolf of Washington (Der Werwolf von Washington);
1974 The Mutation.

Kirsten Dunst

Hedril/Kestra Troi in »Dark Page« (N159).

John Durbin

Ssestar in »Lonely Among Us« (N7);
Gul Lemec in »Chain of Command Part I« (N136), »Chain of Command Part II« (N137).

FILM:

1988 Tricks of the Trade (Die Tricks einer Frau).

Michael Durrell

General Hazar in »Sanctuary« (D30).
Geb. 6. Oktober 1943 in Brooklyn, New York.

SERIEN:
1980 als Vince de Gennaro in *Nobody's Perfect;*
1980–81 als Walter Douglass in *I'm a Big Girl Now;*
1981–82 als Lt. Moraga in *Shannon;*
1983 als Robert Maxwell in *V;*
1983 als John Howell in *Chiefs;*
1984 als Robert Maxwell in *V: The Final Battle;*
1984–85 als Nicholas Stone in *Alice;*
ab 1986 als Lloyd Burgess in *Matlock.*

Peter Duryea

José »Joe« Tyler in »The Cage« (C1).

Marj Dusay

Kara in »Spock's Brain« (N57).
Geb. 20. Februar 1936 in Russell, Kansas.

SERIEN:
o. J. in *Santa Barbara;*
ab 1979 sporadisch in *The Facts of Life;*
1979 als Jennifer Selden in *Stop Susan Williams;*
1981–82 als Kate Hanrahan in *Bret Maverick.*

GASTAUFTRITTE:
Booker (1990) »Love Life«; The Fantastic Journey (1977) »Beyond the Mountain«; Hawaii Five-O (o. J.) (»Abenteuer in Singapur«); The Immortal (1971) »Brother's Keeper«; McCloud (1970) »Who Says You Can't Make Friends in New York City?«; Murder She Wrote (o. J.) (»Eine Million Dollar«); Tucker's Witch (1982) »Curse of the Toltec Death Mask«; The Wild Wild West (1967) »The Night of the Turncoat«.

FILME:
1969 Pendulum (Nacht ohne Zeugen);
1973 Breezy (Begegnung am Vormittag);
1976 MacArthur (MacArthur – Held des Pazifik);
1987 Made in Heaven (dito).

Gene Dynarski

Ben Childress in »Mudd's Women« (C7);
Krodak in »The Mark of Gideon« (C72);
Commander Quinteros in »11001001« (N15).
Geb. 1933.

GASTAUFTRITTE:

Hardcastle and McCormick (1984) »Did You See the One That Got Away«; Hunter (1991) »Fatal Obsession«; Land of the Giants (o. J.) »Deadly Lodestone«; Mission: Impossible (1966) »Memory«, (1967) »The Bank«; Voyage to the Bottom of the Sea (1967) »Journey with Fear«.

FILME:

1971 Duel (Duell);
1974 Earthquake (Erdbeben).

E

Jennifer Edwards

Ms. Kyle in »New Ground« (N110).

FILME:

1986 A Fine Mess;
1986 That's Life (That's Life – So ist das Leben);
1987 The Perfect Match (dito);
1988 Sunset (Sunset – Dämmerung in Hollywood);
1989 All's Fair;
1989 Peter Gunn (dito);
1990 Overexposed.

Paddi Edwards

Anya in »The Dauphin« (N36).

Ronnie Claire Edwards

Talur in »Thine Own Self« (N168).
Geb. in Oklahoma City, Oklahoma.

SERIEN:

1974–81 als Corabeth Godsey in *The Waltons;*
1983–84 als Tante Dolly in *Boone;*
1985 als Helen Newcombe in *Sara;*
1988 als Carly Hightower in *Just in Time.*

GASTAUFTRITT:

Murder She Wrote (o. J.) (»Drei Morde zuviel«).

Samantha Eggar

Marie Picard in »Family« (N76).
Geb. 5. März 1938 in London.

SERIE:

1972 als Anna Owens in *Anna and the King.*

GASTAUFTRITTE:

Alfred Hitchcock Presents (1987) »Deathmate«; Columbo (1977) »The Bye-bye Sky High I.Q. Murder Case« (»Todessymphonie«); Fantasy Island; Finder of Lost Loves (o. J.) (»Traum oder Wirklichkeit?«);

Samantha Eggar

George Burns Comedy Week; Hawaii Five-O (o. J.) (»Die Astrologie-Morde«); Hotel (o. J.) (»Alarm«); Love Boat; Outlaws (1987) »Hymn«; Tales of the Unexpected.

FILME:

1963 Doctor in Distress;
1963 Psyche 59 (Das Verlangen);
1965 The Collector (Der Fänger);
1965 Return from the Ashes (Eine Tür fällt zu);
1966 Walk, Don't Run (Nicht so schnell, mein Junge);
1967 Doctor Dolittle;
1969 The Walking Stick (Die Krücke);
1969 La dame dans l'auto avec des lunettes et un fusil (Die Dame im Auto mit Brille und Gewehr);
1970 The Molly Maguires (Verflucht bis zum Jüngsten Tag);
1971 The Light at the End of the World;
1971 L'etrusco uccide ancora (Das Geheimnis des gelben Grabes);
1974 All the Kind Strangers (TV; Im Netz der Spinne/All die netten Fremden);
1976 Battle Force;

1976 Welcome to Blood City (Willkommen in dieser blutigen Stadt);
1977 The Uncanny;
1977 Why Shoot the Teacher? (Warum schießen Sie auf den Lehrer?);
1979 The Brood (Die Brut);
1979 Macabra (Macabra – Die Hand des Teufels);
1980 The Exterminator (Der Exterminator I);
1981 Demonoid;
1983 Curtains;
1984 Davy Crockett (dito);
1987 Love Among Thieves (TV; Flashpoint Mexico – Liebe Diebe küßt man nicht);
1990 Ragin' Cajun (Cage, der Kickboxer);
1990 A Ghost in Monte Carlo (TV);
1992 Dark Horse;
1992 Round Numbers.

Aron Eisenberg

Nog in *Star Trek – Deep Space Nine.*
Geboren 1970 in Hollywood, Kalifornien.
Eisenberg litt während der High School permanent an Nierenfunktionsstörungen und war ständiger Dialysepatient. Zwar konnte ihm später erfolgreich eine Niere transplantiert werden, aber die Krankheit hatte bereits in jungen Jahren Wachstumsstörungen verursacht, wodurch er so kleinwüchsig blieb, daß er ohne Probleme als jugendlicher Ferengi Nog auftreten konnte.

GASTAUFTRITT:

Tales from the Crypt (o. J.) »Undertaking Pallor«.

FILME:

1988 Colors (Colors – Farben der Gewalt);
1989 Streets;
1989 Amityville: The Evil Escapes (Amityville Horror Teil 4);
1989 Playroom (Schizomaniac);
1991 Puppet Master III – Toulon's Revenge (Toulon's Rache);
1994 (i.V.) Pterodactyl Woman from Beverly Hills.

Ike Eisenmann

Peter Preston in *Star Trek II – The Wrath of Khan.*
Geb. 21. Juli 1962 in Houston, Texas.
Ike Eisenmanns Rolle als Scottys Neffe in *Star Trek II – The Wrath of Khan* war in der Konzeption deutlich gewichtiger angelegt worden, als sie in der verfilmten Version zu sehen war. Sein Anteil an der Handlung wurde so drastisch zurückgeschnitten, daß nicht einmal das zwischen

ihm und Scotty bestehende Verwandtschaftsverhältnis Erwähnung fand.

SERIE:

1977 als Scott Jordan in *Fantastic Journey.*

GASTAUFTRITTE:

CHiPs (1978) »High Explosive«; Fantasy Island; Little House on the Prairie (o. J.) (»Die Jahrhundertfeier«); T. J. Hooker (o. J.) (»Verbrechen durch Alkohol«); Voyagers! (1983) »Sneak Attack«; Wonder Woman.

FILME:

1975 The Sky's Limit (Abenteuer der Lüfte);
1976 Escape to Witch Mountain;
1978 Return from Witch Mountain;
1978 Terror Out of the Sky (Killer-Bienen II – Terror aus den Wolken);
1983 Cross Creek (dito).

Judyann Elder

Lt. Ballard in »The Offspring« (N64).

Paul Elding

Loquel in »Liaisons« (N154).

Robert Ellenstein

Präsident der Föderation in *Star Trek IV – The Voyage Home;*
Steven Miller in »Haven« (N11).

GASTAUFTRITTE:

Bonanza (o. J.) (»Das Duell«); Cain's Hundred (1961) »Five for One«; Combat! (1965) »The Tree of Moray«; Hawaii Five-O (o. J.) (»Die goldene Totenmaske«); Hawaiian Eye (1960) »Princess from Manhattan«, (1961) »Satan City«; Magnum P. I. (1981) »Never Again, Never Again«; A Man Called Sloane (1979) »The Venus Microbe«; The Man from U.N.C.L.E. (1965) »The Arabian Affair«; McCloud (1975) »Fire!«, (1976) »It Was a Fight Before Christmas«; Mission: Impossible (1969) »The Exchange«, »The Controllers«, (1970) »The Innocent«, (1972) »Stone Pillow«; One Step Beyond (1959) »Message from Clara«; The Rookies (1974) »Johnny Lost His Gun«; Thriller (1961) »The Ordeal of Dr. Cordell«; V (1984) »Visitor's Choice«; The Wild Wild West (1966) »The Night of the Flaming Ghost«, (1967) »The Night Dr. Loveless Died«, (1968) »The Night of the Winged Terror«.

FILME:

1958 Pay or Die (Zahl oder stirb);
1959 North by Northwest (Der unsichtbare Dritte).

Biff Elliot

Schmitter in »The Devil in the Dark« (C26).

GASTAUFTRITTE:

Alfred Hitchcock Presents (1960) »One Grave too Many«, (1961) »A Crime for Mothers«; Combat! (1963) »The Party«, (1966) »The Outsider«; Hawaiian Eye (1963) »Blow Low, Blow Blue«; Mission: Impossible (1972) »Casino«; Next Step Beyond (1978) »Possessed«; Ripcord (1962) »Death Camp«; 77 Sunset Strip (1961) »Big Boy Blue«; Surf Side 6 (1961) »Little Mister Kelly«.

Kay Elliot

Stella Mudd in »I, Mudd« (C38).

Alexander Enberg

Ensign Taurik in »Lower Decks« (N167).

Leslie Engelberg

Yareth in »Vortex« (D12).

Michael Ensign

Krola in »First Contact« (N89);
Botschafter Lojal in »The Forsaken« (D17).

GASTAUFTRITTE:

The A-Team (1984) »Deadly Maneuver«; Bring 'em Back Alive (1983) »The Hostage«, »Storm Warning«; M*A*S*H (1982) »'t Was the Day after Christmas«; Otherworld (1985) »Rock and Roll Suicide«; Tales of the Gold Monkey (1983) »Ape Boy«.

FILME:

1980 Raise the Titanic! (Hebt die Titanic);
1988 The Couch Trip (Der Couch-Trip);
1991 Life Stinks (Das Leben stinkt);
1992 Six Weeks (Ein Hauch von Glück);
1993 Born Yesterday (dito).

Stephanie Erb

Liva in »Man of the People« (N129).

Mark Erickson

Piersall in »Second Sight« (D29).

Bill Erwin

Dr. Dalen Quaice in »Remember Me« (N79).
Geb. in Honey Grove, Texas.

SERIE:

1979 als Glenn Diamond in *Struck by Lightning.*

FILME:

1980 Somewhere in Time (Ein tödlicher Traum);
1987 Silent Assassins;
1990 The Willies (dito).

Charles Esten

Divok in »Rightful Heir« (N149).

Richard Evans

Isak in »Patterns of Force« (C51).

SERIE:

1965 als Paul Hanley in *Peyton Place.*

GASTAUFTRITT:

The A-Team (1986) »Wheel of Fortune«.

Terrence Evans

Baltrim in »Progress« (D15);
Proka in »Cardassians« (D25).

Henry Evens

Midro in »The Cloud-Minders« (C77).

Jason Evers

Rael in »Wink of an Eye« (C67).
Geb. 2. Januar 1922 in New York City.

SERIEN:

1960 als Pitcairn in *Wrangler;*
1963–64 als Joseph Howe in *Channing;*
1967–69 als James Sonnett in *The Guns of Will Sonnett.*

GASTAUFTRITTE:

The A-Team (1986) »Mission of Peace«; The Invaders (1967) »Condition: Red«; Mission: Impossible (1971) »Blind«; The Rookies (1973) »Sound of Silence«; The Wild Wild West (1967) »The Night of the Running Death«.

FILME:

1963 The Brain That Wouldn't Die;
1974 Fer-de-Lance;
1974 Shadow of Fear (TV);
1978 Barracuda (dito);
1990 Basket Case 2 (dito).

Diana Ewing

Droxine in »The Cloud-Minders« (C77).

GASTAUFTRITTE:

Hawkins (1973) »Blood Feud«; Mission: Impossible (1969) »Live Bait«.

F

Siddig El Fadil

Dr. Julian Bashir in *Star Trek – Deep Space Nine,* »Birthright Part I« (N142).

Geb. im Sudan, aufgewachsen in Großbritannien.

Siddig El Fadil sammelte erste Erfahrungen in der Schauspielerei, als er Student an der London Academy of Music and Dramatic Arts war. Er brach das Studium wegen schlechter Leistungen jedoch nach einem Jahr ab und arbeitete eine Zeitlang als Verkäufer in einem Herrenbekleidungsgeschäft. Parellel dazu versuchte er sich weiterhin als Schauspieler am Londoner Manchester Library Theatre, schlug aber dann eine andere Richtung ein und befaßte sich am London Art Threshold Theatre mit Theaterregie.

1991 kehrte er zur Schauspielerei zurück und wirkte im britischen Fernsehen in dem Sechsteiler *Big Battalions* sowie in dem TV-Film *A Dangerous Man, Lawrence After Arabia* mit. In letzterem wurde Rick Berman auf ihn aufmerksam und engagierte ihn für *Star Trek – Deep*

Siddig El Fadil

Space Nine. Zunächst war er geplant für die Rolle des Commander Sisko, aber Berman und Piller änderten ihre Meinung, als ihnen klar wurde, daß er für diesen Part viel zu jung war. Er bekam die Rolle des gerade erst von der Akademie entlassenen und recht naiven Dr. Julian Bashir. Gerade diese Naivität, die im Grunde herzerfrischend anders war als die Verhaltensweisen der in vorangegangenen *Star Trek*-Serien vorgestellten Ärzte, war es, die Siddig El Fadil ins Kreuzfeuer der Kritik stellte. Es verging jedoch wenig Zeit, bis er seine Vielseitigkeit unter Beweis stellen konnte, insbesondere ab der zweiten Season war seine Rolle ausgewogener und wurde auch weniger kritisiert. Die Fettnäpfchen, in die er in späteren Episoden trat, waren besser gearbeitet und ließen ihn glaubhafter erscheinen.

SERIE:
o. J. in *Big Battalions.*

FILM:
o. J. A Dangerous Man, Lawrence After Arabia.

Matthew Faison

Surmak Ren in »Babel« (D5).

FILME:
1991 Life Stinks (Das Leben stinkt);
1991 Puppet Master III – Toulon's Revenge (Toulon's Rache).

Richard Fancy

Captain Satelk in »The First Duty« (N119).

FILM:
1991 Nick Knight (TV-Pilotfilm; Midnight Cop).

James Farley

Lt. Lang in »Arena« (C19).

Morgan Farley

Hacom in »The Return of the Archons« (C22).

Kimberley Farr

Langor in »Symbiosis« (N22).

Brioni Farrell

Tula in »The Return of the Archons« (C22).

GASTAUFTRITT:

The Wild Wild West (1967) »The Night of the Brain«.

Geraldine Farrell

Galis Blin in »Babel« (D5).

Terry Farrell

Jadzia Dax in *Star Trek – Deep Space Nine.*
Geb. 19. November 1963 in Cedar Rapids, Iowa.
Terry Farrell begann mit 16 Jahren in New York als Model der Elite Modeling Agency und posierte mehrfach für die Zeitschriften *Vogue* und *Mademoiselle,* 1984 wirkte sie in der Miniserie *Paper Dolls* mit, diverse Gastrollen schlossen sich an. Einer ihrer wichtigsten Fernsehauftritte war in *The Twilight Zone* in der Episode »The After Hours«. Hier spielte sie eine Schaufensterpuppe, die für kurze Zeit leben darf und dann zu den anderen leblosen Schaufensterpuppen zurückkehren muß. Bei dieser Episode handelte es sich um eine Neuverfilmung einer Episode aus den sechziger Jahren, die aber nicht an die beklemmende Atmosphäre des Originals heranreichte; doch Terry Farrells Darstellung war überzeugend genug, um über dieses kleine Minus hinwegzutäuschen.
Eine gewichtige Rolle spielte sie auch in den Filmproduktionen *Beverly Hills Madam* und *Hellraiser III: Hell on Earth.*
Für *Star Trek – Deep Space Nine* wurde sie als letzte Schauspielerin engagiert, nachdem zuvor Famke Janssen die Rolle der Jadzia Dax abgelehnt hatte.
Im Verlauf der ersten Season wußten die Drehbuchautoren aber nur wenig mit ihrer Rolle anzufangen. Dabei boten sich zahllose gute Ideen, wenn man berücksichtigte, daß sie eine junge Frau darstellte, die einen jahrhundertealten Symbionten in sich trug, dessen letzter Wirtskörper der eines alten Mannes gewesen war (der zudem eng mit Benjamin Sisko befreundet war).
Erst in der zweiten Season verbesserte sich ihre Beteiligung am Geschehen, was für die Zukunft hoffen läßt, zumal ihre vorangegangenen Rollen in Film und Fernsehen von wesentlich größerem Gewicht waren und eine stärkere Einbeziehung in die Handlung wünschenswert machten.

SERIE:

1984 als Laurie Caswell in *Paper Dolls.*

GASTAUFTRITTE:

The Bill Cosby Show; Family Ties; Quantum Leap; Red Dwarf; The Twilight Zone (1986) »The After Hours«.

Terry Farrell

FILME:

1986 Beverly Hills Madam/L. A. Madame (Der Callgirl-Club/dito);
1986 Back to School (Mach's noch mal, Dad);
1987 Off the Mark (Crazy Legs);
1991 Hellraiser III: Hell on Earth (Hellraiser III).

Jonathan Farwell

Captain Walker Keel in »Conspiracy« (N25).

SERIE:

o. J. in *The Young and the Restless.*

FILM:

Watchers II (Watchers II – Augen des Terrors).

Pamelyn Ferdin

Mary Janowski in »And the Children Shall Lead« (C60).
Geb. 4. Februar 1959.
Neben ihren Engagements in diversen Serien arbeitete Pamelyn Ferdin auch als Sprecherin für Zeichentrickserien.

SERIEN:

1965–66 als Pamela in *The John Forsythe Show;*
1968–69 als Cookie Bumstead in *Blondie;*
1970–72 als Edna Unger in *The Odd Couple;*
1972–73 als Sally Simms in *The Paul Lynde Show;*
1973–74 als Lucy Baker in *Lassie.*

FILM:

1978 The Toolbox Murders (Der Killer mit der Bohrmaschine).

Jessie Lawrence Ferguson

Lutan in »Code of Honor« (N4).

GASTAUFTRITT:

The A-Team (1985) »Skins«.

FILME:

1987 Princes of the Darkness (Die Fürsten der Dunkelheit);
1990 Darkman (dito).

Lynnda Ferguson

Doran in »Emissary« (D1/D2).

Carlos Ferro

Ensign Dern in »Genesis« (N171).

John Fiedler

Hengist in »Wolf in the Fold« (C44).
Geb. 3. Februar 1925 in Platville, Wisconsin.

SERIEN:

1973–78 als Mr. Peterson in *The Bob Newhart Show;*
1974–75 als Gordy Spangler in *Kolchak: The Night Stalker;*
1983–84 als Woody in *Buffalo Bill.*

GASTAUFTRITTE:

Alfred Hitchcock Presents (1961) »Incident in a Small Jail«, (1962) »The Last Remains«; Columbo (1972) »Blueprint for Murder«; McMillan and Wife (1973) »The Devil, You Say«; Thriller (1962) »A Wig for Miss Devore«; The Twilight Zone (1960) »Night of the Meek«, (1962) »Cavender Is Coming«.

FILME:

1957 12 Angry Men (Die zwölf Geschworenen);
1961 A Raisin in the Sun (Ein Fleck in der Sonne);

1968 The Odd Couple (Ein seltsames Paar);
1982 Bad Ronald (dito);
1986 Seize the Day.

Shannon Fill

Ensign Sito Jaxa in »The First Duty« (N119), »Lower Decks« (N167).
Shannon Fill hatte zwar die Chance zu einem vielversprechenden zweiten Auftritt, der aber leider für ihre Rolle fatal endete.

FILM:

1994 (i.V.) To Sell a Child.

Rick Fitts

Dr. Martin in »Violations« (N112).

FILM:

1988 Platoon Leader.

Paul Fix

Dr. Mark Piper in »Where No Man Has Gone Before« (C4).
Geb. 13. März 1901 in Dobbs Terry, New York; gest. 14. Oktober 1983.
Paul Fix wurde für die Rolle des Schiffsarztes Dr. Piper für den zweiten

Paul Fix

Pilotfilm engagiert und ersetzte damit John Hoyt als Dr. Boyce aus »The Cage« (C1). Obwohl Fix insbesondere durch seine Rolle in der Serie *The Rifleman* sowie aus zahllosen Western einem breiten Publikum bekannt war, wurde ihm der Sprung in die Serie verwehrt. Seine Rolle wurde umbenannt und mit DeForest Kelley besetzt.

SERIE:

1958–1963 als Marshall Micah Torrance in *The Rifleman.*

GASTAUFTRITTE:

Bonanza (o. J.) (»Die Goldfinder«); The Fugitive (1964) »Ballad for a Ghost«; Land of the Giants (o. J.) »Deadly Lodestone«, »The Creed«; Ripcord (1963) »Jump to a Blind Alley«; The Time Tunnel (o. J.) »End of the World«; The Twilight Zone (1964) »I Am the Night – Colour Me Black«: Voyage to the Bottom of the Sea (1966) »The Terrible Toys«; The Wild Wild West (1967) »The Night of the Hangman«.

FILME:

1932 Last Mile (Eine Meile Angst);
1933 Fargo Express;
1933 Zoo in Budapest;
1935 Bulldog Courage;
1935 Desert Trail;
1935 His Fighting Blood;
1940 Dr. Cyclops (Dr. Zyklop);
1940 Ghost Breakers;
1940 Black Friday (Schwarzer Freitag);
1940 Triple Justice;
1940 Virginia City (Goldschmuggel nach Virginia);
1942 Sherlock Holmes and the Secret Weapon;
1942 Hitler – Dead or Alive;
1943 Captive Wild Woman;
1948 Red River (Panik am Roten Fluß);
1949 Hellfire (Kopfpreis 5000 Dollar);
1950 Jet Pilot (Düsenjäger);
1953 Hondo (Man nennt mich Hondo);
1953 The Star of Texas (Sie ritten in die Nacht);
1953 Island in the Sky (Das letzte Signal);
1954 The High and the Mighty (Es wird immer wieder Tag);
1955 Blood Alley (Der gelbe Strom);
1956 The Bad Seed (Die böse Saat);
1956 Santiago (Geheime Fracht);
1956 Stagecoach to Fury (Im Lande Zorros);
1956 Toward the Unknown (Einst kommt die Stunde);
1957 The Devil's Hairpin (Die Teufelskurve);

1964 Baby, the Rain Must Fall (Die Lady und der Tramp);
1965 The Sons of Katie Elder (Die vier Söhne der Katie Elder);
1966 The Sphinx;
1966 Talion;
1967 Day of the Evil Gun (Totem);
1967 El Dorado (dito);
1969 Zabriskie Point (dito);
1972 Night of the Lepus (Rabbits);
1977 Grayeagle;
1978 Just Me and You (Nur ich und du).

Fionnula Flanagan

Enina Tandro in »Dax« (D8);
Juliana Tainer in »Inheritance« (N162).
Geb. 10. Dezember 1941 in Dublin, Irland.
Fionnula Flanagan machte in den USA 1985 von sich reden, als sie in dem von ihr zu einem Ein-Frau-Stück umgeschriebenen Stück *James Joyce's Women* in einem gut zehnminütigen Nacktauftritt eine ausgiebige Selbstbefriedigungsszene einbaute.
1976 erhielt sie für ihre Rolle in *Rich Man, Poor Man – Book I* einen Emmy Award.

SERIEN:

1976 als Clothilde in *Rich Man, Poor Man – Book I;*
1978–79 als Molly Culhane in *How the West Was Won;*
1987 in *Hard Copy.*

GASTAUFTRITTE:

Columbo (1989) »Murder: A Self-Portrait«; Hec Ramsey (1974) »Only Birds and Fools«; Hunter (1989) »Shillelagh«; The Rookies (1974) »Trial by Doubt«; Shaft (1974) »The Murder Machine«; The Streets of San Francisco (o. J.) (»Schuld und keine Reue«).

FILME:

1973 Picture of Dorian Gray (TV) (Das Bildnis des Dorian Gray);
1974 The Godchild (Spuren im Sand);
1975 The Legend of Lizzie Broden (Lizzie Brodens blutiges Geheimnis);
1977 Mary White (Unerfüllte Träume);
1982 Voyage from the Unknown (TV-Pilotfilm; Die Zeitreise);
1984 The Ewok Adventure: Caravan of Courage (Die Ewoks – Karawane der Tapferen);
1985 James Joyce's Women;
1985 Crossover;
1986 Youngblood (Bodycheck);

1988 P. K. and the Kid (Kid Kane);
1992 Death Dreams;
1992 Mad at the Moon.

John Fleck

Commander Taibak in »The Mind's Eye« (N98).

FILME:

o. J. Indecency (Der Duft des Todes);
1993 Babylon 5 (TV-Pilotfilm; Spacecenter Babylon 5).

Mick Fleetwood

Antedianischer Botschafter in »Man Hunt« (N45).
Mick Fleetwood ist Schlagzeuger der Rockgruppe Fleetwood Mac. Als Gast in der Episode »Man Hunt« ist er aufgrund seiner umfassenden Maske aber für keinen Zuschauer erkennbar.

FILM:

1987 The Running Man (Running Man).

Louise Fletcher

Vedek Winn in »In the Hands of the Prophets« (D20), »The Circle« (D22), »The Siege« (D23), »The Collaborator« (D44).

SERIE:

o. J. in *In a Child's Name.*

GASTAUFTRITTE:

One Step Beyond (1959) »The Open Window«; 77 Sunset Strip (1959) »A Bargain in Tombs«; The Twilight Zone (1988) »The Hunters«.

FILME:

1973 Thieves Like Us (Diebe wie wir);
1975 One Flew Over the Cuckoo's Nest (Einer flog über das Kuckucksnest);
1975 Russian Roulette (Russisches Roulette);
1977 Exorcist II: The Heretic (Der Exorzist II – Der Ketzer);
1978 The Cheap Detective (Der Schmalspur-Schnüffler);
1979 Lady in Red (dito);
1979 The Magician of Lublin (Der Magier);
1979 Natural Enemies;
1980 The Lucky Star (Lucky Star);
1981 Strange Behavior;
1983 Brainstorm (Projekt Brainstorm);

Louise Fletcher

1983 Firestarter (Der Feuerteufel);
1983 Strange Invaders (Das Geheimnis von Centreville);
1984 A Summer to Remember (Unser neuer Bruder);
1986 The Boy Who Could Fly (Der Knabe, der fliegen konnte);
1986 Invaders from Mars (Invasion vom Mars);
1986 Nobody's Fool;
1987 Flowers in the Attic (Blumen der Nacht);
1988 Mamma Dracula;
1988 Two Moon Junction (dito);
1989 Final Notice (Blutige Skizzen);
1989 Shadowzone (dito);
1989 Best of the Best (Karate Tiger IV);
1990 Blue Steel (dito);
1990 Nightmare on the 13th Floor (TV; Nightmare – Hotel des Grauens);
1991 Blind Vision (Blind Vision – Tödliche Leidenschaft);
1992 The Player (dito).

Erika Flores

Marissa in »Disaster« (N105).

FILM:

1991 Switched at Birth (TV; Babyswitch – Kind fremder Eltern).

J. Michael Flynn

Zayner in »The Hunted« (N59).

Michelle Forbes

Dara in »Half a Life« (N96);
Ensign Ro Laren ab »Ensign Ro« (N103) bis »Rascals« (N133), »Preemptive Strike« (N176)
Geboren und aufgewachsen in Texas.
Mit 16 Jahren zog Michelle Forbes nach New York, wo sie sich erfolglos um eine Rolle in dem Film *The Black Stallion Returns* bewarb. Stattdessen spielte sie zweieinhalb Jahre lang in der Soap Opera *Guiding Light* mit.
Forbes' erster Auftritt als Dara in der Episode »Half a Life« war von eher untergeordneter Bedeutung, da David Ogden Stiers der eigentliche Gaststar war und die Handlung dominierte.
Sie kehrte nur wenig später in der Rolle der Bajoranerin Ensign Ro Laren zurück – eine Figur, die erstmals den starren Rahmen durchbrach,

Michelle Forbes

den Roddenberry entwickelt hatte. Trotz dieser Abkehr von Roddenberrys Vorgaben erwies sich Forbes' Rolle als äußerst beliebt, so daß Rick Berman und Michael Piller beabsichtigten, sie in die in Planung befindliche Ablegerserie *Star Trek – Deep Space Nine* zu übernehmen. Dabei stießen sie aber auf den unerwarteten Widerstand von Forbes, die sich nicht für längere Zeit auf eine Rolle in einer Fernsehserie festlegen lassen wollte. Sie verließ schließlich auch Star *Trek – The Next Generation,* um sich ihrer Filmkarriere zu widmen. Sie kehrte für die vorletzte Episode von *Star Trek – The Next Generation* noch einmal als Ro Laren zurück, wobei das Ende offen genug gehalten wurde, um ihr eine Rückkehr in *Star Trek – Deep Space Nine* zu ermöglichen. Ihre Chancen im Film sind noch nicht absehbar, ihr erster Film, *Kalifornia*, erwies sich zwar als Geheimtip beim Publikum, ein Kassenerfolg wurde er jedoch nicht.

GASTAUFTRITTE:

Shannon's Deal (o. J.).

FILME:

1992 Kalifornia (dito);
1992 The Reluctant Vampire;
1994 (i. V.) Real Life.

Michael Forest

Apollo in »Who Mourns for Adonais?« (C32).

GASTAUFTRITTE:

Combat! (1966) »Hills Are for Heroes«; Garrison's Gorillas (1968) »The War Diamonds«; Michael Shayne, Private Detective (1961) »Marriage Can Be Fatal«; Mission: Impossible (1967) »The Reluctant Dragon«; The Outer Limits (1963) »It Crawled out of the Woodwork«; The Rookies (1975) »From out of Darkness«; Twelve O'Clock High (1965) »We're Not Coming Back«.

FILME:

1961 Atlas;
1988 Deep Space (dito).

Brad Forrest

Ensign Wyatt in »That Which Survives« (C73).

Robert Fortier

Tomar in »By Any Other Name« (C52).

Stacie Foster

Bartell in »Relics« (N130).

Jonathan Frakes

William T. Riker in *Star Trek – The Next Generation* und *Star Trek: Generations;*
Thomas Riker in »Second Chances« (N150);
Geb. 1953 in Bethlehem, Pennsylvania.
Jonathan Frakes ist verheiratet mit der Schauspielerin Genie Francis (bekannt aus den Soap Operas *Days of Our Lives und General Hospital*), die er bereits aus der Miniserie *Bare Essence* kannte und die er nach den Dreharbeiten zu *North and South* heiratete.
Frakes studierte zunächst Psychologie, wechselte dann zur Schauspielerei. Der Beginn seiner Karriere war alles andere als ermutigend, da er in der Maske des Comic-Superhelden Captain America für den Marvel-Verlag durch die USA reiste und Supermärkte und andere Geschäfte besuchte. Diesem wenig ruhmreichen Auftritt schlossen sich Gastrollen in verschiedenen Serien an, in denen er nicht auf einen bestimmten Typ festgelegt wurde, sondern sowohl gute als auch schlechte Charaktere verkörperte. Von allen Miniserien, in denen er mitspielte, erzielte er in seiner Rolle als Stanley Hazard in dem Fernsehmehrteiler *North and South,* in dessen Fortsetzung 1994 er ebenfalls wieder mitwirkte, den größten Erfolg.
Bevor er die Rolle des Ersten Offiziers William T. Riker bekam, mußte er mehrere Vorsprechtermine über sich ergehen lassen.
Diese Rolle war von Beginn an einer der zentralen Charaktere der Serie, den Frakes nach der Drehpause im ersten Jahr mit einem Vollbart zurückkehren ließ.
Mit dem gleichen Enthusiasmus, mit dem Frakes bei den Dreharbeiten seine Rolle verkörperte, begann er auch hinter der Kamera aktiv zu werden. Er besuchte Seminare, beschaffte sich Fachliteratur und beobachtete die Männer, denen er nachzueifern versuchte: die Regisseure. Er schaffte es schließlich trotz der zeitraubenden Dreharbeiten, die Produzenten mit seinem erworbenen Fachwissen und seiner extremen Hartnäckigkeit dazu zu bewegen, ihm die Chance zu geben, bei einer Episode Regie zu führen. Das Debüt, die Episode »The Offspring«, erwies sich als so gut, daß Frakes in den folgenden Jahren immer wieder zum Einsatz kam und auch beim zweiten Teil der Eröffnungsepisode der dritten Season von *Star Trek – Deep Space Nine* Regie führte.
Frakes' Begeisterung für die Arbeit als Regisseur ist über die Jahre hinweg so gestiegen, daß er sich mittlerweile vorstellen kann, nur noch hinter der Kamera zu arbeiten. Dies dürfte vor allem von Bedeutung sein, wenn sich in der nächsten Zukunft abzeichnet, daß Frakes mit seiner Rolle als Riker zu sehr identifiziert wird. Daß Frakes dennoch der

Jonathan Frakes

Schauspielerei noch lange nicht abgeschworen hat, wird deutlich, wenn man liest, daß er nur zu gerne die Hauptrolle in der kommenden Serie *Star Trek: Voyager* übernommen hätte.
In *Star Trek: Generations* wird Jonathan Frakes zum erstenmal auf der Kinoleinwand zu sehen sein.

SERIEN:
o. J. in *The Doctors;*
1983 als Marcus Marshall in *Bare Essence;*
1984 als Sandy Parris in *Paper Dolls;*
1984 als Lt. Gillespie in *Dream West;*
1985/86 und 1994 als Stanley Hazard in *North and South.*

GASTAUFTRITTE:
Charlie's Angels (o. J.) (»Ein Engel ohne Erinnerung«); Falcon Crest (o. J.) (»Der Racheengel«); The Dukes of Hazzard (o. J.) (»Ein Hogg für Daisy«); Highway to Heaven; Hill Street Blues; Hotel (o. J.) (»Zuschauer«); Quincy M. E. (o. J.) (»Chirurgen und ihre Gesetze«); The Twilight Zone (1985): »But Can She Type?«; Voyagers!

(1982) »An Arrow Pointing East«; The Waltons (o. J.) (»Der schöne Traum«).

FILM:

o. J. Nutcracker (TV).

David Frankham

Lawrence Marvick in »Is There in Truth No Beauty?« (C61).
Geb. 1926.

GASTAUFTRITTE:

Alfred Hitchcock Presents; Men Into Space; Shadow Chasers; The Six Million Dollar Man; Thriller.

FILME:

1959 The Return of the Fly (Die Rückkehr der Fliege);
1960 Master of the World (Robur – der Herr der sieben Kontinente);
1962 Tales of Terror (Schwarze Geschichten/Der grauenvolle Mr. X);
1971 Hands of the Ripper (Hände voller Blut);
1981 Wrong Is Right (Flammen am Horizont).

Sheila Franklin

Ensign Felton in »A Matter of Time« (N109), »New Ground« (N110), »Hero Worship« (N111), »Imaginary Friend« (N122).

John Franklyn-Robbins

Macias in »Preemptive Strike« (N176).

Bruce French

Sabin in »The Drumhead« (N95).

GASTAUFTRITTE:

Magnum P. I. (1983) »Operation Silent Night«; 21 Jump Street (1988) »Brother Hanson and the Miracle of Renner's Pond«.

FILM:

1976 Pipe Dreams.

Susan French

Sev Maylor in »Man of the People« (N129).

SERIE:
1983 als Margaret Marshall in *Bare Essence.*

Matt Frewer

Berlingoff Rasmussen in »A Matter of Time« (N109).

SERIEN:
1987 als Edison Carter und Max Headroom in *Max Headroom;*
1994 in *The Stand.*

FILME:
1986 Max Headroom;
1988 Far from Home (Wilder Sand);
1989 Speed Zone (Cannonball Fieber: Auf dem Highway geht's erst richtig los);
1989 Honey, I Shrunk the Kids (Liebling, ich habe die Kinder geschrumpft!);
1990 Short Time (Short Time – Nichts als Ärger mit dem Kamikaze-Cop);
1991 The Taking of Beverly Hills (Boomer – Überfall auf Hollywood);
1993 The Positively True Adventures of the Alleged Texas Cheerleader-Murdering Mom.

Mal Friedman

Ensign Hendorff in »The Apple« (C35).

David Froman

K'nera in »Heart of Glory« (N20).

SERIE:
ab 1986 als Lt. Bob Brooks in *Matlock.*

G

Ben Gage

Teer Akaar in »Friday's Child« (C41).

Megan Gallagher

Mareel in »Invasive Procedures« (D24).

SERIEN:

1979–81 als Louella in *Dallas;*
1986–87 als Tina Russo in *Hill Street Blues.*

GASTAUFTRITT:

China Beach (1988) »Lost and Found«.

FILM:

1991 In a Stranger's Hands.

Robin Gammell

Mauric in »Attached« (N160).

GASTAUFTRITT:

The Twilight Zone (1986) »Need to Know«.

FILME:

1976 The Haunting of Julia/Full Circle (Julias unheimliche Wiederkehr);
1977 Panic in Echo Park (Panik im Echo-Park).

Teri Garr

Roberta Lincoln in »Assignment: Earth« (C56).
Geb. 11. Dezember 1949 in Lakewood, Ohio, aufgewachsen in Hollywood.

SERIEN:

1972 in *The Ken Berry »Wow« Show;*
1973 in *Burns and Schreiber Comedy Hour;*
1973–74 als Amber in *Girl with Something Extra;*
1973–74 in *The Sonny and Cher Comedy Hour;*
1974 in *The Sonny Comedy Revue;*
1975 in *Cher;*
1994 in *Good Advice.*

Teri Garr

GASTAUFTRITTE:

M*A*S*H (1973) »The Sniper«; McCloud (1972) »The Million Dollar Roundup«, (1974) »This Must Be the Alamo«, »The Concrete Jungle Caper«, (1975) »Return to the Alamo«.

FILME:

1968 Head (dito);
1974 Young Frankenstein (Mel Brooks' Frankenstein junior);
1977 Close Encounters of the Third Kind (Unheimliche Begegnung der dritten Art);
1977 Oh, God! (Oh, Gott ...);
1979 The Black Stallion (Der schwarze Hengst);
1980 Witches' Brew;
1981 Honky Tonk Freeway (Da steht der ganze Freeway kopf);
1982 The Escape Artist;
1982 One from the Heart (Einer mit Herz);
1982 Tale of the Frog Prince;
1982 Tootsie (dito);
1983 The Black Stallion Returns (Der schwarze Hengst kehrt zurück);
1983 Mr. Mom (dito);
1983 The Sting II (Zwei ausgekochte Gauner);
1983 Prime Suspect (Jagd auf den Schulmädchen-Killer);

1984 Firstborn (Moving In);
1984 To Catch a King (TV);
1985 After Hours (Die Zeit nach Mitternacht);
1986 Intimate Strangers (TV; Im Käfig des Grauens /Vietnam adieu – Im Auge des Krieges);
1986 Miracles (Wunder dauern etwas länger);
1988 Paul Reiser out on a Whim;
1988 Full Moon in Blue Water (Die Trottel vom Texas-Grill);
1989 Let It Ride (Alles auf Sieg);
1989 Out Cold (Tau mich auf, Liebling);
1990 Mother Goose Rock 'n' Roll Rhyme;
1990 Short Time (Short Time – Nichts als Ärger mit dem Kamikaze-Cop);
1990 Quiet Little Neighborhood/A Perfect Little Murder (TV; Ein perfekter kleiner Mord);
1991 Waiting for the Light (Zeichen und Wunder);
1992 Mom and Dad Save the World (dito);
1992 Deliver Them from Evil: The Taking of Alta View (Killer im Kreißsaal);
1992 The Player (dito).

Spencer Garrett

Simon Tarses in »The Drumhead« (N95).

Jennifer Gatti

Ba'el in »Birthright Part I« (N142) und »Birthright Part II« (N143).

FILM:

1993 Street Knight (Geballte Fäuste).

Dan Gauthier

Ensign Sam Lavelle in »Lower Decks« (N167).

David Gautreaux

Commander Branch in *Star Trek – The Motion Picture.*
David Gautreaux sollte die Rolle des Vulkaniers Xon in der Neuauflage der Serie, *Star Trek II,* übernehmen, die ihn bereits in dieser Phase der Vorbereitung mit dem Problem konfrontierte, als Nachfolger von Spock (Leonard Nimoy) stets mit diesem verglichen zu werden. Als der vorgesehene Regisseur für den Pilotfilm der Serie durch Robert Wise ersetzt wurde und dieser Nimoy für den nunmehrigen Kinofilm wider Erwarten doch unter Vertrag nehmen konnte, gab Gautreaux die Rolle auf, da sie noch aussichtsloser geworden war. Statt dessen war er in *Star*

Trek – The Motion Picture nur kurz zu sehen, seine Rolle beschränkte sich auf dic des Commanders der Raumstation Epsilon 9, die bereits sehr früh im Film zerstört wurde.

GASTAUFTRITTE:

Airwolf (1986) »Hawke's Return«; Hardcastle and McCormick (1984) »One of the Girls from Accounting«.

FILM:

1980 The Hearse.

Ellen Geer

Dr. Kila Marr in »Silicon Avatar« (N104).
Geb. in West Nyack, New York.
Ellen Geer ist die relativ erfolgreiche Tochter des Schauspielers Will Geer, der seinerseits bestens bekannt war als Großvater Zeb Walton in *The Waltons.*

SERIE:

1971–72 als Wendy Howard in *The Jimmy Stewart Show.*

GASTAUFTRITTE:

Beauty and the Beast; Call to Glory (1984) »Call It Courage«; CHiPs (1978) »Vintage '54«, (1980) »EMT«, (1982) »Return to Death's Door«; The Streets of San Francisco (o. J.) (»Wer tötete Helen French?«); Voyagers! (1983) »Destiny's Choice«.

FILME:

1972 Harold and Maude (Harold & Maude);
1973 Silence (Gefährliche Stille);
1980 On the Nickel (Straße der Gestrauchelten);
1985 Hard Traveling (Tramp – Mörder unterwegs);
1987 The Wild Pair (Die Top-Cops).

Mike Genovese

Zef'No in »The Circle« (D22).

SERIE:

1985 als Al Hurley in *Falcon Crest.*

GASTAUFTRITT:

Hardcastle and McCormick (1984) »Did You See the One That Got Away«.

FILME:

1985 Code of Silence (Cusack – Der Schweigsame);
1985 Triplecross (TV);
1988 The Invisible Kid (Invisible Kid).

Susan Gibney

Dr. Leah Brahms in »Booby Trap« (N54), »Galaxy's Child« (N90).

GASTAUFTRITT:

Spenser: For Hire (1988) »Haunting«.

FILM:

1991 And You Thought Your Parents Were Weird (Robodad).

Stefan Gierasch

Dr. Hal Mosely in »A Matter of Time« (N109).

SERIE:

1978 als J. Powell Karbo in *A. E. S. Hudson Street.*

GASTAUFTRITTE:

The Alfred Hitchcock Hour (1963) »Diagnosis: Danger«; A Man Called Sloane (1979) »Lady Bug«; M*A*S*H (1981) »Give 'em Hell, Hawkeye«; Tales of the Gold Monkey (1983) »Ape Boy«; The Twilight Zone (1986) »Small Talent for War«; Werewolf (1987) »The Black Ship«.

FILME:

1972 Jeremiah Johnson (dito);
1976 Carrie (Carrie – des Satans jüngste Tochter);
1990 Megaville (dito);
1993 Jack the Bear (Mein Vater – Mein Freund).

Ann H. Gillespie

Hildebrandt in »Pen Pals« (N41);
Schwester Jabara in »Babel« (D5).

Sam Gilman

Doc Holliday in »Spectre of the Gun« (C62).
Geb. 1915; gest. 3. Dezember 1985.

SERIE:

1966 als Sam Grafton in *Shane.*

FILM:

1973 Gator Bait (Hetzjagd im Sumpf).

Seamon Glass

Benton in »Mudd's Women« (C7).

GASTAUFTRITT:

Tarzan (1967) »Hotel Hurricane«.

FILM:

1977 The Other Side of Hell (Die andere Seite der Hölle).

John Glover

Verad in *»Invasive Procedures«* (D24).

SERIE:

o. J. in *Grass Roots.*

GASTAUFTRITT:

The Twilight Zone (1986) »Small Talent for War«.

FILME:

1979 The Last Embrace;
1981 The Incredible Shrinking Woman (Die unglaubliche Geschichte der Mrs. K);
1984 A Flash of Green;
1985 An Early Frost (Früher Frost);
1986 Apology (TV; dito);
1986 Willy/Milly (dito);
1986 52 Pick-Up (dito);
1987 Something Special;
1988 Hot Paint (Eine verdammt heiße Ware);
1988 A Killing Affair;
1988 Masquerade (Masquerade – Ein tödliches Spiel);
1988 Meet the Hollowheads (Rohr frei! Für Familie Hollowhead);
1988 Rocket Gibraltar;
1988 Scrooged (Die Geister, die ich rief);
1989 Breaking Point;
1989 The Chocolate War;
1989 Travelling Man;
1990 Dead on the Money;
1990 El Diablo (El Diablo – Der mit dem Teufel ritt);
1990 Gremlins 2: The New Batch (Gremlins II – Die Rückkehr der kleinen Monster);

1990 RoboCop 2 (dito);
1991 A Season of Giants.

Whoopi Goldberg

Guinan in *Star Trek – The Next Generation* (ab der zweiten Season); *Star Trek: Generations.*
Geb. am 13. November 1949 in Chelsea, New York.
Wirklicher Name: Caryn Johnson.
Whoopi Goldberg wurde in Chelsea, einem gemischtrassigen Stadtteil von New York City, geboren. Sie begann mit acht Jahren in den Helena Rubinstein Performing Arts Workshops in New York mit der Schauspielerei. Ausgiebige Erfahrungen mit Drogen führten dazu, daß sie mit 16 Jahren die Schule verließ. Als sie 18 war, kam ihre Tochter Alexandra zur Welt (die ihrerseits mit 16 Jahren Mutter wurde und Whoopi Goldberg zu einer recht jungen Großmutter machte); der Vater war ihr ehemaliger Sozialarbeiter, der ihr aus der Drogenabhängigkeit geholfen hatte. Diese Ehe hielt aber nur kurz.
In den siebziger Jahren begann Whoopi Goldberg eine Ausbildung zur Schauspielerin in Lee Strasberg's Actors Workshop in New York und an der New York High School of Performing Arts. 1974 zog sie nach San Diego, wo sie als Mitwirkende in zahlreichen Theaterproduktionen den Grundstein für ihre Karriere legte und außerdem Mitbegründerin des San Diego Repertoire Theatre war. 1983 bekam sie – nachdem sich ihr komödiantisches Talent herauskristallisiert hatte – eine eigene Show, »Whoopi Goldberg: Direct from Broadway«, die auch im Fernsehen ausgestrahlt wurde. Diese Ein-Frau-Show machte den Erfolgsregisseur Steven Spielberg auf sie aufmerksam. Er nahm sie für einen seiner wenigen dramatischen Filme unter Vertrag, *The Color Purple.* Dieser Film war Goldbergs Filmdebüt und machte sie praktisch über Nacht weltberühmt. Ihre Arbeit wurde mit einer Oscar-Nominierung und der Verleihung eines Golden Globe belohnt. In der Folgezeit spielte sie in überdurchschnittlich vielen Filmen die Hauptrolle.
1986 heiratete sie den Kameramann David Claessen, von dem sie sich bereits 1988 wieder trennte.
Den nach *The Color Purple* bereits zum Greifen nahen Oscar erhielt sie 1991 für die beste weibliche Nebenrolle in *Ghost.* Im folgenden Jahr bekam sie die Hauptrolle in ihrer bislang erfolgreichsten Komödie, *Sister Act.*
1994 moderierte sie als erste Frau und zugleich als erste Farbige die Oscar-Verleihung, im gleichen Jahr kehrte sie als falsche Nonne in der Fortsetzung *Sister Act 2: Back in the Habit* auf die Leinwand zurück; der Film erfüllte jedoch nicht ganz die Erwartungen der Zuschauer.
Ihre Rolle als undurchschaubare Guinan in *Star Trek – The Next Generation* bekam sie erst nach mehreren Anläufen, da niemand der Verantwortlichen glaubte, daß ihre Anfrage nach einer Rolle in der Serie,

Whoopi Goldberg

die über LeVar Burton an die Produzenten weitergeleitet wurde, ernst gemeint war.
Nachdem Roddenberry erkannt hatte, daß sie tatsächlich eine kleine Rolle in *Star Trek – The Next Generation* wollte, wurde auch das Potential deutlich, das sie für die Serie darstellte. Als international anerkannter Star lockte sie durch ihre unregelmäßigen Auftritte als Guinan zahlreiche Zuschauer an, die sich ohne sie wohl nie für *Star Trek – The Next Generation* interessiert hätten. Die Wirkung erfüllte auch in der umgekehrten Richtung ihren Zweck, da viele Fans der Serie nun auch ins Kino gingen, wenn ein neuer Film mit ihr anlief.

SERIE:

1989 in *Bagdad Café.*

GASTAUFTRITTE:

A Different World (o. J.) »If I Should Die Before I Wake« (»Josie's Vermächtnis«); Moonlighting; Tales from the Crypt (o. J.) »Dead Wait«.

FILME:

1985 The Color Purple (Die Farbe Lila);
1986 Doctor Duck's Super Secret All-Purpose Sauce;

1986 Jumpin' Jack Flash (dito);
1987 The Burglar (Die diebische Elster);
1987 Fatal Beauty (dito);
1987 The Telephone (Telefon-Terror/Telefon);
1988 Clara's Heart;
1989 Beverly Hills Brats (dito);
1989 Homer and Eddie (Homer und Eddie);
1989 Kiss Shot (TV; dito/Sarahs großes Spiel);
1990 Ghost (Ghost – Nachricht von Sam);
1990 The Long Walk Home;
1991 Soapdish (Lieblingsfeinde – Eine Seifenoper);
1992 The Player (dito);
1992 Sister Act (Sister Act – Eine himmlische Karriere);
1992 Sarafina! (dito);
1993 Made in America (dito);
1993 National Lampoon's Loaded Weapon I (Loaded Weapon I);
1994 Sister Act 2: Back in the Habit (Sister Act 2: In göttlicher Mission);
1994 The Lion King (Sprecherin in der Originalfassung);
1994 Corrina, Corrina (dito);
1994 (i. V.) T. Rex.

Mike Gomez

DaiMon Tarr in »The Last Outpost« (N5);
DaiMon Lurin in »Rascals« (N133).

GASTAUFTRITTE:

T. J. Hooker (o. J.) (»Ausgeliefert«); Werewolf (1988) »Nightmare in Blue«.

Jim Goodwin

Lt. John Farrell in »The Enemy Within« (C6), »Mudd's Women« (C7), »Miri« (C9).

Laurel Goodwin

Yeoman J. M. Colt in »The Cage« (C1).

FILME:

1962 Girls! Girls! Girls!;
1963 Papa's Delicate Condition.

Barry Gordon

Nava in »The Nagus« (D11).
Geb. 21. Dezember 1948 in Brookline, Massachusetts.

SERIEN:
1972 als Conrad Musk in *The Don Rickles Show;*
1973–74 als Dennis Whitehead in *The New Dick Van Dyke Show;*
1977–78 als Charlie Harrison in *Fish;*
1980 als Stan in *Good Time Harry;*
1981–83 als Gary Rabinowitz in *All in the Family.*

Frank Gorshin

Bele in »Let That Be Your Last Battlefield« (C71).
Geb. 5. April 1935 in Pittsburgh, Pennsylvania.
Neben seiner Schauspielerei ist Gorshin vor allem bekannt als Komödiant und Prominentenimitator.

SERIEN:
1967 in *Spotlight;*
1972 in *ABC Comedy Hour.*

GASTAUFTRITTE:
The Alfred Hitchcock Hour (1964) »Second Verdict«; Batman (als Riddler); Buck Rogers in the 25th Century (1979) »Plot to Kill a City«; Combat! (1963) »The Medal«, (1965) »The Hell Machine«; Garrison's Gorillas (1967) »Thieves' Holiday«.

FILME:
1957 Dragstrip Girl;
1960 Studs Lonigan (Kein Stern geht verloren);
1960 Ring of Fire (Feuersturm);
1961 The George Raft Show (Der tanzende Gangster);
1965 That Darn Cat (Alles für die Katz);
1966 Batman (Batman hält die Welt in Atem);
1980 Underground Aces (Die Maulwürfe von Beverly Hills);
1981 Goliath Awaits;
1981 The Uppercrust (Den Tüchtigen gehört die Welt);
1984 Hot Resort;
1986 A Masterpiece of Murder (TV; Gaunerstück mit alten Meistern);
1986 Hollywood Vice Squad (Hollywood Cop);
1988 Singapore Harbor USA (Private Guys);
1989 Beverly Hills Body Snatchers (dito);
1989 Midnight.

Martin Goslins

Setok in »Gambit Part II« (N157).

FILM:
1989 Hider in the House (Tödliches Versteck).

Walter Gotell

Kurt Mandel in »Home Soil« (N18).

SERIE:

o. J. in *Task Force Police.*

GASTAUFTRITTE:

The A-Team (1985) »Where Is the Monster When You Need Him?«; Airwolf (1984) »Fight Like a Dove«; Knight Rider (1985) »Knight Sting«; Spenser: For Hire (1986) »A Madness Most Discreet«.

FILME:

1961 The Devil's Daffodil (Das Geheimnis der gelben Narzissen);
1962 The Road to Hong Kong (Der Weg nach Hongkong);
1962 The Damned (Sie sind verdammt);
1977 The Stud (Die Stute);
1977 The Spy Who Loved Me (Der Spion, der mich liebte);
1978 Murder By Proxy/Cry of the Innocent (Die Zeitbombe);
1984 Basic Training;
1984 KGB – The Secret War (KGB – Der schmutzige Krieg);
1985 Up the Military (Bombenstimmung im Hauptquartier);
1988 Sleepaway Camp 2: Unhappy Campers (Camp des Grauens 2).

Cynthia Gouw

Caithlin Dar in *Star Trek V – The Final Frontier.*
Geb. in Berkeley, Kalifornien.
Vor ihrer vielversprechenden, letztlich aber völlig bedeutungslosen Rolle in *Star Trek V – The Final Frontier* hatte Cynthia Gouw erfolgreich an einem »Miss Chinatown San Francisco« und einem »Miss Chinatown«-Schönheitswettbewerb teilgenommen und war außerdem in kleineren Filmrollen zu sehen gewesen.

GASTAUFTRITT:

China Beach (1991) »The Always Good-Bye«.

FILME:

1989 Big Man on the Campus (Das bucklige Schlitzohr);
1989 Kinjite – Forbidden Subjects.

John Christopher Graa

Jay Gordon in »Disaster« (N105).

April Grace

Transporter Chief Maggie Hubbell in »Reunion« (N81), »Future Imperfect« (N82), »Data's Day« (N85), »Galaxy's Child« (N90), »Emissary« (D1/2).

Wayne Grace

Gouverneur Torak in »Aquiel« (N139).

FILME:

1989 Wizards of the Lost Kingdom 2 (Ein Königreich vor unserer Zeit);
1989 Heroes Stand Alone (Helden sterben einsam);
1990 Buried Alive (Buried Alive – Lebendig begraben).

Gerrit Graham

Verfolger von Tosk in »Captive Pursuit« (D6)
Graham war bei der Vorbereitung eine Zeitlang für die Rolle des Odo vorgesehen, die dann aber René Auberjonois zufiel.

SERIE:

1979 als Leonard Scribner in *Stockard Jenning in Just Friends.*

GASTAUFTRITTE:

The A-Team (1983) »Children of Jamestown«; China Beach (1990) »The Gift«; The Rookies (1974) »Prelude to Vengeance«; The Twilight Zone (1986) »Welcome to Winfield«.

FILME:

1968 Greetings (Grüße);
1972 Son of Blob;
1974 Phantom of the Paradise (Phantom im Paradies);
1975 Strange New World (TV-Pilotfilm);
1976 Special Delivery (Der lange Kalifornier);
1976 Bobbie Jo and the Outlaw;
1976 Cannonball (Cannonball Run: Auf dem Highway ist die Hölle los);
1977 Demon Seed (Des Teufels Saat);
1980 Home Movies (Home Movies – Wie du mir, so ich dir);
1980 Used Cars (Mit einem Bein im Kittchen);
1981 Spaceship/The Creature Wasn't Nice;
1982 National Lampoon's Class Reunion (Ich glaub', mein Straps funkt SOS);
1984 The Ratings Game (T.V. – Total verrückt);
1985 The Annihilators (City Commando);
1986 It's Alive III: Island of the Alive (Die Wiege des Schreckens);
1986 Ratboy (dito);
1986 Terror Vision (dito);
1987 The Game of Love;
1987 Walker (dito);
1989 Big Man on the Campus (Das bucklige Schlitzohr);

1989 Tales from the Crypt (TV; Im Horrorkabinett);
1989 C.H.U.D. II – Bud the C.H.U.D. (Bud the Chud – C.H.U.D. II);
1990 Child's Play 2 (Chucky 2 – Die Mörderpuppe ist wieder da);
1993 The Philadelphia Experiment II (Das Philadelphia-Experiment 2).

Kelsey Grammer

Capt. Morgan Bateson in »Cause and Effect« (N118).
Geb. in St. Thomas, Virgin Islands.
Viel zu kurz zu sehen in dieser Episode war Kelsey Grammer, der dem amerikanischen Publikum bestens bekannt ist als Psychiater Frazier Crane aus der Sitcom *Cheers.* Nach dem Ende dieser Serie erhielt er die gleiche Rolle als Hauptdarsteller in *Frazier,* ebenfalls eine Sitcom, die auf der Erfolgsskala derzeit so weit oben ist, daß sie den Vorläufer *Cheers* in der Beliebtheit durchaus überflügeln kann.

SERIEN:

1984–93 als Dr. Frazier Crane in *Cheers;*
ab 1993 als Dr. Frazier Crane in *Frazier.*

Bruce Gray

Admiral Chekote in »Gambit Part I« (N156), »The Circle« (D22).

James Greene

Dr. Barron in »Who Watches the Watchers« (N52).

James Gregory

Dr. Tristan Adams in »Dagger of the Mind« (C10).
Geb. 23. Dezember 1911 in The Bronx, New York.

SERIEN:

1959–61 als Barney Ruditsky in *The Lawless Years;*
1972–73 als T.R. Scott in *The Paul Lynde Show;*
1975–82 als Inspector Frank Luger in *Barney Miller;*
1979 als Nick Hannigan in *Detective School.*

GASTAUFTRITTE:

Bonanza; Mission: Impossible (1972) »The Bride«; Police Story (1952); Studio One; The Web.

FILME:

1959 Al Capone (dito);
1962 The Manchurian Candidate (Botschafter der Angst);
1962 Two Weeks in Another Town (Zwei Wochen in einer anderen Stadt);

1963 PT 109 (Patrouillenboot PT 109);
1965 The Sons of Katie Elder (Die vier Söhne der Katie Elder);
1966 Murderer's Row (Die Mörder stehen Schlange);
1967 Clambake;
1968 The Ambushers (Wenn Killer auf der Lauer liegen);
1968 The Secret War of Harry Frigg (Der Etappenheld);
1970 Beneath the Planet of the Apes (Rückkehr zum Planet der Affen);
1976 Francis Gary Powers: The True Story of the U-2 Spy Incident (TV);
1980 The Comeback Kid.

Stephen Gregory

Jake Curland in »Coming of Age« (N19).

FILM:

1984 The Heavenly Kid (Zurück aus der Vergangenheit).

Max Grodénchik

Sovak in »Captain's Holiday« (N67);
Par Lenor in »The Perfect Mate« (N121);
Rom in *Star Trek – Deep Space Nine.*
Max Grodénchik lag lange Zeit mit Armin Shimerman auf gleicher Höhe bei der Besetzung der Rolle des Barkeepers Quark. Die Rolle ging an letzteren, und für Grodénchik wurde die Rolle des Bruders Rom geschaffen.

GASTAUFTRITTE:

Doogie Howser M. D.; Night Court.

FILME:

1991 Barton Fink (dito);
1991 The Rocketeer (Rocketeer);
1992 Sister Act (Sister Act – Eine himmlische Karriere).

Harry Groener

Tam Elbrum in »Tin Man« (N68).

SERIE:

o. J. in *Dear John* (Mein lieber John).

Castulo Guerra

Dr. Mendoza in »The Price« (N56).

GASTAUFTRITTE:

Hunter (1985) »The Beach Boy«, (1987) »The Jade Woman«; Starman (1987) »Barriers« (»Grenzgänger«).

FILME:

1987 Nuts (Nuts ... Durchgedreht);
1991 Terminator 2: Judgment Day (Terminator II – Tag der Abrechnung).

Bob Gunton

Captain Benjamin Maxwell in »The Wounded« (N86).

SERIE:

1964 in *Comedy Zone.*

FILME:

1981 Rollover (Das Rollover-Komplott);
1982 Lois Gibbs and the Love Canal;
1985 Static;
1987 Matewan (dito);
1989 Cookie (dito);
1989 Glory (dito);
1992 Ladykiller;
1992 Missing Pieces (Auf der Sonnenseite des Lebens);
1993 Demolition Man (dito).

H

Molly Hagan

Eris in »The Jem'Hadar« (D46).

GASTAUFTRITTE:

Columbo (1989) »Murder, Smoke and Shadows«, (1994) »Butterflies in Shades of Grey«.

Michael G. Hagerty

Capt. Larg in »Redemption Part II« (N101);
Skoran in »Thine Own Self« (N168).

FILME:

1987 Overboard (Overboard – Ein Goldfisch fällt ins Wasser);
1990 After Dark, My Sweet (dito);
1993 Rio Diablo.

Sid Haig

Gesetzgeber in »The Return of the Archons« (C22).

GASTAUFTRITTE:

The A-Team (1983) »Black Day at Bad Rock«; Bring 'em Back Alive (1982) »Wilmer Bass and the Serengeti Kid«; Buck Rogers in the 25th Century (1980) »Flight of the War Witch«, (1981) »Time of the Hawk«; Mission: Impossible (1967) »The Slave«, (1968) »Trial by Fury«, »The Diplomat«, (1969) »Doomsday«, »Commandante«, (1970) »The Choice«, »Decoy«; Werewolf (1988) »King of the Road«.

FILME:

1970 C. C. & Company;
1972 The Big Bird Cage;
1972 Black Mama, White Mama (Frauen in Ketten);
1973 Beyond Atlantis;
1973 Foxy Brown (dito);
1973 Coffy (Coffy – Die Raubkatze);
1975 The Woman Hunt;
1981 The Aftermath (dito);
1981 Chu Chu and the Philly Flash (Crazy Street Life);
1987 Commando Squad (dito);
1988 War Lords (Warlords – Die Zerstörer der Zukunft);
1989 Wizards of the Lost Kingdom 2 (Ein Königreich vor unserer Zeit);
1990 Genuine Risk (Risky Game).

Albert Hall

Galek Dar in »Booby Trap« (N54).
Geb. 10. November 1937 in Boothton, Alabama.

SERIE:

1983 als Dr. Terry Wilson in *Ryan's Four.*

FILM:

1992 Malcolm X (dito).

Kevin Peter Hall

Leyor in »The Price« (N56)
Geb. 9. Mai 1955 in Pittsburgh, Pennsylvania; gest. 1989.

SERIE:

1985–86 als Dr. Elvin Lincoln in *Misfits of Science* (als Zusammenschnitt in Deutschland unter dem Titel *Die Superhelden*).

FILME:

1987 Predator (dito);
1987 Harry and the Hendersons (Bigfoot und die Hendersons);
1990 Predator 2 (dito).

Lois Hall

Dr. Mary Warren in »Who Watches the Watchers« (N52).

Richard Gilbert Hall

Bosus in »Descent« (N152).

Kim Hamilton

Sonji in »Final Mission« (N83).

John Hancock

Admiral Haden in »The Defector« (N58), »The Wounded« (N86).

SERIEN:

1979 als Gold Tooth in *Stop Susan Williams;*
1980 als Lt. Bakersmith in *Scruples;*
1984–85 als Lt. Michael Delaney in *Hardcastle and McCormick;*
1987–88 als Clarence in *Houston Knights.*

GASTAUFTRITTE:

The A-Team (1986) »The Trouble with Harry«; Blue Thunder (1984) »The Godchild«; Hunter (1987) »The Cradle Will Rock«; Murder She

Wrote (1984) »The Murder of Sherlock Holmes« (»Der Mord an Sherlock Holmes«); Tour of Duty (1989) »Green Christmas«; The Twilight Zone (1986) »The Convict's Piano«; Voyagers! (1983) »All Fall Down«.

FILME:

1978 Foul Play (Eine ganz krumme Tour);
1980 The Black Marble;
1985 Streets of Justice (Nacht der Vergeltung);
1986 Crossroads (Crossroads – Pakt mit dem Teufel);
1987 Catch the Heat/Feel the Heat (Fire Game);
1987 Mace (dito);
1988 Traxx;
1989 Collision Course;
1990 Bonfire of the Vanities (Fegefeuer der Eitelkeiten);
1992 Criminal Behaviour (Eine Frau für alle Fälle).

Anne Haney

Rishan Uxbridge in »The Survivors« (N51);
Richterin Renora in »Dax« (D8).
Geb. in Memphis, Tennessee.

SERIE:

1985 als Evelyn Camp in *Lime Street.*

GASTAUFTRITTE:

AfterMASH (1983) »Staph Inspection«, »Little Broadcast«, »All About Christmas Eve«, (1984) »C. Y. A.«; Golden Girls (o. J.) (»Die Operation«); Mission: Impossible (1986) »The Toys of Caliban«; Tour of Duty (1990) »The Raid« und »Payback«.

FILM:

1990 K-9000 (Projekt 9000 … die coolste Schnauze von L. A.).

Jerry Hardin

Radue in »When the Bough Breaks« (N17);
Samuel Clemens alias *Mark Twain* in »Time's Arrow Part I« (N126), »Time's Arrow Part II« (N127).

SERIE:

1982–83 als Wild Bill Winchester in *Filthy Rich.*

GASTAUFTRITTE:

AfterMASH (1983) »Bladder Day Saints«; Alfred Hitchcock Presents (1985) »Final Escape«; Baa Baa Black Sheep (1976) »Prisoner of War«;

Golden Girls (o. J.) (»Unzüchtiger Antrag«); The Twilight Zone (1986) »Profile in Silver«.

FILME:

1976 The Gardener's Son (Der Sohn des Gärtners);
1978 Wolf Lake (Amok-Jagd);
1981 World War III (Weltkrieg III);
1985 Warning Sign (Warnzeichen Gen-Killer);
1986 Wanted: Dead or Alive (Gesucht: Tot oder lebendig);
1987 Little Nikita (dito);
1988 War Party (dito);
1988 The Milagro Beanfield War (Milagro – Der Krieg im Bohnenfeld);
1989 Hometown Boy Makes Good (Hochstapler wider Willen);
1989 Blaze (Blaze – Eine gefährliche Liebe);
1990 Hot Spot (The Hot Spot – Spiel mit dem Feuer).

Nancy Harewood

Lt. Nara in »Eye of the Beholder« (N170).

John Harmon

Tepo in »A Piece of the Action« (C47).

James Harper

Rao Vantika in »The Passenger« (D9).

Joshua Harris

Timothy in »Hero Worship« (N111).

SERIE:

1984 als Christopher Ewing in *Dallas.*

Michael Harris

Byleth in »Liaisons« (N154).

FILM:

1993 The Hit List (TV; Private Bodyguard)

Gracie Harrison

Clare Raymond in »The Neutral Zone« (N26).
Geb. in Kansas City, Missouri.

SERIE:
1986 als Susan Slater in *Melba.*

Mariette Hartley

Zarabeth in »All Our Yesterdays« (C79).
Geb. am 21. Juni 1940 in New York City.

SERIEN:
1965 als Dr. Claire Morton in *Peyton Place;*
1966–67 als Ruth Garret in *The Hero;*
1983–84 als Jennifer Barnes in *Goodnight, Beantown.*

GASTAUFTRITTE:
Columbo (1974) »Publish or Perish« (»Schreib oder stirb«), (1977) »Try and Catch Me« (»Alter schützt vor Morden nicht«); Dick Van Dyke/Diagnosis Murder (o. J.) »The House on Sycamore Street« (»Das Mörderhaus«), (o. J.) (»Diagnose Mord«); The Incredible Hulk (1979) »Married« (1979 wurde sie ausgezeichnet mit einem Emmy Award für den besten Gastauftritt in einer Fernsehserie); Little House on the Prairie (o. J.) (»Ein Geschenk für Mutter«); Logan's Run (1978) »Future-

Mariette Hartley

past«; Love Boat (o. J.) (»Das Geheimnis des Seidentuchs«); M*A*S*H (1979) »Inga«; The Sixth Sense (1972) »Eye of the Haunted«; The Twilight Zone (1964) »The Long Morrow«.

FILME:

1962 Ride the High Country (Sacramento);
1964 Marnie (dito);
1969 Marooned (Verschollen im Weltraum);
1971 Earth II (TV; Killersatelliten);
1972 The Magnificent Seven Ride (Der Todesritt der glorreichen Sieben);
1974 Tight as a Drum (TV);
1974 Nightmare at 43 Hillcrest (TV);
1981 Improper Channels (Papa haut auf den Putz);
1982 O'Hara's Wife;
1983 M. A. D. D.: Mothers Against Drunk Driving (Die Initiative);
1988 1969;
1990 Murder C. O. D. (Mord per Nachnahme);
1992 Encino Man;
1992 Child of Rage (Mörderische Kindheit).

Hana Hatae

Molly O'Brien in »Rascals« (N133) und in *Star Trek – Deep Space Nine.*

Stephen Hawking

Stephen Hawking in »Descent« (N152).
Der fast völlig gelähmte Physiker und Professor der Mathematik an der Universität von Cambridge, Stephen Hawking, erwies sich während der Vorstellung einer Dokumentation über sein Leben und Werk als Fan der Serie. Nach einem Besuch der Studios ließ er über Leonard Nimoy den Wunsch an Rick Berman übermitteln, daß er gerne eine Gastrolle in *Star Trek – The Next Generation* bekommen würde. Wenig später bekam er in einer Holodeck-Szene den gewünschten Auftritt.

Jeffrey Hayenga

Orta in »Ensign Ro« (N103).

FILM:

1991 The Unborn.

Lloyd Haynes

Alden in »Where No Man Has Gone Before« (C4).
Geb. 19. Oktober 1934 in South Bend, Indiana; gest. 31. Dezember 1986.

SERIEN:

1969–74 als Pete Dixon in *Room 222;*
1977 als Martin Stevens in *79 Park Avenue;*
1981 in *Dynasty.*

FILM:

1979 Good Guys Wear Black.

Kathryn Hays

Gem in »The Empath« (C68).
Geb. in Princeton, Illinois.

SERIEN:

1966–67 als Elizabeth Reynolds in *The Road West;*
ab 1972 als Kim Hughes in *As the World Turns.*

GASTAUFTRITT:

The Night Gallery (1972) »She'll Be Company for You«.

FILME:

1966 Ride Beyond Vengeance (Tag der Abrechnung);
1967 Counterpoint (Der Befehl);
1970 Yuma (dito).

George Hearn

Berel in »First Contact« (N89).

FILME:

1992 Sneakers (Sneakers – Die Lautlosen);
1993 The Vanishing (Spurlos).

Gina Hecht

Manua Apgar in »A Matter of Perspective« (N62).
Geb. in Houston, Texas.

SERIEN:

1979 als Melanie in *Hizzoner;*
1979–81 als Jean DaVinci in *Mork & Mindy;*
1987 als Emily Cabot in *Everything's Relative.*

Christopher Held

Lindstrom in »The Return of the Archons« (C22).

Albert Henderson

Cos in »Rivals« (D31).

SERIE:

1961–63 als Officer O'Hara in *Car 54, Where Are You?*

FILME:

1981 Modern Romance (Modern Romance – Muß denn Liebe Alptraum sein?);
1988 Big Top Pee-Wee (dito).

Sam Hennings

Ramsey in »Angel One« (N14).

GASTAUFTRITT:

Gideon Oliver (o. J.) »The Last Plane from Coramaya« (»Das Geheimnis von Coramaya«)

FILME:

1987 Mission Manila (Web);
1992 Seedpeople (Sway).

Darryl Henriques

Portal in »The Last Outpost« (N5);
Botschafter Nanclus in *Star Trek VI – The Undiscovered Country.*

Karen Hensel

Admiral Brackett in »Unification Part I« (N107);
Deela in »Cardassians« (D25).

Richard Herd

L'Kor in »Birthright Part I« (N142), »Birthright Part II« (N143).
Geb. in Brighton, Massachusetts.

SERIEN:

1979 als General Omar Bradley in *Ike;*
1982 als Capt. Dennis Sheridan in *T. J. Hooker;*
1983 als John in *V* und 1984 in *V: The Final Battle;*
1993 als Admiral Noyce in *SeaQuest DSV.*

GASTAUFTRITTE:

The A-Team (1985) »Waste 'em«; Hardcastle and McCormick (1984) »Mr. Hardcastle Goes to Washington«, (1985) »The Yankee Caper«;

Murder, She Wrote (o. J.) (»Nachricht aus zweiter Hand«, »Mord um Mitternacht«); Quantum Leap (1991) »Future Boy, October 6, 1957«.

FILME:

1978 Terror out of the Sky (Killerbienen II – Terror aus den Wolken);
1978 Wolf Lake (Amok-Jagd);
1979 Marciano;
1980 Private Benjamin (Schütze Benjamin);
1985 Trancers (dito);
1987 Planes, Trains & Automobiles (Ein Ticket für zwei);
1989 Gleaming the Cube (Gleaming Heart/Rebellen auf Skateboards).

Robert Herron

Kahless in »The Savage Curtain« (C78).

Jennifer Hetrick

Vash in »Captain's Holiday« (N67), »Qpid« (N94), »Q-Less« (D7).

FILME:

1990 Unknown Subject (Der Bischof des Teufels);
1991 Absolute Strangers (Zwischen Leben und Tod).

Catherine Hicks

Dr. Gillian Taylor in *Star Trek IV – The Voyage Home.*
Geb. am 6. August 1953 in New York City.
Für ihre Darstellung der Marilyn Monroe in dem Fernsehfilm »Marilyn: The Untold Story« wurde sie für einen Emmy Award nominiert.

SERIEN:

o. J. in *Ryan's Hope;*
o. J. in *The Valley of the Dolls;*
1979–80 als Emily Rappant in *The Bad News Bears;*
1982–83 als Amanda Tucker in *Tucker's Witch.*

FILME:

1980 Marilyn: The Untold Story;
1980 To Race the Wind (TV; Meine Träume sind bunt);
1981 Better Late Than Never (Ein Opa kommt selten allein);
1982 Death Valley (dito);
1984 Garbo Talks (Die Göttliche);
1984 The Razor's Edge (Auf Messers Schneide);
1985 Fever Pitch (Jackpot);
1986 Peggy Sue Got Married (Peggy Sue hat geheiratet);
1987 Laguna Heat (Laguna brennt);

Catherine Hicks

1987 Like Father, Like Son (Wie der Vater, so der Sohn);
1988 Child's Play;
1988 Cognac (dito);
1988 Souvenir;
1989 She's out of Control (Hände weg von meiner Tochter);
1989 Spy (The Spy);
1990 Running Against Time (Wettlauf mit der Zeit);
1991 Liebestraum (Todestraum – Der letzte Zeuge schweigt);
1991 Hi Honey, I'm Dead (Der Fiesling/Fahrstuhl ins zweite Leben).

Marianna Hill

Dr. Helen Noel in »Dagger of the Mind« (C10).

FILME:

1965 Red Line 7000 (Rote Linie 7000);
1973 High Plains Drifter (Fremder ohne Namen);
1974 The Baby;
1976 Death at Love House;
1980 Schizoid (dito);
1981 Blood Beach (Blood Beach – Horror am Strand);
1988 Invisible Stranger (The Transformer).

Grainger Hines

Gosheven in »The Ensigns of Command« (N50).

Thomas Hobson

Junger Jake Sisko in »Emissary« (D1/D2).

Elizabeth Hoffman

Premier Bhavani in »The Price« (N56).

SERIE:
1983 als Eleanor Roosevelt in *The Winds of War.*

FILME:
1981 Fear No Evil;
1987 Nuts (Nuts ... Durchgedreht).

Eric Holland

Ekor in »Wink of an Eye« (C67).
Geb. 1933.

GASTAUFTRITTE:
The A-Team (1984) »The Bend in the River«; The Bionic Woman; Galactica 80; The Man from U.N.C.L.E.; Mission: Impossible (1969) »The Interrogator«, (1969) »The Numbers Game«, (1971) »The Field«; The Six Million Dollar Man; Voyage to the Bottom of the Sea (o. J.) »The Village of Guilt«.

FILM:
1972 The Pigs.

Roger Holloway

Mr. Lemli in »Turnabout Intruder« (C80).

Rex Holman

Morgan Earp in »Spectre of the Gun« (C62);
J'onn in *Star Trek V – The Final Frontier.*

GASTAUFTRITTE:
Combat! (1962) »Lost Sheep, Lost Shepherd«; Cowboy in Africa (1968) »First to Capture«; Jericho (1966) »Have Traitor, Will Travel«; Land of the Lost (1976) »Flying Dutchman«; Mission: Impossible (o. J.) »Kitara« (»Kitara«); The Outer Limits (1960) »The Return«, (1964) »Demon

with a Glass Hand«; Ripcord (1963) »Aerial Backfire«; Then Came Bronson (1969) »All the World and God«; The Twilight Zone (1961) »The Passersby«.

Skip Homeier

Melakon in »Patterns of Force« (C51);
Dr. Sevrin in »The Way to Eden« (C76).
Geb. 5. Oktober 1929 in Chicago.

SERIEN:

1960–61 als Dan Raven in *Dan Raven;*
1970–71 als Dr. Hugh Jacoby in *The Interns.*

GASTAUFTRITTE:

Alfred Hitchcock Presents (1956) »Momentum«, (1958) »The Motive«; The Bionic Woman; Combat! (1963) »Night Patrol«, (1967) »Entombed«; Garrison's Gorillas (1968) »War Games«; Ghost Story; The Incredible Hulk; Mission: Impossible (1968) »The Mercenaries«; One Step Beyond; The Outer Limits (1964) »Expanding Human«; Project UFO; Schlitz Playhouse of Stars (1952) »Autumn in New York«; Science Fiction Theatre; The Six Million Dollar Man; The Streets of San Francisco (o. J.) (»Ein guter Polizist, aber ...«); Then Came Bronson (1970) »A Pickin' an' a Singin'«; Voyage to the Bottom of the Sea (o. J.) »The Amphibians«, (1966) »The Day the World Ended«, (1968) »Attack«.

FILME:

1948 Hello Mickey (Fräulein Wildfang);
1949 Big Cat (Raubkatze);
1950 The Gunfighter (Der Scharfschütze);
1954 Cry Vengeance (Narbengesicht);
1954 Beachhead (Brückenkopf X);
1954 The Lone Gun (Gegen Terror und Banditen);
1955 At Gunpoint (In Acht und Bann);
1955 Ten Wanted Men (Rächer in Schwarz);
1955 Road to Denver (Postraub in Central City);
1956 No Road Back (Die blinde Spinne);
1956 Stranger at My Door (Der schwarze Mustang);
1956 The Burning Hills (Horizont in Flammen);
1956 Thunder over Arizona (Duell am Apachenpaß);
1956 Between Heaven and Hell;
1957 The Tall T (Um Kopf und Kragen);
1958 Plunderers of Painted Flats (Die Killer von Dakota);
1962 Showdown (Der eiserne Kragen);
1963 Johnny Shiloh;
1964 Bullet for a Badman (Die letzte Kugel trifft);

1966 The Ghost and Mr. Chicken;
1970 The Challenge (TV);
1979 The Wild Wild West Revisited (TV).

Robert Hooks

Admiral Morrow in *Star Trek III – The Search for Spock.*
Geb. 18. April 1937 in Washington, D.C.

SERIEN:

1967–69 als Det. Jeff Ward in *N. Y. P. D.;*
1979 als Mays in *Backstairs at the White House;*
1988 als Capt. Jim Coleman in *Supercarrier.*

GASTAUFTRITTE:

Dynasty (o. J.) (»Kirbys Mutter«); The Flash (1990; Pilotfilm); Hardcastle and McCormick (1983) »Man in a Glass House«; McMillan and Wife (1973) »The Devil, You Say«; Quincy M. E. (o. J.) (»Schwarze Schönheiten«); The Rookies (1973) »Deadly Cage«; Then Came Bronson (1969) »A Long Trip to Yesterday«; 21 Jump Street (1987) »In the Custody of a Clown«; V (1985) »The Hero«.

FILME:

1966 Sweet Love, Bitter;
1969 The Last of the Mobile Hotshots (Blutsverwandte);
1973 Doberman Patrol (In der Falle);
1975 Aaron Loves Angela;
1978 A Woman Called Moses;
1981 The Sophisticated Gents;
1983 Fast-Walking;
1985 The Execution;
1988 Supercarrier (TV-Pilotfilm; dito);
1992 Passenger 57 (Passagier 57).

James Horan

Jo'Bril in »Suspicions« (N148);
Barnaby in »Descent Part II« (N153).

GASTAUFTRITT:

Werewolf (1987) »Blood Ties«.

FILM:

1982 Image of Passion.

Patrick Horgan

Eneg in »Patterns of Force« (C51).

SERIE:

1983 als Major Heinrik Strasser in *Casablanca.*

GASTAUFTRITTE:

Cowboy in Africa (1968) »A Man of Value«; Mission: Impossible (1967) »The Legacy«; Twelve O'Clock High (1966) »To Seek and Destroy«; The Wild Wild West (1969) »The Night of the Diva«.

Clint Howard

Balok in »The Corbomite Maneuver« (C11).
Geb. 20. April 1959 in Burbank, Kalifornien.

SERIEN:

1964–65 als Stanley in *The Baileys of Balboa;*
1967–69 als Mark Wedloe in *Gentle Ben;*
1974 als Steve in *The Cowboys;*
1986–87 in *Gung Ho;*
1993 als Doctor Mimmer in *Space Rangers.*

GASTAUFTRITTE:

The Andy Griffith Show; The Fugitive (1964) »Home Is the Hunted«; The Rookies (1973) »Crossfire«.

FILME:

1966 Talion;
1967 Gentle Giant (dito);
1973 Salty (Mein Freund Salty);
1979 Rock 'n' Roll High School (dito);
1982 Evilspeak (Der Teufelsschrei);
1985 Gung Ho (dito);
1986 The Wraith (dito);
1989 B.O.R.N. (dito);
1990 Disturbed (Tödliche Visionen);
1990 Silent Night, Deadly Night 4 – Initiation (Welcome to Hell);
1991 Body Chemistry 2 – Voice of a Stranger (Eine verhängnisvolle Verbindung 2);
1993 Carnosaur (Carnosaurus).

Sherman Howard

Endar in »Suddenly Human« (N78).

Susan Howard

Mara in »The Day of the Dove« (C63).
Geb. am 28. Januar 1946 in Marshall, Texas.

Susan Howard

Wirklicher Name Jeri Lynn Mooney, seit 1974 in zweiter Ehe mit dem Filmproduzenten Calvin Crane verheiratet, eine Tochter.
Seit einigen Jahren ist sie religiös sehr aktiv und nimmt keine Film- und Fernsehauftritte mehr an.

SERIEN:

1974–76 als Maggie Petrocelli in *Petrocelli;*
1979–87 als Donna Culver Krebbs in *Dallas.*

GASTAUFTRITTE:

Columbo (1972) »The Most Crucial Game«; The Immortal (1970) »Legacy«; Mannix; Marcus Welby M. D.; Mission: Impossible.

FILME:

1974 Night Games (TV);
1977 Moonshine County Express;
1977 Sidewinder 1.

Mike Howden

Lt. Rowe in »I, Mudd« (C38).

Clegg Hoyt

Transporterchef Pitcairn in »The Cage« (C1).

GASTAUFTRITT:
Combat! (1963) »Hill 256«.

John Hoyt

Dr. Phillip Boyce in »The Cage« (C1).
Geb. 5. Oktober 1904 in Bronxville, New York; gest. 15. September 1991.
Wirklicher Name: John Hoysradt.
Hoyt sammelte erste Schauspielerfahrung in Bühnenproduktionen der High School und der Universität. Er wurde aber zunächst Lehrer und wechselte erst Ende der zwanziger Jahre zur Schauspielerei.

SERIEN:
1964–65 als Dr. Krevoy in *Tom, Dick and Mary;*
1982–87 als Stanley Kanisky in *Gimme a Break.*

GASTAUFTRITTE:
The Alfred Hitchcock Hour (1964) »The McGregor Affair«; Alfred Hitchcock Presents (1957) »I Killed the Count«, (1961) »Summer Shade«; Battlestar Galactica; Kolchak: The Night Stalker (1975) »The Sentry«; Land of the Giants; The Munsters; The Outer Limits (1964) »I, Robot«, »Don't Open Till Doomsday«; Planet of the Apes (1974) »The Gladiators«, »The Horse Race«; The Six Million Dollar Man; Twelve O'Clock High (1965) »We're Not Coming Back«; The Twilight Zone (1960) »The Lateness of the Hour«, (1961) »Will the Real Martian Please Stand Up«; The Unexpected (1952) »Beyond Belief«; Voyage to the Bottom of the Sea (o. J.) »Hail to the Chief«; The Wild Wild West (1966) »The Night of the Puppeteer«, (1969) »The Night of the Plague«.

FILME:
o. J. O.S.S.;
1947 My Favorite Brunette;
1948 Winter Meeting;
1948 The Lady Gambles (Spielfieber);
1949 The Lawless (Gnadenlos gehetzt);
1950 The Company She Keeps (Auf Bewährung freigelassen);
1951 The Lost Continent (Bestien lauern vor Caracas);
1951 When Worlds Collide (Der Jüngste Tag);

1952 Lean Shark (Hyänen der Unterwelt);
1952 Androcles and the Lion (Androkles und der Löwe);
1952 Black Castle (Das schwarze Schloß);
1954 Casanova's Big Night (Der Schürzenjäger von Venedig);
1954 Desirée (dito);
1955 The Girl in the Red Velvet Swing (Das Mädchen auf der roten Samtschaukel);
1955 The Blackboard Jungle (Die Saat der Gewalt);
1956 Death of a Scoundrel (König der Hochstapler);
1956 The Come On (Am Strand der Sünde);
1958 Attack of the Puppet People;
1959 Curse of the Undead;
1959 Riot in Juvenile Prison (Jugend ohne Gesetz);
1962 Cleopatra (dito);
1963 X (The Man with the X-Ray Eyes) (Der Mann mit den Röntgenaugen);
1964 The Time Travellers (2071 – Mutan-Bestien gegen Roboter);
1965 Operation C.I.A.;
1965 Two on a Guillotine;
1966 Duel at Diablo (Duell in Diablo);
1967 Panic in the City;
1974 Flesh Gordon (dito);
1979 In Search of Historic Jesus.

Jamie Hubbard

Salia in »The Dauphin« (N36).
Geb. 1962 in Deutschland.

GASTAUFTRITT:
Ohara (o. J.).

FILM:
o. J. The Hitchhiker.

David Huddleston

Schaffner in »Emergence« (N175).
Geb. 17. September 1930 in Vinton, Virginia.

SERIEN:
1973–74 als Lt. Sam Church in *Tenafly;*
1974–76 als Lt. John Ponce in *Petrocelli;*
1977 als Jasper T. Kallikak in *The Kallikaks;*
1977 als Christy Judson in *How the West Was Won;*
1979 als Cooper in *Hizzoner.*

FILME:
1971 The Trackers (Die Verfolger);
1972 Bad Company (In schlechter Gesellschaft);
1980 Gorp;
1983 M. A. D. D.: Mothers Against Drunk Driving (Die Initiative);
1985 Santa Claus: The Movie (Santa Claus);
1988 Frantic (dito);
1989 Double Exposure.

M. Leigh Hudec siehe Majel Barrett.

David Hillary Hughes

Trefayne in »Errand of Mercy« (C27).

Wendy Hughes

Nella Daren in »Lessons« (N145).
Wendy Hughes stammt aus Australien, wo sie mit (auch international bekannten) Regisseuren wie Phil Noyce, Paul Cox und Gillian Armstrong zusammenarbeitete, von denen einige – wie auch Wendy Hughes selbst – später in den USA Karriere machten.

SERIE:
1991 als Janet Bouvier Auchincloss in *A Woman Named Jackie.*

FILME:
1978 Newsfront (Nachrichtenkrieg);
1979 Kostas (Kostas, der Grieche);
1979 My Brilliant Career (Meine brillante Karriere);
1980 Touch and Go
1981 Lonely Hearts;
1983 Careful He Might Hear You;
1983 Return to Eden;
1984 A Dangerous Summer;
1985 An Indecent Obsession;
1985 My First Wife;
1987 Happy New Year;
1989 The Heist (TV; Der Gentleman-Coup);
1989 Warm Nights on a Slow Moving Train (Night Train);
1990 Genetic Killers (dito);
1992 Wild Orchid 2: Two Shades of Blue/Blue Movie Blue (Wilde Orchideen 2).

Craig Hundley

Peter Kirk in »Operation: Annihilate!« (C30);
Tommy Starnes in »And the Children Shall Lead« (C60).
Unter seinem Künstlernamen Craig Huxley arbeitete er später als Synthesizerkünstler und -programmierer für verschiedene Popmusiker und bei den Kinofilmen *Star Trek – The Motion Picture* und *Star Trek II – The Wrath of Khan.* Unter diesem Namen veröffentlichte er 1984 die LP »The Genesis Project« und schrieb 1980 die Musik zum Film *Schizoid.*

FILME:

1974 Planet Earth (TV-Pilotfilm);
1986 Retaliator (dito).

Michael Hungerford

Roughneck in »Time's Arrow Part I« (N126).

Marsha Hunt

Anne Jameson in »Too Short a Season« (N16).
Geb. 17. Oktober 1917 in Chicago, Illinois.

SERIE:

1959 als Jennifer Peck in *Peck's Bad Girl.*

GASTAUFTRITTE:

Alfred Hitchcock Presents (1958) »Tea Time«; Cain's Hundred (1962) »The Debasers«; Cosmopolitan Theatre (1951); Sure as Fate; The Twilight Zone (1964) »Spur of the Moment«.

FILME:

1937 Thunder Trail;
1938 Hell Town;
1940 Pride and Prejudice (Stolz und Vorurteil);
1942 Panama Hattie;
1943 The Human Comedy;
1944 Music for Millions (Musik für Millionen);
1947 Smash-Up: The Story of a Woman;
1952 Actors and Sin;
1960 The Plunderers (Die Plünderer);
1971 Johnny Got His Gun (Johnny zieht in den Krieg);
1989 Tank Malling (The Soho Connection).

Jeffrey Hunter

Captain Christopher Pike in »The Cage« (C1).
Geb. 25. November 1925 in Orleans, Louisiana; gest. 27. Mai 1969.

Jeffrey Hunter begann in der Mitte der vierziger Jahre mit der Schauspielerei und war seit den fünfziger Jahren als Vertragsschauspieler für 20th Century Fox tätig. Innerhalb weniger Jahre drehte er eine beträchtliche Anzahl Filme von unterschiedlicher Qualität. 1961 bekam er die Rolle, die ihm die größte Bekanntheit beim Publikum einbrachte, die des Jesus von Nazareth in dem für jene Zeit typischen Monumentalfilm *King of Kings.* Roddenberry verpflichtete Hunter im ersten Pilotfilm von *Star Trek* für die Rolle des Captain, die deutlich ernster angelegt war als die seines Nachfolgers William Shatner als James T. Kirk. 1969 starb Hunter an den Folgen eines Unfalls, der sich während Dreharbeiten ereignete.

SERIE:

1963–64 als Temple Houston in *Temple Houston.*

GASTAUFTRITTE:

The Alfred Hitchcock Hour (1962) »Don't Look Behind You«; Bob Hope Chrysler Theatre (1963) »Seven Miles of Bad Road«, (1964) »Parties to the Crime«; Checkmate (1961) »Waiting for Jock«; Climax (1955) »South of the Sun«, (1957) »Hurricane Diane«; Combat! (1962) »Lost Sheep, Lost Shepherd«; Daniel Boone; Death Valley Days (1964) »Suzie«; The FBI (1965) »The Monsters«, (1968) »The Enemies«; Jessie James (1966) »Field of the Wild Flowers«; Kraft Suspense Theatre (1965) »The Trains for Silence«; The Monroes; Our American Heritage (1960) »Tiny West«; Pursuit (1958) »Kiss Me Again Stranger«; The Twentieth Century-Fox Hour (1955) »South of the Sun«; The Wonderful World of Disney (1961) »The Secret Mission«.

FILME:

1946 A Boy, a Girl and Dog;
1948 A Date with Judy (Wirbel um Judy);
1951 Call Me Mister;
1951 Fourteen Hours (Vierzehn Stunden);
1951 The Frogmen (Froschmänner);
1951 Take Care of My Little Girl;
1952 Dreamboat (Casanova wider Willen);
1952 Belles on Their Toes (Im Dutzend heiratsfähig);
1952 Lure of the Wilderness (Lockruf der Wildnis);
1952 Gun for a Coward (Schieß oder stirb!);
1952 Smoke Jumpers;
1952 Red Skies of Montana (Die Feuerspringer von Montana);
1953 Sailor of the King;
1954 Princess of the Nile (Prinzessin vom Nil);
1954 Three Young Texans (Drei aus Texas);
1955 Seven Cities of Gold (Die sieben goldenen Städte);

Jeffrey Hunter

1955 Seven Angry Men (Sieben Reiter der Rache);
1955 White Feather (Die weiße Feder);
1956 The Great Locomotive Chase (In geheimer Mission);
1956 A Kiss Before Dying (Kuß vor dem Tode);
1956 The Searchers (Der schwarze Falke);
1956 The Proud Ones (Die Furchtlosen);
1957 The Way to the Gold (Die Spur führt zum Gold);
1957 No Down Payment (Fenster ohne Vorhang);
1957 The True Story of Jesse James (Rächer der Enterbten);
1958 Count Five and Die (Der Ring der Gejagten);
1958 Mardi Gras (Blaue Nächte);
1958 The Last Hurrah (Das letzte Hurra);
1958 In Love and War (Hölle, wo ist dein Schrecken?);
1960 Hell to Eternity (Aus der Hölle zur Ewigkeit);
1960 Key Witness (Die Wölfe von Los Angeles);
1960 Sergeant Rutledge (Mit einem Fuß in der Hölle);
1961 King of Kings (König der Könige);
1961 Man Trap (Die Menschenfalle);
1962 No Man Is an Island (Hölle auf Erden);
1964 Gold for the Caesars;

1964 The Man from Galveston;
1965 Brainstorm (Das teuflische Spiel);
1965 Vendetta;
1965 The Woman Who Wouldn't Die;
1966 Dimension Five (dito);
1967 A Guide for the Married Man (Leitfaden für Seitensprünge);
1967 A Witch without a Broom (Die Hexe ohne Besen);
1968 The Christmas Kid;
1968 Joe, Find a Place to Die;
1968 Sexy Susan at the King's Court;
1968 The Private Navy of Sgt. O'Farrell (Wo, bitte, gibt's Bier an der Front?);
1969 The Hostess Also Has a Count;
1969 Custer of the West (Ein Tag zum Kämpfen);
1969 Die wahre Geschichte des Frank Mannata.

Jana Marie Hupp

Lt. Monroe in »Disaster« (N105).

David Hurst

Hodin in »The Mark of Gideon« (C72).

FILM:

1990 The Handmaid's Tale (Die Geschichte der Dienerin).

Craig Huxley siehe Craig Hundley.

Bruce Hyde

Kevin Thomas Riley in »The Naked Time« (C5) und »The Conscience of the King« (C14).
Obwohl sich Hydes Rolle in *Star Trek* großer Beliebtheit erfreute, kam er nur zweimal zum Einsatz. Seinen einzigen anderen nennenswerten Part hatte er 1969, als er die Hauptrolle in der San Franciscoer Aufführung des Musicals »Hair« bekam. Danach gab er die Schauspielerei auf und schloß sich der Hippie-Bewegung an. Als er später erkannte, daß er auch bei den Hippies nicht sein Lebensziel finden würde, beendete er die Phase als Aussteiger und wurde Lehrer für Kommunikation. Diesen Beruf übt er noch immer aus.

Charles H. Hyman

Konmil in »Heart of Glory« (N20).

I

Steve Ihnat

Garth of Izar in »Whom Gods Destroy« (C70).
Geb. 1934, gest. 12. Mai 1972.

GASTAUFTRITTE:

The Fugitive (1964) »Cry Uncle«; Mission: Impossible (o. J.) »The Astrologer«, (1969) »The Mind of Stefan Miklos« (»Doppeltes Spiel«), (1970) »The Amnesiac«; The Outer Limits (1964) »The Inheritors«; 77 Sunset Strip (1964) »Queen of the Cats«; Then Came Bronson (1969) »Two Percent of Nothing«; Voyage to the Bottom of the Sea (o. J.) »The Price of Doom«.

FILME:

1966 Countdown (Countdown: Start zum Mond);
1966 In Like Flint (Derek Flint – Hart wie Feuerstein);
1968 Madigan (Nur noch 72 Stunden);
1969 Zigzag (Rache aus dem Knast);
1971 Sweet, Sweet Rachel (Pilotfilm der Serie *The Sixth Sense*);
1971 Hunter.

Iman

Martia in *Star Trek VI – The Undiscovered Country.*
Geb. 1956. Voller Name: Iman Abdulmajid.
In erster Ehe war sie mit Spencer Haywood verheiratet, aus dieser Ehe ging eine Tochter hervor.
Iman, Tochter eines Diplomaten, die Politische Wissenschaften studiert hatte, wurde 1975 von einem amerikanischen Modefotografen entdeckt, durch den Iman Interesse an der Arbeit als Fotomodell fand. In der Folgezeit wurde sie eines der bestbezahlten Fotomodelle der Welt. Seit einigen Jahren hat sie ihre Liebe für die Schauspielerei entdeckt und in verschiedenen Filmen in unterschiedlich großen Rollen mitgewirkt. 1992 heiratete sie den Rock-Musiker David Bowie.

GASTAUFTRITTE:

The Cosby Show; In the Heat of the Night; Miami Vice.

FILME:

1979 The Human Factor (Der menschliche Faktor);
1985 Out of Africa (Jenseits von Afrika);
1986 Surrender (Nicht jetzt, Liebling);
1987 No Way Out (No Way Out – Es gibt kein Zurück);

Iman

1988 Dirty Rotten Scoundrels (Zwei hinreißend verdorbene Schurken);
1991 House Party II (dito);
1991 L. A. Story (L. A. Story – Los Angeles, ich liebe dich).

Deirdre Imershein

Joval in »Captain's Holiday« (N67).

FILM:

1992 Black Belt (dito).

Barrie Ingham

Danilo O'Dell in »Up the Long Ladder« (N44).

GASTAUFTRITTE:

The A-Team (1986) »Members Only«; Airwolf (1984) »Fallen Angel«; Tales of the Gold Monkey (1982) »Black Pearl«.

FILME:

1965 Dr. Who and the Daleks;
1981 Antony and Cleopatra.

Rosalind Ingledew

Yanara in »The Outrageous Okona« (N30).

GASTAUFTRITT:

Knight Rider (1985) »Knight Song«.

Jill Ireland

Leila Kalomi in »This Side of Paradise« (C25).
Geb. am 24. April 1936 in London; gest. 18. Mai 1990.
Voller Name: Jill Dorothy Ireland.
Von 1957 bis 1967 war sie in erster Ehe verheiratet mit David McCallum, mit dem sie England verließ und in die USA ging. Dort war sie mehrfach in Gastrollen in McCallums Serie *The Man from U.N.C.L.E.* zu sehen. 1966 bekam sie eine feste Rolle in der Serie *Shane.* 1967 trennte Ireland sich von McCallum und heiratete wenig später Charles Bronson, dem sie 1963 während der Dreharbeiten zu *The Great Escape* (in dem auch David McCallum mitwirkte) erstmals begegnet war. Wie zuvor mit McCallum war sie fortan in zahlreichen Filmen zu sehen, in denen Charles Bronson die Hauptrolle spielte.
1984 erkrankte sie an Krebs, den sie nur scheinbar besiegte. Sie verfaßte zwei Bücher über ihre Krankheit, »Life Wish« und »Lifelines«. Im Mai 1990 hatte sie den zähen Kampf gegen den Krebs verloren.

Jill Ireland

SERIE:

1966 als Marian Starett in *Shane.*

GASTAUFTRITTE:

The Man from U.N.C.L.E. (1964) »The Quadripartite Affair«, »The Giuoco Piano Affair«, (1965) »The Tigers Are Coming Affair«, (1967) »The Five Daughters Affair«; The Night Gallery (1972) »The Ghost of Sorworth Place«; Twelve O'Clock High (1965) »The Hot Shot«, (1966) »The Survivor«; The Wackiest Ship in the Army (1966) »Liberty Was a Lady«.

FILME:

1957 Hell Drivers (Duell am Steuer);
1957 Robbery Under Arms (Die Farm der Verfluchten);
1961 Jungle Street (Verrufene Straße);
1967 The Karate Killers (Die Karate-Killer);
1968 Villa Rides (Pancho Villa reitet);
1970 Cold Sweat (Kalter Schweiß);
1970 The Family;
1970 Rider on the Rain;
1970 Citta Violenta (Brutale Stadt);
1971 Someone Behind the Door (Der Mörder hinter der Tür);
1971 The Valachi Papers (Die Valachi-Papiere);
1972 Chato's Land (Chatos Land);
1972 The Mechanic (Kalter Hauch);
1973 Chino;
1973 Valdez il mezzosangue (Wilde Pferde);
1974 The Streetfighter (Ein stahlharter Mann);
1975 Breakout (Der Mann ohne Nerven);
1975 Hard Times;
1975 From Noon Till Three (Zwischen zwölf und drei);
1976 Breakheart Pass (Nevada-Paß);
1979 Love and Bullets (Ein Mann räumt auf);
1980 The Girl, the Gold Watch, and Everything;
1982 Death Wish II (Der Mann ohne Gnade);
1985 Murphy's Law (Murphys Gesetz);
1987 Assassination.

Robert Ito

Prüfungsleiter Chang in »Coming of Age« (N19).
Geb. 2. Juli 1931 in Vancouver, Kanada.

SERIE:

1976–83 als Sam Fujiyama in *Quincy, M. E.*

GASTAUFTRITTE:

Airwolf (1985) »Deadly Circle«; Magnum P. I. (1983) »Jororo Farewell«; Supercarrier (1988) »Exodus«; Tour of Duty (1988) »Soldiers«.

FILME:

1966 Women of the Prehistoric Planet (Die Welt des Frauenplaneten);
1983 The Adventures of Buckaroo Banzai: Across the Eighth Dimension (Buckaroo Banzai – Die 8. Dimension);
1987 Private Investigations (dito).

Gregory Itzin

Ilon Tandro in »Dax« (D8).

GASTAUFTRITTE:

The A-Team (1986) »Wheel of Fortune«; Beverly Hills 90210; Hunter (1985) »Biggest Man in Town«; Mork and Mindy (1979) »Dr. Morkenstein«; 21 Jump Street (1988) »Brother Hanson and the Miracle of Renner's Road«; Voyagers! (1982) »Bully and Billy«, (1983) »Pursuit«.

FILM:

1983 Hard to Hold (dito).

J

Sherry Jackson

Andrea in »What Are Little Girls Made of?« (C8).
Geb. 1942 in Wendell, Idaho.

SERIEN:

1953–58 als Terry Williams in *The Danny Thomas Show;*
1970 in *Make Room for Granddaddy.*

GASTAUFTRITTE:

CHiPs (1980) »The Strippers«; The Immortal (1970) »Sylvia«; 77 Sunset Strip (1959) »The Kookie Caper«, »Texas Doll«, (1960) »Sierra«, »The Office Caper«, »Trouble in the Middle East«; The Streets of San Francisco (o. J.) (»Callgirls«); Surf Side 6 (1960) »High Tide«; The Twilight Zone (1962) »The Last Rites of Jeff Myrtlebank«; The Wild Wild West (1967) »The Night of the Vicious Valentine«.

FILME:

1952 The Miracle of Our Lady of Fatima (Die Heilige von Fatima);
1952 The Lion and the Horse (Der König der Wildnis);
1953 Trouble Along the Way;
1967 The Miniskirt Mob (Die Satans-Engel von Nevada);
1978 Stingray (dito);
1984 Bare Knuckles.

Tom Jackson

Lakanta in »Journey's End« (N172).

Jill Jacobson

Vanessa in »The Royale« (N38).

SERIEN:

1986 als Erin Jones in *Falcon Crest;*
ab 1986 in *The New Gidget.*

Scott Jaeck

Administrator in »The Inner Light« (N125).

FILM:

1991 Aftermath: A Test of Love (TV; Alptraum).

Anthony James

Subcommander Thei in »The Neutral Zone« (N26).

FILME:

1989 Slow Burn (American Slow Burn);
1991 The Naked Gun 2½: The Smell of Fear (Die nackte Kanone 2½).

Dr. Mae Jamison

Lt. Palmer in »Second Chances« (N150).
Die kleine Rolle der Lt. Palmer wurde mit der echten Astronautin Jamison besetzt. Jamison war Besatzungsmitglied an Bord der »Endeavor«, die am 13. Januar 1993 zum 53. Flug des wiederverwendbaren Shuttles startete. Sie ist die erste und bislang einzige Akteurin in allen *Star Trek*-Serien und -Filmen, die tatsächlich im All war.

Jim Jansen

Faren Kag in »The Storyteller« (D14).

Famke Janssen

Kamala in »The Perfect Mate« (N121).
Geb. in den Niederlanden.
Famke Janssen arbeitete in Europa sieben Jahre lang als Fotomodell, dann ging sie in die USA, um eine Filmkarriere zu beginnen.
Um sich nicht mehrere Jahre für eine Fernsehrolle verpflichten zu müssen, lehnte sie das Angebot ab, Jadzia Dax in *Star Trek – Deep Space Nine* zu spielen. Die Rolle ging an Terry Farrell.

FILM:

1994 Model by Day (TV).

Graham Jarvis

Klim Dokachin in »Unification Part I« (N107).
Geb. 25. August 1930 in Toronto, Kanada.

SERIEN:

1976–78 als Charlie Haggers in *Mary Hartman, Mary Hartman;*
1982 als Jack Felspar in *Making the Grade;*
ab 1986 als Bob Dyrenforth in *Fame.*

GASTAUFTRITT:

M*A*S*H (1975) »Big Mac«.

FILME:

1978 The Prophecy (Die Prophezeiung);
1980 Middle-Age Crazy;

1984 Doin' Time (Knast total – Hier sitzen Sie richtig);
1986 Weekend Warriors;
1987 Vanishing Act (Kopflos – Die Frau aus dem Nichts);
1989 Parents (Pfui Teufel – Daddy ist ein Kannibale);
1990 Misery (dito);
1992 T'Bone 'n' Weasel (T-Bone & Wiesel).

Harvey Jason

Felix Leach in »The Big Goodbye« (N12).
Geb. in London.

SERIEN:

1970–71 in *Rowan & Martin's Laugh-In;*
1976 als Harry Zieff in *Captains and the Kings;*
1976 als Pinky in *Rich Man, Poor Man – Book I;*
1982–83 als Bhundi in *Bring 'em Back Alive.*

FILME:

1990 The Platinum Triangle (dito);
1991 Hi Honey, I'm Dead (Der Fiesling).

Tony Jay

Minister Campio in »Cost of Living« (N120).

GASTAUFTRITTE:

Beauty and the Beast; Hunter (1987) »Allegra«; Lois and Clark (1993) »The Man of Steel Bars«, »Neverending Battle«, »Pheromone, My Lovely«; Who's the Boss? (o. J.) (»Besuch von Großmutter«).

FILM:

1991 Absolute Strangers (TV).

Ken Jenkins

Dr. Paul Stubbs in »Evolution« (N49).

FILME:

1987 Matewan (dito);
1990 Air America (dito);
1990 By Dawns Early Light (Condition Red);
1991 Edge of Honor.

Roy Jenson

Cloud William in »The Omega Glory« (C53).
Geb. im Februar 1935 in Calgary, Kanada.

SERIE:

1976 als Pete Tierney in *Rich Man, Poor Man – Book I.*

GASTAUFTRITTE:

The A-Team (1983) »Water, Water Everywhere«; Hardcastle and McCormick (1983) »Rolling Thunder«; The Invaders; Knight Rider; The Magician; The Man from U.N.C.L.E.; Mission: Impossible; Search; Twelve O'Clock High (1966) »Gauntlet of Fire«; Voyage to the Bottom of the Sea (o. J.) »Menfish«; The Wild Wild West (1966) »The Night of the Eccentrics«.

FILME:

o. J. Day of the Survivalist (Master Blaster 2);
1967 Bandits;
1967 The Ambushers (Wenn Killer auf der Lauer liegen);
1970 Fools;
1972 Nightmare Honeymoon (Nightmare);
1973 Soylent Green (… Jahr 2022 … die überleben wollen);
1976 The Car (Teufel auf Rädern);
1981 Demonoid;
1983 Red Dawn (Die rote Flut).

Lois Jewell

Drusilla in »Bread and Circuses« (C55).

Georgiann Johnson

Admiral Gromek in »The Emissary« (N46).
Geb. 15. August 1926 in Decorah, Iowa.

SERIEN:

1952–55 als Marge Weskit in *Mr. Peepers;*
1985–86 als Katherine McKay in *Our Family Honor;*
1986–87 als Dr. Waverly in *Dynasty II: The Colbys.*

GASTAUFTRITTE:

Hardcastle and McCormick (1986) »The Day the Music Died«; One Step Beyond (1960) »Rendezvous«.

FILME:

1976 The Front (Der Strohmann);
1985 Murphy's Romance (Die zweite Wahl – Eine Romanze).

Penny Johnson

Dobara in »Homeward« (N165).

FILM:

1984 The Imposter.

Isis J. Jones

Junge Guinan in »Rascals« (N133).

Jay Jones

Lt. Mallory in »The Apple« (C35);
Mirt in »A Piece of the Action« (C47).

Morgan Jones

Col. Nesvig in »Assignment: Earth« (C56).

SERIE:

1960 als Cmdr. Donovan in *The Blue Angels.*

Renee Jones

Lt. Aquiel Uhnari in »Aquiel« (N139).

SERIE:

1984 als Ellie in *Jessie.*

GASTAUFTRITT:

21 Jump Street (1987) »Besieged«.

FILME:

1986 Friday the 13th Part 6 – Jason Lives (Freitag der 13., Teil 6 – Jason lebt);
1986 The Liberators (Liberators – Sie kämpfen für die Freiheit).

Ashley Judd

Ensign Robin Lefler in »Darmok« (N102), »The Game« (N106).
Ashley Judds erster Auftritt in »Darmok« war noch von untergeordneter Bedeutung; ihre Wiederkehr in »The Game« war dann so vielversprechend, daß es erstaunlich ist, daß sie in der Folgezeit nicht wieder eingesetzt wurde.

FILM:

1993 Ruby in Paradise.

Nathan Jung

Dschingis Khan in »The Savage Curtain« (C78).

K

Jon Rashad Kamal

Lt. Comm. Sonak in *Star Trek – The Motion Picture.*
Kamals Auftritt im ersten Kinofilm war zu Beginn zwar vielversprechend, da die Zuschauer in ihm schnell einen Nachfolger für Spock erahnten, verkörperte er doch auch einen Vulkanier und sollte darüber hinaus Wissenschaftsoffizier auf der »Enterprise« sein. Unerwartet und recht ärgerlich mußte Sonak aber schon wenig später sterben.

Stanley Kamel

Kazinski in »Where No One Has Gone Before« (N6).

GASTAUFTRITTE:

Columbo (1990) »Agenda for Murder«; Hardcastle and McCormick (1985) »Surprise on Seagull Beach«; Hunter (1988) »Not Just Another John Doe«; L. A. Law; MacGyver (1991) »Off the Wall«; The Phoenix (1982; Pilotfilm); The Rookies (1972) »A Bloody Shade of Blue«; The Sixth Sense (1972) »The Eyes That Would Not Die«.

Lenore Kasdorf

Lorin in »Attached« (N160).

SERIE:

o. J. in *The Guiding Light.*

GASTAUFTRITTE:

The A-Team (1984) »Breakout!«; Airwolf (1985) »Jennie«; The Flash (1990) »Shroud of Death«; Highway to Heaven (o. J.) (»Der Wahlkampf«); Knight Rider (1984) »Lost Knight«, (1985) »Fright Night«; Magnum P. I. (1983) »Smaller Than Life« (»Klein, aber oho«); Renegade; The Sixth Sense (1972) »Dear John, We're Going to Scare You to Death«.

FILME:

1984 Missing in Action (dito);
1984 Dark Horse (Headline – Das Todescamp);
1986 Mr. Bill's Real Life Adventures;
1990 L. A. Bounty (dito);
1990 The Kid (Kid – Einer gegen alle);
1992 Silent Thunder (Trucker II).

Anna Katarina

Valeda Innis in »Haven« (N11).

FILM:

1989 Salute of the Jugger (Die Jugger – Kampf der Besten).

Bernard Kates

Sigmund Freud in »Phantasms« (N158).
Geb. 1922.

GASTAUFTRITTE:

Alfred Hitchcock Presents; Cain's Hundred (1961) »Blue Water, White Beach«; Combat! (1964) »The Glory Among Men«.

FILME:

1961 Judgment at Nuremberg (Das Urteil von Nürnberg);
1973 The Super Cops (Die Super Cops: Zwei irre Hunde);
1991 Seedpeople (Sway);
1992 The Babe (The Babe – Ein amerikanischer Traum).

Andreas Katsulas

Tomalak in »The Enemy« (N55), »The Defector« (N58), »Future Imperfect« (N82), »All Good Things ...« (N177).

SERIE:

ab 1993 als Botschafter G'Kar in *Babylon 5.*

GASTAUFTRITTE:

Alien Nation; Hunter (1990) »Deadly Encounters«.

FILME:

1987 The Sicilian (Der Sizilianer);
1987 Someone to Watch Over Me (Der Mann im Hintergrund);
1988 Sunset (Sunset – Dämmerung in Hollywood);
1989 Communion (Die Besucher);
1989 Next of Kin (Ruf nach Vergeltung);
1990 Write to Kill (Final Revenge);
1990 The Death of the Incredible Hulk (TV);
1991 True Identity (dito);
1992 Blame It on the Bellboy;
1993 The Fugitive (Auf der Flucht).

Caroline Kava

Dr. Toby Russell in »Ethics« (N116).

SERIE:

1976 als Sonya in *Ivan the Terrible.*

FILME:

1988 Little Nikita (dito);
1989 Born on the 4th of July (Geboren am 4. Juli);
1991 Presumed Guilty (Unschuldig angeklagt).

Kerrie Keane

Alexana Devos in »The High Ground« (N60).

SERIEN:

1983–84 als Caryn Cabrera in *The Yellow Rose;*
1984 als Kate Wyler und als Cathy Ladd in *Hot Pursuit.*

GASTAUFTRITT:

Dick Van Dyke (o. J.) »The House on Sycamore Street« (»Das Mörderhaus«).

FILME:

1982 The Incubus (Incubus – Mörderische Träume);
1982 Spasms (Avanaida – Todesbiß der Satansviper);
1986 Kung Fu – The Movie (TV; Kung Fu – Der Film);
1986 I Change My Life (Geschlechtsumwandlung – Second Serve);
1987 Mistress;
1987 Nightstick (dito);
1988 Malarek: A Street Kid Who Made It (TV; Malarek);
1988 Obsessed;
1989 The Return of Sam McCloud (TV; McCloud rechnet ab).

Don Keefer

Cromwell in »Assignment: Earth« (C56).
Geb. in High Spire, Pennsylvania.

SERIE:

1960–61 als George in *Angel.*

GASTAUFTRITTE:

Mission: Impossible (1967) »The Trial«; The Twilight Zone (1961) »It's a Good Life«, (1964) »From Agnes – with Love«.

Michael Keenan

Maturin in »Sub Rosa« (N166).

Jack Kehler

Cpt. Jaheel in »Babel« (D5).

FILM:
1990 I Love You to Death (Ich liebe dich zu Tode).

Brian Keith

Mullibok in »Progress« (D15).
Geb. am 14. November 1921 in Bayonne, New Jersey.

SERIEN:
1955–56 als Matt Anders in *Crusader;*
1960 als Dave Blassingame in *The Westerner;*
1966–71 als Bill Davis in *Family Affair;*
1972–74 als Dr. Sean Jamison in *The Brian Keith Show* (auch bekannt als *The Little People*);
1975 als Lew Archer in *Archer;*
1975 in der europäischen Serie *The Zoo Gang;*
1978–79 als Axel Dumire in *Centennial;*
1983–86 als Milton G. Hardcastle in *Hardcastle and McCormick;*
1987–88 in *Pursuit of Happiness.*

GASTAUFTRITTE:
The Alfred Hitchcock Hour (1962) »Night of the Owl«; Alfred Hitchcock Presents (1959) »Your Witness«, »No Pain«, (1960) »Cell 227«, (1962) »The Test«; The Best in Mystery (1955) »Passage Home«; The Campbell Sound Stage (1952); The Fugitive (1963) »Fear in a Desert City«; The Immortal (1970) »Dead Man, Dead Man«; Murder She Wrote (1984) »The Murder of Sherlock Holmes« (»Der Mord an Sherlock Holmes«); 77 Sunset Strip (1963) »S«; Target: The Corruptors (1962) »The Organizer«.

FILME:
1953 Arrowhead (Die Bestie der Wildnis);
1953 Jivaro/Lost Treasure of the Amazon (Der Schatz der Jivaro);
1953 Alaska Seas (Weißer Tod in Alaska);
1954 The Violent Men (Rauhe Gesellen);
1955 Tight Spot (In die Enge getrieben);
1956 Nightfall (Wenn die Nacht anbricht);
1956 Storm Center (dito);
1957 Chicago Confidential (Chicago vertraulich);
1957 Dino (Dino – der Bandit);
1957 Fort Dobbs (Im Höllentempo nach Fort Dobbs);
1957 Run of the Arrow (Hölle der tausend Martern);

Brian Keith

1958 Sierra Baron (Der Sierra-Baron);
1958 Villa! (König der Banditen);
1959 The Young Philadelphians (Der Mann aus Philadelphia);
1960 Ten Who Dared;
1961 The Deadly Companions (Gefährten des Todes);
1961 The Parent Trap (Die Vermählung ihrer Eltern geben bekannt);
1962 Moon Pilot (Mondgeflüster);
1962 The Soul Buyers (TV; zwei Episoden der Serie *Target: The Corruptors*);
1963 The Raiders (Die rauhen Reiter von Texas);
1963 Johnny Shiloh;
1963 Savage Sam (Im Tal der Apachen);
1964 A Tiger Walks;
1965 The Hallelujah Trail (Vierzig Wagen westwärts);
1965 Those Calloways;
1966 Nevada Smith (dito);
1966 The Rare Breed (Rancho River);
1966 Way … Way Out (Das Mondkalb);
1966 The Russians Are Coming, the Russians Are Coming (Die Russen kommen, die Russen kommen);
1967 Reflections in a Golden Eye (Spiegelbild im goldenen Auge);

1968 With Six You Get Eggroll (Der Mann in Mammis Bett);
1969 Gaily, Gaily/Chicago, Chicago (Gaily, Gaily);
1969 The McKenzie Break (Ausbruch der 28);
1970 Suppose They Gave a War and Nobody Came? (Stellt euch vor, es gibt Krieg, und keiner geht hin);
1971 Scandalous John;
1971 The Bull of the West (Der Einsame);
1971 Something Big (El Capitano);
1975 The Wind and the Lion (Der Wind und der Löwe);
1975 The Yakuza (Yakuza);
1976 Nickelodeon (dito);
1976 Joe Panther (Alligator Joe/Joe Panther – In den Sümpfen Floridas);
1977 In the Matter of Karen Quinlan (TV; Zum Leben verurteilt);
1978 Hooper;
1979 Meteor (dito);
1979 The Seekers;
1980 The Mountain Men (Duell am Wind River);
1981 Sharky's Machine (Sharky und seine Profis);
1982 World War III (TV; Weltkrieg III);
1986 Death Before Dishonor (Helden USA);
1987 The Alamo: Thirteen Days to Glory;
1988 Young Guns (dito);
1988 The Passage (Rivalen der Liebe);
1990 Welcome Home (Welcome Home – Ein Toter kehrt zurück);
1992 Distant Cousins (dito).

Tim Kellehr

Lt. Gaines in »All Good Things ...« (N177).

Sally Kellerman

Dr. Elizabeth Dehner in »Where No Man Has Gone Before« (C4).
Geb. 2. Juni 1936 in Long Beach, Kalifornien.

SERIEN:

1964–65 als Lt. Libby MacAndrews in *Twelve O'Clock High;*
1978–79 als Lise Bockweiss in *Centennial.*

GASTAUFTRITTE:

The Alfred Hitchcock Hour (1965) »Thou Still Unravished Bride«; Coronet Blue; The Invaders (1967) »Labyrinth«; The Outer Limits (1963) »The Human Factor«, (1964) »The Bellero Shield«; Premiere (1968) »Higher and Higher«; Tarzan (1967) »The Circus«.

FILME:

1957 Reform School Girl (Mannstoll und gefährlich);
1968 The Boston Strangler (Der Frauenmörder von Boston);
1969 The April Fools (Ein Frosch in Manhattan);
1970 Brewster McCloud;
1970 M*A*S*H (dito);
1972 Last of the Red Hot Lovers (Der letzte der feurigen Liebhaber);
1972 Lost Horizon (Der verlorene Horizont);
1973 Reflection of Fear;
1973 Slither (Schleuderpartie);
1975 Rafferty and the Gold Dust Twins (Rafferty und die wilden Mädchen);
1976 The Big Bus (Die haarsträubende Reise in einem verrückten Bus);
1976 It Rained All Night the Day I Left;
1977 Welcome to L. A. (Willkommen in Los Angeles);
1979 A Little Romance (Ich liebe dich – I love you – Je t'aime);

Sally Kellerman

1979 She'll Be Sweet (Dschungeltrip ins Chaos);
1980 Foxes;
1980 Loving Couples (Ein Walzer vor dem Frühstück);
1980 Serial (Crazy Family);
1980 Head On (dito) (US-Titel 1985: Fatal Attraction);
1982 Boris and Natasha (Boris und Natascha – Dümmer als die CIA erlaubt);
1983 Dempsey (dito);
1983 September Gun (TV; Schwester Dulcineas 1-Dollar-Coup);
1983 Sleeping Beauty (Dornröschen und der Prinz);
1985 Moving Violations (Traffic School – Die Blech- und Dachschadenkompanie);
1985 Secret Weapons (Sexspionage);
1986 Back to School (Mach's noch mal Dad);
1986 Ponce de Leon and the Fountain of Youth;
1986 Someone to Love;
1986 That's Life (That's Life – So ist das Leben);
1987 Hands of a Stranger;
1987 Meatballs III: Summer Job (Sommerferien total verrückt);
1987 Three for the Road (dito);
1987 You Can't Hurry Love (Man[n] hat's nicht leicht);
1989 All's Fair;
1989 Limit Up (Limit Up – Zum Teufel mit den Kohlen);
1989 The Secret of the Ice Cave (Das Geheimnis des Mondtales);
1989 Wir ziehen dem Chef eins über;
1991 Drop Dead Gorgeous;
1991 Victim of Beauty;
1992 Doppelgänger (Mask of Murder 2);
1992 The Player (dito);
1993 Younger and Younger.

Pete Kellett

Farrell in »Mirror, Mirror« (C34).

DeForest Kelley

Dr. Leonard »Bones« McCoy in *Star Trek, Star Trek – The Motion Picture, Star Trek II – The Wrath of Khan, Star Trek III – The Search for Spock, Star Trek IV – The Voyage Home, Star Trek V – The Final Frontier, Star Trek VI – The Undiscovered Country,* »Encounter at Farpoint« (N1/2).

Geb. 20. Januar 1920 in Atlanta, Georgia.

Mit 17 Jahren schloß er die High School ab und ging für ein Jahr nach Kalifornien, wo er erstmalig mit der Schauspielerei in Kontakt kam. Sein eigentlicher Wunsch, Arzt zu werden, geriet schnell in Vergessen-

DeForest Kelley

heit. Nach seiner Rückkehr nach Atlanta versuchte er sich als Sänger, erkannte aber die zu geringen Erfolgsaussichten und begab sich erneut nach Kalifornien. Dort spielte er fünf Jahre in der Long Beach Theatre Guild.

Am 7. September 1945 heiratete er Carolyn Dowling, mit der er noch heute in Sherman Oaks lebt.

Ein Talentsucher von Paramount entdeckte ihn dann in einem Trainingsfilm der Navy; 1947 bekam er die Hauptrolle in der Cornell-Woolrich-Verfilmung *Fear in the Night.* Dieses Debüt war rundum überzeugend und hätte der Grundstein für eine große Karriere sein können. Aber schon bald wurde er in weniger zentralen Rollen auf das eigentlich unpassende Image des Bösewichts festgelegt.

1959 zog Kelley mit seiner Frau nach New York und bekam dort 1960 eine Rolle in *333 Montgomery,* dem Pilotfilm für eine Serie nach einer Idee von Gene Roddenberry, die jedoch nicht in Produktion ging. Der Pilotfilm wurde später in der Serie *Alcoa Goodyear Theatre* ausgestrahlt. Auch eine weitere Zusammenarbeit mit Gene Roddenberry im Jahr 1966 trug keine Früchte: *Police Story* fand keinen Anklang. Anders aber DeForest Kelley, der dem Publikum in Erinnerung blieb. Roddenberry sah in ihm daher einen Kandidaten für sein nächstes Projekt mit Namen *Star Trek.* Von dessen Idee, ihm die Rolle des Mr. Spock zu geben, war Kelley aber nicht begeistert und lehnte ab.

Erst nachdem zwei andere Schauspieler (John Hoyt und Paul Fix) als

Schiffsärzte gespielt hatten, nahm Roddenberry Kelley für diese Rolle in die Serie, durch die er schließlich weltberühmt wurde. Zufälligerweise war Kelley 1959 bereits in die engere Wahl für eine Rolle in der Serie »The Enterprise« gekommen, die allerdings im Zweiten Weltkrieg spielte. Seine Rolle wäre die des Schiffspsychiaters gewesen.

Wie bedeutend Kelleys Rolle für *Star Trek* sein würde, hat zur Zeit seiner Verpflichtung niemand ahnen können. Erst im Verlauf der ersten Episoden kristallisierte sich nach und nach heraus, daß Dr. McCoy die perfekte Ergänzung zu den Charakteren Kirk und Spock war: Er war das Gewissen, das der Kombination aus aktionsbetontem Kirk und rein logischem Spock bis dahin gefehlt hatte.

DeForest Kelley war zwar permanent in der Serie anwesend, in den Mittelpunkt des Geschehens aber gelangte er nur in den Episoden »The Man Trap« (C2) und »For the World Is Hollow and I Have Touched the Sky« (C64).

Nach dem Ende der Serie zog sich Kelley zurück und nahm nur eine Handvoll anderer Rollen an. Zum einen boten sich ihm fast ausschließlich Arztrollen, die ihn als Schauspieler nicht forderten, auf der anderen Seite hatte Kelley seine große Zeit beim Film schon vor *Star Trek* erlebt, und er konnte es sich leisten, nichts zu tun.

So wie alle anderen Stammschauspieler kehrte er zu *Star Trek* zurück, um seine Rolle als McCoy in den sechs Kinofilmen wiederaufzunehmen. Während sein Sarkasmus im ersten Film noch recht gekünstelt wirkte, lief er in den folgenden Filmen zur altbewährten Hochform auf.

1987 trat Kelley dann als Überraschungsgast in der Rolle des 137jährigen Admiral McCoy im Pilotfilm zu *Star Trek – The Next Generation* auf. Diesen Kurzauftritt absolvierte er trotz anfänglicher Bedenken hinsichtlich der neuen Serie, um sich bei Gene Roddenberry dafür zu bedanken, daß dieser ihn über 20 Jahre zuvor für *Star Trek* verpflichtet hatte.

Am 18. Dezember 1991 erhielt DeForest Kelley seinen Stern auf dem Hollywood Walk of Fame.

Er war so wie Leonard Nimoy für einen Auftritt in *Star Trek: Generations* vorgesehen, sagte aber ab, da er seine Rolle als zu klein empfand und der Aufwand für die wenigen Szenen in keinem Verhältnis zum Resultat gestanden hätte.

GASTAUFTRITTE:

ABC Matinee Today (o. J.) »I Never Say Goodbye«; Alcoa Goodyear Theatre (1961) »333 Montgomery«; Assignment: Underwater (o. J.) »Affair in Tokyo«; Bat Masterson (1961) »No Amnesty for Death«; Black Saddle (o. J.) »Apache Trial«; Bonanza (1962) »The Decision« (»Der einzige Arzt«), (1961) »The Honor of Cochise« (»Häuptling Cochise und die Cartwrights«), (1966) »Ride the Wind« (»Pony-Expreß«); Cain's Hundred (1961) »The Fixer«; Call of the West; Code

Three »Oil Well Incident«; The Cowboys (1974); The Dakotas (1963) »Reformation at Big Nose Butte«; Death Valley Days (1962) »Breaking Point«, (o. J.) »Lady of the Plains«; The Deputy (1961) »The Means and the End«; Donna Reed; Favorite Story (o. J.) »Inside Out«; Frontier Justice (1959) »Shadow of a Dead Man«; The Gallant Men (1963) »A Taste of Peace«; The Gallery of Mme. Liu-Tsong; Gunsmoke; Have Gun Will Travel; Ironside (1970) »Warrior's Return«; Johnny Midnight (1961) »The Inner Eye«; Laramie (1962) »Gun Duel«; Laredo (1966) »Sound of Terror«; Lawman (1961) »The Squatters«; The Lone Ranger (1949); M Squad (1958) »Hideout«; Matinee Theatre (o. J.) »Beyond a Reasonable Doubt«; Mike Hammer (1961) »Bride and Groom«; The Millionaire (o. J.) »The Story of Iris Millar«; The Morton Downey Show; Navy Log; O. Henry Playhouse (1958) »The Hiding of Black Bill«; Perry Mason (1961) »The Case of the Unwelcome Bride«; The Plainclothesman; Police Story (1966); Playhouse 90; Rawhide (1958); Richard Diamond, Private Detective (1959) »The Adjuster«; Riverboat (1960) »Listen to the Nightingale«; The Rough Riders (1961); Route 66 (1962) »1800 Days to Justice«; Schlitz Theatre; Science Fiction Theatre (1955) »Y.O.R.D.«, (1956) »Survival in Box Canyon«; Shenandoah (1966) »The Riley Brand«; The Silent Service (1958) »The Gar Story«, (1961) »The Archerfish Spits Straight«, (1962) »The Spearfish Delivers«; Slattery's People (1964) »Question: Which One Has the Privilege?«; Stagecoach West (1961) »The Big Gun« und »Image of a Man«; Studio One (1951); Tales of the Wells Fargo (1961) »Captain Scoville«; Two Faces West (o. J.) »The Fallen Gun«; The Virginian (1963) »Duel at Shiloh«, »Man of Violence«; Wanted Dead or Alive; The Web; You Are There (o. J.) »The Capture of John Wilkes Booth«, »The Fall of Fort Sumter«, »The Gunfight at the O. K. Corral«; Zane Grey Theatre (1962) »Village of Fear«.

FILME:

1947 Fear in the Night (Angst in der Nacht);
1947 Variety Girl;
1948 Canon City (Revolte hinter Gittern/Rebellion im grauen Haus);
1949 The Duke of Chicago;
1950 The Men (Die Männer);
1950 Malaya;
1953 Taxi;
1955 House of Bamboo (Tokio-Story);
1955 Illegal (Schakale der Unterwelt);
1955 The View from Pompey's Head (Unvollendete Liebe);
1956 The Man in the Grey Flannel (Der Mann im grauen Flanell);
1956 Tension at Table Rock (Blut an meinen Händen);
1957 Gunfight at the O. K. Corral (Zwei rechnen ab);
1957 Raintree Country (Das Land des Regenbaums);

1958 The Law and Jake Wade (Der Schatz der Gehenkten);
1959 Warlock (dito);
1963 Gunfight at Comanche Creek (Im Sattel ritt der Tod);
1964 Where Love Has Gone (Wohin die Liebe führt);
1965 Marriage on the Rocks (Dreimal nach Mexiko);
1965 Town Tamer (Revolver diskutieren nicht);
1965 Black Spurs (Schwarze Sporen);
1966 Apache Uprising (Aufstand der Apachen);
1966 Johnny Reno (Sheriff Johnny Reno);
1966 Waco (Wyoming Bravados);
1972 Night of the Lepus (Rabbits);
1973 I Never Say Goodbye.

Irene Kelley

Sirah in »The Omega Glory« (C53).

Jeremy Kemp

Robert Picard in »Family« (N76).
Geb. 3. Februar 1934 in Chesterfield, England.

SERIEN:

1977 als Geoffrey Moore in *The Rhineman Exchange;*
1983 als Armin von Roon in *The Winds of War.*

GASTAUFTRITT:

Murder She Wrote (o. J.) (»Glasnost und Agenten«).

FILME:

1965 Operation Crossbow (Geheimaktion Crossbow);
1966 The Blue Max (Der blaue Max);
1970 Darling Lili (dito);
1973 The Belstone Fox (Keine Gnade für den Fuchs);
1973 The Blockhouse (Der Bunker);
1977 Leopard in the Snow;
1978 Caravans;
1978 The Prisoner of Zenda (Der Gefangene von Zenda);
1981 East of Elephant Rock (Die Tragödie am Elephant Rock);
1984 Top Secret! (dito);
1985 The Return of the Soldier (Schatten der Vergangenheit);
1989 When the Whales Came (Der Fluch der Wale);
1991 Prisoner of Honor (Der Gefangene der Teufelsinsel).

Sean Kenney

Gelähmter Captain Christopher Pike in »The Menagerie Parts I + II« (C12/13);

Lieutenant DePaul in »Arena« (C19) und »A Taste of Armageddon« (C24). Geb. 1942.
Sean Kenney sprang ein für den nicht verfügbaren Jeffrey Hunter, um dessen Rolle als Captain Pike zu übernehmen.

FILM:

1972 The Corpse Grinders (Die Leichenmühle).

Nicholas Kepros

General Movar in »Redemption Part I« (N100) und Redemption Part II« (N101).

Dan Kern

Lt. Dean in »We'll Always Have Paris« (N24).

Persis Khambatta

Ilia in *Star Trek – The Motion Picture.*
Persis Khambatta arbeitete bereits mit 13 Jahren als Fotomodell, mit 16 Jahren wurde sie Miss India. Sie wirkte in fünf indischen Filmen mit, bevor sie nach London flog, um dort für Modezeitschriften als Model zu arbeiten; es folgten zwei Spielfilme, *The Wilby Conspiracy* mit Sidney Poitier und Michael Caine sowie *Conduct Unbecoming* mit Christopher Plummer. In London sah sie erstmalig *Star Trek* und wurde Fan der Serie. Sie beauftragte ihren Agenten, ihr eine Rolle zu beschaffen, da sie sah, daß man exotisch aussehende Frauen gebrauchen konnte. Erst dann erfuhr sie, daß die Serie bereits nicht mehr produziert wurde. Nach sieben Jahren in London zog sie nach Amerika, um in New York erneut als Model zu arbeiten und dann nach Hollywood umzuziehen. Sie spielte mit in dem TV-Film *Man with the Power* und wurde dann für die Rolle der Lieutenant Ilia in *Star Trek – The Motion Picture* engagiert. Bereitwillig ließ sie sich den Kopf kahlscheren, in der Hoffnung, mit dieser Rolle den großen Durchbruch zu schaffen. Statt dessen wirkte sie anschließend nur in zwei größeren, jedoch erfolglosen Filmen mit – *Megaforce* und *Night Hawks* mit Sylvester Stallone und Billy Dee Williams – und erhielt Gastrollen in einigen Serien. Der Durchbruch stellte sich nie ein, während ihr Kollege Stephen Collins, der in *Star Trek – The Motion Picture* ein ebenfalls unrühmliches Ende erlebte, sich etablieren konnte.

GASTAUFTRITTE:

Hunter (o. J.) »36 Stunden Terror«; Lois and Clark (1993) »Premiere« (»Superman: Die Rückkehr«).

Persis Khambatta

FILME:

1975 Conduct Unbecoming (Die Schande des Regiments);
1975 The Wilby Conspiracy (Die Wilby-Verschwörung);
1978 Man with the Power (TV; Der Mann, der Berge versetzt);
1980 Night Hawks (Nachtfalken);
1982 Megaforce (dito);
1987 Phoenix – The Warrior (Phönix – The Warrior);
1988 Warrior of the Lost World (The Last Warrior – Der Kämpfer einer verlorenen Welt).

Richard Kiley

Seyetik in »Second Sight« (D29).
Geb. 31. März 1922 in Chicago, Illinois.
Kiley wurde 1983 für die beste Nebenrolle in *The Thorn Birds* mit einem Emmy Award ausgezeichnet.

SERIEN:

1983 als Paddy Cleary in *The Thorn Birds;*
1987–88 als Joe Gardner in *A Year in the Life.*

GASTAUFTRITT:

Garrison's Gorillas (1968) »War and Crime«, »The Plot to Kill«.

FILME:

1953 Pick Up on South Street (Polizei greift ein);
1955 The Phoenix City Story (Eine Stadt geht durch die Hölle);
1969 Night Gallery;
1969 Pendulum (Nacht ohne Zeugen);
1974 The Little Prince (Der kleine Prinz);
1977 Looking for Mr. Goodbar (Auf der Suche nach Mr. Goodbar);
1980 Angel on My Shoulder;
1982 Pray TV;
1990 Chameleon Street (Douglas Street, das Chamäleon);
1991 Absolute Strangers (Zwischen Leben und Tod);
1991 Separate But Equal.

Caroline Junko King

Junge Keiko O'Brien in »Rascals« (N133).

Danitza Kingsley

Ariana in »Haven« (N11).

FILM:

1986 Amazons.

Rob Knepper

Wyatt Miller in »Haven« (N11).

GASTAUFTRITTE:

Tour of Duty (1987) »Burn, Baby, Burn«; The Twilight Zone (1987) »Joy Ride«, »Private Channel«.

FILME:

1986 That's Life (That's Life – So ist das Leben);
1987 Wild Thing (Asphalt Kid);
1992 Red Shoe Diaries II: Double Dare;
1992 Gas Food Lodging (dito).

Andrew Koenig

Tumak in »Sanctuary« (D30).
Sohn von Walter Koenig.

SERIE:

1985–88 als Richard Stabone in *Growing Pains.*

GASTAUFTRITT:
21 Jump Street (1988) »Champagne High«.

Walter Koenig

Pavel Chekov in *Star Trek* (ab C31), *Star Trek – The Motion Picture, Star Trek II – The Wrath of Khan, Star Trek III – The Search for Spock, Star Trek IV – The Voyage Home, Star Trek V – The Final Frontier, Star Trek VI – The Undiscovered Country, Star Trek: Generations.*
Geb. 14. September 1936 in Chicago, Illinois. Aufgewachsen in Manhattan.
Walter Koenig ist verheiratet mit der Schauspielerin Judith Ann Levitt, sie haben zwei Kinder, Tochter Danielle und Sohn Andrew, der in die Fußstapfen seines Vaters getreten ist.
Seinen ersten Bühnenauftritt hatte Koenig schon an der Fieldstone High School in Riverdale, New York.
Dabei hatte der Sohn russischer Einwanderer zunächst eine Schauspielerkarriere überhaupt nicht in Erwägung gezogen, sondern wollte eigentlich Psychologe werden. Zwei Jahre studierte er am Grinnell College in Iowa und machte auch seinen Abschluß in Psychologie, aber bereits da studierte er parallel Schauspiel, nachdem ein Professor an der Universität sein Talent während eines Schauspielkurses der Universität entdeckt hatte und förderte. Koenigs Vater, der Geschäftsmann war und wie die gesamte Familie nie einen Bezug zur Schauspielerei gehabt hatte, stimmte überraschend dem Vorhaben seines Sohns zu.
Koenig zog nach New York, wo er neben seiner Arbeit als Schauspieler am Neighborhood Playhouse zwei Jahre lang im Krankenhaus tätig war. Er zog weiter nach Los Angeles und wirkte dort gleichfalls in zahlreichen Theateraufführungen mit. Er bekam kleine Rollen in Fernsehserien und geriet schließlich als Gast in eine Episode der von Roddenberry produzierten Serie *The Lieutenant.* Der erinnerte sich später an Koenig und holte ihn zu Beginn der zweiten Season von *Star Trek* in die Serie, wo er als russisches Besatzungsmitglied Pavel Chekov die Brückencrew ergänzte.
NBC mißfiel dieser Schritt, da Roddenberry eine weitere Randgruppe in die Serie einbrachte, anstatt den Wünschen des Senders zu folgen und alle von dieser Seite ungeliebten Figuren aus der Serie zu entfernen. Um das Risiko so klein wie möglich zu halten, erhielt Koenig zunächst nur einen Vertrag, der nach Ablauf einer Woche um eine Woche verlängert werden mußte. Die positiven Reaktionen des Publikums, das die Rolle des Chekov ganz offensichtlich mochte, führte für Koenig schließlich zu einem festen Engagement.
Walter Koenigs Rolle als Chekov war zwar in der Regel auf einige Standardsätze beschränkt bzw. darauf, jedwede Erfindung als der russischen Kultur entspringend zu bezeichnen, in drei Episoden rückte er aber

Walter Koenig

auch in den Mittelpunkt des Geschehens: »The Apple« (C35), »The Gamesters of Triskelion« (C46) und »The Way to Eden« (C76). Im Falle von »The Gamesters of Triskelion« geschah dies aber nur, weil George Takei durch anderweitige Dreharbeiten verhindert war. Ähnlich verhielt es sich mit »The Way to Eden«. Hier verdankte er eine stärkere Beteiligung lediglich dem Umstand, daß das Drehbuch umgeschrieben wurde und die Rolle von McCoys Tochter entfiel. Aus dieser Figur wurde Chekovs Freundin.
Nach *Star Trek* konnte Walter Koenig insgesamt nur recht wenige Auftritte in Filmen und Fernsehserien vorweisen; er entwickelte jedoch anderweitige Fähigkeiten und schrieb für diverse Serien Drehbücher, so zum Beispiel für die kurzlebige *Star Trek*-Zeichentrick-Neuauflage die Episode »The Infinite Vulcan« (A6).
So wie die anderen Stammschauspieler kehrte auch er zurück, als die Serie ins Kino kam. Dort hatte er seinen größten Auftritt in *Star Trek II – The Wrath of Khan,* obwohl er gerade dort nicht eine solch zentrale Rolle hätte spielen dürfen, da der Film eine Episode der ersten Season fortsetzte und seine Rolle erst ab der zweiten Season existierte. Dennoch verhielten sich alle Beteiligten so, als habe er schon früher mitgespielt. Koenig war dieser Widerspruch bewußt, aber er entschied sich

dafür, den Widerspruch zu ignorieren, anstatt die größte Beteiligung an der Handlung aufzugeben, die er je in *Star Trek* hatte.
In den folgenden Filmen reduzierte sich seine Rolle dann wieder weitgehend auf das Niveau der Serie, was die Produzenten dazu veranlaßte, Koenigs Gage soweit wie möglich nach unten zu drücken, wobei ihm unmißverständlich klargemacht wurde, daß der jeweilige Film auch ohne ihn stattfinden konnte.
Für *Star Trek: Generations* wurde er erst genommen, nachdem sowohl Leonard Nimoy als auch DeForest Kelley abgesagt hatten, da ihnen die Rolle zu klein war.
1989 spielte er in dem SF-Film *Moontrap* die Hauptrolle. Bereits 1973 hatte er versucht, eine frühe Form des Drehbuchs zu verkaufen, war aber bei keinem Studio auf Gegenliebe gestoßen.
Am 29. Juli 1993 erlitt Koenig einen Herzanfall während einer *Star Trek*-Convention, erholte sich aber recht schnell.
Seit dem ersten Kinofilm hat Koenig seine schriftstellerische Karriere weiter ausgebaut: Er veröffentlichte ein Tagebuch über die Entstehung des Films, einen humoristischen SF-Roman (»Buck Alice and the Actor Robot«), schrieb einen *Star Trek*-Comic für DC und konnte 1992 eine eigene Comicserie, »Raver«, erfolgreich unterbringen. Zweimal machte er mit Mark Lenard eine Theatertour, 1982 mit dem Stück *Actors,* 1990 in *The Boys in Autumn.*

GASTAUFTRITTE:

The Alfred Hitchcock Hour (1964) »Memo from Purgatory«; Ben Casey; Bring 'em Back Alive (1982) »The Reel World of Frank Buck«; Class of '65; Columbo (1976) »Fade in to Murder« (»Mord im Bistro«); Combat! (1962) »The Prisoner«; Gidget (1965); Day in Court; The Great Adventure (1963) »Six Wagons to the Sea«; I Spy (1966) »Sparrowhawk«; Ironside (o. J.) »The Summer Soldier«; Jericho (1966) »Four O'Clock Bomb to London«; Land of the Lost (o. J.) »The Stranger«; The Lieutenant (1964) »Mother Enemy«; Mannix; Medical Center; The Men from Shiloh (1970) »Crooked Corner«; Mr. Novack (1963) »A Boy without a Country«, (1965) »The Firebrand«, (1964) »With a Hammer in His Hand, Lord, Lord«; The Powers of Matthew Star; The Starlost (1973) »The Alien Oro«, »The Return of Oro«; The Untouchables.

FILME:

1963 Strange Lovers;
1971 Goodbye Raggedy Ann;
1973 Antony and Cleopatra;
1974 The Questor Tapes (TV; Ein Computer wird gejagt);
1974 Deadly Honeymoon;
1989 Moontrap (Moontrap – Gefangen in Zeit und Raum);
1994 (i.V.) Moontrap II: The Pyramids of Mars.

Thomas Kopache

Mirok in »The Next Phase« (N124);
Lokführer in »Emergence« (N175).

FILM:

1991 Liebestraum (Todestraum – Der letzte Zeuge schweigt).

Pamela Kosh

Mrs. Carmichael in »Time's Arrow Part I« (N126), »Time's Arrow Part II« (N127);
Jessel in »All Good Things ...« (N177).

John Kowal

Herm Gossett in »Mudd's Women« (C7).

GASTAUFTRITT:

Voyage to the Bottom of the Sea (o. J.) »Time Bomb«.

FILME:

1961 Portrait of a Mobster (Tote können nicht mehr singen);
1968 The Wrecking Crew (Rollkommando).

Clyde Kusatsu

Admiral Nakamura in »The Measure of a Man« (N35), »Phantasms« (N158), »All Good Things ...« (N177).
Geb. 13. September 1948 in Honolulu, Hawaii.

SERIEN:

1982–83 als Ali in *Bring 'em Back Alive;*
1984–92 als Lt. Lan in *Hunter.*

GASTAUFTRITTE:

Baa Baa Black Sheep (1976) »Prisoner of War«; Lois and Clark (1993) »Premiere« (»Superman – Die Rückkehr«); Magnum P. I. (1981) »Memories Are Forever« (»Michelles Rückkehr«); M*A*S*H (1973) »Officers Only«, (1980) »Goodbye Cruel World«, (1982) »The Joker Is Wild«; T. J. Hooker (o. J.) (»Bedroht durch eine Schlange«); Tour of Duty (1988) »Angel of Mercy«.

FILME:

1978 Dr. Strange (dito);
1986 Shanghai Surprise (dito);
1990 Bird on a Wire (Ein Vogel auf dem Drahtseil);

1990 In the Line of Duty: A Cop for the Killing (TV; Tödlicher Schnee);
1991 The Perfect Weapon (Die perfekte Waffe);
1993 Made in America (dito).

Kay E. Kuter

Sirah in »The Storyteller« (D14).

SERIEN:

1964–70 als Newt Kiley in *Petticoat Junction;*
1965–70 als Newt Kiley in *Green Acres.*

GASTAUFTRITTE:

Baywatch (1989) »Shelter Me«; The Twilight Zone (1986) »Grace Note«.

FILME:

1983 The Tempest (Der Sturm);
1984 The Last Starfighter (Starfight);
1987 Zombie High (Zombie High – Das Böse ist überall).

L

Marcy Lafferty

Chief DiFalco in *Star Trek – The Motion Picture.*
Zweite Ehefrau von William Shatner. Sie ist vorzugsweise in verschiedenen Produktionen zu sehen, in denen Ehemann Shatner die Hauptrolle spielt.

GASTAUFTRITTE:

The Barbary Coast; T. J. Hooker.

FILME:

1977 Kingdom of the Spiders (Mörderspinnen);
1979 The Day Time Ended (Invasion aus dem Weltall).

Reginald Lalsingh

Capt. Chandra in »Court-Martial« (C21).

Paul Lambert

Lettian in »When the Bough Breaks« (N17);
Dr. Howard Clarke in »Devil's Due« (N87).
Geb. 1922 in El Paso, Texas.

SERIE:

1976–77 als Tom Dalessio in *Executive Suite.*

GASTAUFTRITTE:

Airwolf; Alfred Hitchcock Presents; The Man from U.N.C.L.E.; The Outer Limits (1963) »The Man with the Power«; Thriller; The Twilight Zone; The Wild Wild West.

FILME:

1967 Planet of the Apes (Planet der Affen);
1981 Wrong Is Right (Flammen am Horizont);
1982 Blue Thunder (Das fliegende Auge).

Michael Lamper

Namen- und textlose Rolle in »The Vengeance Factor« (N57).
Hauptberuflich Musiker. Lamper ist seit Juni 1992 mit Marina Sirtis verheiratet.

Mark LaMura

John Doe in »Transfigurations« (N73).

FILME:

1976 Soldier's Home;
1992 Criminal Behaviour (Eine Frau für alle Fälle).

Harry Landers

Dr. Arthur Coleman in »Turnabout Intruder« (C80).
Geb. 3. April 1921 in New York City.

SERIE:

1961–68 als Ted Hoffman in *Ben Casey*.

GASTAUFTRITT:

Hunter (1989) »Code 3«.

FILM:

1990 Ragin' Cajun (Cage, der Kickboxer).

Rosalyn Landor

Brenna O'Dell in »Up the Long Ladder« (N44).

FILM:

1968 The Devil Rides Out (Die Braut des Teufels).

Karen Landry

Ajur in »Captain's Holiday« (N67).

FILME:

1983 The Personals (Rufnummern der Lust);
1987 Patti Rocks (Patti Rocks – Sex macht Spaß);
1988 Heartbreak Hotel (dito).

Frank Langella

Minister Jaro in »The Homecoming« (D21), »The Circle« (D22), »The Siege« (D23).

FILME:

1970 The Twelve Chairs (Die zwölf Stühle);
1970 Diary of a Mad Housewife;
1971 La maison sur les arbres (Das Haus unter den Bäumen);
1972 The Wrath of God (Zum Teufel mit Hosianna);

1980 Those Lips, Those Eyes (Deine Lippen, deine Augen);
1981 Sphinx (Der Fluch der Sphinx);
1986 The Men's Club (Der Männerclub);
1986 Masters of the Universe (dito);
1988 And God Created Women (Adams kesse Rippe);
1991 True Identity (dito);
1992 1492 – The Conquest of Paradise (1492 – Die Eroberung des Paradieses);
1993 Body of Evidence (dito);
1993 Dare (dito);
1994 Brainscan.

Robert Lansing

Gary Seven in »Assignment: Earth« (C56).
Geb. 5. Juni 1928 in San Diego, Kalifornien; gest. 1994.

SERIEN:

1961–62 als Det. Steve Carella in *87th Precinct;*
1964–65 als Frank Savage in *Twelve O'Clock High;*
1966–67 als Peter Murphy und als Mark Wainwright in *The Man Who Never Was;*
1983–84 als Jack Curtis in *Automan;*
1985–88 als Control in *The Equalizer;*
ab 1993 als Captain Paul Blaisdell in *Kung Fu – The Legend Continues.*

GASTAUFTRITTE:

Alfred Hitchcock Presents (1989) »Full Disclosures«; Hotel (o. J.) (»Vorwürfe«); One Step Beyond (1960) »The Voice«; The Rookies (1975) »Eye for an Eye«; The Twilight Zone (1964) »The Long Morrow«; The U.S. Steel Hour.

FILME:

1959 4D Man (Der 4-D-Mann);
1966 Blade Rider;
1966 Talion;
1966 Namu, the Killer Whale (Namu, der Raubwal);
1971 Killer By Night (Der unsichtbare Mörder);
1971 The Grissom Gang (Die Grissom-Bande);
1976 Bittersweet Love;
1976 Scalpel (Skalpell – Blutiges Spiegelbild);
1977 Empire of the Ants (In der Gewalt der Riesenameisen);
1979 S.H.E. (dito);
1980 Island Claws;
1980 Life on the Mississippi;
1988 The Nest.

Norman Large

Prokonsul Neral in »Unification Part I« (N107), »Unification Part II« (N108);
Maques in »Dark Page« (N159).

John Larroquette

Maltz in *Star Trek III – The Search for Spock.*
Geb. 25. November 1947 in New Orleans, Louisiana.
Seine erste Arbeit im Filmmetier fand er als Beleuchtungsdouble für Sam Elliott. Es folgten mehrere feste Engagements in Serien sowie einige Filmangebote. Für seine Rolle in *Night Court* wurde er in den Jahren 1985, 1986 und 1987 mit einem Emmy Award für die beste männliche Nebenrolle in einer Comedy-Serie ausgezeichnet.

SERIEN:

1975–76 als Dr. Paul Herman in *Doctor's Hospital;*
1976–78 als Lt. Bob Anderson in *Baa Baa Black Sheep;*
ab 1984 als Dan Fielding in *Night Court.*

GASTAUFTRITTE:

Mork and Mindy (1981) »Alienation«.

FILME:

1981 Stripes (Ich glaub', mich knutscht ein Elch);
1987 Blind Date (Blind Date – Verabredung mit einer Unbekannten);
1988 Hot Paint (Eine verdammt heiße Ware);
1989 Second Sight;
1990 Convicted;
1990 Madhouse (dito).

James Lashly

Ensign Kopf in »Brothers« (N77);
Lt. George Primmin in »The Passenger« (D9), »Move Along Home« (D10).

GASTAUFTRITT:

Columbo (1989) »Great Deceptions« (»Tödliche Kriegsspiele«).

FILM:

1990 Enid Is Sleeping (Nur über deine Leiche).

Ed Lauter

Lt. Cmdr. Albert in »The First Duty« (N119).
Geb. 30. Oktober 1930 in Long Beach, New York.

Ed Lauter

SERIE:

1979–80 als Sheriff Cain in *B. J. and the Bear.*

GASTAUFTRITTE:

The A-Team (1983) »Black Day at Bad Rock«, (1984) »Deadly Maneuvers«; Booker (1989) »High Rise«; Hardcastle and McCormick (1983) »Rolling Thunder«; Hawaii Five-O (o. J.) (»Die goldene Schlinge«); Magnum P. I. (1983) »Operation: Silent Night«; Murder, She Wrote (o. J.) (»Jessica räumt auf«).

FILME:

1972 Hickey and Boggs (Magnum Heat);
1973 The Last American Hero (Der letzte Held Amerikas);
1974 The Godchild (Spuren im Sand);
1974 The Longest Yard (Die Kampfmaschine);
1976 Breakhart Pass (Nevada-Paß);
1976 Family Plot (Familiengrab);
1976 King Kong (dito);
1977 The Chicken Chronicles;
1978 Magic (Magic – Eine unheimliche Liebesgeschichte);
1978 Clone Master (dito);

1979 The Jericho Mile (Ein Mann kämpft allein);
1981 Death Hunt (Yukon);
1983 The Big Score (Chicago Cop);
1983 Lassiter (dito);
1983 Eureka (dito);
1983 Time Rider (dito);
1984 Girls Just Want to Have Fun (Lipstick & Icecream);
1984 Finders Keepers (Wer hat, der hat/Der Chaoten-Expreß);
1985 Death Wish III (Death Wish III – Der Rächer von New York);
1985 The Cartier Affair (TV; Die Cartier-Affäre);
1985 The Last Days of Patton;
1985 Real Genius (Was für ein Genie);
1985 3:15 – The Moment of Truth (3:15 – Die Stunde der Cobras);
1986 Raw Deal (Der City-Hai);
1986 Youngblood (Bodycheck);
1986 Yuri Nosenko, KGB;
1987 Revenge of the Nerds II: Nerds in Paradise;
1989 Gleaming the Cube (Gleaming Heart);
1989 Judgment (Dark Justice – Eine Richterin sieht rot);
1991 The Rocketeer (Rocketeer);
1991 Stephen King's Golden Years (dito).

Marc Lawrence

Volnath in »The Vengeance Factor« (N57).

GASTAUFTRITT:

McCloud (1974) »The Gang That Stole Manhattan«.

FILME:

1938 I Am the Law (Im Namen des Gesetzes);
1940 Charlie Chan at the Wax Museum (Charlie Chan im Wachsfigurenkabinett);
1941 Lady Scarface;
1941 Sundown (Die Waffenschmuggler von Kenia);
1942 Call of the Canyon;
1945 Don't Fence Me In;
1946 Cloak and Dagger (Tödliches Spiel);
1949 Touch Assignment (Comboy-Gangster);
1950 The Asphalt Jungle (Asphalt-Dschungel);
1952 Jolanda, la figlia del corsaro nero (Lucrezia, die rote Korsarin);
1952 Noi peccatoni (Vergib mir, Madonna);
1965 Savage Pampas (Die Verfluchten der Pampas);
1968 King of Kong Island;
1973 Pigs;

1978 The Revenge of the Pink Panther (Inspector Clouseau – der irre Flic mit dem heißen Blick);
1980 Super Snooper (Der Super-Cop);
1981 Super Fuzz;
1985 Night Train to Terror;
1991 Ruby.

Sabrina Lebeauf

Ensign Giusti in »Gambit Part I« (N156), »Gambit Part II« (N157). Geb. in New Orleans, Louisiana.

SERIE:

1984–93 als Sondra Huxtable in *The Bill Cosby Show.*

GASTAUFTRITTE:

Hotel (o. J.) (»Schatten«).

Stephen Lee

Chorgen in »The Vengeance Factor« (N57).

SERIEN:

1984 als Sherman Milslagle in *Suzanne Pleshette Is Maggie Briggs;*
1986–87 in *Gung Ho.*

FILME:

1987 Dolls (Killerpuppen spielen nachts – Absolut tödlich);
1991 Hell Hath No Fury (Höllenwut);
1993 Prehysteria (Dinokids).

Ted LeGarde

Hermann-Serie in »I, Mudd« (C38).

Tom LeGarde

Hermann-Serie in »I, Mudd« (C38).

Lance LeGault

K'Temoc in »The Emissary« (N46).

SERIEN:

1981–88 als Colonel Buck Greene in *Magnum, P. I.;*
1983–85 als Colonel Roderick Decker in *The A-Team;*
1987–88 als Alamo Joe Rogan in *Werewolf.*

GASTAUFTRITTE:

Air Force; Airwolf (1984) »To Snare a Wolf«, »Sweet Britches«, (1986) »Wildfire«, außerdem Vorspannsprecher in der ersten Season; Automan (1984) »Death by Decision«; Baa Baa Black Sheep (1976; Pilotfilm); Battlestar Galactica (o. J.) »Baltar's Escape«, »The Lost Warrior«, »Man with Nine Lives«; Buck Rogers in the 25th Century (1980) »Time of the Hawk«; Call to Glory (1986) »Realities«; The Incredible Hulk; Knight Rider (1984) »A Knight in Shining Armour«; Land of the Giants (o. J.) »Underground«; Logan's Run (1977) »Judas Goat«; MacGyver (1991) »Honest Abe«; Magnum P. I. (1981) »Lest We Forget«; Quantum Leap (1989) »How the Tess Was Won, August 5, 1956«; Tales of the Gold Monkey (1982) »Once a Tiger«; Voyagers! (1982) »Old Hickory and the Pirate«; Wonder Woman (o. J.) »Hot Wheels«.

FILME:

1973 Pioneer Woman;
1987 Three on a Match;
1988 Kidnapped (Entführt);
1991 Captain America (Captain Amerika).

Harriet Leider

D'Tan in »Unification Part II« (N108).

Sheila Leighton

Luma in »Spock's Brain« (C57).

Tania Lemani

Kara in »Wolf in the Fold« (C44).

Ben Lemon

Jev in »Violations« (N112).

GASTAUFTRITT:

The Equalizer (o. J.) (»Der tote Zeuge«).

Mark Lenard

Romulanischer Commander in »Balance of Terror« (C15),
klingonischer Commander in *Star Trek – The Motion Picture,*
Sarek in »Journey to Babel« (C40), *Star Trek III – The Search for Spock, Star Trek IV – The Voyage Home, Star Trek VI – The Undiscovered Country,* »Sarek« (N71) und »Unification Part I« (N107).
Geb. 15. Oktober 1928 in Chicago.

Mark Lenard

Mark Lenard, der eigentlich Schriftsteller hatte werden wollen, studierte dann aber Schauspiel in Europa, da die Aussichten auf eine erfolgreiche Karriere in diesem Metier besser waren. Er zog nach New York, wo er am Abend in verschiedenen Theateraufführungen Bühnenerfahrung sammelte und tagsüber ein wenig Geld mit kleinen Rollen im Live-Fernsehen verdiente.
1965 zog er voller Zuversicht nach Los Angeles, mußte jedoch sehr schnell feststellen, daß seine Erfahrung überhaupt nicht zählte und er von vorne anfangen mußte. Er bekam einige kleinere Rollen in Kinoproduktionen sowie Gastauftritte im Fernsehen, unter anderem mehrfach in *Mission: Impossible,* er sah sich aber immer wieder mit Zeiten der Arbeitslosigkeit konfrontiert.
Seinen ersten Auftritt in *Star Trek* hatte Lenard als romulanischer Commander. Als er ein zweites Mal auftrat, war aus ihm ein Vulkanier geworden: Spocks Vater. Obwohl er in der Serie in dieser Rolle nur einmal zu sehen war, erfreute er sich bei den Fans größter Beliebtheit.
Von 1968 bis 1970 war er in der Serie *Here Come the Brides* zu sehen, 1974 wirkte er, abermals in Maske, in *Planet of the Apes* mit.
Als Roddenberry ihn für *Star Trek – The Motion Picture* unter Vertrag nahm, glaubte er zuerst, er würde wieder Spocks Vater Sarek spielen. Tatsächlich jedoch stellte er diesmal einen Klingonen dar, zugleich war ihm nur ein kurzer Auftritt in einer Maske beschieden, die ihn weitge-

hend unkenntlich machte. Er sollte in seiner beliebtesten Rolle aber sowohl in den Kinofilmen als auch in *Star Trek – The Next Generation* mehrere Male zum Einsatz kommen.
Gemeinsam mit Walter Koenig machte er zwei Theatertourneen, 1982 mit dem Stück *Actors,* 1990 mit *The Boys in Autumn.*

SERIEN:

o. J. in *Search for Tomorrow;*
o. J. in *Cliffhangers;*
1965 als Dr. Ernest Gregory in *Another World;*
1968–70 als Aaron Stemple in *Here Come the Brides;*
1973 als Joe Thomas in *The Young and the Restless;*
1974 als Urko in *Planet of the Apes;*
1979 als Thorval in *The Secret Empire.*

GASTAUFTRITTE:

Alias Smith and Jones (1971) »Exit from Wickenberg«; The Big Story (1955) »Christmas in Camden«; Buck Rogers in the 25th Century (1981) »Journey to Oasis«; Cimmaron Strip (1968) »The Greeners«; The Defenders (1964) »The Non-Violent«; Directions '65 (1965) »The World of Isaac Babel«, (1965) »The World of Isaac Loeb Peretz«; The DuPont Show of the Month (1959) »I, Don Quixote«, (1961) »The Prisoner of Zenda«, »Battle of the Paper Bullets«; The Felony Squad (1967); The Girl with Something Extra (1973); The Good Life (1971); Greatest Heroes of the Bible; Gunsmoke (1969) »Nowhere to Run«; Hawaii Five-O (1969) »To Hell with Babe Ruth« (»Nagata, der schwarze Drache«), (1973) »Will the Real Mr. Winkler Please Die«, (1974) »Secret Witness«, (1977) »You Don't See Many Pirates These Days« (»Geheimsache Alderbaran«); How the West Was Won; The Iron Horse (1967); It Takes a Thief (1968) »Birds of a Feather«; Jericho (1966) »Long Journey Across a Short Street«; Judd for the Defense (1967) »Firebrand«; Lamp Unto My Feet (1963) »Las Casas: The Conscience of Conquest«; Look Up and Live (1963) »Moby Dick«; The Magician; Mannix; Mission: Impossible (1966) »Wheels« (»Betrogene Wahlbetrüger«), (1967) »Trek« (»Gold der Inkas«), (1969) »Nitro« (»Nitroglyzerin«), (1970) »The Rebel« (»Das Notizbuch«); The Nurses (1964) »The Love of a Smart Operator«; Otherworld (1985) »The Zone Troopers Build Men«; Our American Heritage (1960) »Not Without Honor«; The Rookies (1973) »Tribute to a Veteran«; Run for Your Life (1968) »A Dangerous Proposal«; Search (1972) »The Gold Machine«; Studio One; The Wild, Wild West (1967) »The Night of the Iron Fist« (»Die Nacht der eisernen Faust«).

FILME:

o. J. The Three Musketeers (TV);
1960 John Brown's Raid/Raid on Harpers Ferry (TV);

1961 The Power and the Glory (TV);
1964 The Sensualists (TV);
1965 The Greatest Story Ever Told (Die größte Geschichte aller Zeiten);
1968 Hang 'em High (Hängt ihn höher);
1973 Outrage (TV);
1977 QB VII (TV);
1977 Annie Hall (Der Stadtneurotiker).

Arnold Lessing

Lt. Carlisle in »The Changeling« (C33).

Shelby Leverington

Transporter Chief Brossmer in »The Next Phase« (N124).

FILME:

1977 The Christmas Carol Mine Miracle;
1984 Cloak and Dagger;
1988 The Return of Desperado (Desperado – Die Rache);
1991 Driving Me Crazy (Der Giftzwerg).

Elizabeth Lindsey

Louisa Kim in »Home Soil« (N18).

Richard Lineback

Romas in »Symbiosis« (N22);
Selin Peers in »Dax« (D8).

GASTAUFTRITTE:

Alfred Hitchcock Presents (1985) »Incident in a Small Jail«; China Beach (1990) »You, Babe«; Hunter (1986) »Saturday Night Special«, (1989) »The Legion«; A Man Called Sloane (1981) »Death Ray 2000«; M*A*S*H (1979) »Dear Uncle Abdul«, (1982) »Trick or Treatment«.

FILME:

1981 Hard Country (Jodie – Irgendwo in Texas);
1990 Blind Vengeance (Blinder Haß);
1991 Woman with a Past (Schuld kennt kein Vergessen).

Joanne Linville

Romulanische Commanderin in »The Enterprise Incident« (C58).
Geb. 1926 in Long Beach, Kalifornien.

SERIE:
1981–82 als Zina Willow in *Behind the Screen.*

GASTAUFTRITTE:
CHiPs (1979) »Dog Game«; The Invaders (1967) »Moonshot«, (1967) »The Pit«; Kojak (o. J.) (»Drei Kugeln im Asphalt«); One Step Beyond (1960) »Moments of Hate«; Route 66 (1962) »Poor Little Kangaroo Rat«; The Twilight Zone (1961) »The Passersby«.

FILM:
1975 Gable and Lombard (Sag' ja zur Liebe).

Stephen Liska

Torg in *Star Trek III – The Search for Spock.*

GASTAUFTRITTE:
Columbo (1992) »A Bird in the Hand«; Hardcastle and McCormick (1984) »Did You See the One That Got Away«; Streethawk (1985) »Vegas Run«; Voyagers! (1983) »The Trial of Phineas Bogg«, »Jack's Back«.

William Lithgow

Pran in »Inheritance« (N162).

Christopher Lloyd

Klingonischer Commander Kruge in *Star Trek III – The Search for Spock.*
Geb. 22. Oktober 1938 in Stamford, Connecticut.
Lloyd zog mit 19 Jahren nach New York, wo er Schauspielunterricht nahm. Er bekam Rollen in mehreren Broadway-Aufführungen, 1973 erhielt er einen Village Voice Drama Desk Award für seine Rolle in »Kaspar«. Seinen Filmdurchbruch hatte er an der Seite von Jack Nicholson in *One Flew Over the Cuckoo's Nest.* 1976 zog er nach Los Angeles, wo er in verschiedenen Filmproduktionen Rollen erhielt. Einen ersten bemerkenswerten Sprung in der Popularität erlebte er mit seiner Rolle als Reverend Jim in der Serie *Taxi,* für die er 1982 und 1983 einen Emmy Award erhielt.
Den internationalen filmischen Durchbruch schaffte er 1985 mit der Filmtrilogie *Back to the Future,* in der er einen exzentrischen Professor spielte. Insgesamt betrachtet überwiegen diese skurrilen Typen in Lloyds Biographie; insbesondere seit *Back to the Future* und *Addams Family* ist es für ihn noch schwieriger geworden, »normale« Rollen zu bekommen.

Christopher Lloyd

SERIEN:

1979–83 als »Reverend Jim« Ignatowski in *Taxi;*
1981–82 in *Best of the West.*

GASTAUFTRITTE:

o. J. als Doc Brown aus *Back to the Future* in *The Earth Day Special;* Amazing Stories (1985) »Go to the Head of the Class«; Streethawk (1985).

FILME:

1975 One Flew Over the Cuckoo's Nest (Einer flog über das Kuckucksnest);
1978 Goin' South (Der Galgenstrick);
1979 Stunt Seven (TV-Pilotfilm);
1979 The Onion Field (Mord im Zwiebelfeld);
1979 Butch and Sundance: The Early Years (Butch & Sundance – die frühen Jahre);
1980 Schizoid (dito);
1980 The Black Marble (Hollywood Cops);
1981 The Legend of the Lone Ranger;
1982 National Lampoon Goes to the Movies (National Lampoon's Madness);
1983 Mr. Mom (dito);
1983 To Be or Not to Be (Sein oder Nichtsein);

1983 September Gun (TV; Schwester Dulcineas 1-Dollar-Coup);
1983 The Adventures of Buckaroo Banzai: Across the Eighth Dimension (Buckaroo Banzai – Die 8. Dimension);
1984 Joy of Sex (dito);
1984 The Cowboy and the Ballerina (TV);
1985 Back to the Future (Zurück in die Zukunft);
1985 Clue (Alle Mörder sind schon da);
1985 Legend of the White Horse (Hüter des Drachen);
1986 Miracles (Wunder dauern etwas länger);
1986 Streethawk;
1987 Walk Like a Man;
1988 Track 29 (Track 29 – Ein gefährliches Spiel);
1988 Who Framed Roger Rabbit? (Falsches Spiel mit Roger Rabbit);
1988 Eight Men Out (Acht Mann und ein Skandal);
1989 Back to the Future Part II (Zurück in die Zukunft Teil II);
1989 The Dream Team (Das Traum-Team);
1989 Why Me?;
1990 Back to the Future Part III (Zurück in die Zukunft Teil III);
1991 The Addams Family (Addams Family);
1991 Suburban Commando (Der Ritter aus dem All);
1992 T-Bone 'n' Weasel (TV; T-Bone & Wiesel);
1992 Dead Ahead: The Exxon Valdez Disaster (TV; Der schwarze Tod);
1993 The Addams Family Values (Die Addams Family in verrückter Tradition);
1993 Dennis the Menace (Dennis).

Norman Lloyd

Prof. Richard Galen in »The Chase« (N146).
Geb. 8. November 1914 in Jersey City, New Jersey.
Norman Lloyd gründete in den dreißiger Jahren gemeinsam mit Orson Welles und John Houseman das Mercury Theatre. Neben seinen Aktivitäten als Schauspieler wurde er auch als Produzent und Regisseur tätig für die Serien *Alfred Hitchcock Presents, The Name of the Game* und *Omnibus.*

SERIE:

1982–88 als Dr. Daniel Auschlander in *St. Elsewhere.*

GASTAUFTRITTE:

Alfred Hitchcock Presents (1961) »Maria«; The Night Gallery (1972) »A Feast of Blood«; One Step Beyond (1959) »Delusion«; The Twilight Zone (1986) »The Last Defender of Camelot«.

FILME:

1942 Saboteur (Saboteure);

1949 Calamity Jane and Sam Bass (Rebellen der Steppe);
1951 He Ran All the Way (Steckbrief 7-73);
1976 Audrey Rose (Audrey Rose – das Mädchen aus dem Jenseits);
1978 FM (FM – Die Superwelle);
1980 The Nude Bomb (Die nackte Bombe);
1989 Amityville 4: The Evil Escapes (Amityville Horror Teil 4);
1989 Dead Poets Society (Der Club der toten Dichter);
1991 Journey of Honor.

Felix Locher

Robert Johnson in »The Deadly Years« (C42).

GASTAUFTRITT:

The Twilight Zone (1961) »The Silence«.

Gary Lockwood

Gary Mitchell in »Where No Man Has Gone Before« (C4).
Geb. 21. Februar 1937 in Van Nuys, Kalifornien.
Gary Lockwood begann als Double, war Stuntmen und unter anderem Beleuchtungsdouble für Anthony Perkins. Eine erste Rolle bekam er in

Gary Lockwood

Jane Fondas Filmdebüt *Tall Story,* in dem sie sich in Anthony Perkins verliebt; seine Mitwirkung in Gene Roddenberrys Serie *The Lieutenant* führte schließlich zu seiner Rolle im zweiten Pilotfilm. Unmittelbar nach diesem Fernsehauftritt verkörperte er den Astronauten Frank Poole in Stanley Kubricks Meilenstein des SF-Films, *2001 – A Space Odyssey.* Lockwood blieb auch nach diesem Film als Schauspieler gefragt, aber der große Durchbruch, den er sich eigentlich mit *2001 – A Space Odyssey* erhofft hatte, blieb ihm verwehrt.

SERIEN:

1961–62 als Eric Jason in *Follow the Sun;*
1963–64 als Lt. William Rice in *The Lieutenant.*

GASTAUFTRITTE:

The Blue Knight; Combat! (1964) »Operation Fly Trap«; Finder of Lost Loves (o. J.) (»Traum oder Wirklichkeit«); Hotel (o. J.) (»Drohungen«); Mission: Impossible (1973) »The Question« (»Der Überläufer«); The Night Gallery (1972) »Ring with the Red Velvet Rope«; Superboy (1989) »Stand Up and Get Knocked Down«; T. J. Hooker (o. J.) (»Millionen Stoff«); Twelve O'Clock High (1964) »Appointment at Liege«, (1965) »›V‹ for Vendetta«, »The Idolator«.

FILME:

1960 Tall Story (Je länger – je lieber);
1962 The Magic Sword (Das Zauberschwert);
1963 It Happened at the World's Fair (Ob blond, ob braun);
1964 Tokilla Man (Kugelregen);
1967 An einem Freitag in Las Vegas;
1967 Firecreek (Die fünf Vogelfreien);
1968 2001: A Space Odyssey (2001 – Odyssee im Weltraum);
1968 The Model Shop (Das Fotomodell);
1970 R. P. M. (Revolutions Per Minute);
1971 Earth II (TV; Killersatelliten);
1972 Stand Up and Be Counted (Jede Stimme zählt);
1976 Georgia Road (Georgia Road – Die Unschlagbaren);
1978 The Incredible Journey of Dr. Meg Laurel;
1983 Survival Zone (1994 – Nur die Starken überleben);
1987 The Wild Pair (Die Top-Cops);
1987 Return of the Six Million Dollar Man and the Bionic Woman (TV; Die Rückkehr der Roboter).

Cirroc Lofton

Jake Sisko in *Star Trek – Deep Space Nine.*
Geb. 1978 in Los Angeles.
Lofton war bereits im Alter von sechs Jahren in zahlreichen Werbe-

Cirroc Lofton

spots zu sehen. Seinen ersten professionellen Auftritt hatte er in dem Unterrichtsvideo »Agency for Instructional Technology«.
Die Rolle des Jake Sisko wurde für *Star Trek – Deep Space Nine* geschaffen, um mit einem alleinerziehenden Vater (Benjamin Sisko) einen neuen Commandertyp zu schaffen, der nicht nur für die ihm Unterstellten, sondern auch für seinen Sohn Verantwortung trägt. Cirroc Lofton wurde in der Startphase der Serie nur selten eingesetzt, später besserte sich dieser Zustand und wurde durch wichtigere Auftritte ausgeglichen.

FILM:

1990 Beethoven (Ein Hund namens Beethoven).

Rod Loomis

Dr. Paul Manheim in »We'll Always Have Paris« (N24).

FILME:

1982 The Beastmaster;

1988 Jack's Back;
1989 Bill and Ted's Excellent Adventure (Bill & Teds verrückte Reise durch die Zeit).

Perry Lopez

Lt. Esteban Rodriguez in »Shore Leave« (C16).
Geb. 1931.

GASTAUFTRITTE:

Cain's Hundred (1962) »Woman of Silence«; The Man from U.N.C.L.E.; Time Tunnel; Voyage to the Bottom of the Sea (1968) »Savage Jungle«; The Wild Wild West (1967) »The Night of the Feathered Fury«, (1968) »The Night of the Pistoleros«.

FILME:

1956 The Young Guns (Gangsterbraut);
1956 Steel Jungle (Stahlharte Männer);
1956 The Lone Ranger (Der weiße Reiter);
1963 McLintock! (Mac Lintock);
1974 Chinatown (dito);
1987 Death Wish IV: The Crackdown (Das Weiße im Auge);
1989 Kinjite (Forbidden Subjects);
1990 The Two Jakes (Die Spur führt zurück – The Two Jakes).

Isabel Garcia Lorca

Gabrielle in »We'll Always Have Paris« (N24).

FILM:

1987 Augustia (Im Augenblick der Angst).

Jon Lormer

Dr. Theodore Haskins in »The Cage« (C1);
Tamar in »The Return of the Archons« (C22).
Geb. 1905, gest. 19. März 1986.

GASTAUFTRITTE:

Columbo (1972) »Short Fuse«; Highway to Heaven; The Incredible Hulk; The Invaders; One Step Beyond (1960) »Legacy of Love«; Planet of the Apes; The Twilight Zone; Voyage to the Bottom of the Sea (1967) »Fatal Cargo«; The Wild Wild West.

FILME:

1966 Dimension Five;
1973 Frankenstein (TV);

1981 The Boogens;
1982 Creepshow (Die unheimlich verrückte Geisterstunde).

Tim Lounibos

Lt. Kwan in »Eye of the Beholder« (N170).

Celia Lovsky

T'Pau in »Amok Time« (C31).

GASTAUFTRITTE:

Garrison's Gorillas (1967) »Forty-Eight Hours to Live«; Michael Shayne, Private Detective (1961) »The Heiress«; One Step Beyond (1959) »Message from Clara«; The Twilight Zone (1964) »Queen of the Nile«.

FILM:

1958 I, Mobster (Gangster Nr. 1).

Chip Lucia

Botschafter Ves Alkar in »Man of the People« (N129).

GASTAUFTRITTE:

Hardcastle and McCormick (1983) »Hotshoes«; Magnum P. I. (o. J.) »Thicker Than Blood«.

FILME:

1982 Hospital Massacre/X-Ray (X-Ray, der erste Mord geschah am Valentinstag);
1986 Rage of Honor (Top Fighter);
1988 Vice Versa (Ich bin du).

Laurence Luckinbill

Sybok in *Star Trek V – The Final Frontier.*
Geb. 21. November 1934 in Fort Smith, Arkansas.

SERIEN:

1972–73 als Glenn Garth Gregory in *The Delphi Bureau;*
1979 als Richard Arnold in *Ike.*

GASTAUFTRITTE:

Barnaby Jones; Columbo (1978) »Make Me a Perfect Murder«; Murder, She Wrote (o. J.) (»Der falsche Priester«); The Rookies (1974) »Vendetta«.

Laurence Luckinbill

FILME:

1970 The Boys in the Band (Die Harten und die Zarten);
1973 And the Bones Came Together (TV);
1974 Murder Impossible (TV);
1984 Not for Publication (Geheimsache Schweinebacke);
1986 The Mating Season (SOS – Zwei Schwiegermütter);
1988 Cocktail;
1988 Messenger of Death (Das Gesetz ist der Tod);
1988 To Heal a Nation (Die Vergessenen).

Keye Luke

Donald Cory in »Whom Gods Destroy« (C70)
Geb. 18. Juni 1904 in Canton, China; gest. am 12. Januar 1991.
Luke kam noch in seiner Kindheit in die USA; seine Familie ließ sich in Seattle, Washington, nieder. 1933 faßte er im Filmgeschäft Fuß. Seine erste Filmrolle hatte er in *The Painted Veil* mit Greta Garbo. Es folgte die Rolle des Lee Chan, Sohn des Detektivs Charlie Chan, der Hauptfigur einer erfolgreichen Filmserie aus dem Hause 20th Century Fox. 1938 verstarb aber Warner Oland, der Charlie Chan gespielt hatte, woraufhin Luke die Serie verließ, da er nicht das Gefühl hatte, daß jemand Olands Platz einnehmen konnte. Der letzte mit Oland gedrehte Film – *Mr. Moto's Gamble* – wurde umgeschnitten, um ihn trotz des

Todes des wichtigsten Darstellers veröffentlichen zu können. In den Serials *The Green Hornet* und *The Green Hornet Strikes Again* war Luke jeweils in der Rolle des Kato zu sehen. Einem jüngeren Publikum wurde er bekannt als blinder Meister Po in der Serie *Kung Fu,* für die er trotz seines hohen Alters älter geschminkt werden mußte, da er noch so jugendlich aussah. Noch 1990 übernahm er eine kleine Rolle in Woody Allens *Alice.*

SERIEN:

o. J. als Sprecher in der Zeichentrickserie *Johnny Quest;*
1939 als Kato in *The Green Hornet;*
1940 als Kato in *The Green Hornet Strikes Again;*
1964–65 als Thomas Wong in *Kentucky Jones;*
1972 als Kralahome in *Anna and the King;*
1972–75 als Meister Po in *Kung Fu;*
1972–74 als Sprecher der Zeichentrickserie *Amazing Chan and the Chan Clan;*
1978 als Dr. Fong in *Harry-O;*
1986–87 als Sabasan in *Sidekick.*

GASTAUFTRITTE:

The A-Team (1983) »The Maltese Cow«; M*A*S*H (1979) »A Night at Rosie's«, (1980) »Death Takes a Holiday«; Magnum P. I. (1983) »Forty Years from Sand Island« (»Ein 40 Jahre alter Mord«); Streethawk (1985) »Chinatown Memories«; Superboy (1989) »The Power of Evil«; Target: The Corruptors (1962) »Chase the Dragon«; Voyagers! (1982) »The Travels of Marco ... and Friends«; The Wackiest Ship in the Army (1965) »Last Path to Garcia«.

FILME:

1934 The Painted Veil;
1935 Charlie Chan in Paris;
1935 Mad Love;
1935 Charlie Chan in Shanghai (dito);
1936 Charlie Chan at the Opera (Charlie Chan in der Oper);
1936 Charlie Chan at the Race Track (Charlie Chan beim Pferderennen);
1936 Charlie Chan at the Circus (Charlie Chan im Zirkus);
1937 Charlie Chan at the Olympics (Charlie Chan bei den Olympischen Spielen);
1937 The Good Earth (Die gute Erde);
1937 Charlie Chan on Broadway (Charlie Chan am Broadway);
1937 Charlie Chan at Monte Carlo (Charlie Chan in Monte Carlo);
1938 Mr. Moto's Gamble;
1941 Mr. & Mrs. Smith (dito);

1942 Across the Pacific (Abenteuer in Panama);
1945 First Yank into Tokyo;
1946 Lost City of the Jungle;
1948 The Feathered Serpent;
1956 Battle Hell;
1968 The Chairman (Der gefährlichste Mann der Welt);
1977 The Amsterdam Kill (Der Tiger aus Taipeh);
1984 Gremlins (Gremlins – Kleine Monster);
1986 Kung Fu – The Movie (TV; Kung Fu – Der Film);
1988 Dead Heat (dito);
1988 Blade in Hong Kong (Big Trouble in Hong Kong);
1990 Alice (dito);
1990 Gremlins 2 – The New Batch (Gremlins II – Die Rückkehr der kleinen Monster).

Benjamin W. S. Lum

Jim Shimoda in »The Naked Now« (N3).

Barbara Luna

Marlena Moreau in »Mirror, Mirror« (C34).

GASTAUFTRITTE:

Airwolf (1986) »Birds of Paradise«; Buck Rogers in the 25th Century (1981) »Time of the Hawk«, »The Guardians«; Hawaiian Eye (1959) »The Koa Man«, (1962) »Payoff«; Hunter (1990) »The Nightmare«; The Invaders (1967) »Storm«; The Man from U.N.C.L.E. (1967) »The Man from THRUSH Affair«; Mission: Impossible (1966) »Elena«, (1969) »Time Bomb«, (1988) »The Fortune« (»Hunger nach Macht«); The Outer Limits (1963) »It Crawled Out of the Woodwork«; Ripcord (1963) »A Present for Felipe«; T. J. Hooker (o. J.) (»Bedroht durch eine Schlange«); Tarzan (1967) »Maguma Curse«; The Wackiest Ship in the Army (1965) »Last Path to Garcia«; The Wild Wild West (1965) »The Night of the Deadly Bed«.

FILME:

1962 Five Weeks in a Balloon (Fünf Wochen im Ballon);
1967 Firecreek (Die fünf Vogelfreien);
1978 Gentle Savage;
1982 The Concrete Jungle (Mädchen hinter Gittern).

Jordan Lund

Kulge in »Redemption Part II« (N101);
Woban in »The Storyteller« (D14).

Franc Luz

Odan in »The Host« (N97).
Geb. in Cambridge, Massachusetts.

SERIEN:

1985 als Ben Abbott in *Hometown;*
1986–88 als Sam in *Kay O'Brien.*

GASTAUFTRITTE:

The A-Team (1984) »Semi-Friendly Persuasion«; Hunter (o. J.) (»Nachruf auf McCall«).

FILME:

1988 Ghost Town (dito);
1988 The Nest;
1990 Turn Back the Clock (Mord um Mitternacht).

Barry Lynch

Ensign Stefan DeSeve in »Face of the Enemy« (N140).

Ken Lynch

Vandenberg in »The Devil in the Dark« (C26).
Lynch erlangte ungewöhnliche Popularität als Lieutenant in der Serie *The Plainclothesman,* die ab 1949 im Fernsehen lief. Die Handlung der Episoden wurde stets aus seinem Blickwinkel erzählt, so daß man ihn als Schauspieler über Jahre hinweg nicht zu sehen bekam. Erst im Juli 1952 wurde das Wirklichkeit, als eine Episode Rückblenden enthielt, in denen er zu sehen war.

SERIEN:

1949–54 als Lieutenant in *The Plainclothesman;*
1970–77 als Sgt. Grover in *McCloud.*

GASTAUFTRITTE:

Alfred Hitchcock Presents (1958) »A Man with a Problem«; The Invaders (1967) »Counterattack; Kolchak«: The Night Stalker (1974) »The Ripper«; McCloud; The Rookies (1973) »The Wheel of Death«; Thriller (1961) »A Good Imagination«, (1962) »Man of Mystery«; Twelve O'Clock High (1965) »Big Brother«; The Wild Wild West (1966) »The Night of the Returning Dead«.

FILME:

1958 I Married a Monster from Outer Space;
1960 The Lawbreakers (Großstadt-Hyänen);
1970 Run, Simon, Run (Der Mörder meines Bruders).

Richard Lynch

Baran in »Gambit Part I« (N156), »Gambit Part II« (N157).
Geb. 29. April 1936.

SERIEN:

1980 als Xavier in *Battlestar Galactica;*
1982 als Justin Preminger in *The Phoenix.*

GASTAUFTRITTE:

The A-Team (1984) »Hot Styles«; Airwolf (1985) »The Horn of Plenty«; Automan (1984) »Renegade Run«; Buck Rogers in the 25th Century (1979) »Vegas in Space«; Hunter (1985) »The Legion«; Jake and the Fatman (1991) »Where or When« (»Schlangenfraß«); Murder She Wrote (o. J.) (»Ein paar Stunden Glück«); The Streets of San Francisco (o. J.) (»Die Ausbrecher«); Super Force (1991) »Sins of the Father«.

FILME:

1973 Scarecrow (Asphalt-Blüten);
1973 The Seven-Ups (Die Seven-Ups);
1973 Open Season (Open Season – Jagdzeit);
1975 The Premonition;
1977 Delta Fox;
1978 Deathsport (Todesrallye in Helix City);
1979 The Formula (Die Formel);
1980 Steel (Sechs Männer aus Stahl);
1981 Sizzle;
1982 The Sword and the Sorcerer (Talon im Kampf gegen das Imperium);
1984 Savage Dawn (Die Hyänen);
1985 Cut and Run;
1985 Invasion U.S.A. (dito);
1986 Boy Soldier (Boy Soldier – Soldat ohne Vaterland);
1987 The Barbarians (Die Barbaren);
1987 Nightforce (Schreckens-Kommando);
1988 Bad Dreams (Vision der Dunkelheit);
1988 Little Nikita (dito);
1989 High Stakes (Death Strip);
1989 After Shock (Aftershock);
1990 Invasion Force (dito);
1990 Alligator II – The Mutation (Alligator II – Die Mutation);
1990 Lambada – The Forbidden Dance (Der verbotene Tanz);
1991 Puppet Master III: Toulon's Revenge (Toulons Rache);
1991 Trancers II (dito);
1992 Maximum Force (dito).

Gene Lyons

Botschafter Robert Fox in »A Taste of Armageddon« (C24).
Geb. 1923 in Pittsburgh, Pennsylvania; gest. 1974.

SERIE:

1967–75 als Commissioner Dennis Randall in *Ironside.*

GASTAUFTRITTE:

The Alfred Hitchcock Hour (1964) »The Evil of Adelaide Winters«, »Consider Her Ways«; The Invaders (1967) »The Enemy«; One Step Beyond (1960) »Tonight at 12:17!«.

M

Charles Macauley

Landru in »The Return of the Archons« (C22);
Jarvis in »Wolf in the Fold« (C44).

FILM:

1980 Raise the Titanic! (Hebt die Titanic).

Scott MacDonald

N'Vek in »Face of the Enemy« (N140);
Tosk in »Captive Pursuit« (D6).

Sterling Macer

Toq in »Birthright Part I« (N142) und »Birthright Part II« (N143).

GASTAUFTRITT:

Tour of Duty (1990) »Dead Man Tales«.

FILM:

1993 Dragon – The Life of Bruce Lee (Dragon – Die Bruce-Lee-Story).

Stephen Macht

Krim in »The Circle« (D22), »The Siege« (D23).
Geb. 1. Mai 1942 in Philadelphia, Pennsylvania.

SERIEN:

1981 als Danny Novak in *American Dream;*
1982–83 als Joe Cooper in *Knots Landing;*
ab 1985 als David Keeler in *Cagney & Lacey.*

GASTAUFTRITTE:

Alfred Hitchcock Presents (1986) »The Gloating Place«; Columbo (1989) »Sex and the Married Detective«; Murder She Wrote (o. J.) (»Jessica in Amt und Würden«); Quincy M. E. (1977) »… the Thigh Bone's Connected to the Knee Bone« (»Puzzlespiel«); Scarecrow and Mrs. King.

FILME:

1980 Galaxina (dito);
1980 The Mountain Men (Duell am Wind River);

1981 Killjoy (dito);
1983 Hakhoref Ha'acharon (Im Schatten des Krieges);
1984 Contract for Life: The S.A.D.D. Story;
1984 Flight 90 (Jumbo Crash);
1984 The Last Winter;
1984 Samson and Delilah;
1987 The Monster Squad (Monster Busters);
1989 Blind Witness (Blinde Zeugin);
1989 Fear Stalk (Schleichende Angst);
1990 Stephen King's Graveyard Shift (Nachtschicht);
1992 Amityville 1992: It's About Time (Amityville – Face of Terror).

Michael Mack

Sirol in »The Pegasus« (N164).

Robert Mackenzie

Trazko in »Necessary Evil« (D28).

Janet MacLachlan

Lt. Charlene Masters in »The Alternative Factor« (C28).

SERIEN:
1973 als Jackie Bruce in *Love Thy Neighbor;*
1979 als Jane Summerfield in *Friends;*
1980–81 als Polly Swanson in *Archie Bunker's Place.*

FILME:
1970 Tick ... Tick ... Tick ...;
1972 Sounder (Das Jahr ohne Vater);
1976 Dark Victory (Solange die Liebe lebt);
1978 Roll of Thunder, Hear My Cry;
1981 She's in the Army Now;
1986 The Boy Who Could Fly (Der Knabe, der fliegen konnte).

Edward Madden

Geologe in »The Cage« (C1);
Fisher in »The Enemy Within« (C6).

Blaisdell Makee

Lt. Spinelli in »Space Seed« (C23);
Mr. Singh in »The Changeling« (C33).

Robert Mandan

Kotan Pa'Dar in »Cardassians« (D25).
Geb. 2. Februar 1932 in Clever, Missouri.
Mandan arbeitet seit den frühen fünfziger Jahren als Schauspieler, im Fernsehen war er vor allem in diversen Soap Operas zu sehen. Sein wichtigster Bühnenerfolg war eine drei Jahre währende Mitwirkung im Broadway-Musical *Applause.*

SERIEN:

o. J. *From These Roots;*
o. J. *The Edge of Night;*
o. J. *Search for Tomorrow;*
1975 als Ed Rawlings in *Caribe;*
1977–81 als Chester Tate in *Soap;*
1982–83 als Lawrence Fielding in *Private Benjamin;*
1984–85 als James Bradford in *Three's a Crowd.*

GASTAUFTRITTE:

Mission: Impossible (1971) »Shape-Up«, (1972) »Break!«; Who's the Boss? (o. J.) (»Spare in der Not«).

FILM:

1982 Zapped! (Der Typ mit dem irren Blick).

Mark Mangolis

Dr. Nel Apgar in »A Matter of Perspective« (N62).

Barbara March

Klingonin Lursa in »Redemption Part I« (N100), »Redemption Part II« (N101), »First Born« (N173), »Past Prologue« (D3), *Star Trek: Generations.*

Theo Marcuse

Korob in »Catspaw« (C37).
Geb. 1920, gest. 29. November 1967.

SERIE:

1964–68 als Dr. Gamma in *Voyage to the Bottom of the Sea.*

GASTAUFTRITTE:

Batman; Daktari (1966) »Judy and the Gun Runners«; Hawaiian Eye (1960) »Danger on Credit«; The Invaders 1967 »The Leeches«; Lights Out; The Man from U.N.C.L.E. (1965) »The Recollectors Affair«,

(1966) »The Minus X Affair«, (1967) »The Pieces of Fate Affair«; The Outer Limits 1964 »Fun and Games«; 77 Sunset Strip (1960) »Perfect Setup«, (1961) »Tiger By the Tail«; Thriller (1961) »Man in a Cage«; The Time Tunnel; The Twilight Zone (1962) »To Serve Man«, »The Trade-Ins«; Voyage to the Bottom of the Sea (o. J.) »Eleven Days to Zero«; The Wild Wild West (1966) »The Night of the Sudden Plague«, (1966) »The Night of the Bottomless Pit«.

FILME:

1957 The 27th Day (Der 27. Tag);
1965 Mara of the Wilderness;
1965 The Last of the Secret Agents (Die »allerletzten« Geheimagenten).

Brian Markison

Vorin in »Homeward« (N165).

Stephen Markle

Kover Tholl in »Allegiance« (N66).

GASTAUFTRITT:

Tour of Duty (1990) »The Raid«, »Payback«.

FILME:

1984 Perfect Timing (Die total verrückte Clique – Lucky Harry);
1991 The Haunted (TV; Haus der lebenden Toten).

Peter Marko

Lt. Gaetano in »The Galileo Seven« (C17).

Steve Marlo

Zabo in »A Piece of the Action« (C47).

Scott Marlowe

Keeve Falor in »Ensign Ro« (N103).

Bruce Mars

Finnegan in »Shore Leave« (C16).
Bruce Mars hatte in dieser Episode seinen einzigen Auftritt, obwohl seine Rolle als Erzrivale Kirks aus dessen Jugendzeit Stoff für interessante Episoden geboten hätte. Heute treibt Finnegan nur noch in Comics und Fanzines sein Unwesen.

GASTAUFTRITTE:

The Time Tunnel; Voyage to the Bottom of the Sea (o. J.) »The Killers of the Days«, (1968) »The Abominable Snowman«.

Kenneth Mars

Colyus in »Shadowplay« (D36).
Geb. 1936 in Chicago, Illinois. Mars arbeitet als Komödiant und Schauspieler.

SERIEN:

1967–68 als Harry Zarakardos in *He & She;*
1970–71 in *The Don Knotts Show;*
1977–78 in *Sha Na Na;*
1979 in *The Carol Burnett Show.*

FILME:

1968 The Producers (Frühling für Hitler);
1972 What's Up, Doc? (Is' was, Doc?);
1974 Young Frankenstein (Frankenstein junior);
1979 The Apple Dumpling Gang Rides Again;
1983 Yellowbeard (Dotterbart);
1985 Beer;
1988 For Keeps;
1988 Illegally Yours;
1989 Police Academy 6: City Under Siege;
1992 Shadows and Fog (Schatten und Nebel).

Michele Marsh

Leda in »When the Bough Breaks« (N17).

FILM:

1987 Evil Town.

Booker Marshall

Dr. M'Benga in »A Private Little War« (C49), »That Which Survives« (C73).
Wirklicher Name Booker T. Bradshaw.
Marshall wurde als Ersatzmann engagiert, der nur dann einspringen durfte, wenn Majel Barrett ausfiel. Das war zweimal der Fall, obwohl seine Rolle wesentlich interessanter als die von Majel Barrett war und eine permanente Mitwirkung für die Serie eine Bereicherung gewesen wäre.
Seine ersten Auftritte absolvierte er in *The Ted Mack Amateur Hour,*

einer Talentshow, aus der er dreimal als Sieger hervorging. In den sechziger Jahren bekam er ein Stipendium und studierte in London an der Royal Academy. Neben seltenen Serien- und Filmauftritten arbeitete er vorwiegend als Serienautor, so unter anderem für *Columbo* (»Playback«, dito) und *Planet of the Apes* (»The Horse Race«).

SERIE:
1965–74 sporadisch in *The F.B.I.*

GASTAUFTRITTE:
Here's Lucy; The Man from U.N.C.L.E.; Tarzan.

FILM:
1970 Skullduggery (Abenteuer in Neuguinea).

Don Marshall

Lt. Boma in »The Galileo Seven« (C17).

SERIE:
1968–70 als Dan Erikson in *Land of the Giants.*

GASTAUFTRITTE:
The Alfred Hitchcock Hour (1965) »Night Fever«; Buck Rogers in the 25th Century (1979) »Planet of the Slave Girls«; Daktari (1966) »Predator of Wameru«, »Trail of the Cheetah«; Twelve O'Clock High (1966) »Graveyard«.

FILME:
1972 The Thing with Two Heads (Das Ding mit den zwei Köpfen);
1977 Terminal Island (Männer wie die Tiger).

Joan Marshall

Lt. Areel Shaw in »Court-Martial« (C21).

SERIE:
1959 als Duval in *Bold Venture.*

Marie Marshall

Kelsey in »Starship Mine« (N144).

Sarah Marshall

Dr. Janet Wallace in »The Deadly Years« (C42).
Geb. 1933 in London.

SERIEN:

1979 als Evelyn Winslow in *Miss Winslow and Son;*
1980 als Susan Arvey in *Scruples.*

GASTAUFTRITT:

Twelve O'Clock High (1965) »End of the Line«.

FILM:

1966 Lord Love a Duck (Mollymauk, der Wunderknabe).

William Marshall

Dr. Richard Daystrom in »The Ultimate Computer« (C54).
Geb. 19. August 1924 in Gary, Indiana.
Schauspieler und ausgebildeter Sänger.
Marshall trat auf der Bühne regelmäßig in der Titelrolle in Shakespeares »Othello« auf. Diese Rolle führte ihn quer durch die USA und sogar nach Europa.

SERIE:

1978 als Judge Black in *Rosetti and Ryan.*

GASTAUFTRITT:

The Man from U.N.C.L.E. (1967) »The Maze Affair«.

FILME:

1957 Something of Value (Flammen über Afrika);
1970 Skullduggery (Abenteuer in Neuguinea);
1972 Blacula;
1973 Scream, Blacula, Scream;
1982 Othello;
1986 Beverly Hills Madam/L. A. Madame (Der Callgirl-Club/dito);
1987 Amazon Woman on the Moon (Amazonen auf dem Mond oder Warum die Amis den Kanal voll haben).

Arlene Martell

T'Pring in »Amok Time« (C31).
Name vor *Star Trek:* Arlene Sax. Heutiger Name: Tasha Martell.
Martell wuchs bis zum achten Lebensjahr in der Bronx auf; dank einer Initiative des Arbeitgebers ihrer Mutter konnten sie dieses Viertel aber verlassen.

GASTAUFTRITTE:

A) ALS ARLENE SAX
Cain's Hundred (1961) »The Manipulator«; Route 66 (1960) »Legacy

for Lucia«, (1961) »The Newborn«; The Twilight Zone (1959) »What You Need«, (1961) »Twenty-Two«.

B) ALS ARLENE MARTELL

Columbo (1972) »The Greenhouse Jungle«, (1973) »Double Exposure«, (1974) »A Friend in Deed«; McCloud (1971) »The Disposal Man«, (1972) »A Little Plot, a Tranquil Village«; Mission: Impossible (1970) »Terror«; The Outer Limits (1964) »Demon with a Glass Hand«; The Rookies (1974) »Vendetta«.

Nan Martin

Victoria Miller in »Haven« (N11).

SERIE:

1986 als Grace D'Angelo in *Mr. Sunshine.*

GASTAUFTRITT:

Columbo (1989) »Murder, Smoke and Shadows«.

FILME:

1963 Toys in the Attic (Puppen unterm Dach);
1968 For Love of Ivy (Liebling);
1968 Three in the Attic (Auf welcher Seite willst du liegen, Liebling?);
1976 The Gardener's Son (Der Sohn des Gärtners)
1978 The Other Side of the Mountain, Part II;
1980 The Golden Honeymoon;
1982 King Richard II;
1983 Doctor Detroit (dito);
1991 Matters of the Heart (TV; dito).

Benito Martinez

Salazar in »Descent Part II« (N153).

Dan Mason

Accolan in »When the Bough Breaks« (N17).

Patrick Massett

Duras in »Sins of the Father« (N65), »Reunion« (N81).

GASTAUFTRITTE:

China Beach (1989) »Psywars«; Quantum Leap (1989) »The Americanization of Machiko, August 4, 1953«.

Ralph Maurer

Bilar in »The Return of the Archons« (C22);
SS-Leutnant in »Patterns of Force« (C51).

Charles Maxwell

Virgil Earp in »Spectre of the Gun« (C62).

SERIE:

1953–56 als Joe Carey in *I Led Three Lives.*

GASTAUFTRITT:

Mission: Impossible (1968) »The Play«.

Deborah May

Haneek in »Sanctuary« (D30).

SERIE:

1985–88 als Terri Valerie in *St. Elsewhere.*

FILME:

1991 Caged Fear;
1992 Hotel Oklahoma (Jail Force).

Miko Mayama

Yeoman Tamura in »A Taste of Armageddon« (C24).

SERIE:

1966–67 als Kyoko Mitsui in *Hey Landlord.*

FILM:

1970 Impasse (Auf der Jagd nach dem verlorenen Gold).

Amanda McBroom

Captain Phillipa Louvois in »The Measure of a Man« (N35). Schauspielerin und Autorin. 1980 wurde sie mit dem Golden Globe Award als Co-Autorin von »The Rose«, dem Titelstück des gleichnamigen Bette-Midler-Films, ausgezeichnet.

SERIE:

1968–80 sporadisch in *Hawaii Five-O.*

GASTAUFTRITTE:

Hart to Hart; M*A*S*H (1981) »That's Show Biz«; Magnum P. I.; Remington Steele.

FILM:

1974 Murder by Proxy (TV).

Jeff McCarthy

Roga Danar in »The Hunted« (N59).

FILME:

1990 Eve of Destruction (Eve 8 – Außer Kontrolle);
1990 Crash: The Mystery of Flight 1501 (TV; Feuer an Bord von Flug 1501).

Mart McChesney

Sheliak in »The Ensigns of Command« (N50).

Tom McClesiter

Kolos in »Q-Less« (D7).

Johanna McCloy

Calloway in »Eye of the Beholder« (N170).

Judy McConnell

Yeoman Tankris in »Wolf in the Fold« (C44).

SERIEN:

1969 als Miss Leeds in *The Beverly Hillbillies;*
1970–71 als Darlene Wheeler in *Green Acres.*

Carolyn McCormick

Minuet in »11001001« (N15) und »Future Imperfect« (N82).
Geb. in Midland, Texas.

SERIE:

1986–87 als Rita Fiori in *Spenser: For Hire.*

FILM:

1985 Enemy Mine (Enemy Mine – Geliebter Feind).

Matt McCoy

Devinoni Ral in »The Price« (N56).

SERIEN:

o. J. *Penn'N'Ink;*
o. J. *Hot Hero Sandwich;*

1983–84 als David Tucker in *We Got It Made;*
1984 in *Dream West.*

FILME:

1988 Police Academy V – Assignment: Miami Beach (Police Academy V – Auftrag: Miami Beach);
1989 Deep Star Six (dito);
1992 Eyes of the Beholder;
1992 The Hand That Rocks the Cradle (Die Hand an der Wiege).

Christopher McDonald

Lt. Richard Castillo in »Yesterday's Enterprise« (N63).

FILME:

1985 The Boys Next Door;
1987 Paramedics;
1989 Chances Are;
1989 Playroom (Schizomaniac);
1991 Fatal Exposure;
1991 Thelma & Louise (dito);
1991 Driving Me Crazy (Der Giftzwerg);
1991 Wild Orchid II – Blue Movie Blue (Wilde Orchidee 2);
1992 The Antagonists (Die reine Wahrheit);
1992 Red Wind (Fluch der Leidenschaft);
1992 Benefit of the Doubt (Im Bann des Zweifels);
1993 Conflict of Interest (Hit Back).

Malcolm McDowell

Soren in *Star Trek: Generations*
Nachdem man für *Star Trek VI – The Undiscovered Country* Christopher Plummer unter Vertrag genommen hatte und somit einen international bekannten Schauspieler vorweisen konnte, der auch ein Publikum jenseits der eigentlichen Zielgruppe der SF-Interessierten ansprechen sollte, könnte der Erfolg mit Malcolm McDowell noch durchschlagender werden. Zwar ist seine Filmographie nicht so lang wie die von Christopher Plummer, aber McDowell machte sich 1971 schon zu Beginn seiner Karriere einen Namen durch seine kontroverse Rolle in Stanley Kubricks *A Clockwork Orange.* Eine ähnliche Aufmerksamkeit wurde ihm zuteil, als er 1976 in *Caligula* die Hauptrolle übernahm.

FILME:

1970 Long Ago Tomorrow;
1970 Figures in a Landscape (Im Visier des Falken);
1970 The Raging Moon (Rosen im Winter);

Malcolm McDowell

1971 A Clockwork Orange (Uhrwerk Orange);
1972 O Lucky Man (Der Erfolgreiche);
1975 Royal Flesh (dito);
1975 The Collection;
1976 Caligula (dito);
1976 Voyage of the Damned (Reise der Verdammten);
1978 The Passage (Paß des Todes);
1979 Time After Time (Flucht in die Zukunft);
1980 Look Back in Anger (Blick zurück im Zorn);
1981 Cat People (Katzenmenschen);
1982 Britannia Hospital (dito);
1982 The Compleat Beatles;
1982 Merlin and the Sword (Merlin und das Schwert);
1982 Blue Thunder (Das fliegende Auge);
1982 Get Crazy (dito);
1983 Little Red Riding Hood;
1984 Gulag (dito);
1986 Monte Carlo;
1987 The Caller (dito);
1988 Sunset;

1989 Buy and Cell;
1990 Il Maestro;
1990 Disturbed;
1990 Moon 44;
1990 Jezebel's Kiss;
1990 The Light in the Jungle;
1990 Class of 1999 (dito);
1990 Schweitzer, Out of Darkness (TV);
1992 The Player (dito).

Gates McFadden

Dr. Beverly Crusher in Star Trek – The Next Generation (N1–26 und ab N49); *Star Trek: Generations.*
Geb. in Cuyahoga Falls, Ohio.
Wirklicher Name: Cheryl McFadden.
Gates McFadden begann ihre Karriere als Tänzerin. Da sie als Kind von zwei Ballettlehrerinnen mit unterschiedlicher Ausbildung – klassisches Ballett und Ballett mit Zirkuseinflüssen – unterrichtet wurde, erfuhr sie ein breiteres Spektrum der Materie als allgemein üblich. Im Alter von zehn Jahren zeigte sie erstmalig Interesse am Schauspiel. Später studierte sie Schauspielerei unter Jacques LeCoq in Paris. Nach ihrer Rückkehr in die USA erhielt sie Rollen in mehreren New Yorker Theaterproduktionen. Nebenher verdiente sie sich ihren Lebensunterhalt, indem sie in diversen Soap Operas mitspielte.
Aber nicht nur die Arbeit vor der Kamera interessierte sie, sie wurde auch im Produktionsbereich aktiv. Sie begann als Assistentin bei der Arbeit an den Traumszenen für den Film *Dreamchild.* Nach einer kleinen Rolle in Jim Hensons *The Muppets Take Manhattan* arbeitete sie für ihn als Director of Choreography and Puppet Movement für dessen Film *Labyrinth.*
Zu *Star Trek – The Next Generation* kam sie mehr zufällig, da sie sich für eine Produktion des Theaterstücks »The Matchmaker« in Los Angeles aufhielt. Als sie sich auf den Rückweg nach New York begeben wollte, teilte ihr Agent ihr mit, daß sie sich für eine Rolle in der kommenden Serie *Star Trek – The Next Generation* vorstellen sollte. Dieses Vorstellungsgespräch führte noch nicht zu einem konkreten Ergebnis, daher kehrte sie wie geplant zunächst nach New York zurück. Sie wurde für »The Matchmaker« engagiert, so daß sie die Rolle in *Star Trek – The Next Generation* zunächst absagte. Die Produzenten waren aber so sehr an ihr interessiert, daß man es ihr ermöglichte, beiden Verpflichtungen nachzugehen. Nach der Premiere von »The Matchmaker« in La Jolla wurde sie nach Hollywood gefahren, um die ersten Szenen für den Pilotfilm von *Star Trek – The Next Generation* zu drehen. Dann flog sie zurück, um am Abend wieder auf der Bühne zu stehen. Diese Doppelverpflichtung führte dazu, daß sie im Pilotfilm nicht so oft zu sehen war.

Doch der Erfolg schien nicht lange zu währen. Bereits im Juli 1988 hatten sich die Gerüchte verdichtet, daß Gates McFadden nicht zur zweiten Season von *Star Trek – The Next Generation* zurückkehren würde. Diese Gerüchte bewahrheiteten sich. Grund für diese Entscheidung war offiziell, daß die Rolle der Schiffsärztin Beverly Crusher sich nicht so entwickelte, wie Roddenberry es sich vorgestellt hatte. Wahrscheinlicher ist aber: Roddenberry wollte dem Problem aus dem Weg gehen, daß sich zwischen den Charakteren Picard und Crusher mehr als nur ein dienstliches Verhältnis entwickeln konnte. Sie aus der Serie zu nehmen, war der einfachere Weg, da Roddenberry ansonsten mit den Drehbuchautoren permanent hätte diskutieren müssen, um alle von ihnen eingebrachten außerdienstlichen Beziehungen wieder zu streichen. McFadden wurde ersetzt durch Diana Muldaur, die als Dr. Pulaski ab der zweiten Season zu sehen war.
Während dieser Zeit stand McFadden für den Film *The Hunt for Red October* vor der Kamera, in dem sie zunächst eine größere Rolle zu Beginn der Handlung hatte. Fast alle Szenen mit ihr wurden aber während der Fertigstellung des Films herausgeschnitten, so daß nicht viel mehr übrig blieb als einige winzige Auftritte.
Eine deutlich größere Rolle hatte sie dagegen im gleichen Jahr in der Komödie *Taking Care of Business/Filofax,* in der sie zudem mehrfach mit *Star Trek*-Kollege John DeLancie gemeinsam spielte.
Mit dem nahenden Ende der zweiten Season von *Star Trek – The Next*

Gates McFadden

Generation bahnte sich eine sehr überraschende Entwicklung an, als zur allgemeinen Verwunderung auch Diana Muldaur ihren Platz räumen mußte. Ihre Nachfolgerin war ... Gates McFadden.
Wieder hieß es, daß sich die Rolle nicht so entwickelt hatte, wie Roddenberry es sich wünschte. Auffallend ist jedoch, daß die Rolle der Ärztin nur in der zweiten Season wirklich präsent war. Mit Gates McFadden kehrte dann auch die sich viel zu sehr im Hintergrund haltende Dr. Crusher zurück, eine Tatsache, die erst richtig bewußt wurde, nachdem man die Rolle der forschen und kein Widerwort scheuenden Dr. Pulaski gesehen hatte. Obwohl sich nichts an dem änderte, was Roddenberry zuvor an ihr kritisiert hatte, blieb die Rolle der Dr. Crusher (und damit auch Gates McFadden) bis zum Schluß erhalten.
Kurz vor dem Ende der Serie durfte sie in der Episode »Genesis« (N171) erstmals Regie führen.

SERIEN:

o. J. in *Another World;*
o. J. in *The Edge of Night.*

GASTAUFTRITTE:

The Bill Cosby Show; L. A. Law.

FILME:

1984 The Muppets Take Manhattan (Die Muppets erorbern Manhattan);
1990 The Hunt for Red October (Jagd auf Roter Oktober);
1990 Taking Care of Business/Filofax (Filofax oder Ich bin du, und du bist nichts).

Richard McGonagle

Dr. Ja'Dar in »New Ground« (N110).

Oliver McGowan

Bewahrer in »Shore Leave« (C16).

Betty McGuire

Vayna in »Sanctuary« (D30).

Matt McKenzie

Dr. Weld Ram in »The Alternate« (D32).

John McLiam

Fento in »Who Watches the Watchers?« (N52).
Geb. 24. Januar 1918 in Alberta, Kanada.

SERIEN:

1970–71 als Parker in *The Men from Shiloh;*
1983–84 als Woody Daley in *Two Marriages.*

GASTAUFTRITTE:

Beauty and the Beast; Convoy (1965) »Passage to Liverpool«; Ghost Story; The Invaders; Magnum P. I. (o. J.) (»Der letzte Auftritt«); McMillan and Wife (1973) »Death of a Monster – Birth of a Legend«; Mission: Impossible; The Outer Limits; Planet of the Apes; Tales of the Gold Monkey; Twelve O'Clock High (1964) »The Hours Before Dawn«, (1966) »Decoy«; The Twilight Zone; V; Voyage to the Bottom of the Sea (o. J.) »The Secret of the Loch«; The Wild Wild West.

FILME:

1967 In Cold Blood (Kaltblütig);
1972 Showdown (Die Geier warten schon);
1973 Sleeper (Der Schläfer);
1981 Mistress of Paradise (Das letzte Paradies – Schatten der Vergangenheit);
1988 Split Decisions (dito).

Terence McNally

B'Tardat in »Half a Life« (N96).

J. Patrick McNamara

Captain Taggart in »Unnatural Selection« (N33).

SERIE:

1982–83 als Jarrett McLeish in *Dallas.*

GASTAUFTRITT:

Werewolf (1988) »Amazing Grace«.

Robert Duncan McNeill

Nicholas Locarno in »The First Duty« (N119).

Patricia McNulty

Yeoman Tina Lawton in »Charlie X« (C3).

SERIE:

1964–65 als Martha Keane in *The Tycoon.*

Patricia McPherson

Ariel in »Angel One« (N14).
Geb. 27. November 1954 in Oak Harbor, Washington.

SERIE:
1982–86 als Bonnie Barstow in *Knight Rider.*

GASTAUFTRITT:
Starman (1986) »Fatal Flaw«.

Ed McReady

SS-Soldat in »Patterns of Force« (C51);
Dr. Carter in »The Omega Glory« (C53);
Barbier in »Spectre of the Gun« (C62).

GASTAUFTRITT:
Voyage to the Bottom of the Sea (o. J.) »And Five of Us Are Left«.

FILME:
1973 Shock Treatment (Der Mörder mit der Gartenschere);
1973 Sssssss (Ssssnake Kobra);
1976 Wonder Woman (TV; Pilotfilm zur Serie);
1980 The Man with Bogart's Face (Sam Marlow, Privatdetektiv).

William Meader

Lindstrom in »Court-Martial« (C21).

Colm Meaney

Conn Ensign in »Encounter at Farpoint« (N1/2);
Wache in »Lonely Among Us« (N7);
Miles Edward O'Brien in *Star Trek – The Next Generation* (ab zweiter Season bis Mitte der fünften Season), »All Good Things ...« (N177), *Star Trek – Deep Space Nine.*
Geb. 1953 und aufgewachsen in Dublin, Irland.
Colm Meaney entdeckte seine Begeisterung für die Schauspielerei mit 14 Jahren. Er wurde Mitglied des Irish National Theatre und arbeitete acht Jahre in London, wo er in zahlreichen Theateraufführungen mitwirkte. Sein Fernsehdebüt gab er in dem BBC-Film *Z Cars.* 1977 kehrte er nach Irland zurück und heiratete, ein Jahr später zog er mit seiner Frau nach New York, wo er wiederum als Theaterschauspieler arbeitete. In Los Angeles wurde er dann immer wieder als Gastschauspieler für diverse Fernsehserien verpflichtet, bis er 1987 schließlich eine zunächst noch namenlose Rolle in *Star Trek – The Next Generation* erhielt. Nach seinem Einsatz im Pilotfilm und in einer Episode glaubte er nicht mehr an eine feste Rolle und kehrte nach New York zurück, wo er erfolgreich neun Monate in dem Theaterstück »Breaking the Code« mitwirkte.

Colm Meaney

Erst mit der zweiten Season kehrte Colm Meaney zurück zu *Star Trek – The Next Generation* und bekam eine wiederkehrende Rolle als Transporterchef, bei dem man aber offensichtlich auch Probleme mit dem Namen hatte, denn erst nach und nach erhielt seine Rolle den vollen Namen Miles Edward O'Brien. Meaney erhielt einen Vertrag, der ihn nicht für eine bestimmte Anzahl Episoden verpflichtete, sondern ihm die Möglichkeit gab mitzuwirken, wenn das Drehbuch seine Rolle enthielt und er verfügbar war. War genau das nicht der Fall, wurde die Rolle umgeschrieben oder reduziert.
Colm Meaney ist seit 1987 in einigen Kinoproduktionen zu sehen gewesen, wobei der Umfang seiner Rollen stark schwankte. Sein kürzester Auftritt dürfte der als Polizist in *Dick Tracy* sein, der nur Sekunden dauert.
Im Sommer 1992 erklärte sich Colm Meaney bereit, von seiner bisherigen sporadischen Mitwirkung in *Star Trek – The Next Generation* auf wöchentliche Arbeit in *Star Trek – Deep Space Nine* umzusteigen. Diese stärkere Einbeziehung in die Handlung hat nebenbei den Beweis erbracht, daß sein Talent in *Star Trek – The Next Generation* überhaupt keine Verwendung gefunden hatte.
In den Drehpausen kehrte er immer wieder nach Irland zurück, um

dort in Filmproduktionen mitzuwirken. 1991 war das der Musikfilm *The Commitments,* 1994 wurde er für seine Rolle in dem 1993 gedrehten irischen Spielfilm *The Snapper* sogar von der Royal Television Society für die beste männliche Rolle in einem TV-Film nominiert.

SERIEN:

1987 in *One Life to Live;*
1994 in *Scarlett.*

GASTAUFTRITTE:

Father Dowling (o. J.) (»Preisgegeben und getötet«); MacGyver (o. J.) »Good Knight MacGyver« (»Ritter MacGyver«); Medicine Woman; Moonlighting; Remington Steele; Tales from the Darkside.

FILME:

o. J. Z Cars (TV);
o. J. Equal Justice (TV);
1979 Strangers;
1987 The Omega Syndrome;
1989 Perfect Witness (Der perfekte Zeuge);
1990 Come See the Paradise (Komm und sieh das Paradies);
1990 Die Hard 2: Die Harder (Stirb langsam II);
1990 Dick Tracy (dito);
1991 The Commitments (dito);
1992 Far and Away (In einem fernen Land);
1992 Under Siege (Alarmstufe: Rot);
1992 The Last of the Mohicans (Der letzte Mohikaner);
1992 Into the West (dito);
1993 The Snapper (dito).

Eric Menyuk

Der Reisende in »Where No One Has Gone Before« (N6), »Remember Me« (N79), »Journey's End« (N172).
Menyuk war bei der Vorbereitung von *Star Trek – The Next Generation* neben Brent Spiner einer der Favoriten für die Besetzung des Androiden Data, doch die Entscheidung fiel nach zähem Ringen gegen ihn aus.

GASTAUFTRITTE:

Cheers; Hill Street Blues; L. A. Law; Matlock; Spenser: For Hire.

FILME:

1990 Ghost Dad (dito);
1991 Fourth Story (TV; Twilight Mystery).

Lee Ann Meriwether

Losira in »That Which Survives« (N73).
Geb. 27. Mai 1935 in Los Angeles.
Lee Meriwethers Weg zur Schauspielerin führte über mehrere Schönheitswettbewerbe. 1955 wurde sie in Folge Miss San Francisco, Miss California und dann Miss America. Das rege Interesse der Öffentlichkeit blieb auch den Filmproduzenten nicht verborgen. Sie bekam nicht nur Rollen in einigen Kinofilmen, sie war außerdem für mehrere Fernsehserien in festen Rollen unter Vertrag und konnte eine Vielzahl von Gastauftritten in diversen Serien erzielen.

SERIEN:
o. J. als Catwoman in *Batman;*
1966–67 als Dr. Ann MacGregor in *The Time Tunnel;*
1971 als Lee Sawyer in *The New Andy Griffith Show;*
1973–80 als Betty Jones in *Barnaby Jones;*
1974–75 in *Masquerade Party.*

GASTAUFTRITTE:
The Immortal (1970) »Queen's Gambit«; Love Boat (»Onkel Joeys Lied«); Mission: Impossible (1969) »The Bunker«, »The Numbers Game«, »Robot«, (1970) »Submarine«, »The Falcon«; Murder She Wrote (o. J.) (»Ruhe vor dem Sturm«); Philco Television Playhouse (1954; zugleich TV-Debüt); The Man from U.N.C.L.E. (1965) »The Mad Mad Tea Party Affair«; Route 66 (1964) »This Is Going to Hurt Me More Than It Hurts You«; Twelve O'Clock High (1965) »The Idolator«, »The Outsider«.

FILME:
1959 4D Man (Der 4-D-Mann);
1966 Namu, the Killer Whale (Namu, der Raubwal);
1969 The Undefeated (Die Unbesiegten);
1977 Cruise into Terror (TV).

Richard Merrifield

Webb in »Tomorrow Is Yesterday« (C20).

Kenneth Messerole

Ensign McDowell in »The Next Phase« (N124).

Joanna Miles

Perrin in »Sarek« (N71) und »Unification Part I« (N107).
Spielfilmdebüt 1960 in *Butterfield 8* mit Elizabeth Taylor. Für ihre Rolle in der TV-Produktion *The Glass Menagerie* erhielt sie 1973 einen Emmy Award.

SERIE:

The Nurses.

GASTAUFTRITTE:

Dallas; St. Elsewhere; Cagney and Lacey; The Barbary Coast.

FILME:

1960 Butterfield 8 (Telefon Butterfield 8);
1967 Aroused (Tödliche Begierde);
1973 The Glass Menagerie (Die Glasmenagerie);
1974 Born Innocent;
1975 Bug (Feuerkäfer);
1975 The Ultimate Warrior (New York antwortet nicht mehr);
1978 A Fire in the Sky (Feuer aus dem All);
1983 Cross Creek (dito);
1986 As Is;
1987 Right to Die (dito);
1988 Blackout (Black Out – Todesgrüße aus dem Jenseits);
1990 Rosencrantz and Guildenstern Are Dead (Rosenkranz & Güldenstern);
1992 The Water Engine;
1993 The Heart of Justice (Heart of Justice).

Stephen Mines

Lt. Robert Tomlinson in »Balance of Terror« (C15).

SERIE:

1965–66 als Jeff in *Gidget.*

Donald Mirrault

Hayne in »Legacy« (N80).

Colm Mitchell

Gorta in »First Born« (N173).

Dallas Mitchell

Tom Nellis in »Charlie X« (C3).
Geb. 1905, gest. 18. Januar 1972.

GASTAUFTRITTE:

Alfred Hitchcock Presents; Land of the Giants; Lights Out; One Step Beyond; Route 66 (1962) »Even Stones Have Eyes!«; Thriller; The Time Tunnel; Twelve O'Clock High (1966) »Graveyard«; The Twilight Zone; Voyage to the Bottom of the Sea (o. J.) »The Secret of the Loch«.

FILM:
1970 The Andromeda Strain (Andromeda).

James X. Mitchell

Lt. Josephs in »Journey to Babel« (C40).

Katherine Moffatt

Etana Jol in »The Game« (N106);
Pallra in »Necessary Evil« (D28).

GASTAUFTRITTE:
The A-Team (1983) »The Rabbit Who Ate Las Vegas«; Bring 'em Back Alive (1983) »Dead Run«; CHiPs (1982) »Speedway Fever«; Hunter (1986) »The Contract«; Knight Rider (1984) »Knight in Disgrace«; Starman (1986) »Society's Pet«.

Lawrence Monoson

Hovath in »The Storyteller« (D14).

FILME:
1988 Dangerous Love;
1987 Gaby, a True Story (Gaby – Eine wahre Geschichte);
1982 The Last American Virgin (Die letzte amerikanische Jungfrau);
1991 Payoff (dito).

Lawrence Montaigne

Decius in »Balance of Terror« (C15);
Stonn in »Amok Time« (C31).
Geb. 1931.

GASTAUFTRITTE:
Batman; Daktari (1966) »Adventures of the Lion Cubs«; The Invaders (1967) »The Ransom«; The Man from U.N.C.L.E. (1967) »The Maze Affair«; Mission: Impossible (1966) »Odds on Evil« (»Das fürstliche Spiel«), (1971) »The Miracle«; The Outer Limits; The Time Tunnel (o. J.) »Massacre«, »Idol of Death«; Voyage to the Bottom of the Sea (o. J.) »Man-Beast«.

FILME:
o. J. Psycho Lover;
1960 Rapina al quartiere ovest (Todesfalle Tresor 17);
1968 The Power (Die sechs Verdächtigen);
1975 Escape to Witch Mountain;

1981 Deadly Blessings;
1988 Dakota (Wehr dich, Dakota).

Ricardo Montalban

Khan Noonian Singh in »Space Seed« (C23), *Star Trek II – The Wrath of Khan.*
Geb. 25. November 1920 in Mexico City, Mexico, als Sohn spanischer Einwanderer.
Seit 1944 mit Georgiana Young verheiratet, der jüngeren Schwester der Schauspielerin Loretta Young.
Montalban sollte ursprünglich einen kaufmännischen Beruf ergreifen, fand aber keinen Gefallen daran. Statt dessen half er seinem Bruder Carlos, mexikanisches Bier in den USA zu vertreiben. Während dieser Zeit besuchte er eine Schule, um Englisch zu lernen.
Einer seiner Lehrer verschaffte ihm eine Rolle in einem Theaterstück, im Publikum saß ein Talentsucher von MGM, der von Montalban so begeistert war, daß er ihn sofort zu einem Testlesen einlud. Montalbans Bruder riet ihm aber ab, da er keine wirklichen Erfolgsaussichten sah und Ricardo vor einer großen Enttäuschung bewahren wollte. Statt dessen zog Ricardo Montalban 1940 nach New York.
Dort verschaffte ihm die Schauspielerin Tallulah Bankhead eine Filmrolle, doch er kehrte nach Mexiko zurück und startete dort eine erfolgversprechende Schauspielerkarriere, die auch MGM nicht entging. Trotz seiner Absage im ersten Anlauf versuchte MGM erneut, ihn für sich zu gewinnen. Nicht länger unter dem Einfluß seines älteren Bruders, nahm er diesmal die Gelegenheit wahr und stellte sich vor. Er wurde sofort unter Vertrag genommen und trat in der Folgezeit in einer Vielzahl von Spielfilmen auf. 1949 schien es so, als sei seine Karriere vorzeitig beendet. Während der Dreharbeiten zu *Across the Wide Missouri* stürzte er von einem scheuenden Pferd und verletzte sich an der Wirbelsäule, wobei er nur knapp einer Querschnittslähmung entging. Sein Arzt sah nur die Möglichkeit einer Operation, die aber genau das bewirkt hätte, was Montalban vermeiden wollte, daß nämlich andere von seiner Verletzung erfuhren und er keine weiteren Rollen bekam, da die Produzenten verständlicherweise kein Risiko eingehen wollten. Immerhin hätte Montalban sie auf beträchtliche Summen verklagen können, hätten sie von seiner Verletzung gewußt und ihn dennoch unter Vertrag genommen. Montalban verheimlichte also seine Verletzung und lebte mit den Schmerzen.
1953 ergab sich die Möglichkeit, eine Hauptrolle in dem Film *Story of Three Loves* zu spielen, die Montalban den großen Durchbruch hätte bescheren können. Das Studio entschied sich jedoch kurzfristig anders und gab die Rolle an Kirk Douglas. Kurz darauf lief der Vertrag mit MGM aus; eine Verlängerung kam nicht zustande, da die große Zeit des Musicals vorüber war und Montalban in erster Linie als Musical-

Ricardo Montalban

Schauspieler betrachtet wurde. Montalban schaffte aber den Sprung zum »richtigen« Schauspieler und war weiterhin in einer Vielzahl von Filmen zu sehen, außerdem trat er immer wieder in Bühnenstücken auf. Obwohl Montalban ein umfangreiches Filmrepertoire vorweisen konnte, war er nebenher immer wieder Gaststar in zahlreichen Fernseh- und Miniserien. Für seine Rolle in *How the West Was Won Part II* wurde er 1978 mit einem Emmy Award ausgezeichnet.

1977 bekam Montalban seine erste eigene Serie, *Fantasy Island,* die beim Publikum bis 1984 beliebt war, im unmittelbaren Anschluß wurde er für eine feste Rolle in *Dynasty II: The Colbys* unter Vertrag genommen.

In *Star Trek II – The Wrath of Khan* kehrte Montalban in einer Rolle zurück, die er bereits 15 Jahre zuvor in der *Star Trek*-Episode »Space Seed« gespielt hatte.

SERIEN:

1976 als Charles Quintero in *McNaughton's Daughter;*
1976–77 als David Valerio in *Executive Suite;*
1978 in *How the West Was Won Part II;*

1977–84 als Mr. Roarke in *Fantasy Island;*
1985–87 als Zachary Powers in *Dynasty II: The Colbys.*

GASTAUFTRITTE (kleine Auswahl):

Alfred Hitchcock Presents (1960) »Outlaw in Town«; Bonanza (1967) »Day of Reckoning«; Cain's Hundred (1962) »A Creature Lurks in Ambush«; Columbo (1976) »A Matter of Honor« (»Blutiger Staub«); Combat! (1967) »Gadjo«; Gunsmoke (o. J.) »Chato« (»Das Gesetz des Indianers«); Hawaii Five-O (1968) »Samurai« (»Gestehen Sie, Tokura!«), (1972) »Death Wish on Tantalus Mountain« (»Ein Hort des Unheils«); The Man from U.N.C.L.E. (1964) »The Dove Affair«, (1966) »The King of Knaves Affair«; The Men from Shiloh (1970) »Last of the Comancheros«; Mission: Impossible (o. J.) »Snowball in Hell« (»Der Kommandant von Boradur«); The Untouchables (o. J.) »Strangle Hold«; The Wild Wild West (1966) »The Night of the Lord of Limbo«.

FILME:

o. J. Try to Catch a Saint (TV);
1941 He's a Latin from Staten Island;
1941 The Three Musketeers;
1942 El Verdugo de Sevilla;
1942 Cinco fueron escogidos;
1942 La razon de la culpa;
1943 La casa de la Zorra;
1943 Santa (Santa, die Sklavin des Lasters);
1943 Fantasia Ranchera;
1943 La Fuga;
1944 Nosotros;
1944 Cadetes de la Naval;
1944 La hora de la verdad;
1945 Pepita Jimenez;
1947 Fiesta (Mexikanische Nächte);
1948 His Only Song;
1948 On an Island with You (Auf einer Insel mit dir);
1949 Battleground (Kesselschlacht);
1949 Border Incident (Tödliche Grenze);
1949 Neptune's Daughter (Neptuns Tochter);
1949 The Kissing Bandit;
1950 Right Cross;
1950 Two Weeks with Love (Einmal eine Dame sein);
1950 Mystery Street;
1951 Mark of the Renegade (Das Zeichen des Verräters);
1951 Across the Wide Missouri (Colorado);
1952 My Man and I;
1953 Latin Lovers (Serenade in Rio);

1953 Sombra (dito);
1954 Sombre verde;
1954 The Saracen Blade (Der Empörer);
1955 A Life in the Balance;
1955 La cortigiana di babilonia/Semiramis (Semiramis, die Kurtisane von Babylon);
1956 Queen of Babylon;
1956 Three for Jamie Dawn;
1956 Untouched;
1957 Sayonara (dito);
1957 Los amantes del desierto (Der Sohn des Scheik);
1960 Gordon, il pirata nero (Der schwarze Seeteufel);
1960 Let No Man Write My Epitaph (Die Saat bricht auf);
1960 Rashomon (TV);
1961 Desert Warrior;
1961 The Reluctant Saint (Ein sonderbarer Heiliger);
1962 Hemingway's Adventures of a Young Man;
1962 Rage of the Buccaneers;
1963 The Long Fight;
1963 Love Is a Ball (40 Millionen suchen einen Mann);
1964 The Money Trap (Die Goldfalle);
1964 Cheyenne Autumn (Cheyenne);
1966 Alice Through the Looking Glass (TV);
1966 Madame X (dito);
1966 The Singing Nun (Dominique – die singende Nonne);
1967 They Only Kill Once (Kugeln sind sein Autogramm);
1967 The Longest Hundred Miles (TV; Die längsten 100 Meilen);
1968 Blue (Inferno am Fluß);
1968 Sol Madrid;
1969 Sweet Charity (dito);
1969 The Pigeon (TV);
1970 The Aquarians (TV; Gefahr in der Tiefe);
1970 Black Water Gold (TV);
1971 The Deserter (Die Höllenhunde);
1971 La spina dorsale del diavolo;
1971 Escape from the Planet of the Apes (Flucht vom Planet der Affen);
1971 Desperate Mission (TV);
1971 Sarge: Badge or Cross (TV);
1971 The Face of Fear (TV);
1972 Conquest of the Planet of the Apes (Eroberung vom Planet der Affen);
1972 Fireball Foreward (TV);
1973 The Train Robbers (Dreckiges Gold);
1973 The Last Three Days of Pancho Villa;

1974 The Mark of Zorro (Im Zeichen des Zorro);
1974 The New, Original Wonder Woman (TV);
1976 Joe Panther (Alligator Joe/Joe Panther – In den Sümpfen Floridas);
1976 Won Ton Ton, the Dog Who Saved Hollywood;
1977 Captains Courageous (Junge über Bord);
1977 Return to Fantasy Island (TV);
1979 Mission to Glory;
1988 The Naked Gun (Die nackte Kanone).

Duke Moosekian

Chief Gillespie in »Night Terrors« (N91).

Sean Morgan

Lt. O'Neil in »The Return of the Archons« (C22), »The Tholian Web« (C65);
Ensign Harper in »The Ultimate Computer« (C54);
Ingenieur in »The Paradise Syndrome« (C59).

SERIE:

1965–66 als Sean in *The Adventures of Ozzie & Harriet.*

Joan Stuart Morris

Dr. T'Pan in »Suspicions« (N148).

Leslie Morris

Reganod in »Samaritan Snare« (N43).

SERIE:

1986–88 als Officer Mayjoy in *Sledge Hammer!*

Phil Morris

Foster in *Star Trek III – The Search for Spock.*
Phil Morris ist der Sohn des Schauspielers Greg Morris, der vor allem durch seine Rolle als Barney Collier in *Mission: Impossible* bekannt wurde. In der Neuauflage dieser Serie im Jahre 1988 erhielt Phil Morris die Rolle des Grant Collier, Sohn des Serienvaters Barney Collier.

SERIEN:

o. J. *Mr. Merlin;*
o. J. *W.I.O.U.;*
o. J. *The Young and the Restless;*

ab 1987 als Jerry Stockton in *Marblehead Manor;*
1988–90 als Grant Collier in *Mission: Impossible.*

FILM:

1987 Private Investigations (dito).

Byron Morrow

Admiral Komack in »Amok Time« (C31);
Admiral Westervliet in »For the World Is Hollow and I Have Touched the Sky« (C64).
Geb. in Chicago.

SERIEN:

1961–62 als Keith Gregory in *The New Breed;*
1976–77 als Pearce Newberry in *Executive Suite;*
1983 als Admiral Preble in *The Winds of War.*

Glenn Morshower

Lt. Ensign Burke in »Peak Performance« (N47);
Orton in »Starship Mine« (N144).

FILME:

1976 Drive-In;
1992 Under Siege (Alarmstufe: Rot);
1993 12:01 (dito).

Mickey Morton

Kloog in »The Gamesters of Triskelion« (C46).

FILME:

1988 Take Two (dito);
1990 Down the Drain (Der Hollywood-Clou).

Marnie Mosiman

Frau in Rivas Chor in »Loud as a Whisper« (N31).
Ehefrau von John DeLancie.

Arnold Moss

Anton Karidian in »The Conscience of the King« (C14).

GASTAUFTRITTE:

The Alfred Hitchcock Hour (1962) »Final Vow«; The Man from U.N.C.L.E. (1965) »The Deadly Toys Affair«; Route 66 (1963) »I'm Here to Kill the King«.

FILME:

1948 The Loves of Carmen (Liebesnacht in Sevilla);
1949 Reign of Terror/The Black Book (Guillotine/Das schwarze Buch);
1951 Mask of the Avenger (Der Rächer von Casamare);
1951 My Favorite Spy (Spione, Liebe und die Feuerwehr);
1951 Viva Zapata (dito);
1954 Jump into Hell (Die Hölle von Dien Bien Phu);
1955 Hell's Island (Dem Teufel auf der Spur);
1957 The 27th Day (Der 27. Tag);
1966 The Caper of the Golden Bulls (Die Bankräuber-Bande).

Stewart Moss

Joe Tormolen in »The Naked Time« (C5);
Hanar in »By Any Other Name« (C52).
1965 Filmdebüt in Otto Premingers *In Harm's Way*. Neben wenigen Gastauftritten in Fernsehserien arbeitet Moss seit einigen Jahren als Drehbuchautor für verschiedene Sitcom-Serien. Außerdem führt er zeitweise Regie.

SERIE:

1975–76 als Dr. Elliot Baines in *Fay*.

GASTAUFTRITTE:

Bonanza; Cagney & Lacey; The Invaders; Magnum P. I. (1981) »J. ›Digger‹ Doyle«; Remington Steele; T. J. Hooker (o. J.) (»Verbrechen im Filmstudio«); Twelve O'Clock High (1965) »To Heinie, with Love«.

FILME:

1965 In Harm's Way (Erster Sieg);
1974 The Bat People (Bat People – Die Blutsauger);
1980 Raise the Titanic! (Hebt die Titanic).

Diana Muldaur

Anne Mulhall in »Return to Tomorrow« (C50);
Dr. Miranda Jones in »Is There in Truth No Beauty?« (C61);
Dr. Katherine Pulaski in *Star Trek – The Next Generation* (N27–N48).
Geb. 19. August 1943 in New York City.
Diana Muldaurs erste Auftritte in *Star Trek* waren zwei ihrer frühesten Engagements im Fernsehen. Ab 1969 war sie regelmäßig sowohl in festen Rollen als auch in Gastauftritten im Fernsehen zu sehen, wirkte aber auch immer wieder in Kinoproduktionen mit. Die längste Zeit, von 1970 bis 1977, verbrachte sie in der Serie *McCloud*.
Nur von kurzer Dauer war dagegen ihr dritter *Star Trek*-Auftritt, als

Diana Muldaur

Gene Roddenberry sie 1988 als Ärztin Dr. Katherine Pulaski für die zweite Season unter Vertrag nahm. Sie war damit Nachfolgerin von Gates McFadden, bekam aber eine neue Rolle, die sich von der vorangegangenen Ärztin deutlich unterschied. Insbesondere war bemerkenswert, daß durch die Sticheleien zwischen Dr. Pulaski und dem Androiden Data Erinnerungen wach wurden an das Verhältnis zwischen McCoy und Spock in *Star Trek.*
Genau diese Aufmerksamkeit, die ihr damit zuteil wurde, schien der Grund zu sein, warum Diana Muldaur bereits nach einem Jahr wieder gehen mußte. Für sie kehrte Gates McFadden zurück und verkörperte wieder die deutlich schweigsamere und zurückhaltendere Dr. Crusher.

SERIEN:

1969–70 als Belle in *The Survivors;*
1970–77 als Chris Coughlin in *McCloud;*
1974 als Joy Adamson in *Born Free;*
1976–78 als Eleanor Hooper in *The Tony Randall Show;*

1979 als Ginny in *Hizzoner;*
1981 als Terri Seymour in *Fitz and Bones;*
1987–88 als Dr. Alice Foley in *A Year in the Life;*
ab 1989 als Rosalind Shays in *L. A. Law.*

GASTAUFTRITTE:

Hawaii Five-O (o. J.) »Death Wish on Tantalus Mountain« (»Ein Hort des Unheils«); Hec Ramsey (1973) »The Mystery of the Yellow Rose«; Perry Mason (o. J.) »The Case of the Fatal Fashion« (»Perry Mason und das Loch im Alibi«); Quincy, M. E. (o. J.) (»Schattenboxen«), (1980) »Slow Boat to Madness« (»Kreuzfahrt in den Tod«); Gunsmoke (o. J.) (»Der Australier«).

FILME:

1968 The Swimmer (Der Schwimmer);
1968 The Lawyer (Der Strafverteidiger);
1969 Number One;
1970 One More Train to Rob (Heißes Gold aus Calador);
1972 The Other;
1973 Call to Danger (Gefährlicher Ruf);
1974 McQ (McQ schlägt zu);
1974 Planet Earth (TV-Pilotfilm);
1978 A Cry for Justice (Das Urteil des Richters);
1980 The Return of Frank Cannon (TV);
1985 Beyond Reason;
1986 Murder in Three Acts (TV; Tödliche Parties);
1989 The Return of Sam McCloud (McCloud rechnet ab).

Kieran Mulroney

Benzan in »The Outrageous Okona« (N30).

FILME:

1989 Heart Condition (Der Chaoten-Cop);
1989 Nowhere to Run (Ausweglos);
1990 By Dawn's Early Light (Condition Red);
1991 Career Opportunities.

Warren Munson

Admiral Holt in »Interface« (N155).

SERIE:

1981–82 als Dr. Thompson in *Father Murphy.*

George Murdock

»Gott« in *Star Trek V – The Final Frontier;*
Admiral J. P. Hanson in »The Best of Both Worlds Part I« (N74) und »The Best of Both Worlds Part II« (N75).

SERIEN:

1964–65 als Captain Krupnick in *No Time for Sergeants;*
1978–82 als Lt. Scanlon in *Barney Miller;*
1983 als General Fitzgerald in *The Winds of War;*
1986–87 als Laslo Gabov in *What a Country.*

GASTAUFTRITTE:

Call to Glory (1985) »The End, the Beginning«; CHiPs (1982) »Speedway Fever«; Combat! (1965) »Losers Cry Deal«; Knight Rider (1983) »Ring of Fire«; McCloud (1972) »The Park Avenue Rustlers«, (1974) »The 42nd Street Cavalry«; The Night Gallery (1970) »Escape Route«; The Sixth Sense (1972) »Face of Ice«; Tarzan (1966) »Day of the Golden Lion«, »The End of the River«, (1967) »The Fanatics«; The Twilight Zone (1962) »The Dummy«; The Wild Wild West (1967) »The Night of the Feathered Fury«.

FILME:

1977 Breaker! Breaker! (dito);
1985 Certain Fury (In der Hitze von New York);
1987 Retribution (Die Rückkehr des Unbegreiflichen);
1989 The Strange Case of Dr. Jekyll and Mr. Hyde;
1991 The Grand Tour (Timescape).

N

Lycia Naff

Ensign Sonya Gomez in »Q Who« (N42), »Samaritan Snare« (N43). Lycia Naff besetzte die erste leicht tolpatschige Rolle in *Star Trek – The Next Generation,* wurde aber sehr schnell wieder aus der Handlung entfernt und durch den ähnlich angelegten, aber besser durchdachten Lt. Barclay (Dwight Schultz) ersetzt.

GASTAUFTRITTE:

The Flash (1990; Pilotfilm); Hunter (1985) »Snow Queen«.

Reggie Nalder

Shras in »Journey to Babel« (C40).

GASTAUFTRITTE:

Combat! (1963) »Gideon's Army«; McCloud (1977) »McCloud Meets Dracula«; 77 Sunset Strip (1959) »Hong Kong Caper«, »Out of the Past«; Surfside 6 (1961) »The Chase«; Thriller (1961) »Terror in Teakwood«, »The Return of Andrew Bentley«.

FILME:

1970 Mark of the Devil;
1970 Mark of the Devil, Part 2;
1975 The Dead Don't Die (Die Toten sterben nicht);
1977 Zoltan – Hound of Dracula (Zoltan, Draculas Bluthund);
1979 Salem's Lot (Brennen muß Salem).

Charles Napier

Adam in »The Way to Eden« (C76).
Charles Napier verdiente seine ersten Sporen in den wüsten Werken von Russ Meyer, ehe er zu etwas seriöseren Rollen überging.

SERIEN:

1977 als Luther Sprague in *The Oregon Trail;*
1982 als Major Harrison in *The Blue and the Gray;*
1986–87 als Wolfson Lucas in *Outlaws.*

GASTAUFTRITTE:

The A-Team (1983) »Labor Pains«, (1984) »Fire«; Baa Baa Black Sheep (1976) »Best Three out of Five«; CHiPs (1982) »Something Special«; Mission: Impossible (1968) »The Play«, (1971) »Run for the Money«, (1972) »Cocaine«; Renegade (o. J.) (»Auf Leben und Tod«); Tales of the Gold Monkey (1983) »High Stakes Lady«.

FILME:

1969 Cherry, Harry and Raquel;
1975 Supervixens (Supervixens – Eruption);
1977 Citizen's Band;
1979 The Last Embrace;
1979 The Blues Brothers (dito);
1982 In Search of a Golden Sky (Auf der Suche nach dem goldenen Himmel);
1983 Wacko (Wacko – Da wackelt die Bude);
1985 Rambo: First Blood II (Rambo II – Der Auftrag);
1985 The Cartier Affair (TV; Die Cartier-Affäre);
1986 Outlaws (dito);
1986 Instant Justice (Madrid Connection);
1986 The Night Stalker;
1988 Deep Space (dito);
1988 Kidnapped (Entführt);
1988 Married to the Mob (Die Mafiosi-Braut);
1989 One-Man Force;
1990 Ernest Goes to Jail;
1990 Dragonfight (dito);
1990 Cop Target (dito);
1990 The Last Match (dito);
1990 Maniac Cop 2 (dito);
1990 Future Zone;
1990 The Grifters;
1990 Indigo 2: The Revolt;
1990 Miami Blues (dito);
1990 Soldier's Fortune (dito);
1991 The Silence of the Lambs (Das Schweigen der Lämmer);
1991 Under Surveillance (D. O. G. – Verbotene Tricks);
1992 Center of the Web.;
1992 Eyes of the Beholder;
1992 Homicidal Impulse;
1992 Treacherous Crossing (Allein mit der Angst);
1993 Killer Instinct (Killer Instinct – Im Netz des Todes).

Jennifer Nash

Meribor in »The Inner Light« (N125).

FILM:

1992 The Player (dito).

Marcus Nash

Junger Jean-Luc Picard in »Tapestry« (N141).

Leslie Neale

Ensign Nagel in »Peak Performance« (N47).

Carolyn Nelson

Yeoman Doris Atkins in »The Deadly Years« (C42).

FILM:

1990 Ivory Hunters (TV; Safari des Todes – Auf der Suche nach dem weißen Gold).

Craig Richard Nelson

Krag in »A Matter of Perspective« (N62).

SERIEN:

1974–75 als Mason Woodruff in *Paul Sand in Friends and Lovers;*
1979 in *The Carol Burnett Show.*

GASTAUFTRITT:

The Rookies (1975) »From Out of the Darkness«.

FILME:

1979 Quintet (Quintett);
1989 Nick Knight (TV; Midnight Cop);
1989 Naked Lie (Nackte Lügen).

Peter Neptune

Aron in »The Dauphin« (N36).

Bebe Neuwirth

Lanel in »First Contact« (N89).

SERIE:

1986–93 als Lilith Sternin-Crane in *Cheers.*

FILME:

1990 Green Card (Green Card – Scheinehe mit Hindernissen);
1991 Bugsy (dito);
1994 Malice (Malice – Eine Intrige).

John Neville

Isaac Newton in »Descent« (N152).

FILME:

1965 A Study in Terror (Sherlock Holmes' größter Fall);
1989 The Adventures of Baron Münchhausen (Die Abenteuer des Baron Münchhausen).

William Newman

Kalin Trose in »The Host« (N97).

Julie Newmar

Eleen in »Friday's Child« (C41).
Geb. 16. August 1935 in Hollywood, Kalifornien.
Bis 1954 Julie Newmeyer.

SERIEN:

1964–65 als Rhoda Miller in *My Living Doll;*
1966–68 als Catwoman in *Batman.*

Julie Newmar

GASTAUFTRITTE:

Buck Rogers in the 25th Century (1980) »Flight of the War Witch«; CHiPs (1982) »This Year's Riot«; Columbo (1973) »Double Shock«; McMillan and Wife (1975) »After Shock«; Route 66 (1962) »How Much a Pound Is Albatross?«, (1962) »Give the Old Cat a Tender Mouse«; The Twilight Zone (1963) »Of Late I Think of Cliffordville«.

FILME:

1953 The Serpent from the Nile (Die Schlange vom Nil);
1953 Slaves of Babylon;
1954 Seven Brides for Seven Brothers (Eine Braut für sieben Brüder);
1959 Li'l Abner;
1960 The Marriage-Go-Round (Ehekarussell);
1969 Mackenna's Gold (dto);
1975 The Black Box Murderers (TV);
1983 Hysterical (Ein Sprung in der Schüssel);
1985 Evils of the Night;
1985 Streetwalkin' (dito);
1987 Dance Academy (dito);
1988 Deep Space;
1990 Ghosts Can't Do It;
1990 Nudity Required;
1994 Oblivion.

Tom Nibley

Neil in »Starship Mine« (N144).

Nichelle Nichols

Nyota Uhura in *Star Trek, Star Trek – The Motion Picture, Star Trek II – The Wrath of Khan, Star Trek III – The Search for Spock, Star Trek IV – The Voyage Home, Star Trek V – The Final Frontier, Star Trek VI – The Undiscovered Country.*
Geb. 28. Dezember 1933 in Robbins, Illinois.
Nichelle Nichols' Liebe galt von frühester Jugend an dem Jazz. Duke Ellington entdeckte ihr musikalisches Talent, als sie 16 Jahre alt war. Mehr nebenbei interessierte sie sich auch für Schauspielerei und trat in vielen Broadway-Shows auf. Hinzu kamen einige kleinere Gastrollen in Fernsehserien, unter anderem 1964 in der Roddenberry-Produktion *The Lieutenant.* Roddenberry erinnerte sich wenig später an sie und lud sie zum Vorsprechen ein, obwohl die Rolle, die sie spielen sollte, noch nicht entworfen worden war. Statt dessen bekam sie einen Text zu lesen, der eigentlich für Leonard Nimoy als Spock gedacht war. Roddenberry entschied sich für sie und gab ihr die Rolle der Nyota Uhura, Kommunikationsoffizierin auf der »Enterprise«.

Nichelle Nichols

Ihre Rolle war in der Regel auf einige Standardsätze festgelegt, in die Handlung einbezogen wurde sie nur sehr selten. Dennoch war sie für Roddenberry von großer Bedeutung, da er – nachdem er nach dem ersten Pilotfilm Majel Barrett von der Brücke hatte verweisen müssen – wieder eine Frau auf der Brücke hatte, die eine wichtige Rolle spielte und die dazu noch eine Farbige war. Die wichtigste *Star Trek*-Szene war (in der Episode »Plato's Stepchildren«) der erste Kuß zwischen einem Weißen (Kirk) und einer Farbigen (Uhura), der noch Jahrzehnte später zu *den* Ereignissen der TV-Welt zählte.
Das Ende der Serie 1969 war auch für Nichelle Nichols, so wie für viele ihrer Kollegen, gleichbedeutend mit einem Knick in der Karriere. Sie wandte sich wieder dem Jazz zu und veröffentlichte in den folgenden Jahren mehrere Alben, die aber stets einen Bezug zur Serie hatten.
1974 gründete sie die Produktionsgesellschaft »Women in Motion«, die sich mit der Projektentwicklung zur Förderung benachteiligter Gruppen in der NASA befaßte. In dieser Zeit produzierte sie für das Smithsonian National Air and Space Museum den Werbefilm *What's in It for Me?*, den sie auch moderierte und für den sie die Musik schrieb. 1985

lief der Vertrag mit der NASA aus, die Gesellschaft wurde aufgelöst. So wie alle anderen Stammschauspieler nahm auch Nichelle Nichols ihre Rolle wieder auf, um in den *Star Trek*-Filmen mitzuwirken. Dort wurde es ihr endlich gestattet, hin und wieder etwas mehr zur Handlung beizutragen.
1986 spielte sie eine Hauptrolle in dem SF-Film *The Supernaturals,* in dem auch LeVar Burton mitwirkte. Da die Produktionsgesellschaft kurz vor Veröffentlichung Konkurs anmeldete, wurde aus dem geplanten Kinofilm eine Videoveröffentlichung.
1990 war Nichelle Nichols mit ihrer Bühnenshow *Reflections* auf Tournee durch die USA.
Am 9. Januar 1992 erhielt sie ihren Stern auf dem Hollywood Walk of Fame. Zur Zeit bereitet sie ihre Autobiographie »The Uhura Connection« vor.

GASTAUFTRITTE:

Ironside (1972) »The Deadly Gamesman«; The Lieutenant (1964) »To Set It Right«; Owen Marshall, Counselor at Law (o. J.) (»Vergewaltigung«); Tarzan (1966) »The Deadly Silence«.

FILME:

o. J. Three for the Wedding;
1959 Porgy and Bess (Porgy und Bess);
1965 Mister Buddwing (Gesicht ohne Namen);
1966 Made in Paris;
1966 Doctor You've Got to Be Kidding (Doktor – Sie machen Witze!);
1974 Truck Turner (Chicago Poker);
1974 Anthony and Cleopatra;
1986 The Supernaturals (Rebellen des Grauens)

Julia Nickson

Lee Ann Su in »The Arsenal of Freedom« (N21).

GASTAUFTRITT:

Airwolf (1985) »Half-Pint«.

FILME:

1985 Rambo: First Blood Part II (Rambo II: Der Auftrag);
1988 Glitch! (Die Couch);
1989 The Chinatown Murders: Man Against the Mob;
1991 China Cry;
1992 K2 (K2 – Das letzte Abenteuer);
1993 Amityville – A New Generation (dito);
1993 Sidekicks.

Leonard Nimoy

Spock in *Star Trek, Star Trek – The Motion Picture, Star Trek II – The Wrath of Khan, Star Trek III – The Search for Spock, Star Trek IV – The Voyage Home, Star Trek V – The Final Frontier, Star Trek VI – The Undiscovered Country,* »Unification Part I« (N107), »Unification Part II« (N108).

Geb. 26. März 1931 in Boston, Massachusetts.

Nimoy kam als Sohn russischer Einwanderer jüdischen Glaubens zur Welt. Bereits früh interessierte er sich für die Schauspielerei und übernahm mit acht Jahren die männliche Hauptrolle in einer Schulaufführung von »Hänsel und Gretel«.

1948 war er gelegentlich als Statist im Elizabeth Peabody Playhouse in Boston zu sehen. Am Pasadena Playhouse lernte er Sandi Zober kennen, die er 1954 heiratete.

1952 spielte er in dem Serial *Zombies of the Stratosphere* zum erstenmal einen Außerirdischen. Diese Serie, in der es um außerirdische »Besucher« geht, die die Erde vernichten wollten, war so schlecht geschrieben und inszeniert, daß sie nicht im entferntesten an die Serials der dreißiger (!) Jahre heranreichen konnte. Nimoys Karriereaussichten waren nach diesem mehr als peinlichen Auftritt zunächst zweifelhaft, zumal

Leonard Nimoy

dieses Serial 1958 zu einem Film, *Satan's Satellite,* zusammengeschnitten wurde, der aber ebenfalls ein Reinfall war, so daß lange Zeit nur wenige Zuschauer wußten, daß Nimoy darin mitgewirkt hatte.
Während er in den Special Services der U.S. Army diente, spielte er gemeinsam mit seiner Frau in Atlanta in der Bühnenaufführung von »A Streetcar Named Desire« und führte bei diesem Stück auch Regie. 1955 wurde Tochter Julie geboren, 1956 Sohn Adam. Der sollte später in die Fußstapfen seines Vaters treten und Regisseur werden. Bei *Star Trek – The Next Generation* führte er mehrmals Regie.
Von 1958 bis 1960 besuchte Nimoy die Schauspielschule von Jeff Corey, dem er später in *Star Trek* wiederbegegnen sollte.
Seine erste Hauptrolle hatte Nimoy in dem B-Film *Kid Monk Baroni,* es folgte *The Balcony,* die Filmversion des Theaterstücks »Deathwatch«.
Von 1962 bis 1965 unterhielt er eine kleine Schauspielschule, um Geld zu verdienen, da die Schauspielerei nicht genug einbrachte, um davon den Lebensunterhalt zu bestreiten.
1964 stand Nimoy erstmals mit William Shatner vor der Kamera, dem er erst nach dem ersten Pilotfilm zu *Star Trek* erneut begegnen sollte. Gemeinsam traten sie in der Episode »The Project Strigas Affair« aus der Spionage-Scric *The Man from U.N.C.L.E.* auf. Wie unbedeutend Nimoy zu dieser Zeit noch war, zeigte sich daran, daß sein Kollege Shatner im Vorspann genannt wurde, während Nimoy sich mit einer namentlichen Nennung im Nachspann zufriedengeben mußte. Im gleichen Jahr bekam Nimoy eine Gastrolle in der Roddenberry-Serie *The Lieutenant.* Für sein kommendes Projekt *Star Trek* hatte Roddenberry für die Rolle des Vulkaniers Spock zwar andere Wunschkandidaten, aber deren Desinteresse an der Rolle führte zur Entscheidung für Leonard Nimoy.
Dessen Rolle schaffte als einziger Charakter den Sprung vom ersten zum zweiten Pilotfilm, sehr zum Mißfallen der NBC-Verantwortlichen, denen Nimoy in seiner Maske mit spitzen Ohren und nach oben auslaufenden Augenbrauen deutlich zu satanisch wirkte.
Obwohl Nimoy im Verlauf der Serie immer wieder Gelegenheit bekam, dem Publikum zu zeigen, daß seine Rolle lediglich mit unterdrückten Gefühlen zu kämpfen hatte, wurde sie immer wieder als gefühllos bezeichnet. Das Klischee war geboren, seine überzeugende Darstellung des Vulkaniers verstärkte die Bindung seiner Person an die Rolle.
Nach dem Ende von *Star Trek* sah sich Nimoy daher mit dem Problem konfrontiert, Film- und Fernsehproduzenten und auch dem Publikum verständlich zu machen, daß seine Figur Spock nichts mit dem Schauspieler zu tun hatte. Um sich nicht in zahllosen Interviews wiederholen zu müssen und gleichzeitig Gefahr zu laufen, falsch verstanden oder unvollständig zitiert zu werden, schrieb er das Buch »I Am Not Spock«.
Daß Nimoy sich nicht gegen seine Rolle wandte, sondern lediglich klar-

stellen wollte, Spock sei nur eine seiner Rollen, wurde von den Fans zum Teil wohl vorsätzlich mißverstanden, da sie ihm Verrat an seiner Rolle vorwarfen.
Daß er trotz des Klischees mit Namen Spock im unmittelbaren Anschluß an *Star Trek* ein neues festes Engagement bekam, war mehr zufälliger Natur. Da Martin Landau seine Rolle als Rollin Hand in *Mission: Impossible* aufgegeben hatte, weil Paramount seine überzogenen Gagenforderungen nicht erfüllen konnte und wollte, entstand in der Serie eine Lücke, die gefüllt werden mußte. In genau diesem Moment war Nimoy verfügbar. Da *Star Trek* gerade erst wegen zu geringer Einschaltquoten aus dem Programm gestrichen worden war und der wirkliche Erfolg noch Jahre auf sich warten lassen würde, konnte Nimoy zu einem akzeptablen Preis unter Vertrag genommen werden. Dabei sah er seinerseits die Möglichkeit, recht schnell sein Spock-Image hinter sich zu lassen. Obwohl er einen Vertrag erhielt, der ihm fünf Jahre Mitwirkung in der Serie garantierte und eine Gage von 7000 Dollar pro Episode einbrachte, entwickelte sich die Figur nicht in die Richtung, die Nimoy sich vorgestellt hatte. Im zweiten Jahr seiner Mitwirkung wurde Nimoy mit seiner Rolle immer unzufriedener. Er äußerte den Wunsch, die Serie vorzeitig zu verlassen, wurde aber zunächst dahingehend verstanden, daß er eine Gagenerhöhung wünsche. Paramount war bereit, seine Gage zu erhöhen, aber Nimoy blieb konsequent und stieg 1971 aus. Er spielte in mehreren Filmen mit und wandte sich seinen Hobbys Fotografie und Dichten zu. Er veröffentlichte mehrere Langspielplatten und Gedichtbände, um so seine Vielseitigkeit zu beweisen. 1978 war er in dem Einmannprojekt *Vincent* zu sehen, das er produzierte, in dem er die einzige Rolle als Vincent van Goghs Bruder spielte und bei dem er zudem Regie führte.
Trotz seiner Bemühungen, endlich nicht mehr gleichbedeutend mit dem Namen Spock zu sein, holte ihn die Vergangenheit doch noch ein. Nach endlosen Terminverlegungen, die immer wieder seine Mitwirkung aufs Spiel setzten, kehrte er 1979 zu *Star Trek* zurück und spielte in *Star Trek – The Motion Picture* mit.
Da der Film finanziell ein Reinfall zu sein schien, nahm Nimoy wieder andere Rollen an. Als die Bilanz des ersten Films sich doch noch ausglich, wurde ein zweiter Kinofilm spruchreif. Da Nimoy aber eine Rolle in der Serie *Marco Polo* angenommen hatte, schien auch diesmal seine Mitwirkung fraglich. Weil sich der Drehbeginn aber wie so oft verzögerte, war es ihm ein zweites Mal möglich, als Spock in einem Kinofilm zu spielen.
Er sah aber wenige Weiterentwicklungsmöglichkeiten für seine Rolle und war von der ihm vorgetragenen Idee, Spock sterben zu lassen, durchaus angetan. Als diese Idee bekannt wurde, erhielt Nimoy sogar Morddrohungen. Ob die Entscheidung, Spock sterben zu lassen, wirklich nur kurzsichtig auf den zweiten Film beschränkt war, darf bezwei-

felt werden. So war auf der einen Seite die anstehende Wiedergeburt von Spock zum Ende des Films bereits viel zu offensichtlich, auf der anderen Seite ist es auch sehr fraglich, ob Paramount wirklich nur von einem Film zum nächsten denkt.
Nach *Star Trek II – The Wrath of Khan* ging Nimoy zum Fernsehen zurück und moderierte 1982 die zwölfteilige Serie *Standby ... Lights! Camera! Action!* über die Entstehung von Filmen.
Im bereits absehbaren dritten Film, *Star Trek III – The Search for Spock,* kehrte Nimoy wie erwartet zurück, doch diesmal nicht nur als Spock, sondern auch als Regisseur. Seine Liebe zum Detail und seine Genauigkeit in der Ausführung erbrachten den Beweis, daß Nimoy nicht nur ein überzeugender Schauspieler, sondern auch ein guter Regisseur ist. Bereits zur Zeit der Fernsehserie hatte Nimoy versucht, dort einmal Regie zu führen, aber alle Bemühungen waren abgeschmettert worden. Bereits drei Wochen vor der Premiere von *Star Trek III – The Search for Spock* fragte Paramount bei Leonard Nimoy an, ob er Interesse daran habe, in einem weiteren *Star Trek*-Film Regie zu führen. Er sagte zu und schrieb die erste Fassung von *Star Trek IV* während seines Europa-Aufenthaltes für die Dreharbeiten zu *The Sun Also Rises.* Dieser erste Entwurf machte zahlreiche Überarbeitungen in den Details durch; an der grundsätzlichen Idee änderte sich aber nichts mehr. Nimoys exakte Planung führte dazu, daß er bis zur Fertigstellung rund 400000 Dollar weniger ausgab als veranschlagt und zudem vier der angesetzten 57 Drehtage einsparte. Leonard Nimoy konnte nicht nur einen ausgesprochen guten Film in Szene setzen. Da er ein Umweltthema mit Gegenwartsbezug ausgewählt hatte, wurde der Film ein internationaler Erfolg weit über die Grenzen der *Star Trek*-Fans hinaus.
Passend zum Thema des Films las er 1987 Gedichte auf der Walgesang-CD »Whales Alive« von Paul Winter und Paul Halley.
Dieser Erfolg führte dazu, daß der Disney-Ableger Touchstone Pictures ihm die Regiearbeit für die amerikanisierte Neuverfilmung der erfolgreichen französischen Komödie *Trois hommes et un coffin, Three Men and a Baby,* übertrug. Der überwältigende Erfolg des Films stärkte Nimoys Ruf, ein guter Regisseur zu sein. Der folgende Film – *The Good Mother* mit Diane Keaton, eher ein Problemfilm – kam beim amerikanischen Publikum dagegen nicht gut an, wohl weil man von Nimoy eine weitere Komödie erwartet hatte. Davon enttäuscht und bedingt durch ein Überangebot an lustigen Filmen mit und über Babys, ließ das Publikum die später folgende Nimoy-Komödie *Funny About Love* an den Kinokassen ebenfalls scheitern.
Seine Erfolge als Regisseur waren aber nicht das einzige, womit Nimoy von sich reden machte. Für negative Schlagzeilen sorgte er kurz nach der Filmpremiere von *Star Trek IV – The Voyage Home* mit der Scheidung von seiner Frau Sandi nach 32 Ehejahren und der 1989 folgenden Heirat mit Susan Bay.

Vertragliche Bestimmungen hinderten Nimoy daran, auch beim fünften *Star Trek*-Film Regie zu führen. William Shatner besaß nämlich einen Vertrag, der ihm die gleichen Rechte wie Nimoy einräumte. So durfte er für den fünften Kinofilm als Regisseur aktiv werden, was Publikum und Kritiker ihm aber übelnahmen.
Zwar wurde *Star Trek V – The Final Frontier* finanziell nicht gerade ein Verlust, aber die Einnahmen flossen recht spärlich. Dennoch mußte etwas zum 25. Geburtstag von *Star Trek* im Jahr 1991 geschehen, um aus diesem Jubiläum ein Geschäft zu machen. Bereits im Mai 1990 kam der damalige Paramount-Präsident Frank Mancuso auf Leonard Nimoy zu und schlug ihm einen sechsten und abschließenden Film vor, in dem er die Funktion des Ausführenden Produzenten übernehmen sollte. Daß er nicht wieder Regie führen durfte, lag nicht an seinen schwach besuchten Filmen *The Good Mother* und *Funny About Love.* Vielmehr fürchtete man bei Paramount, daß Shatner sich mit allen Mitteln dagegen wehren würde, erneut unter Nimoy einen Film zu drehen, der ja in Sachen Regie einen *Star Trek*-Film Vorsprung hatte. Regie führte schließlich Nicholas Meyer, der bereits im zweiten Film diese Funktion ausgeübt und dabei bestens abgeschnitten hatte.
Star Trek VI – The Undiscovered Country wurde auf Nimoys Drehbuchüberarbeitung hin eine Parabel über die Entwicklung zwischen der Bundesrepublik Deutschland und der damaligen Deutschen Demokratischen Republik und über den Zerfall der Sowjetunion. Der Film wurde trotz erheblicher inhaltlicher Mängel und einer viel zu offensichtlichen Parallele zur jüngsten Vergangenheit ein großer Erfolg.
Zeitgleich zum Kinostart des sechsten Films entschloß sich Nimoy, den lange erwarteten Gastauftritt als Spock in *Star Trek – The Next Generation* Wirklichkeit werden zu lassen. Der Zweiteiler »Unification« war eine konsequente Weiterentwicklung der Handlung des sechsten Films, enttäuschte insgesamt aber die viel zu hohen Erwartungen an einen solchen Auftritt.
Mit dem Ende von *Star Trek – The Next Generation* ist ein weiterer Auftritt von Nimoy dort zwar ausgeschlossen, aber der Ableger *Star Trek – Deep Space Nine* bietet ebenfalls die Möglichkeit einer Gastrolle.
Nimoy war auch für den Film *Star Trek: Generations* vorgesehen, lehnte aber ab, da er wie der gleichfalls nicht interessierte DeForest Kelley nur einen kurzen Auftritt gehabt hätte.
1994 stellte er eine von ihm entworfene Comicserie, »Primortals«, vor. Einen weiteren Einsatz als Regisseur konnte er 1994 für den Film *T. Rex* verzeichnen, in dem Whoopi Goldberg eine Hauptrolle spielt.

SERIEN:

o. J. als Präsentator der Serie *The Coral Jungle;*
1952 in *Zombies of the Stratosphere;*

1969–71 als The Great Paris in *Mission: Impossible;*
1976–82 als Moderator von *In Search Of;*
1981 in *Marco Polo;*
1982 Moderator von *Standby … Lights! Camera! Action!;*
1993 Präsentator und Sprecher der Dokumentationsserie *Space – An American Adventure.*

GASTAUFTRITTE:

Bicentennial Minute; Bonanza (1960) »The Ape«; Cain's Hundred (1962) »Marked by Proxy«; Colt .45; Columbo (1973) »A Stitch in Crime« (»Zwei Leben an einem Faden«); Combat! (1963) »The Wounded Don't Cry«, (1965) »The Raider«; Daniel Boone (1966) »Seminole Territory«; Death Valley Days (1965) »The Journey«; Dr. Kildare; Dragnet (1954) »The Big Boys«; Eighty-Seventh Precinct (1961) »The Very Hard Sell«; The Eleventh Hour (1960) »The Hunted«, (1963) »La Belle Indifference«, (1964) »The Color of Sunset«; Get Smart (1966); Gunsmoke (1961, 1966); Highway Patrol; Kraft Suspense Theater (1964) »The World I Want to Know«, (1965) »Kill No More«; Laramie (1962) »The Runt«; The Lieutenant (1964) »In the Highest Tradition«; M Squad (1959) »The Firemakers«, (1960) »Badge for a Coward«; The Man from U.N.C.L.E. (o. J.) »The Project Strigas Affair«; Matinee Theatre; The Night Gallery (1972) »She'll Be Company for You«; The Outer Limits (1964) »Production and Decay of Strange Particles«, (1964) »I, Robot«; Perry Mason (1963) »The Case of the Shoplifter's Shoe« (»Der Fall mit der temperamentvollen Dame«); Profiles in Courage (1964) »Richard T. Ely«; Rawhide (o. J.) »Annko«; The Rebel (1960) »The Hunted«; The Roughriders (1959) »Gunpoint Persuasion«; Sam Benedict (1963) »Twenty Aching Years«; Sea Hunt; Shenandoah (1966) »Run, Killer, Run«; Short Stories of Love (1974) »Kiss Me Again, Stranger«; T. J. Hooker (1983) (»Rachsüchtig«); Tales of Wells Fargo (1961) »Something Pretty«; The Tall Man (1960) »A Bounty for Billy«; Tate (1960) »Comanche Scalps«; The Twilight Zone (1961) »A Quality of Mercy«; Two Faces West (o. J.) »Doctor's Orders«; The Untouchables (o. J.) »Takeover«; The Virginian (1963) »Man of Violence« (»Recht oder Terror«), (1965) »Show Me a Hero« (»Eagle Rock entscheidet sich«), »The Showdown«; Wagon Train (1961) »The Tiburcio Mendez Story«, (1962) »The Baylor Crofoot Story«; West Point (1957) »Cold Peril«, (1958) »His Brother's Fist«.

FILME:

o. J. Contaminated;
1951 Queen for a Day;
1951 Rhubarb;
1952 Francis Goes to West Point;
1952 Kid Monk Baroni;

1953 The Old Overland Trail;
1954 Them! (Formicula);
1958 The Brain Eaters;
1958 Satan's Satellite (Des Satans Satellit);
1963 The Balcony (Der Balkon);
1966 Deathwatch;
1966 Seconds (Der Mann, der zweimal lebte);
1967 Valley of Mysteries (Tal der Geheimnisse);
1970 Assault on the Wayne (TV; U-Boot Wayne in geheimer Mission/ Einsatz im Pazifik);
1971 Catlow (Catlow – Leben ums Verrecken);
1973 Baffled (Die tödliche Vision);
1973 The Alpha Caper (Im letzten Moment);
1974 Three Faces of Love;
1975 The Missing Are Deadly (TV);
1978 Invasion of the Body Snatchers (Die Körperfresser kommen);
1979 Seizure: The Story of Kathy Morris (TV);
1982 A Woman Called Golda (Golda Meir);
1984 The Sun Also Rises (Verloren und verdammt);
1985 Aladdin and His Wonderful Lamp;
1986 Transformers, The Movie (als Sprecher in der Originalfassung; Transformers);
1991 Never Forget;
1994 Duet for Life.

REGIEARBEITEN:

o. J. Cranium Command (Kurzfilm für das EPCOT Centre);
1973 The Night Gallery »Death on a Barge«;
1987 Three Men and a Baby (Noch drei Männer, noch ein Baby);
1988 The Good Mother (Der Preis der Gefühle);
1990 Funny About Love (Kein Baby an Bord);
1994 (i. V.) T. Rex.

Shari Nims

Sayana in »The Apple« (C35).

Natalija Nogulich

Vice Admiral Elena Nechayev in »Chain of Command Part I« (N136), »Descent« (N152), »Journey's End« (N172), »Preemptive Strike« (N176), »The Maquis Part II« (D41).

FILME:

1987 Sister Sister (dito);
1990 The Guardian (Das Kindermädchen);

1991 Homicide (dito);
1992 Hoffa (Jimmy Hoffa).

Jeffrey Nordling

Tahna Los in »Past Prologue« (D3).

Valora Norland

Daras in »Patterns of Force« (C51).

C. Nelson Norris

Trajok in »Playing God« (D37).

Jim Norton

Einstein in »Identity Crisis« (N92), »Descent« (N152).

FILME:

1978 Cry of the Innocent/Murder by Proxy (Die Zeitbombe);
1984 Sakharov;
1990 Hidden Agenda (dito);
1992 Memoirs of an Invisible Man (Jagd auf einen Unsichtbaren);
1992 Into the West (dito).

Natalie Norwick

Martha Leighton in »The Conscience of the King« (C14).

France Nuyen

Elaan in »Elaan of Troyius« (C69).
Geb. in Frankreich.
France Nuyen wurde beim Filmfestival in Cannes entdeckt. 1957 hatte sie ihren ersten Auftritt in den USA im Musical »South Pacific«, das auch mit ihr verfilmt wurde.

SERIE:

1986–88 als Dr. Paulette Kiem in *St. Elsewhere.*

GASTAUFTRITTE:

Charlie's Angels; Columbo (1978) »Murder Under Glass«; The Man from U.N.C.L.E. (1965) »The Cherry Blossom Affair« (»Tanz auf dem Vulkan«); The Six Million Dollar Man (o. J.) »The Coward« (»Der Feigling«).

FILME:

1958 South Pacific (dito);

1960 The Last Time I Saw Archie (Der Held der Etappe);
1961 The Devil Never Sleeps/Satan Never Sleeps (China-Story);
1962 A Girl Named Tamiko (Das Mädchen Tamiko);
1963 Man in the Middle (Plädoyer für einen Mörder);
1963 Diamond Head (König von Hawaii);
1966 Dimension Five (dito);
1970 One More Train to Rob (Heißes Gold aus Calador);
1972 The Big Game (Todesgrüße von Gamma 03);
1973 Battle for the Planet of the Apes (Die Schlacht um den Planeten der Affen);
1977 Return to Fantasy Island (TV);
1985 Deathmoon (Wolfsmond);
1991 China Cry.

O

Joycelyn O'Brien

Mitana Haro in »Allegiance« (N66).

FILME:

1989 False Witness (TV; Heißes Pflaster New Orleans);
1990 Sins of the Mother (Im Schatten des Schreckens);
1991 Oscar (Oscar – Vom Regen in die Traufe).

William O'Connell

Thelev in »Journey to Babel« (C40).

FILM:

1991 The Haunted (Haus der lebenden Toten).

Tim O'Connor

Botschafter Briam in »The Perfect Mate« (N121).
Geb. ca. 1927.

SERIEN:

1965–68 als Elliott Carson in *Peyton Place;*
1978 als Hub Hewitson in *Wheels;*
1979–81 als Dr. Elias Huer in *Buck Rogers in the 25th Century.*

GASTAUFTRITTE:

The A-Team (1984) »Semi-Friendly Persuasion«; Columbo (1973) »Double Shock«, (1974) »Old Fashioned Murder« (»Bei Einbruch Mord«); The Fugitive (1963) »Ticket to Alaska«, (1964) »The Cage«, »Taps for a Dead War«; Hardcastle and McCormick (1985) »Conventional Warfare«; Knight Rider (1983) »Brothers Keeper«; M*A*S*H (1975) »Of Moose and Men«; The Outer Limits (1964) »Moonstone«, »Soldier«; Twelve O'Clock High (1964) »Decision«; The Twilight Zone (1963) »On Thursday We Leave for Home«.

FILME:

1971 The Groundstar Conspiracy (Der Agent, der seinen Leichnam sah);
1972 Visions of Death (TV; Um drei Uhr geht die Bombe hoch);
1973 Sssssss (Ssssnake Kobra);
1974 Death Is a Bad Trip (TV);
1978 The Man with the Power (TV; Der Mann, der Berge versetzt);

1979 The Golden Gate Murders (TV; Der Golden-Gate-Mörder);
1991 Naked Gun 2½: The Smell of Fear (Die nackte Kanone 2½).

Annie O'Donnell

Keena in »Progress« (D15).

Tricia O'Neill

Captain Rachel Garrett in »Yesterday's Enterprise« (N63);
Kurak in »Suspicions« (N148).

GASTAUFTRITTE:

The A-Team (1983) »Black Day at Bad Rock«; Airwolf (1985) »Annie Oakley«; Columbo (1978) »How to Dial a Murder« (»Mord am Telefon)«; Hunter (1987) »Night on Bald Mountain«.

FILM:

1981 Piranha II – Flying Killers (Flying Killer – Piranha II).

Terry O'Quinn

Admiral Erik Pressman in »The Pegasus« (N164).

FILME:

1983 Prisoner without Name, Cell without Number (Der Weg durch die Hölle);
1986 An Early Frost (Früher Frost);
1986 Woman of Valour (Hell Zone – Im Vorhof zur Hölle);
1986 Space Camp (dito);
1987 Black Widow (Die schwarze Witwe);
1987 The Stepfather (Kill, Daddy, Kill!);
1989 Pin;
1989 Stepfather II (dito);
1990 Prisoners of the Sun/Blood Oath (Blutiger Schwur);
1990 The Forgotten One (dito);
1990 Blind Fury;
1990 Son of the Morning Star;
1991 Company Business (dito);
1991 The Rocketeer (Rocketeer);
1991 The Last to Go;
1992 The Cutting Edge (Liebe und Eis);
1992 My Samurai;
1992 Wild Card (dito);
1993 Amityville – A New Generation (dito).

Robert O'Reilly

Gowron in »Reunion« (N81), »Redemption Part I« (N100), »Redemption Part II« (N101), »Rightful Heir« (N149).

GASTAUFTRITTE:
The Flash (1991) »Be My Baby«; Hardcastle and McCormick (1984) »Third Down and Twenty Years to Live«; Knight Rider (1984) »A Good Knight's Work«; Otherworld (1985) »The Zone Troopers Build Men«; The Phoenix (1982) »A Presence of Evil«.

FILME:
1991 Whore (Die Hure);
1991 World War III (Weltkrieg III).

Randy Oglesby

Ah-Kel und *Ro-Kel* in »Vortex« (D12).

FILM:
1993 The Hit List (Private Bodyguard).

Ken Olandt

Jason Vigo in »Bloodlines« (N174).

SERIE:
1988 als Lt. Jack DiPalma in *Supercarrier.*

FILM:
1993 Leprechaun.

Susan Oliver

Vina in »The Cage« (C1).
Geb. 13. Februar 1937 in New York City; gest. 10. Mai 1990.
Susan Olivers erster Filmauftritt fand in der B-Produktion *The Green-Eyed Blonde* statt, in der sie die Titelrolle spielte. Trotz zahlreicher Engagements in Film und Fernsehen wurde sie auch in anderen Bereichen aktiv. So war sie 1963 Delegierte des US State Department beim Moskauer Film-Festival. Als Pilotin eines Lear-Jets ohne Copilot stellte sie mehrere Weltrekorde auf. 1983 veröffentlichte sie »Odyssey – A Transatlantic Journal«, ein Buch über einen Flug, der sie 1967 über den Nordatlantik bis zur russischen Grenze geführt hatte. Sie arbeitete außerdem als Regisseurin von Kurzfilmen und Serien *(M*A*S*H, Trapper John M. D.).*

Susan Oliver

SERIE:

1966 als Ann Howard in *Peyton Place;*
ca. 1975 in *Days of Our Lives.*

GASTAUFTRITTE:

The Alfred Hitchcock Hour (1962) »Annabel«; Cain's Hundred (1962) »The Cost of Living«; The Fugitive (1963) »Never Wave Goodbye«; The Invaders (1967) »The Ivy Curtain«, (1968) »Inquisition«; Magnum P. I.; The Man from U.N.C.L.E. (1965) »The Bow Wow Affair«; Michael Shayne, Private Detective (1961) »The Heiress«; Murder She Wrote; The Night Gallery (1972) »The Time in Dan's Café«; Our House; Route 66 (1961) »Welcome to Amity«, (1962) »Between Hello and Goodbye«, (1963) »Fifty Miles from Home«; Simon and Simon; Tarzan (1967) »The Day the Earth Trembled«; Thriller (1961) »Choose a Victim«; The Twilight Zone (1960) »People Are Alike All Over«; The Wild Wild West (1967) »The Night Dr. Loveless Died«.

FILME:

1957 The Green-Eyed Blonde;
1959 The Gene Krupa Story (Jazz-Ekstase);
1960 Butterfield 8 (Telefon Butterfield 8);
1964 The Disorderly Orderly (Der Tölpel vom Dienst);
1964 Guns of Diablo (… und knallten ihn nieder);

1967 A Man Called Gammon (Sein Name war Gammon);
1970 The Monitor;
1973 Ginger in the Morning (Der Morgen, als Ginger kam);
1974 Death in Space (TV);
1977 House of Shadows;
1977 Change of Mind;
1979 Murder by Decree (Mord an der Themse);
1981 Hardly Working (Alles in Handarbeit);
1982 Tomorrow's Child.

Heather Lauren Olson

Jil Orra in »Chain of Command II« (N136).

David Opatoshu

Anan VII in »A Taste of Armageddon« (C24).
Geb. 30. Januar 1918 in New York City.
David Opatoshu begann seine Karriere in den dreißiger Jahren am Yiddish Theatre in New York. Neben festen Serienrollen, Gastrollen in zahlreichen Serien und diversen Filmengagements war er in zahlreichen Musicals als Sänger und Tänzer zu sehen, arbeitete beim Theater als Regisseur und verfaßte Fernsehdrehbücher.

SERIEN:

1953 als Walter Rogers in *Bonino;*
1979 als Hator in *The Secret Empire;*
1981 als Shimon in *Masada.*

GASTAUFTRITTE:

The Alfred Hitchcock Hour (1964) »The Magic Shop«; Alfred Hitchcock Presents (1958) »On the Nose«, (1962) »Strange Miracle«; The Bionic Woman; Buck Rogers in the 25th Century (1981) »Time of the Hawk«; Daktari (1966) »Crisis at the Compound«; Hardcastle and McCormick (1984) »D-Day«; The Invisible Man; The Man from U.N.C.L.E. (1965) »The Alexander the Greater Affair«; Maya (1968) »Mirrcan's Magic Circus«; Mission: Impossible (1967) »The Trial«, (1969) »Fool's Gold«, (1970) »Terror«; Mr. Terrific; One Step Beyond (1960) »Earthquake«; The Outer Limits (1964) »A Feasability Study«; Salvage-1; The Six Million Dollar Man; The Time Tunnel; The Twilight Zone (1963) »Valley of the Shadow«.

FILME:
1938 The Dybbuk;
1957 The Brothers Karamazov (Die Brüder Karamasow);
1960 Exodus (dito);
1965 One Spy too Many (Ein Spion zuviel);

1966 Tarzan and the Valley of Gold;
1966 Torn Curtain (Der zerrissene Vorhang);
1968 The Fixer (Ein Mann wie Hiob);
1975 Conspiracy of Terror (TV);
1978 Who'll Stop the Rain (Dreckige Hunde);
1980 Beyond Evil;
1982 Forced Vengeance (Kalte Wut);
1986 Under Siege (TV).

Alan Oppenheimer

Koroth in »Rightful Heir« (N149);
Captain in »The Jem'Hader« (D46).
Geb. in New York City.
Alan Oppenheimer ist neben seiner Schauspielarbeit auch als Sprecher für zahlreiche Trickfilmserien aktiv.

SERIEN:

1974–75 als Dr. Rudy Wells in *The Six Million Dollar Man* und *The Bionic Woman;*
1975 als Jessie Smith in *Big Eddie;*
1979–80 als Capt. Finnerty in *Eischied.*

GASTAUFTRITTE:

Knight Rider (1982) »Deadly Maneuvers«, (1985) »Custom Made Killer«.

FILME:

1971 The Groundstar Conspiracy (Der Agent, der seinen Leichnam sah);
1972 Westworld (dito);
1974 Murder Works Overtime (TV);
1976 Riding with Death (TV; zwei zu einem Film zusammengeschnittene Episoden der Serie *The Gemini Man*);
1978 A Pleasure Seeking Business (Die H.L.M.-Puff-Company);
1981 Macbeth;
1987 The Two Mrs. Greenvilles (Society);
1991 Child of Darkness – Child of Light (Kind des Satans).

Leland Orser

Gai in »Sanctuary« (D30).

Nicole Orth-Pallavicini

Kareel in »The Host« (N97).

Frank Overton

Elias Sandoval in »This Side of Paradise« (C25).
Geb. 1918, gest. 24. April 1967.

SERIE:

1964–67 als Major Harvey Stovall in *Twelve O'Clock High.*

GASTAUFTRITTE:

The Fugitive (1963) »Nightmare at North Oak«; One Step Beyond (1960) »The Justice Tree«; Route 66 (1961) »The Quick and the Dead«, (1962) »Where Is Chick Lorimer, Where Has He Gone«, (1963) »Soda Pops and Paper Flags«; Thriller (1960) »Child's Play«.

FILME:

1958 Desire Under the Elms (Begierde unter Ulmen);
1958 Lonelyhearts (Das Leben ist Lüge);
1964 Fail-Safe (Angriffsziel Moskau).

P

Sachi Parker

Tava in »First Contact« (N89).

FILM:

1990 Welcome Home, Roxy Carmichael (Ein Mädchen namens Dinky).

Julie Parrish

Miss Piper in »The Menagerie« (C12/13).
Geb. in Middlesboro, Kentucky.

SERIE:

1967–68 als Linda Lewis in *Good Morning, World.*

GASTAUFTRITT:

Next Stop Beyond (1978) »Cry Baby«.

FILM:

1972 The Doberman Gang.

Leslie Parrish

Carolyn Palamas in »Who Mourns for Adonais?« (C32).

GASTAUFTRITTE:

Hawaiian Eye (1960) »Services Rendered«, (1962) »Four-Cornered Triangle«; Logan's Run (1977) »The Collectors«; The Man from U.N.C.L.E. (1967) »The Master's Touch Affair«; McCloud (1974) »The Gang That Stole Manhattan«; Surfside 6 (1961) »Affair at Hotel Delight«; The Wild Wild West (1965) »The Night the Wizard Shook the Earth«, (1966) »The Night of the Flying Pie Plate«.

FILME:

1959 Li'l Abner;
1961 Portrait of a Mobster (Tote können nicht mehr singen);
1962 The Manchurian Candidate (Botschafter der Angst);
1965 Three on a Couch (Drei auf einer Couch);
1968 The Candyman;
1975 The Giant Spider Invasion (Angriff der Riesenspinnen);
1984 Invisible Stranger (The Transformer).

Nancy Parsons

Marouk in »The Vengeance Factor« (N57).

GASTAUFTRITT:

Hardcastle and McCormick (1985) »Something's Going on in This Town«.

FILME:

1980 Motel Hell;
1983 Porky's II: The Next Day (Porky's II – Der Tag danach);
1992 Ladybugs (Monty – immer hart am Ball).

Derek Partridge

Dionyd in »Plato's Stepchildren« (C66).

Eddie Paskey

Wache in »Where No Man Has Gone Before« (C4);
Lt. Leslie ab »The Conscience of the King« (C14);
Eminiarer in »A Taste of Armageddon« (C24).
Eddie Paskey, der in »Where No Man Has Gone Before« einen ersten – noch namenlosen – Auftritt vor der Kamera hatte, war ab »The Conscience of the King« regelmäßig als Lt. Leslie zu sehen. Er hatte bei *Star Trek* als Stand-in für William Shatner begonnen, also als Beleuchtungsdouble, bekam aber immer wieder die Gelegenheit, in kleineren Szenen mitzuwirken und ab und zu sogar ein wenig Text zu sprechen. Kurios ist dabei, daß seine Rolle des Lt. Leslie in der Episode »Obsession« (C43) zwar ums Leben kam, kurz darauf aber – ohne jede Erklärung – wieder mitspielte. Im letzten Jahr der Serie gab Paskey seinen Beruf auf, da eine länger zurückliegende Verletzung ihm immer stärkere Kopfschmerzen bereitete. Dieser nur als vorläufige Unterbrechung gedachte Abschied bedeutete aber zugleich das Ende seiner Fernsehkarriere, da der Kontakt zu den Verantwortlichen verlorenging. In Anbetracht dieser Aussichtslosigkeit sattelte Paskey um und eröffnete später ein Geschäft für Autoklimaanlagen.

Michael Pataki

Korax in »The Trouble with Tribbles« (C45);
Karnas in »Too Short a Season« (N16).
Geb. 16. Januar 1938 in Youngstown, Ohio.

SERIEN:

1974–75 als Charlie Dreyfuss in *Paul Sand in Friends and Lovers;*
1975 als Pete Gallagher in *Get Christie Love;*
1978–79 als Capt. Barbera in *The Amazing Spiderman;*
1980 als Vladimir Gimenko in *Phil & Mikhy.*

GASTAUFTRITTE:

Airwolf (1986) »On the Double«; Combat! (1963) »Ambush«; A Man Called Sloane (1979) »Architect of Evil«; McCloud (1976) »The Day New York Turned Blue«; Mission: Impossible (1967) »The Psychic«; The Rookies (1972) »Rabbits on the Runway«; Shaft (1973) »The Killing«; The Sixth Sense (1972) »Face of Ice«.

FILME:

1972 Grave of the Vampire;
1974 Bat People (Bat People – Die Blutsauger);
1974 Delinquent School Girls (Schwererziehbare Mädchen);
1977 The Amazing Spiderman (Spider-Man – Der Spinnenmensch);
1977 Zoltan – Hound of Dracula (Zoltan, Draculas Bluthund);
1978 Spiderman Strikes Back (Spider-Man schlägt zurück);
1979 The Last Word (Fort Travis);
1980 High Noon, Part II: The Return of Will Kane (High Noon II);
1980 Raise the Titanic! (Hebt die Titanic);
1981 Graduation Day;
1981 One More Chance (Die Begegnung);
1985 Rocky IV (Rocky IV – Der Kampf des Jahrhunderts);
1988 The Underachievers (Nachtakademie).

Sierra Pecheur

Vulkanische Botschafterin T'Pel alias Romulanische Subcommanderin Selok in »Data's Day« (N85).

Ed Peck

Col. Fellini in »Tomorrow Is Yesterday« (C20).

SERIEN:

1951 als Dell Conway in *Major Dell Conway of the Flying Tigers;*
1972 als Officer Clark in *The Super;*
1974–84 als Officer Kirk in *Happy Days;*
1980 als Cooper in *Semi-Tough.*

GASTAUFTRITTE:

Convoy (1965) »Admiral Do-Right«; The Invaders (1967) »Labyrinth«; Mork and Mindy (1980) »The Night They Raided Mind-Skis«; Ripcord (1963) »Reprisal«; The Wild Wild West (1965) »The Night of the Double-Edged Knife«.

FILM:

1978 The Incredible Hulk (Der unglaubliche Hulk).

George de la Pena

Lt. Orfil Solis in »The Arsenal of Freedom« (N21).

FILME:

1991 Kuffs (Kuffs – Ein Kerl zum Schießen);
1992 Brain Donors (Drei lahme Enten).

Edward Penn

Kateras in »Homeward« (N165).

Megan Perlan

Junge Ensign Ro Laren in »Rascals« (N133).

Vic Perrin

Tharn in »Mirror, Mirror« (C34).

Roger Perry

Captain John Christopher in »Tomorrow Is Yesterday« (C20).
Roger Perrys Karriere erlitt in der Mitte der sechziger Jahre einen massiven Einsturz; erst rund 15 Jahre später wurde er wieder für eine feste Serienrolle engagiert. 1986 zog er sich völlig vom TV-Geschäft zurück.

SERIEN:

1960–61 als James Harrigan, Jr. in *Harrigan and Son;*
1963–64 als Dan Kirby in *Arrest and Trial;*
1981–83 als Charles Parker in *The Facts of Life;*
1982–85 als John Costello in *Falcon Crest.*

GASTAUFTRITTE:

CHiPs (1980) »Tow-Truck Lady«; Dallas; Garrison's Gorillas (1967) »Black Market«; The Invaders (1967) »The Prophet«; Twelve O'Clock High (1966) »Cross-Hairs on Death«.

FILME:

1966 The Cat;
1967 You've Got to Be Smart;
1969 Heaven With a Gun (Pulver und Blei);
1970 Count Yorga, Vampire (Junges Blut für Dracula);
1970 Return of Count Yorga (Die sieben Pranken des Satans);
1971 Revenge (TV);
1972 The Thing with Two Heads (Das Ding mit den zwei Köpfen);
1978 The Man with the Power (TV; Der Mann, der Berge versetzt);
1979 Roller Boogie (dito).

Nehemiah Persoff

Palor Toff in »The Most Toys« (N70).
Geb. 1920.

GASTAUFTRITTE:

Alfred Hitchcock Presents (1957) »Heart of Gold«, (1960) »The Cure«; Battlestar Galactica; The Bionic Woman; Columbo (1976) »Now You See Him, Now You Don't« (»Der Schein trügt«), (1977) »The Bye-bye Sky High I. Q. Murder Case« (»Todessinfonie«); Convoy (1965); Hunter (1990) »When the Shark Bites«; Jericho (1966) »Upbeat and Underground«; Land of the Giants; Logan's Run (1978) »Turnabout«; The Man from U.N.C.L.E. (1967) »The Master's Touch Affair«; Maya (1967) »Deadly Passage«; McCloud (1972) »The Million Dollar Round up«, (1977) »The Moscow Connection«; McMillan and Wife (1974) »Man without a Face«; Mission: Impossible (1966) »Odds on Evil«, (1969) »The Vault«, (1969) »Fool's Gold«; Route 66 (1961) »Incident on a Bridge«, (1961) »First Class Monliak«; Search; The Six Million Dollar Man; Supertrain; Tarzan (1968) »Trina«; Thriller (1961) »Fingers of Fear«; The Time Tunnel; The Twilight Zone (1959) »Judgment Night«; The Untouchables; The Wild Wild West (1965) »The Night of the Inferno«, (1967) »The Night of the Deadly Blossom«; Wonder Woman.

FILME:

1953 Marty (TV);
1956 The Wrong Man (Der falsche Mann);
1956 The Wild Party (Wilde Nacht);
1957 Street of Sinners (Straße der Sünderinnen);
1958 The Badlanders (Geraubtes Gold);
1959 Al Capone (dito);
1959 Day of the Outlaw (Tag der Gesetzlosen);
1959 Never Steal Anything Small;
1959 Some Like It Hot (Manche mögen's heiß);
1960 Big Show (Die große Attraktion);
1961 The Comancheros (Die Comancheros);
1962 The Hook (Männer – hart wie Eisen);
1964 Fate Is the Hunter (Bezwinger des Todes);
1966 The Dangerous Days of Kiowa Jones (Texas-Colt);
1967 Panic in the City;
1968 The Power (Die sechs Verdächtigen);
1969 Cutter's Trail (Cutter duldet keinen Mord);
1974 The Stranger within (TV; Die Saat des Alien);
1975 Eric;
1975 Psychic Killer (dito);
1976 Deadly Harvest (1993 – Welt im Chaos);

1976 Francis Gary Powers: The True Story of the U-2 Spy Incident (TV);
1978 Cry for Justice (Das Urteil des Richters);
1978 The Word (TV);
1978 Green Mansions (Tropenglut);
1979 In Search of Historic Jesus;
1980 The Henderson Monster (TV);
1981 Mount St. Helens (St. Helens – Der tödliche Berg);
1983 Yentl (dito);
1986 An American Tail (als Sprecher in der Originalfassung; Feivel, der Mauswanderer).

Brock Peters

Admiral Cartwright in *Star Trek IV – The Voyage Home* und *Star Trek VI – The Undiscovered Country.*

Während in *Star Trek IV – The Voyage Home* die Rolle des Admiral Cartwright noch Roddenberrys Vorgaben einer integren Sternenflotte entsprach, wurde in *Star Trek VI – The Undiscovered Country* offensichtlich, wie gering Roddenberrys Einfluß auf seine Serie kurz vor seinem Tod noch war. Entgegen seinen Vorstellungen wurde Cartwright zum Verräter in den eigenen Reihen – eine Entwicklung, die trotz Roddenberrys grundsätzlicher Abneigung durchaus begrüßenswert war, da sie die Figur realistischer werden ließ.

GASTAUFTRITTE:

Mission: Impossible (1967) »The Money Machine« (»Die Geldmaschine«); Tarzan (1967) »The Last of the Supermen«.

FILME:

1962 The L-Shaped Room (Das indiskrete Zimmer);
1964 Son of a Gunfighter (Sohn des Revolverhelden);
1965 The Pawnbroker (Der Pfandleiher);
1967 P. J. (Der Gnadenlose);
1968 I quattro dell'ave Maria (Vier für ein Ave-Maria);
1969 Ace High;
1969 La collina degli stivali (Hügel der Stiefel);
1973 Slaughter's Big Rip-Off (Der Sohn des Mandingo);
1973 Soylent Green (... Jahr 2022 ... die überleben wollen);
1974 Tight as a Drum (TV);
1975 Framed (Ein Mann nimmt Rache);
1976 Two-Minute Warning;
1978 The Adventures of Huckleberry Finn;
1978 The Incredible Journey of Dr. Meg Laurel;
1984 Puss in Boots;

1988 Broken Angel (TV; dito);
1990 Alligator II – The Mutation (Alligator II – Die Mutation).

Vidal Peterson

D'Tan in »Unification Part II« (N108);
Rugal in »Cardassians« (D25).

FILM:

1985 Wizard of the Lost Kingdom.

Angelique Pettyjohn

Shahna in »The Gamesters of Triskelion« (C46).
Gest. 14. Februar 1990.
Angelique Pettyjohn, die vor ihrer Schauspielkarriere als Tänzerin in Las Vegas gearbeitet hatte, debütierte 1959 in dem Spielfilm *The Mad Doctor of Blood Island.* Mehrere Filmrollen und Gastauftritte in Fernsehserien schlossen sich an, dann verlor sich aber das Interesse seitens der Produzenten. Nach dem Abstieg in B-Filme landete sie in der Pornofilmbranche, wo sie unter den Pseudonymen Helen St. John und Angelique Filme drehte. Erst 1984 kehrte sie zum B-Film zurück.

GASTAUFTRITTE:

Batman; The Girl from U.N.C.L.E.

FILME:

1959 The Mad Doctor of Blood Island;
1966 Rough Night in Jericho (Als Jim Dolan kam);
1967 Clambake;
1969 The Curious Female (Pornographische Aufnahmen);
1970 Tell Me That You Love Me, Junie Moon;
1984 Biohazard (Monster aus der Galaxis);
1984 Repo Man (dito).

Ethan Phillips

Dr. Farek in »Menage à Troi« (N72).

SERIE:

1980–85 als Pete Donway in *Benson.*

FILM:

1989 Bloodhounds of Broadway (Bluthunde am Broadway).

Gina Phillips

Varis Sul in »The Storyteller« (D14).

Michelle Phillips

Michelle Phillips

Janice Manheim in »We'll Always Have Paris« (N24).
Geb. am 6. April 1944 in Long Beach, Kalifornien.
Michelle Phillips wurde in den sechziger Jahren bekannt als Mitglied der Popgruppe »The Mamas and The Papas«. In den frühen siebziger Jahren wechselte sie erfolgreich zur Schauspielerei.

SERIEN:

1977 als Gloria Osborne in *Aspen* (1979 wiederholt unter dem Titel *The Innocent and the Damned*);
1986 als Elizabeth Bradshaw Cabot in *Hotel;*
1987 als Anne W. Matheson in *Knots Landing.*

GASTAUFTRITTE:

Alfred Hitchcock Presents (1987) »If Looks Could Kill«; Automan; Love Boat (o. J.) (»Betsys Memoiren«); Scene of the Crime (1985).

FILME:

1973 Dillinger (Jagd auf Dillinger);
1974 The California Kid (dito);
1974 The Death Squad;
1977 Valentino (dito);
1980 The Man with Bogart's Face (Sam Marlow, Privatdetektiv);
1980 Savage Harvest (Gefangene der Bestien);

1982 Moonlight (TV; dito);
1984 Secrets of a Married Man;
1986 American Anthem;
1987 Assault & Matrimony;
1989 Trenchcoat in Paradise (TV; Ananas und blaue Bohnen);
1989 Let It Ride (Alles auf Sieg);
1990 Scissors;
1990 Keep on Running (dito);
1993 Josua Tree.

Eric Pierpoint

Voval in »Liaisons« (N154).

SERIEN:

1984 als Jim Wyler in *Hot Pursuit;*
1986–87 als Paul Seeger in *Fame.*

FILM:

1993 Sex, Love and Cold Hard Cash (Liebe, Sex und heiße Kohlen).

Amy Pietz

Lt. Rhodes in »Bloodlines« (N174).

Gary Pillar

Yutan in »A Private Little War« (C49).

Garth Pillsbury

Wilson in »Mirror, Mirror« (C34).

FILM:

1968 Russ Meyers Vixen (Vixen – Ohne Gnade, Schätzchen).

Phillip Pine

Colonel Green in »The Savage Curtain« (C78).
Geb. 16. Juli 1925 in Hanford, Kalifornien.

SERIE:

1975–76 als Sgt. Newman in *The Blue Knight.*

GASTAUFTRITTE:

Alfred Hitchcock Presents; Circle of Fear; Combat! (1964) »Birthday Cake«; Garrison's Gorillas (1968) »The Big Lie«; Get Smart; The Invaders; One Step Beyond; The Outer Limits; Superman; Science Fiction

Theatre; The Six Million Dollar Man; The Sixth Sense; The Twilight Zone; Voyage to the Bottom of the Sea (o. J.) »And Five of Us Are Left«; The Wild Wild West.

FILME:

o. J. The Phantom from 20,000 Leagues;
o. J. The Invasion of Carol Enders (TV);
1958 The Lost Missile (Das rote Telefon … Alarm!);
1965 Brainstorm (Das teuflische Spiel);
1967 Project X;
1971 The Deadly Dream (TV).

Joe Piscopo

Holodeck-Komiker in »The Outrageous Okona« (N30).
Geb. 17. Juni 1951 in Passaic, New Jersey.

SERIE:

1980–84 in *Saturday Night Live.*

GASTAUFTRITT:

George Burns Comedy Week (1985).

FILME:

1984 Johnny Dangerously (Johnny G. – Gangster wider Willen);
1986 Wise Guys (Wise Guys – Zwei ausgeschlafene Jungs);
1988 Dead Heat;
1993 Sidekicks.

Suzie Plakson

Lt. Selar in »The Schizoid Man« (N32);
K'Ehleyr in »The Emissary« (N46), »Reunion« (N81).
Suzie Plaksons Schauspielkarriere begann in kleinen New Yorker Theatern abseits vom Broadway. Sie erarbeitete sich nach und nach Rollen in größeren Produktionen und wurde schließlich von einem Paramount-Verantwortlichen entdeckt, der ihr riet, sich in Hollywood für Film- und Fernsehrollen vorzustellen. Sie schaffte es, in die Besetzungsliste für drei potentielle Fernsehserien zu kommen, die jedoch alle nicht den Pilotfilm überlebten.
Sie war in *Star Trek – The Next Generation* als Lt. Selar die erste Vulkanierin in einer größeren Rolle; der Charakter wurde aber nie wieder in die Handlung einbezogen, obwohl der Name bis zum Schluß immer wieder genannt wurde. Interessanter war zweifellos Plaksons zweiter Auftritt als Klingonin K'Ehleyr, jedoch war ihr kein langes Leben in der Serie beschieden.

SERIE:
ab 1992 in *Love and War.*

GASTAUFTRITTE:
Family Ties; Murphy Brown.

FILME:
o. J. Reno & Yolanda (TV; Pilotfilm);
o. J. Miss Pendelton's Point of View (TV; Pilotfilm);
o. J. Married to the Mob (TV; Pilotfilm);
1988 My Stepmother Is an Alien (Meine Stiefmutter ist ein Alien);
1991 Bingo! (Bingo – Kuck' mal, wer da bellt).

Tony Plana

Amaros in »The Maquis Part I« (D40), »The Maquis Part II« (D41).

FILME:
1979 The Streets of L. A. (Die Straßen von Los Angeles);
1983 Listen to Your Heart;
1985 Latino;
1986 Salvador (dito);
1986 Three Amigos (Drei Amigos);
1987 Disorderlies (Die Fat Boys als Chaotenteam);
1988 Break of Dawn;
1989 Sweet 15;
1989 The Hillside Stranglers;
1989 Romero (dito);
1990 The Rookie (Rookie – Der Anfänger);
1990 Havana (Havanna);
1991 One Good Cop (Selbstjustiz);
1992 Live Wire (Hydrotoxin – Die Bombe tickt in dir).

Christopher Plummer

General Chang in *Star Trek VI – The Undiscovered Country.*
Geb. 13. Dezember 1927 in Toronto, Kanada.
Christopher Plummer begann seine Karriere auf kanadischen Theaterbühnen, seit den fünfziger Jahren arbeitete er für das Fernsehen, sein Filmdebüt hatte er in *Across the Everglades.* Seitdem ist Plummer konstant im Film- und Fernsehgeschäft, auch wenn seine Rollen nicht immer so viel von ihm verlangen, wie er geben könnte. Für seinen Auftritt im Broadway-Musical *Cyrano* erhielt Plummer eine Auszeichnung.
Für seine Rolle in *The Moneychangers* wurde er 1977 mit einem Emmy Award für die beste männliche Hauptrolle belohnt.

SERIEN:

o. J. in *Little Gloria, Happy at Last;*
1977 in *The Moneychangers;*
1983 als Erzbischof Contini-Verchese in *The Thorn Birds;*
ab 1988 in *Counterstrike;*
1991 in *Young Catherine.*

GASTAUFTRITT:

The Bill Cosby Show.

FILME:

o. J. Across the Everglades;
1958 Stage Struck (Eines Tages öffnet sich die Tür);
1964 The Fall of the Roman Empire (Der Untergang des Römischen Reichs);
1964 Inside Daisy Clover (Verdammte süße Welt);
1965 The Sound of Music (Meine Lieder – meine Träume);
1966 Triple Cross (Spion zwischen zwei Fronten);
1967 Oedipus the King (König Ödipus);
1967 Night of the Generals (Die Nacht der Generäle);
1967 Nobody Runs Forever (Der Haftbefehl);
1969 Battle of Britain (Luftschlacht um England);
1969 The Royal Hunt of the Sun (Der Untergang des Sonnenreiches);
1971 Waterloo (dito);
1973 The Pyx;
1975 The Man Who Would Be King (Der Mann, der König sein wollte);
1975 The Return of the Pink Panther (Der rosarote Panther kehrt zurück);
1975 The Spiral Staircase (Das Geheimnis der Wendeltreppe);
1975 Conduct Unbecoming (Die Schande des Regiments);
1976 International Velvet (Alles Glück dieser Erde);
1977 The Disappearance (Sein letzter Mord);
1977 Uppdraget (Der Auftrag);
1978 The Day That Shook the World;
1978 The Silent Partner (G [Give]);
1978 Star Crash (Star Crash – Sterne im Duell);
1979 Hanover Street (Das tödliche Dreieck);
1979 Murder by Decree (Mord an der Themse);
1980 Highpoint (Am Highpoint flippt die Meute aus);
1980 Shadow Box (Endstation Malibu);
1980 Somewhere in Time (Ein tödlicher Traum);
1981 Eyewitness/The Janitor (Der Augenzeuge);
1981 Dial M for Murder (TV-Neuverfilmung; Bei Anruf Mord);
1982 The Amateur (Der zweite Mann);

Christopher Plummer

1983 Prototype (Sein Freund, der Roboter);
1983 The Scarlet and the Black (Im Wendekreis des Kreuzes);
1984 Dreamscape (dito);
1984 Ordeal by Innocence (dito);
1985 Lily in Love (dito);
1986 An American Tail (als Sprecher in der Originalfassung; Feivel, der Mauswanderer);
1986 The Boss' Wife (Die Frau vom Boss);
1986 The Boy in Blue;
1986 Nosferatu a Venezia (Nosferatu in Venedig);
1987 Dragnet (Schlappe Bullen beißen nicht);
1988 I Love N. Y. (dito);
1988 Souvenir;
1989 Shadow Dancing;
1989 A Hazard of Hearts (Wagnis der Liebe);
1990 Firehead (dito);
1990 A Ghost in Monte Carlo (TV);
1990 Mind Field (Mindfield);
1990 Red-Blooded American Girl;
1990 Where the Heart Is (Die Zeit der bunten Vögel);
1992 Liar's Edge.

Maryann Plunkett

Commander Susana Leitjen in »Identity Crisis« (N92).

GASTAUFTRITT:
A Man Called Hawk (1989) (»Die Abrechnung«).

Richard Poe

Gul Evek in »Journey's End« (N172), »Preemptive Strike« (N176).

Charlene Polite

Vanna in »The Cloud-Minders« (C77).

Naomi Pollack

Lt. Rahda in »That Which Survives« (C73).

Michael J. Pollard

John in »Miri« (C9).
Geb. 30. Mai 1939 in Passaic, New Jersey.

SERIE:
1986 als Leonard in *Leo & Liz in Beverly Hills.*

GASTAUFTRITTE:
Alfred Hitchcock Presents (1959) »Anniversary Gift«; Route 66 (1963) »And Make Thunder His Tribute«; Superboy (1989) »Meet Mr. Mxyzptlk« (»Besuch aus der fünften Dimension«), »Mr. and Mrs. Superboy« (dito).

FILME:
1966 The Wild Angels (Die wilden Engel);
1967 Bonnie and Clyde (Bonnie und Clyde);
1967 Enter Laughing;
1968 Hannibal Brooks (dito);
1969 Little Fauss and Big Halsy (Little Fauss und Big Halsy);
1971 The Legend of Frenchie King;
1974 Sunday in the Country (Killing Machine);
1976 Vengeance Is Mine;
1977 Between the Lines (Zwischen den Zeilen);
1979 Melvin and Howard (Melvin und Howard);
1985 The American Way (dito);
1986 America;
1986 Patriot (Der Patriot);
1987 Heated Vengeance (Kambodscha-Connection);

1987 Riders of the Storm;
1987 Roxanne (dito);
1988 Scrooged (Die Geister, die ich rief ...);
1988 American Gothic (Dark Paradise);
1988 Paul Reiser Out on a Whim;
1988 Sleepaway Camp III;
1989 I Come in Peace (Dark Angel);
1989 Night Visitor (Never Cry Devil);
1989 Season of Fear;
1989 Tango & Cash (dito);
1989 Stuck with Each Other (Viel Kohle im Koffer);
1990 Dick Tracy (dito);
1990 Next of Kin (Ruf nach Vergeltung);
1990 Enid Is Sleeping (Nur über deine Leiche);
1991 The Art of Dying;
1992 Split Second (dito).

Cliff Potts

Admiral Kennelly in »Ensign Ro« (N103).
Geb. 5. Januar 1942 in Glendale, Kalifornien.

SERIEN:

1976–77 als Courtney Massengale in *Once an Eagle;*
1977 als Mitch Fears in *Big Hawaii;*
1979 als John Brooke in *Little Women;*
1981–82 als Ted McCovey in *Lou Grant;*
1983 als Eugene Allard in *For Love and Honor.*

GASTAUFTRITT:

Starman (1986) »Best Buddies«.

FILME:

1971 Silent Running (Lautlos im Weltraum);
1979 The Last Ride of the Dalton Gang;
1983 M. A. D. D.: Mothers Against Drunk Driving (Die Initiative).

Susan Powell

Lt. Marla Aster in »The Bonding« (N53).

Gerard Prendergast

Boeren Benson in »Home Soil« (N18).

Andrew Prine

Administrator in »Frame of Mind« (N147).
Geb. 14. Februar 1936 in Jennings, Florida.

SERIEN:

1962–63 als Andy Guthrie in *The Wide Country;*
1966–67 als Timothy Pride in *The Road West;*
1978 als Dan Costello in *W. E. B.;*
1983 als Steven in *V;*
1984 als Steven in *V: The Final Battle.*

GASTAUFTRITTE:

Combat! (1965) »Billy the Kid«; Convoy (1965) »Admiral Do-Right«; Twelve O'Clock High (1964) »Follow the Leader«, (1965) »The Jones Boys«.

FILME:

1962 The Miracle Worker (Licht im Dunkel);
1968 Bandolero (dito);
1969 Generation;
1971 Simon, King of the Witches;
1972 Crypt of the Living Dead;
1973 Nightmare Circus;
1974 Centerfold Girls;
1976 The Evil;
1976 Grizzly;
1976 Riding with Death (TV; zwei Episoden der Serie *The Gemini Man*);
1977 The Christmas Coal Mine Miracle;
1977 The Town That Dreaded Sundown (Der Umleger);
1978 Donner Pass: The Road to Survival (TV);
1981 Callie and Son;
1981 A Small Killing;
1983 They're Playing with Fire;
1985 Last of the Mohicans (TV);
1986 The Eliminators (Die Zerstörer/Destroyers);
1986 Lost Flight (Verschollen im Pazifik);
1989 Chill Factor (dito).

Janos Prohaska

Horta in »The Devil in the Dark« (C26);
Mugato in »A Private Little War« (C49);
Yarnek in »The Savage Curtain« (C78).
Geb. 1921, gest. 13. März 1974.
Janos Prohaska arbeitete üblicherweise als Stuntman, nebenher entwarf er aber auch Ganzkörpermasken, in denen er immer wieder mitspielte.
Prohaska kam 1974 bei einem Flugzeugabsturz ums Leben, als er sich

gemeinsam mit einem Produktionsteam auf dem Weg zu Dreharbeiten befand.

GASTAUFTRITTE:

Land of the Giants; Lost in Space; Man and the Challenge; The Outer Limits (o. J.) »The Architects of Fear«, »The Sixth Finger«, »The Probe«; Voyage to the Bottom of the Sea (1967) »Fatal Cargo«.

FILM:

1967 Planet of the Apes (Planet der Affen).

John Putch

Mordok in »Coming of Age« (N19);
Mendon in »A Matter of Honor« (N34).

FILME:

1986 Welcome to 18 (Welcome to 18 – Jetzt wird's gefährlich);
1986 Impure Thoughts;
1988 Double Agent (dito);
1989 Curfew (dito).

John Pyper-Ferguson

Eli Hollander in »A Fistful of Datas« (N134).

FILME:

1990 Bird on a Wire (Ein Vogel auf dem Drahtseil);
1992 Killer Image.

R

John S. Ragin

Doctor Christopher in »Suspicions« (N148).
Geb. 5. Mai 1929 in Newark, New Jersey.

SERIEN:

1974 als Walter Cramer in *Sons and Daughters;*
1976–83 als Dr. Robert Astin in *Quincy, M. E.*

GASTAUFTRITTE:

Airwolf (1986) »A Town for Hire«; The Invaders (1967) »The Ransom«; Mission: Impossible (1970) »Flight«, »Hunted«; The Rookies (1975) »Solomon's Dilemma«.

Anne Elizabeth Ramsay

Clancy in »Elementary, Dear Data« (N29), »The Emissary« (N46).

GASTAUFTRITT:

Booker (1990) »Crazy«.

FILM:

1986 Deadly Friend (Der tödliche Freund).

Logan Ramsey

Claudius Marcus in »Bread and Circuses« (C55).
Geb. 21. März 1921 in Long Beach, Kalifornien.

SERIEN:

1975–76 als Wilbur Poindexter in *On the Rocks;*
1983 als Congressman LaCouture in *The Winds of War.*

GASTAUFTRITTE:

Knight Rider (1982) »Trust Doesn't Rust«; Mork and Mindy (1978) »To Tell the Truth«; The Rookies (1972; Pilotfilm), (1973) »A Farewell Tree from Marly«; Route 66 (1962) »To Walk with the Shepherd«.

FILME:

1968 Head (dito);
1973 The Suicide Club (TV);
1973 The House and the Brain (TV);
1974 Some Call It Loving;

1982 King Richard II;
1983 Joy Sticks;
1986 Say Yes! (dito).

Steve Rankin

Patakh in »The Enemy« (N55);
Yeto in »Invasive Procedures« (D24).

Mary Linda Rapelye

Irina Gallin in »The Way to Eden« (C76).

Thalmus Rasulala

Captain Varley in »Contagion« (N37).
Geb. 15. November 1939 in Miami, Florida.

SERIEN:

1976–77 als Bill Thomas in *What's Happening!!;*
1977 als Omoro in *Roots.*

GASTAUFTRITTE:

Blue Thunder (1984) »The Island«; Mission: Impossible (1973) »Imitation«; The Rookies (1973) »Get Ryker«; T. J. Hooker (o. J.) (»Tödlicher Strip«).

FILME:

1972 Blacula;
1972 Cool Breeze (dito/Hot Diamond);
1974 The Autobiography of Miss Jane Pittman (Die Geschichte der Jane Pittman);
1974 Mr. Ricco (Was nützt dem toten Hund ein Beefsteak?);
1975 Adios Amigo;
1975 Bucktown;
1975 Friday Foster;
1981 The Sophisticated Gents;
1986 Born American (dito);
1986 The Boss' Wife (Die Frau vom Boß);
1988 Bulletproof;
1989 The Package (Die Killer-Brigade);
1990 Blind Vengeance (TV; Blinder Haß);
1992 Mom and Dad Save the World (dito).

Gina Ravarra

Ensign Tyler in »Phantasms« (N158).

Alice Rawlings

Jamie Finney in »Court-Martial« (C21).

Guy Raymond

Bartender in »The Trouble with Tribbles« (C45).
Stiefvater der Schauspielerin Hallie Todd, die in *Star Trek – The Next Generation* als Tochter des Androiden Data zu sehen war (N64).

SERIEN:

1961–62 als Martin Perkins in *Ichabod and Me;*
1964–65 als Cliff Murdoch in *90 Bristol Court.*

Kirk Raymone

Duur in »Friday's Child« (C41).

Kavi Raz

Lt. Commander Singh in »Lonely Among Us« (N7).
Geb. in Dhugga, Indien.
Raz' Rolle war zwar minimal, aber er hatte die zweifelhafte Ehre, das erste Besatzungsmitglied der »Enterprise« zu sein, das in *Star Trek – The Next Generation* sterben mußte.

SERIE:

1982–84 als Dr. V. J. Kochar in *St. Elsewhere.*

GASTAUFTRITTE:

The A-Team (1985) »Moving Targets«; M*A*S*H (1983) »UN, The Night and the Music«.

FILM:

1985 Warning Sign (Warnzeichen Gen-Killer).

Rhodes Reason

Flavius Maximus in »Bread and Circuses« (C55).
Geb. 20. November 1928 in Berlin.

SERIEN:

1958–59 als John Hunter in *White Hunter;*
1961–62 als Will Mayberry in *Bus Stop.*

GASTAUFTRITTE:

Bronco; Mission: Impossible (1972) »Movie«.

FILM:
1969 King Kong No Gyakushu (King Kong – Frankensteins Sohn).

Margaret Reed

Serova in »Force of Nature« (N161).

Duncan Regehr

Ronin in »Sub Rosa« (N166).
Geb. 5. Oktober 1954 in Alberta, Kanada.

SERIEN:
1982 als Captain Randolph in *The Blue and the Glory;*
1983 als Prinz Dirk Blackpool in *Wizards and Warriors;*
1984–85 als Charles in *V.*

FILME:
1984 My Wicked, Wicked Ways;
1987 The Monster Squad;
1988 Primo Baby.

Don Reilly

Jovet in »Lower Decks« (N167).

Ed Reimers

Admiral Fitzpatrick in »The Trouble with Tribbles« (C45).

SERIE:
1956–57 als Ansager der Quizserie *Do You Trust Your Wife?*

Ray Reinhardt

Admiral Aaron in »Conspiracy« (N25).

Clive Revill

Sir Guy of Gisborne in »Qpid« (N94).
Geb. 18. April 1930 in Wellington, Neuseeland.

SERIE:
1983 als Zauberer Vector in *Wizards and Warriors.*

GASTAUFTRITTE:
Alfred Hitchcock Presents (1987) »Twist«; Columbo (1978) »The Conspirators«; Hunter (1990) »Lullaby«; A Man Called Sloane (1979) »De-

mon's Triangle«, (1981) »Death Ray 2000«; T. J. Hooker (o. J.) »Mord in der Modebranche«.

FILME:

1966 The Double Man (Der doppelte Mann);
1966 Kaleidoscope (Der Gentleman-Zinker);
1968 The Shoes of the Fisherman (In den Schuhen des Fischers);
1970 The Private Life of Sherlock Holmes (Das Privatleben des Sherlock Holmes);
1972 Avanti! (Avanti, avanti!);
1973 The Legend of Hell House (Tanz der Totenköpfe);
1974 Ghost in the Noonday Sun;
1975 One of Our Dinosaurs Is Missing;
1978 Matilda;
1980 The Empire Strikes Back (Das Imperium schlägt zurück);
1986 A Masterpiece of Murder (Gaunerstück mit alten Meistern);
1987 Rumpelstiltskin;
1989 Mack the Knife – The Film (Mack the Knife);
1989 Cannon Movie Tales: The Emperor's New Clothes (TV).

Madlyn Rhue

Lt. Marla McGivers in »Space Seed« (C23).
Geb. 3. Oktober 1934 in Washington D. C.
Wirklicher Name: Madeline Roche.

SERIEN:

1969–70 als Marjorie Grant in *Bracken's World;*
1976–77 als Hilary Madison in *Executive Suite;*
1987–88 als Annie in *Houston Knights.*

GASTAUFTRITTE:

The Alfred Hitchcock Hour (1963) »The Dark Pool«; Cain's Hundred (1962) »Woman of Silence«; CHiPs (1983) »Country Action«, »Brat Patrol«; Bourbon Street Beat (1959) »Portrait of Lenore«, (1960) »Last Exit«; The Fugitive (1964) »Somebody to Remember«; Kolchak: The Night Stalker (1974) »Fire-Fall«; The Man from U.N.C.L.E. (1964) »The Terbuf Affair«, (1967) »The Fiery Angel Affair«; Mission: Impossible (1972) »Ultimatum«; Route 66 (1962) »Every Father's Daughter«; The Wild Wild West (1967) »The Night of the Bubbly Death«.

FILME:

1961 A Majority of One (1000 Meilen bis Yokohama);
1963 He Rides Tall (Der Revolverheld).

Salli Elise Richardson

Fenna/Nidell in »Second Sight« (D29).

FILM:

1993 Posse (Posse – Die Rache des Jessie Lee).

Peter Mark Richman

Ralph Offenhouse in »The Neutral Zone« (N26).
Geb. 16. April 1927 in Philadelphia.

SERIEN:

1961–62 als Nicholas Cain in *Cain's Hundred;*
1971–72 als Duke Page in *Longstreet;*
1981 in *Watergate (Watergate – Die Macht der Intrigen);*
1981–84 als Andrew Laird in *Dynasty.*

GASTAUFTRITTE:

Alfred Hitchcock Presents (1958) »A Man with a Problem«, (1960) »The Cure«; The Bionic Woman; Combat! (1964) »The Hostages«; The Fugitive (1964) »Ballad for a Ghost«; Galactica 1980; Hardcastle and McCormick (1986) »Round Up the Old Gang«; Hawaii Five-O (o. J.) (»Joeys letzter Sieg«); Hawkins (1974) »Murder in Slave Trade«; Hotel (o. J.) (»Ängste«, »Enthüllungen«); The Incredible Hulk; The Invaders (1967) »The Leeches«, (1968) »Inquisition«; Jericho (1966) »Two for the Road«; Knight Rider (1984) »Goliath Returns«, (1985) »Many Happy Returns«; The Man from U.N.C.L.E. (1967) »The Seven Wonders of the World Affair«; Matlock (o. J.) (»Die Frau im Dunkel«); McCloud (1970) »Who Killed Miss USA?«; Mission: Impossible (1970) »Gitano«, »My Friend, My Enemy«, (1972) »Underground«; The Outer Limits (1963) »The Borderland«; Search; Supercarrier (1988) »All in the Game«; Swamp Thing (1991) »Falco«; Twelve O'Clock High (1966) »The Jones Boys«; Voyage to the Bottom of the Sea (1968) »Secret of the Deep«; The Wild Wild West (1965) »The Night of the Dancing Death«; Wonder Woman.

FILME:

o. J. Psi Factor;
o. J. Judgment Day;
1956 Friendly Persuasion (Lockende Versuchung);
1957 The Strange One (Stirb wie ein Mann);
1958 Girls on the Loose (Asphalt-Hyänen);
1959 The Black Orchid (Die schwarze Orchidee);
1961 Crime Busters (zwei Episoden aus der Serie *Cain's Hundred*; Gangsterschlacht);
1965 Dark Intruder;
1965 Agent for H.A.R.M. (Im Auftrag von H.A.R.M.);
1970 Yuma (dito);

1974 Nightmare at 43 Hillcrest (TV);
1983 Dempsey (dito);
1984 City Killer (City Killer – Eine Stadt in Panik);
1989 Friday 13th, Part VIII: Jason Takes Manhattan;
1991 The Naked Gun 2 ½: The Smell of Fear (Die nackte Kanone 2 ½).

Richard Riehle

Batai in »The Inner Light« (N125).

GASTAUFTRITT:

Quantum Leap (1990) »Leaping without a Net, September 18, 1958«.

FILME:

1989 Glory (dito);
1990 A Killer Among Us (Killer unter uns);
1991 Fried Green Tomatoes at the Whistle Stop Café (Grüne Tomaten);
1992 Prelude to a Kiss (Bodyswitch);
1992 Of Mice and Men (Von Mäusen und Männern);
1993 Body of Evidence (dito).

Leon Rippy

Sonny Clemons in »The Neutral Zone« (N26).

SERIE:

1986 in *North and South.*

GASTAUFTRITTE:

Hunter (1988) »The Fourth Man«; Quantum Leap (1990) »Freedom, November 22, 1970«; Werewolf (1987) »Eye of the Storm«.

FILME:

1985 The Color Purple (Die Farbe Lila);
1988 Track 29 (Track 29 – Ein gefährliches Spiel);
1989 Moon 44;
1990 The Hot Spot (The Hot Spot – Spiel mit dem Feuer);
1991 Kuffs (Kuffs – Ein Kerl zum Schießen);
1991 Eye of the Storm (dito);
1991 Vaya Con Dios;
1992 Universal Soldier (dito);
1992 Fixing the Shadow (Made of Steel – Hart wie Stahl).

Tony Rizzoli

Kainon in »Duet« (D19).

Adam Roarke

Garrison in »The Cage« (C1).

FILME:

1966 Women of the Prehistoric Planet;
1967 Hell's Angels on Wheels (Die wilden Schläger von San Francisco);
1968 Psych-Out;
1970 The Losers (Verdammt, verkommen, verloren);
1974 Dirty Mary, Crazy Larry (Kesse Mary – Irrer Larry);
1975 The Four Deuces (Das gnadenlose Spiel);
1980 The Stunt Man (Der lange Tod des Stuntman Cameron);
1986 Trespasses;
1988 Slipping into Darkness (Killing Girls).

David Roberts

Dr. Ozaba in »The Empath« (C68).

Andrew Robinson

Garak in *Star Trek – Deep Space Nine.*

GASTAUFTRITTE:

The A-Team (1983) »The White Ballot«, »The Beast from the Belly of a Boeing«; CHiPs (1979) »Hot Wheels«; The Rookies (1972) »To Taste of Terror«, (1974) »Prelude to Vengeance«; The Twilight Zone (1986) »Profile in Silver«, (1987) »Private Channel«.

FILME:

1971 Dirty Harry (dito);
1973 Charley Varrick (Der große Coup);
1974 The House of Evil (TV);
1975 Someone I Touched;
1975 Mackintosh & T. J. (Mackintosh und T. J.);
1980 Reward (Der Kopfgeldjäger);
1985 Not My Kid;
1986 Cobra (Die City-Cobra);
1987 Hellraiser (Hellraiser – Das Tor zur Hölle);
1988 Shoot to Kill/Deadly Pursuit (Mörderischer Vorsprung);
1988 Verne Miller (Verne Miller – Staatsfeind Nr. 1);
1991 Into the Badlands;
1991 Prime Target (Highway Hunter);
1991 Child's Play 3 (Chucky 3);
1992 Criminal Behaviour (Eine Frau für alle Fälle);
1992 Fatal Charm;
1992 Trancers III: Death Lives (Trancers 2010).

Jay Robinson

Petri in »Elaan of Troyius« (C69).

GASTAUFTRITTE:

Scarecrow and Mrs. King (1983) »The ACM Kid«; Voyagers! (1982) »Created Equal«.

FILME:

1953 The Robe (Das Gewand);
1954 Demetrius and the Gladiators (Die Gladiatoren);
1956 The Wild Party (Wilde Nacht);
1974 Three the Hard Way;
1978 Born Again (Die Colson-Affäre);
1981 Macbeth;
1982 Partners (Zwei irre Typen auf heißer Spur);
1982 King Richard II;
1982 Othello;
1985 The Malibu Bikini Shop/The Bikini Shop (Bikini Shop);
1990 Transylvania Twist.

Mario Roccuzzo

Arthur Malenson in »Home Soil« (N18).

FILME:

1978 Clone Master (dito);
1986 Condor (dito).

Gene Roddenberry

Geb. 19. August 1921 in El Paso, Texas; gest. 24. Oktober 1991 in Santa Monica.
Voller Name: Eugene Wesley Roddenberry.
Gene Roddenberry wuchs in Los Angeles auf. Er brach ein Ingenieurstudium ab und trat 1941 in die U.S. Air Force ein, wo er zum Piloten ausgebildet wurde. Noch während seiner Zeit als Soldat begann er Geschichten und Gedichte zu verfassen, die er an verschiedene Zeitschriften, insbesondere Luftfahrtmagazine, und Zeitungen verkaufen konnte. Eine dieser Zeitungen war die *New York Times*.
Obwohl Roddenberry Einsätze in Guadalcanal fliegen mußte, überstand er den Zweiten Weltkrieg unversehrt. Nach dem Krieg arbeitete er kurzzeitig in Washington bei der Untersuchung von Flugzeugabstürzen mit, begann dann aber wieder zu fliegen, diesmal als Pilot der PanAm. Was sich im Krieg nicht ereignete, traf ihn als Zivilisten: Sein Flugzeug stürzte ab, doch er überlebte.
1949 verließ er PanAm und zog nach Los Angeles. Dort bewarb er sich

erfolgreich beim L. A. Police Department und entwickelte sich innerhalb kurzer Zeit zum Experten auf dem Gebiet des Drogenmißbrauchs. Er wurde Untersuchungsleiter des Los Angeles Office of Chief of Police und bereitete Reden für seinen Vorgesetzten Chief Parker vor. Dies geschah vor allem, weil Roddenberry nach wie vor Erzählungen verfaßte und so am besten das ausdrücken konnte, was Parker mitteilen wollte.

Er beschränkte sich aber nicht auf das Verfassen von Kurzgeschichten und Gedichten, sondern interessierte sich sehr für eine Karriere in dem noch im Aufbruch begriffenen Medium Fernsehen. 1951 verkaufte er bereits sein erstes Manuskript für die Krimiserie *Dragnet,* 1952 folgte das SF-Drehbuch »The Secret Defense of 117«, das später in der Reihe *Chevron Theater* gezeigt wurde.

Roddenberry hatte schnell gelernt, wie Drehbücher aufgebaut sein mußten, um Erfolg zu haben. Das zeigte allein die Tatsache, daß er immer neue Drehbücher unterbringen konnte. So schrieb er unter anderem für die Serien *Dr. Kildare, Naked City* und *The U.S. Steel Hour.* Diese eigentliche Nebenbeschäftigung wurde immer umfangreicher und brachte ihn 1953 zu der Erkenntnis, daß er in Anbetracht der bisherigen Erfolge seine Polizeiarbeit aufgeben mußte, um weiter erfolgreich zu sein. Nachdem er den Dienst quittiert hatte, wurde er Chefschreiber für die Westernserie *Have Gun Will Travel.*

Trotz dieser bis dahin positiven Bilanz war Roddenberry unzufrieden. Anstatt sich immer an den Vorgaben der jeweiligen Serien zu orientieren, für die er schrieb, schwebte ihm die Entwicklung einer eigenen Serie vor, in der er selbst die Rahmenbedingungen festlegen konnte. 1959 unternahm er einen ersten Versuch und produzierte den Pilotfilm zu *333 Montgomery Street,* einer Anwaltsserie, in der ein Mann die Hauptrolle spielte, der in einer anderen Roddenberry-Serie berühmt werden sollte: DeForest Kelley. Der Pilotfilm fand aber keinen Anklang, und das Projekt ging nicht in Serie.

1963 war Roddenberry auch mit einer eigenen Serie endlich erfolgreich. MGM kaufte sein Konzept für *The Lieutenant,* eine Serie, zu der ihn seine Arbeit an der Serie *The West Point Story* inspiriert hatte.

Seine Idee war eine Story über die Marine in Friedenszeiten, während die meisten anderen Serien sich mit dem Militär im Krieg befaßten, nicht zuletzt auch aus dem Grund, daß die von den Zuschauern begehrte »Action« stets präsent war. MGM machte Roddenberry zum Ausführenden Produzenten seiner Serie, deren Hauptrollen mit Robert Vaughn und Gary Lockwood besetzt wurden. *The Lieutenant* hielt sich von September 1963 bis September 1964 im Programm.

Bei den Arbeiten zu *The Lieutenant* kam Roddenberry mit einem Großteil der Schauspieler in Kontakt, die er wenig später für seine nächste Serie – *Star Trek* – unter Vertrag nehmen sollte. Aber auch hinter der Kamera entstanden Kontakte, die im sonst so kurzlebigen und

recht vergeßlichen Medium Fernsehen jahrzehntelang bestehenbleiben sollten, darunter auch mit Dorothy C. Fontana, die für ihn als Sekretärin arbeitete. Sie sollte bei *Star Trek* und *Star Trek – The Next Generation* noch enger mit Roddenberry zusammenarbeiten.
Als das Ende für *The Lieutenant* gekommen war, war MGM an weiteren Serienkonzepten von Roddenberry interessiert. Als er aber seine Idee für *Star Trek* vorlegte, die in groben Zügen eine Verlagerung des Pionierwesens aus den Gründerjahren der Vereinigten Staaten in die Zukunft und in den Weltraum darstellte, winkte MGM ab, da nach Meinung der Verantwortlichen das Konzept zuwenig Action versprach. Dabei hatte Roddenberry seine Serie sehr detailliert entworfen und war dabei von den gängigen SF-Handlungsmustern völlig abgewichen. Ihn interessierten keine bösartigen Invasoren und keine Raumschlachten um gefangene Prinzessinnen von fernen Welten; Roddenberry hatte sich eine positive Zukunft ausgedacht, in der der friedliche Kontakt mit anderen Intelligenzen gesucht wurde. Zwar gab es auch in seinem Entwurf die Bösen, aber sie waren eben nicht einfach nur böse, sondern sie hatten für jedermann nachvollziehbare Gründe für ihr Verhalten.
Interesse an seiner Serie zeigten im April 1964 die DESILU-Studios, deren einzige Produktion die überaus erfolgreiche Serie *I Love Lucy* war, von der die Existenz des Studios abhing. Roddenberry erhielt einen Dreijahresvertrag, der ihm die Produktion von Pilotfilmen für potentielle Serien ermöglichte.
Er legte sein *Star Trek*-Konzept vor, DESILU konnte NBC dazu bewegen, Roddenberry 20000 Dollar zur Verfügung zu stellen, damit er auf der Grundlage seines Konzepts drei Episodenvorlagen schreiben konnte, aus denen NBC eine aussuchen und verfilmen würde. Roddenberry holte sich Dorothy Fontana zur Unterstützung, und schon Ende Juni legte er die drei ausgearbeiteten Geschichten vor. NBC entschied sich für »The Cage«. Ende September legte Roddenberry das fertige Drehbuch vor. Er bekam grünes Licht für die Produktion und begab sich an die Arbeit.
Im Oktober 1964 begannen die Vorbereitungen für den Pilotfilm, im Februar 1965 konnte der fertiggestellte Film an NBC übergeben werden. In dieser relativ kurzen Zeit sprengte Roddenberry aber alle Vorgaben: Statt der üblichen 160000 bis 180000 Dollar kostete der Pilotfilm 630000 Dollar, die übliche Drehzeit von acht Tagen war auf zwölf Tage angewachsen, schließlich der Film mit 65 Minuten Laufzeit eine Viertelstunde zu lang. Um in das Halb- und Einstundenschema des US-Fernsehens zu passen, darf eine Serienepisode nur etwa 50 Minuten lang sein, um rund zehn Minuten Werbung beinhalten zu können. Bei einer Bruttolaufzeit von 90 Minuten ist ein Film etwa 75 Minuten lang. Roddenberrys 65minütiger Pilotfilm war aber für das eine Schema zu lang und für das andere zu kurz.
Zudem war NBC nicht so glücklich darüber, daß Roddenberry ver-

schiedene Rassen nebeneinander agieren ließ, anstatt eine rein amerikanische Crew zusammenzustellen. Kritisiert wurde auch das Vorhandensein einer Frau auf der Brücke, die für den Geschmack von NBC und der Testzuschauer fehl am Platz war: Majel Barrett als Number One. Und der Vulkanier Spock war NBC ein besonderer Dorn im Auge, da er viel zu satanisch erschien. Zu allem Überfluß bezeichnete NBC den Film als zu anspruchsvoll; zugleich erkannte man dort, daß man offensichtlich das falsche Drehbuch ausgesucht hatte.
Einzigartig in der Fernsehgeschichte war das, was dann folgte. NBC gab einen zweiten Pilotfilm in Auftrag, der aber nicht mehr als 300000 Dollar kosten durfte (was nicht weiter schwierig war, da die Dekorationen ja aus dem Etat für den ersten Film finanziert worden waren) und den Roddenberry innerhalb einer Woche fertigstellen mußte, um zu beweisen, daß er bei einer möglichen Serie die Drehzeit einhalten konnte, um termingerecht die jeweilige Episode abliefern zu können. Roddenberry ignorierte weitgehend die Kritiken am ersten Pilotfilm und nahm lediglich Majel Barrett heraus, die aber dann über einen Umweg in einer bedeutend kleineren Rolle wiederkehrte.
Diesmal wurde der Film rechtzeitig fertig und überschritt das Budget um vertretbare zehn Prozent.
Obwohl der zweite Pilotfilm keineswegs anspruchsloser war, fand der zweite Anlauf, »Where No Man Has Gone Before«, Zustimmung bei den Verantwortlichen von NBC. Roddenberry durfte mit der Produktion seiner Serie beginnen, deren erste Episode am 8. September 1966 ausgestrahlt wurde.
Gegen Ende der ersten Season wollte NBC *Star Trek* zum erstenmal aus dem Programm nehmen; argumentiert wurde mit dem angeblich geringen Zuschauerinteresse, das der Serie als höchste Notierung den Platz 52 verschaffte. Als die geplante Streichung der Serie publik wurde, rief »The Committee« – bestehend aus den SF-Größen Poul Anderson, Robert Bloch, Lester Del Rey, Harlan Ellison, Philip José Farmer, Frank Herbert, Richard Matheson, Theodore Sturgeon und A. E. van Vogt – zur ersten Briefaktion auf, die NBC davon überzeugte, daß *Star Trek* doch beliebter war, als die Einschaltquoten hatten vermuten lassen. Eine zweite Season wurde angekündigt und verwirklicht, die Serie mußte aber auf einem ungünstigeren Sendeplatz weiter um ihr Publikum kämpfen.
Im Zuge dieses Kleinkriegs mit dem Studio zog sich Roddenberry bereits ansatzweise von *Star Trek* zurück und ließ als Produzenten Gene L. Coon und John Meredyth Lucas agieren.
Auch ein Jahr später stand die Serie wieder auf der Abschußliste, da sich laut NBC immer noch zu wenig Zuschauer für *Star Trek* interessierten. Eine daraufhin einsetzende Briefflut wütender Fans, die für ihre Serie kämpften, überzeugte NBC vom Gegenteil, und Roddenberry erhielt die Erlaubnis für eine dritte Season. Da man bei NBC aber oh-

ne Zweifel darauf aus war, die Serie im dritten Anlauf endlich streichen zu können und so den doch recht unbequemen Gene Roddenberry loszuwerden, bekam sie einen noch schlechteren Sendeplatz, der das sichere Ende bedeutete. Gene Roddenberry zog sich angesichts dieser NBC-Entscheidung noch mehr von ›seiner‹ Serie zurück und ließ Fred Freiberger seinen Platz einnehmen, der in der zweiten Season gemeinsam von Gene L. Coon und John Meredyth Lucas besetzt gewesen war. Mit dem Ende der dritten Season war auch das Ende der Serie gekommen. Sie wurde im Jahr 1969 eingestellt, und nichts deutete in diesem Moment darauf hin, was in den folgenden Jahrzehnten aus dieser eigentlich erfolglosen Serie werden sollte.
Im gleichen Jahr heiratete Roddenberry Majel Barrett, nachdem seine erste Ehe mit Eileen Rexroat geschieden worden war. Aus dieser Ehe stammten zwei Töchter, Darleen und Dawn. Mit Majel Barrett hatte Roddenberry einen Sohn, Eugene jr.
Mit dem zunächst endgültig scheinenden Aus begann aber dann erst das wirkliche Leben von *Star Trek*, nachdem NBC die Episoden an die zahllosen lokalen TV-Sender in den USA verkauft hatte. Bessere Sendezeiten brachten endlich das Publikum, auf das man seinerzeit zwar gebaut hatte, das aber angesichts der schlechten Termine nur sehr wenig von der Serie mitbekommen hatte.
In den Jahren nach 1969 zeigte sich für Roddenberry, daß *Star Trek* ein Zufallstreffer gewesen war. Seine Versuche, mit anderen Serien erneut Fuß zu fassen, führten zur Produktion von Pilotfilmen, aber diese gingen nie in Serie. *Genesis II, Spectre* und *The Questor Tapes* stießen nicht auf weitergehendes Interesse bei den Sendern.
Ähnlich wie die meisten Schauspieler aus *Star Trek* wurde auch Roddenberry ein Gefangener seiner eigenen Schöpfung. Auch ein Versuch, in der Spielfilmproduktion Fuß zu fassen, scheiterte. Das Ergebnis dieses Versuchs war 1970 der Film *Pretty Maids All in a Row,* bei dem Roddenberry als Produzent und Drehbuchautor tätig wurde.
Da niemand sich für seine neuen Projekte interessierte, beschloß Roddenberry, aus jener Serie Profit zu schlagen, die viel zu früh eingestellt worden war: *Star Trek.* Er gründete »Star Trek Enterprises«, ein Versandunternehmen, das zunächst Originalmaterial aus den Episoden verkaufte, dann aber auf alle serienbezogenen Artikel umgestellt wurde.
Als 1972 die erste *Star Trek*-Convention abgehalten wurde, die Besucherzahlen in den folgenden Jahren massiv anstiegen und schließlich auch die Zahl der Conventions immer größer wurde, wurde klar, daß Roddenberrys Idee viel mehr Menschen ansprach, als die schlechten Einschaltquoten bei NBC hatten vermuten lassen. 1973 gelang die nächste Überraschung: *Star Trek* kehrte als Zeichentrickserie auf den Bildschirm zurück, hielt sich aber nicht allzu lange. Mit dem einsetzenden Erfolg der alten Episoden kamen fast zwangsläufig Gerüchte über eine Neuauflage auf, die sich noch Jahre halten sollten.

Gene Roddenberry war zwar 1975 der Ansicht, daß *Star Trek* besser in Form von sporadischen Fernsehfilmen zurückkehren sollte, war aber auch einem Kinofilm nicht abgeneigt. Im gleichen Jahr wurde erstmals die Produktion eines Kinofilms in Aussicht gestellt, der noch im Dezember Premiere haben sollte. Diese Meldung erfüllte sich nicht, aber in den folgenden Jahren wurde immer wieder spekuliert, wie die Auferstehung der Serie aussehen konnte.
1977 wurde die Idee konkreter, als mehrere Drehbücher geschrieben und erste Kulissen für eine neue Serie gebaut wurden. Doch es sollte noch immer einige Zeit dauern, bevor eine endgültige Entscheidung gefällt würde. Am 28. März 1978 wurde auf einer Pressekonferenz *Star Trek – The Motion Picture* angekündigt; die Serie sollte also als Kinofilm Auferstehung feiern. Das Premierendatum 7. Dezember 1979 wurde auch eingehalten, nur das Budget des Films schien sich zu verselbständigen und endete schließlich bei rund 44 Millionen Dollar. Roddenberry erhielt Isaac Asimov als wissenschaftlichen Berater, der aber – so Roddenberry – lediglich die Funktion erfüllen sollte, Roddenberrys Ideen auf ihre Stichhaltigkeit hin zu überprüfen. Paramount befürchtete zweifellos, daß Roddenberry keine in sich schlüssige Geschichte erzählen würde.
Letzteres war zwar nicht der Fall, aber der Film verursachte bei den Zuschauern mehrheitlich Enttäuschung, da Roddenberry offensichtlich nicht bemerkt hatte, daß er inhaltlich eigentlich nur die Episode »The Changeling« neu verfilmt hatte. Nur mit Mühe konnten die stolzen Produktionskosten eingespielt werden, doch ein zweiter Film wurde mit jedem Dollar, der mehr eingenommen wurde, wahrscheinlicher. Und im Mai 1981 wurde er dann auch angekündigt: *Star Trek II – The Wrath of Khan.* Nach den schlechten Erfahrungen mit dem ersten Film entzog Paramount Roddenberry die Kontrolle über den Film, er sollte Produzent ohne jeden Einfluß auf das Drehbuch sein. Roddenberry verzichtete und wählte statt dessen die Rolle des Ausführenden Produzenten, die ihm zwar die Möglichkeit gab, alles zu kommentieren, was ihm nicht gefiel, ihn aber andererseits von der Verantwortung für etwaige Fehler befreite, die die Fans ihm sonst angelastet hätten.
Roddenberrys Platz als Produzent wurde von Harve Bennett übernommen. Nachdem Paramount sich des lästigen Einflusses von Roddenberry auf seine Serie weitgehend entledigt hatte, wurde auch bei den folgenden Filmen nach diesem Muster verfahren.
Am 4. September 1985 erhielt Gene Roddenberry seinen Stern auf dem Hollywood Walk of Fame.
Der weltweite Erfolg von *Star Trek IV – The Voyage Home* ließ Paramount nicht ruhen; Roddenberry konnte mit einem Trick für die Fortsetzung der Serie gewonnen werden, indem man ihm gegenüber beiläufig erklärte, daß man zwar Interesse an einer neuen Serie habe mit ihm in führender Position, es aber für unmöglich halte, daß irgend jemand –

also Roddenberry eingeschlossen – es schaffen könnte, den Erfolg von *Star Trek* zu wiederholen. Das ließ Roddenberry nicht auf sich sitzen und entwickelte eine neue Serie, die ihn vor ein erhebliches Problem stellte. Orientierte er sich zu sehr an der alten Serie, lief er Gefahr, daß die neue Serie als bloße Kopie abgetan werden würde. Kam er allerdings mit einem völlig neuen Konzept, hätte man ihm Etikettenschwindel vorwerfen können, da der Bezug zu *Star Trek* sich nur im Namen manifestierte. Roddenberry nahm sich schließlich die alte Serie zur Grundlage und entwickelte sie fort in eine noch fernere Zukunft. Mit dieser entstandenen Zeitspanne von letztlich knapp unter achtzig Jahren war es ihm möglich, neue Verhältnisse zu schaffen.

Die Serie, die *Star Trek – The Next Generation* heißen sollte, sorgte aber schon lange vor ihrer Produktion für erhebliche Unruhe. Nicht nur, daß sich einige der Schauspieler aus der alten Serie gegen eine Neuauflage aussprachen, auch die Fans probten den Aufstand und nannten Roddenberry einen Verräter, obwohl sie noch gar nicht wußten, was sie erwartete. Allen Protesten zum Trotz ging *Star Trek – The Next Generation* in Produktion; Premiere für den Pilotfilm war das erste Oktoberwochenende 1987. Paramount wählte den Weg des Direktverkaufs der Serie an die vielen kleinen Sender, anstatt sich an eines der großen Networks zu wenden. Noch lange vor Fertigstellung des Pilotfilms war *Star Trek – The Next Generation* bereits an 150 Privatsender verkauft worden, womit 90 Prozent aller US-Haushalte erreicht werden konnten.

Zahlreiche personelle Veränderungen ereigneten sich in der Phase, in der sich *Star Trek – The Next Generation* etablieren sollte. Die Entwicklung der Charaktere litt unter den zahlreichen Wechseln, zudem schrieb Roddenberry alle Drehbücher um, die nicht seiner Idee einer friedlichen Zukunft entsprachen, wodurch die Figuren sich ebenfalls nur mühsam entwickeln konnten.

Das Zuschauerinteresse an *Star Trek – The Next Generation* übertraf dennoch sogar Roddenberrys kühnste Erwartungen, da nach wenigen Episoden bereits die zweite Season angekündigt wurde, die im Herbst 1988 startete. Mit Beginn der zweiten Season hatten 216 US-Sender die Serie im Programm, womit praktisch alle Haushalte in der Lage waren, *Star Trek – The Next Generation* zu empfangen.

Mit zunehmendem Alter der Serie wurde auch Roddenberrys übermächtiger und manchmal hinderlicher Einfluß schwächer, was nicht zuletzt eine Folge seiner angeschlagenen Gesundheit war. Die Atmosphäre mancher Episode wurde weitaus düsterer, als dies bei einem umfassenden Einfluß von Roddenberry möglich gewesen wäre. Die fünfte Season von *Star Trek – The Next Generation* wurde überschattet von Roddenberrys Tod. Bemerkenswert war, daß Roddenberrys Bedeutung für die Serie eigentlich erst in den Nachrufen einem breiten Publikum bekannt wurde.

Seine Position bei *Star Trek – The Next Generation* wurde von Rick Berman übernommen, der bereits seit langem die Entwicklung der Serie maßgeblich kontrollierte.
Seinen Einfluß hatte Roddenberry ein letztes Mal geltend gemacht, als Nicholas Meyer versuchte, im sechsten Kinofilm die Rolle der Saavik wiederaufleben zu lassen, die sich aber (wie später Valeris) als Verräterin entpuppen sollte. Roddenberry war es zu verdanken, daß es nicht dazu kam, sondern ein neuer Charakter geschaffen wurde, dem diese unehrenhafte Aufgabe zufiel.
Gene Roddenberry verschied noch vor Vollendung des sechsten Films (der ihm dann gewidmet wurde) am 24. Oktober 1991 in Santa Monica nach einem Herzanfall, der sich bei einem Routinebesuch bei seinem Arzt ereignete. Er wurde zwar noch in das gegenüber der Arztpraxis gelegene Santa Monica Hospital Center gebracht, dort starb er aber um 14.46 Uhr.

Percy Rodrigues

Commodore Stone in »Court-Martial« (C21).
Geb. 13. Juni 1924 in Montreal, Kanada.

SERIEN:

1968–69 als Harry Miles in *Peyton Place;*
1970–71 als Jason Hart in *The Silent Force;*
1976–77 als Malcolm Gibson in *Executive Suite;*
1980–81 als Winston in *Sanford.*

GASTAUFTRITTE:

Daktari (1966) »Predator of Wameru«, (1967) »Return of the Phantom«; The Man from U.N.C.L.E. (1966) »The My Friend the Gorilla Affair«; Mission: Impossible (1966) »Wheels«, (1967) »The Slave«, (1970) »Chico«; Planet of the Apes (1971) »The Tyrant«; Shaft (1973) »Hit-Run«; The Sixth Sense (1972) »Whisper of Evil«, »With Affection, Jack the Ripper«, »The Eyes That Would Not Die«; The Starlost (1973) »Circuit of Death«; Tarzan (1967) »Voice of the Elephant«; Then Came Bronson (1969) »Two Percent of Nothing«; The Wild Wild West (1966) »The Night of the Poisonous Posey«.

FILME:

1970 The Old Man Cried Wolf (Tod eines Bürgers);
1973 Genesis II (TV; Pilotfilm);
1983 Brain Waves (Braincheck – Das andere Ich).

Marco Rodriguez

Captain Paul Rice in »The Arsenal of Freedom« (N21);
Glen Telle in »The Wounded« (N86).

SERIE:

1983 als Bird in *Bay City Blues.*

GASTAUFTRITTE:

China Beach (1989) »Where the Boys Are«; Hunter (1986) »Love, Hate, and Sporty James«, (1989) »The Last Run«; The Rookies (1973) »Crossfire«; Street Justice (1992) »Parenthood«; Werewolf (1988) »King of the Road«.

FILME:

1987 Disorderlies (Die Fat Boys als Chàoten-Team);
1990 Tripwire (Trip Wire);
1990 The Rookie (Rookie – Der Anfänger).

Maurice Roeves

Romulanischer Commander in »The Chase« (N146).

GASTAUFTRITTE:

Hunter (1989) »Blood Lines«; Magnum P. I. (1984) »Holmes Is Where the Heart Is«.

FILM:

1992 The Last of the Mohicans (Der letzte Mohikaner).

Elizabeth Rogers

Lt. Palmer in »The Doomsday Machine« (C36), »The Way to Eden« (C76).

Clayton Rohner

Admiral Mark Jameson in »Too Short a Season« (N16).

FILME:

1985 Just One of the Guys (Als Junge ist sie spitze);
1985 April Fool's Day (Die Horror-Party);
1987 Modern Girls (Hummeln im Hintern);
1987 Private Investigations (dito);
1988 Destroyer;
1988 Police Story: Monster Manor (TV);
1989 I, Madman/Hardcover (Hardcover);
1990 Snow Kill (dito);
1990 Nightwish (Nightwish – Out of Control).

Mark Rolaston

Walter Pierce in »Eye of the Beholder« (N170).

Ned Romero

Krell in »A Private Little War« (C49);
Anthwara in »Journey's End« (N172).

SERIEN:

1970–71 als Hoe Rivera in *Dan August;*
1971–72 als Bob Ramirez in *The D. A.*

GASTAUFTRITTE:

Land of the Lost (1976) »Medicine Man«; Tarzan (1966) »Eyes of the Lion«.

FILME:

1975 I Will Fight No More Forever;
1976 Tales of Nunundaga (Die jungen Krieger von Nunundaga);
1977 The Medicine Hat Stallion (TV);
1978 The Deerslayer;
1985 Last of the Mohicans;
1993 Children of the Corn II: The Final Sacrifice.

Tiny Ron

Maihar'du in »The Nagus« (D11), »Rules of Acquisition« (D27)

FILM:

1991 The Rocketeer (Rocketeer).

Stephen D. Root

Captain K'Vada in »Unification Part I« (N107), »Unification Part II« (N108).

Christine Rose

Gi'Ral in »Birthright Part I« (N142), »Birthright Part II« (N143).

FILM:

1985 Ishtar (dito).

Margot Rose

Eline in »The Inner Light« (N125).

SERIE:

1982 als Baker in *Report to Murphy;*
1986 als Kelly Enright in *He's the Mayor.*

GASTAUFTRITT:

Lois and Clark (1993) »Smart Kids«.

FILME:

1982 48 hrs. (Nur 48 Stunden);
1987 Murder Ordained (Blutige Hände).

David L. Ross

Lt. Galloway in »A Taste of Armageddon« (C24), »The City on the Edge of Forever« (C29), »The Omega Glory« (C53);
Lt. Johnson in »The Day of the Dove« (C63);
Wache in »The Trouble with Tribbles« (C45).

Jane Ross

Tamoon in »The Gamesters of Triskelion« (C46).

Michael Rothaar

Garvin in »Thine Own Self« (N168).

Michael Rougas

Lt. Cleary in *Star Trek – The Motion Picture.*

Douglas Rowe

Debin in »The Outrageous Okona« (N30).

FILME:

1987 Appointment with Fear;
1987 The Woo Woo Kid (Casanova Junior);
1988 Critters 2: The Main Course (Critters II);
1991 Writer's Block (TV; Mord zwischen den Zeilen).

Saul Rubinek

Kivas Fajo in »The Most Toys« (N70).
Geb. in Kanada.

SERIE:

ab 1985 in *The Equalizer.*

GASTAUFTRITT:

Hunter (1991) »Shadows of the Past«.

FILME:

1980 Deathship;
1980 Highpoint (Am Highpoint flippt die Meute aus);
1980 Nothing Personal;

1981 Agency (dito);
1981 By Design;
1981 Ticket to Heaven (Das süße Wort Verheißung);
1982 Soup for One;
1982 Young Doctors in Love (Küß mich, Doc!);
1986 Sweet Liberty;
1987 Taking Care (Verdacht auf Mord);
1987 Wall Street (dito);
1988 Obsessed;
1989 The Outside Chance of Maximilian Glick;
1990 Falling over Backwards (Familiensache);
1990 Bonfire of the Vanities (Fegefeuer der Eitelkeiten);
1992 Man Trouble (dito);
1992 The Unforgiven (Erbarmungslos);
1994 Getting Even with Dad (Allein mit Dad & Co.).

Vyto Ruginis

Chefingenieur Logan in »The Arsenal of Freedom« (N21).

Joseph Ruskin

Galt in »The Gamesters of Triskelion« (C46).

GASTAUFTRITTE:

Airwolf (1985) »Santini's Millions«; Alfred Hitchcock Presents (1986) »The Beast in View«; Bourbon Street Beat (1960) »Ferry to Algiers«; The Man from U.N.C.L.E. (1966) »The Her Master's Voice Affair«; Michael Shayne, Private Detective (1960) »Framed in Blood«; Mission: Impossible (1966) »Old Man Out«, (1967) »The Slave«, (1969) »The Brothers«, (1972) »The Puppet«; Planet of the Apes (1974) »The Tyrant«; The Outer Limits (1964) »Production and Decay of Strange Particles«; Route 66 (1961) »An Absence of Tears«; 77 Sunset Strip (1961) »The Positive Negative«; The Twilight Zone (o. J.); »The Man in the Bottle«; The Untouchables; The Wild Wild West (1965) »The Night of the Fatal Trap«, (1967) »The Night of the Falcon«.

FILME:

1978 Gypsy Warriors (dito);
1979 Captain America (Captain Amerika);
1985 The Longshot (Das Pechvogel-Quartett).

Tim Russ

T'Kar in »Invasive Procedures« (D24);
Devor in »Starship Mine« (N144).

SERIE:

1988 als D. C. Montana in *The Highwayman.*

FILM:

1992 Heroes of Desert Storm (TV).

Barry Russo

Commander Giotta in »The Devil in the Dark« (C26);
Commodore Wesley in »The Ultimate Computer« (C54).

GASTAUFTRITTE:

Mission: Impossible (1966) »The Carriers«; Twelve O'Clock High (1966) »Practice to Deceive«.

Mitchell Ryan

Kyle Riker in »The Icarus Factor« (N40).
Geb. 11. Januar 1928 in Cincinatti, Ohio.

SERIEN:

o. J. als Anthony Tonell in *Santa Barbara;*
Ende der 60er Jahre als Burke Devlin in *Dark Shadows;*
1973–74 als Chase Reddick in *Chase;*
1976–77 als Don Walling in *Executive Suite;*
1978–79 als Blake Simmons in *Having Babies;*
1980 als Cooper Hawkins in *The Chisholms;*
1983 als Brennan Flannery in *High Performance.*

GASTAUFTRITT:

Mission: Impossible (1989) »Submarine«.

FILME:

1970 Monte Walsh;
1973 Electra Glide in Blue (Harley Davidson 344);
1973 High Plains Drifter (Ein Fremder ohne Namen);
1973 My Old Man's Place;
1973 Magnum Force (Calahan);
1977 The Christmas Coal Mine Miracle;
1977 The Medicine Hat Stallion;
1980 Angel City;
1981 The Monkey Business (TV; Privatdetektiv Joe Dancer: Ein Auftrag für den Affen);
1981 The Choice;
1983 Uncommon Valor (Großalarm im Krankenhaus);
1983 The Gambler Part II – The Adventure Continues;
1984 Fatal Vision;

1987 Lethal Weapon (Zwei stahlharte Profis);
1988 Penalty Phase (Dead or Alive);
1989 Winter People;
1990 Judgment (TV);
1991 Deadly Game (Spiel gegen den Tod);
1992 Aces: Iron Eagle III (Die Asse der stählernen Adler);
1992 Dirty Work (Ein dreckiger Job);
1993 Opposite Sex (And How to Love with Them) (Opposite Sex);
1993 Hot Shots! Part Deux (Hot Shots! Der zweite Versuch).

Whitney Rydbeck

Alans in »Pen Pals« (N41).

FILME:

1973 Sleeper (Der Schläfer);
1980 The Jayne Mansfield Story (Die Jayne-Mansfield-Story).

Alfred Ryder

Robert Crater in »The Man Trap« (C2).

GASTAUFTRITTE:

The Alfred Hitchcock Hour (1965) »The Photographer and the Undertaker«; Buck Rogers in the 25th Century; Combat (1964) »The Hunter«; Inner Sanctum; The Invaders (1967) »Vikor«, »The Ransom«; Land of the Giants; Lights Out; Man and the Challenge; The Man from U.N.C.L.E. (1967) »The Deep Six Affair«; McCloud (1970) »Our Man in Paris«, (1972) »A Little Plot, a Tranquil Valley«; Mission: Impossible (1968) »The Diplomat« (»Ein großes Risiko«), (1969) »The Controllers«, (1971) »The Party«; One Step Beyond (1959) »The Devil's Laughter«, (1960) »Forests of the Night«; The Outer Limits (1963) »The Borderland«; The Rat Patrol (1967) »The Darkest Raid«; Renegade (o. J.) (»Auf Leben und Tod«); Route 66 (1960) »The Man on the Monkey Board«, (1963) »And Make Thunder His Tribute«; Search; The Six Million Dollar Man; The Streets of San Francisco (o. J.) (»Der Superstar«); Target: The Corruptors (1962) »Yankee Dollar«; Voyage to the Bottom of the Sea (o. J.) »The Phantom«, »The Return of the Phantom«, (1967) »The Heat Monster«; Way Out; The Wild Wild West (1967) »The Night of the Deadly Bubble«.

FILME:

1948 T-Men;
1963 The Raiders (Die rauhen Reiter von Texas);
1967 Valley of Mysteries (Tal der Geheimnisse);
1973 The Legend of Hillbilly John;
1975 Escape to Witch Mountain.

S

David Sage

Tarmin in »Violations« (N112).

GASTAUFTRITT:

The Twilight Zone (1986) »Profile in Silver«.

Willard Sage

Thann in »The Empath« (C68).
Geb. 1923 in Kanada, gest. 17. März 1974.

GASTAUFTRITTE:

The Invaders; Land of the Giants; The Outer Limits (1963) »Nightmare«, (1964) »Production and Decay of Strange Particles«; The Rookies (1973) »A Matter of Justice«; The Sixth Sense; Twelve O'Clock High (1965) »Then Came the Mighty Hunter«.

FILME:

1969 Colossus: The Forbin Project (Colossus);
1972 Dirty Little Billy (Dreckiger kleiner Billy).

Robert Sampson

Sar VI in »A Taste of Armageddon« (C24).

SERIEN:

1972–73 als Mike Fitzgerald in *Bridget Loves Bernie;*
1981–82 als Turk Tobias in *Falcon Crest.*

GASTAUFTRITTE:

Alfred Hitchcock Presents; Automan; Knight Rider; Mission: Impossible (1971) »The Party«; One Step Beyond; The Outer Limits; The Powers of Matthew Star; The Twilight Zone; Wonder Woman.

FILME:

1981 Fear No Evil (TV);
1983 Gates of Hell;
1985 Re-Animator (dito);
1989 The Dark Side of the Moon (dito);
1990 Robot Jox (Robotjox);
1991 Netherworld (dito).

Steve Sandor

Lars in »The Gamesters of Triskelion« (C46).

SERIE:
1974–75 als Tony Russell in *Amy Prentiss.*

GASTAUFTRITTE:
The A-Team (1984) »Breakout«, »Pure-Dee Poison«; Hardcastle and McCormick (1985) »The Birthday Present«; Hunter (1985) »The Shooter«; The Rookies (1974) »The Authentic Death of Billy Stomper«.

FILME:
1969 Hell's Angels '69 (Hell's Angels '70);
1970 One More Train to Rob (Heißes Gold aus Calador);
1977 Mad Bull (dito);
1978 Dynamo;
1982 Bonnie's Kids;
1983 Stryker (dito).

Chris Sarandon

Martus Mazur in »Rivals« (D31).

FILME:
1974 The Satan Murders (TV);
1975 Dog Day Afternoon (Hundstage);
1976 Lipstick (Eine Frau sieht rot);
1977 The Sentinel (Hexensabbat);
1979 Cuba (Explosion in Cuba);
1983 The Osterman Weekend (Das Osterman-Wochenende);
1984 Protocol (Protocol – Alles tanzt nach meiner Pfeife);
1985 Fright Night (dito/Die rabenschwarze Nacht);
1987 Mayflower Madam (dito);
1987 The Princess Bride (Die Braut des Prinzen);
1988 Child's Play;
1989 Collision Course;
1989 Forced March;
1989 Slaves of New York;
1989 Tailspin;
1990 Whisper (Whisper to Kill);
1991 The Resurrected (Evil Dead – Die Saat des Bösen).

William Sargent

Dr. Thomas Leighton in »The Conscience of the King« (C14).

GASTAUFTRITTE:

The Alfred Hitchcock Hour; Combat! (1963) »Anatomy of a Patrol«; The Invaders; Mission: Impossible; Twelve O'Clock High (1966) »The Survivor«; The Twilight Zone (1963) »Ninety Years without Slumbering«.

Camille Saviola

Kai Opaka in »Emissary« (D1/2), »Battle Lines« (D13), »The Collaborator« (D44).

FILM:

1989 Nightlife (dito).

George Sawaya

Chief Humboldt in »The Menagerie« (C12/C13).

GASTAUFTRITTE:

Combat! (1963) »Thunder from the Hill«, (1966) »The Chapel at Able-Five«; Mission: Impossible (1972) »The Deal«; The Rookies (1972) »A Deadly Velocity«.

Michele Scarabelli

Jenna in »In Theory« (N99).

FILME:

1984 Perfect Timing (Die total verrückte Clique – Lucky Harry);
1989 Snake Eater 2, the Drug Buster;
1991 Deadbolt (dito).

Alan Scarfe

Admiral Mendak in »Data's Day« (N85);
Tokath in »Birthright Part II« (N143).

GASTAUFTRITTE:

Columbo (1990) »Columbo Cries Wolf«; Hunter (1989) »Shillelagh«; Tour of Duty.

FILME:

1976 Cathy's Curse;
1983 The Bay Boy (Das nächste Opfer);
1984 Walls (Walls – Mauern der Gewalt);
1985 Keeping Track (Keeping Track – Im Fadenkreuz);
1986 As Is;

1988 Iron Eagle II;
1991 Double Impact.

Rick Scarry

Jarth in »Man of the People« (N129).

William Schallert

Nilz Baris in »The Trouble with Tribbles« (C45);
Varani in »Sanctuary« (D30).
Geb. 6. Juli 1922 in Los Angeles, Kalifornien.

SERIEN:

1959–63 als Leander Pomfritt in *The Many Loves of Dobie Gillis;*
1963–66 als Martin Lane in *The Patty Duke Show;*
1976 als Teddy Futterman in *The Nancy Walker Show;*
1977–78 als Carson Drew in *The Hardy Boys Mysteries;*
1977–78 als Carson Drew in *The Nancy Drew Mysteries;*
1979 als Rev. John March in *Little Women;*
1979 als General Mark Clark in *Ike;*
ab 1986 in *The New Gidget.*

GASTAUFTRITTE:

CHiPs (1979) »Christmas Watch«; Combat! (1966) »Headcount«; Magnum P. I. (1983) »Basket Case«; Michael Shayne, Private Detective (1960) »Call for Michael Shayne«; Mission: Impossible (1967) »The Train«; One Step Beyond (1959) »Epilogue«; Quantum Leap (1989) »So Help Me God, July 29, 1957«; The Rat Patrol (1967) »The Bring 'em Back Alive Raid«; 77 Sunset Strip (1960) »Legend of the Crystal Dart«; The Twilight Zone (1960) »Mr. Beris«, (1986) »Shadow Play«, »Daydream«; The Wild Wild West (1969) »The Night of the Winged Terror«.

FILME:

1954 The High and the Mighty (Es wird immer wieder Tag);
1957 The Incredible Shrinking Man (Die unglaubliche Geschichte des Mr. C);
1961 Lonely Are the Brave (Einsam sind die Tapferen);
1968 Speedway;
1969 Colossus: The Forbin Project (Colossus);
1969 The Computer Wore Tennis Shoes;
1972 The Trial of Cantonsville Nine;
1975 The Strongest Man in the World (Der Retorten-Goliath);
1980 Hangar 18 (Geheimsache Hangar 18);
1983 Twilight Zone – The Movie;

1986 Innerspace (Die Reise ins Ich);
1991 House Party 2;
1993 Matinee.

Sabrina Scharf

Miramanee in »The Paradise Syndrome« (C59).

FILM:

1967 Hell's Angels on Wheels (Die wilden Schläger von San Francisco).

Robert Schenkhan

Dexter Remick in »Coming of Age« (N19), »Conspiracy« (N25).

FILM:

1983 Murder in Coweta Country (Mord im falschen Bezirk).

Vincent Schiavelli

Waffenverkäufer-Hologramm in »The Arsenal of Freedom« (N21). Geboren in Brooklyn, New York.

SERIEN:

1972 als Peter Panama in *The Corner Bar;*
1976 in *The Moneychangers;*
1986 als Hector Vargas in *Fast Times.*

GASTAUFTRITTE:

Hardcastle and McCormick (1985) »The Birthday Present«; Otherworld (1985) »Village of the Motor Pigs«; Starsky & Hutch (o. J.) (»Wer ist hier der Irre?«).

FILME:

1971 Taking Off (dito);
1975 One Flew Over the Cuckoo's Nest (Einer flog über das Kuckucksnest);
1980 The Return (Tödliche Bedrohung);
1980 Seed of Innocence (Saat der Unschuld);
1981 Chu Chu and the Philly Fish (Crazy Street Life);
1983 The Adventures of Buckaroo Banzai: Across the Eighth Dimension (Buckaroo Banzai – Die 8. Dimension);
1984 The Ratings Game (T.V. – Total verrückt);
1989 Playroom (Schizomaniac);
1989 Cold Feet (dito);
1989 Homer and Eddie (Homer und Eddie);

1990 Ghost (Ghost – Nachricht von Sam);
1991 Free Jack (Free-Jack);
1991 Waiting for the Light (Zeichen und Wunder);
1992 Batman Returns (Batmans Rückkehr).

Reiner Schöne

Esoqq in »Allegiance« (N66).

FILME:

1987 The Gunfighters;
1990 The Handmaid's Tale (Die Geschichte der Dienerin).

John Schuck

Klingonischer Botschafter in *Star Trek IV – The Voyage Home* und *Star Trek VI – The Undiscovered Country;*
Legate Parn in »The Maquis Part II« (D41).
Geb. 4. Februar 1940 in Boston, Massachusetts.

SERIEN:

1971–77 als Charles Enright in *McMillan and Wife;*
1976 als Gregory »Yoyo« Yoyonovich in *Holmes and Yoyo;*
1977 als Ordell in *Roots;*
1979 als Sam Alston in *Turnabout;*
1982–83 als Murray in *The New Odd Couple.*

GASTAUFTRITTE:

Love Boat (o. J.) (»Die Königin der Saba«); Misfits of Science (1986) »Grand Elusion«; Mission: Impossible (1970) »Death Squad«.

FILME:

1970 M*A*S*H (dito);
1971 McCabe & Mrs. Miller (dito);
1971 Hammersmith Is Out;
1973 Blade;
1973 Thieves Like Us (Diebe wie wir);
1979 Butch and Sundance: The Early Years (Butch & Sundance – die frühen Jahre);
1981 Earthbound (Endstation Planet Erde);
1984 Finders Keepers (Wer hat, der hat/Der Chaos-Expreß);
1987 Outrageous Fortune (Nichts als Ärger mit dem Typ);
1987 The New Adventures of Pippi Lougstocking (Pippi Langstrumpfs neueste Streiche);
1989 Second Sight;
1992 Four Eyes and Six Guns.

Dwight Schultz

Dwight Schultz

Lt. Reginald Endicott Barclay III. in »Hollow Pursuits« (N69), »The Nth Degree« (N93), »Realm of Fear« (N128), »Ship in a Bottle« (N138), »Genesis« (N171).
Geb. 24. November 1947 in Baltimore, Maryland.
Voller Name: William Dwight Schultz.
Dwight Schultz arbeitete bis zu seinem internationalen Durchbruch in *The A-Team* vorwiegend als Theaterschauspieler. Seit 1983 ist er mit Wendy Fulton verheiratet. Als langjähriger *Star Trek*-Fan hatte Schultz schon frühzeitig sein Interesse an einem Gastauftritt in *Star Trek – The Next Generation* bekundet.

SERIE:

1983–1987 als H. M. »Howling Mad« Murdock in *The A-Team.*

GASTAUFTRITTE:

Alfred Hitchcock Presents (1987) »The World's Oldest Motive«; CHiPs (1981) »Hawk and the Hunter«; Hill Street Blues.

FILME:

o. J. This Is My Son;
1982 Alone in the Dark (Zwei Stunden vor Mitternacht);
1983 When Your Lover Leaves;

1989 Fat Man and Little Boy/The Shadow Makers (Die Schattenmacher);
1990 The Long Walk Home;
1990 A Killer Among Us (TV; Killer unter uns);
1991 Woman with a Past (TV; Schuld kennt kein Vergessen);
1992 Child of Rage (Mörderische Kindheit);
1993 The Temp (Die Aushilfe).

Judson Scott

Joachim in *Star Trek II – The Wrath of Khan;*
Sobi in »Symbiosis« (N22).

SERIEN:

1982 als Bennu in *The Phoenix;*
1985 als Lt. James in *V;*
1986 als Sacha Malenkov in *The Colbys.*

GASTAUFTRITTE:

The A-Team (1985) »Incident at Crystal Lake«; Mission: Impossible (1988) »The Legacy«; Voyagers! (1982) »World's Apart«.

FILME:

1981 The Phoenix (TV; Pilotfilm; Der Phönix);
1989 Full Exposure: The Sex Tapes Scandal (Der Sex-Tapes-Skandal);
1990 K-9000 (Projekt 9000 ... die coolste Schnauze von L. A.).

Kathryn Leigh Scott

Nuria in »Who Watches the Watchers?« (N52).
Geb. in Robbinsdale, Minnesota.

SERIEN:

in den sechziger Jahren in *Dark Shadows;*
1979 als Stephanie Marsh in *Big Shamus, Little Shamus.*

Renata Scott

Admiral Hayes in »Realm of Fear« (N128).

Ted Scott

Heraklit in »Plato's Stepchildren« (C66).

Howie Seago

Riva in »Loud as a Whisper« (N31).
Howie Seago, der in seiner Gastrolle einen Tauben verkörpert, ist selbst wirklich taub.

GASTAUFTRITTE:
The Equalizer (o. J.) (»Stummer Schrei«); Hunter (1988) »Death Signs«.

Charles Seel

Ed in »Spectre of the Gun« (C62).
Geb. ca. 1897 in The Bronx, New York.

SERIEN:
1955–75 als Barney in *Gunsmoke;*
1959–63 in *Dennis the Menace;*
1966–67 als Großvater Pride in *The Road West.*

FILME:
1972 Westworld (dito);
1973 Sssssss (Ssssnake Kobra).

Eileen Seeley

Ardrian MacKenzie in »The Ensigns of Command« (N50).

SERIE:
1987 als Jenny Whiteman in *Down and Out in Beverly Hills.*

Pamela Segall

Oji in »Who Watches the Watchers?« (N52).

SERIEN:
1983–84 als Kelly Affinado in *The Facts of Life;*
1986 als Toni Rutledge in *The Redd Foxx Show.*

FILME:
1986 Willy/Milly (dito);
1987 Something Special;
1989 After Midnight;
1989 Say Anything (Teen Lover);
1992 Gate II (Gate 2 – Das Tor zur Hölle).

David Selburg

Whelan in »The Big Goodbye« (N12);
Syrus in »Frame of Mind« (N147).

SERIE:
1987 als Officer Raymond in *Hill Street Blues.*

Karole Selmon

Yareena in »Code of Honor« (N4).

Pilar Seurat

Sybo in »Wolf in the Fold« (C44).

GASTAUFTRITTE:

The Alfred Hitchcock Hour; The Man from U.N.C.L.E. (1966) »The Abominable Snowman Affair«; Voyage to the Bottom of the Sea (o. J.) »The Silent Saboteurs«.

FILME:

1961 Battle at Bloody Beach (Schlacht an der Blutküste);
1961 Seven Women from Hell (Flucht aus der Hölle).

Carolyn Seymour

Subcommanderin Toras in »Contagion« (N37);
Mirasta Yale in »First Contact« (N89);
Commanderin Toreth in »Face of the Enemy« (N140).
Geb. auf der Isle of Wight, Großbritannien.
Nachdem Carolyn Seymour in verschiedenen britischen Produktionen mitgewirkt hatte, zog sie 1979 in die USA, wo sie seitdem konstant in Film und Fernsehen zu sehen ist.

SERIEN:

o. J. in *Take Three Girls* (britisch);
o. J. in *Survivors* (britisch).

GASTAUFTRITTE:

Alfred Hitchcock Presents (1985) »Wake Me When I'm Dead«; The Flash (1991) »All Done with Mirrors«; Magnum P. I. (o. J.) (»Der schwarze Spiegel«); Murder She Wrote; Otherworld (1985) »Princess Metra«; Quantum Leap (1989) »A Portrait for Troian, February 7, 1971«; The Twilight Zone (1985) »Ye Gods«.

FILME:

o. J. Midnight Cabaret;
o. J. Destination Unknown;
1970 Unman, Wittering and Zigo (Die Satansbraut);
1972 Steptoe and Son;
1972 The Ruling Class;
1979 The Bitch (Lady Diamond);
1983 Death Ride to Osaka (Operation Osaka);
1986 Condor (dito);

1991 Mistress of Paradise (Das letzte Paradies – Schatten der Vergangenheit);
1991 Over the Line (Out of Control – Alptraum der Begierde).

Nicholas Shaffer

Cowl in »Sanctuary« (D30).

Melanie Shatner

Yeoman in *Star Trek V – The Final Frontier.*
Geb. 1965. Tochter von William Shatner, die bislang hauptsächlich durch die Mitwirkung in B-Horror-Filmen relativ bekannt geworden ist.

GASTAUFTRITTE:

Dark Justice; General Hospital; Knots Landing.

FILME:

o. J. The First Power;
o. J. Round-Up;
o. J. Subspecies II;
1990 Syngenor (dito);
1991 Cthulhu Mansion (dito);
1992 Bloodstone (Helldance);
1994 Bloodlust: Subspecies III.

William Shatner

James T. Kirk in *Star Trek, Star Trek – The Motion Picture, Star Trek II – The Wrath of Khan, Star Trek III – The Search for Spock, Star Trek IV – The Voyage Home, Star Trek V – The Final Frontier, Star Trek VI – The Undiscovered Country, Star Trek: Generations.*
Geb. 22. März 1931 in Montreal, Kanada.
William Shatners Vater führte in Montreal ein Bekleidungsgeschäft, und es war sein Wunsch, daß sein Sohn die gleiche Richtung einschlug. Seinem Vater zuliebe ging Shatner aufs College und erlangte einen kaufmännischen Abschluß. Doch schon in dieser Zeit arbeitete er nebenher für den kanadischen Rundfunk.
1954 wurde er Mitglied des Stratford Shakespeare Festival, 1957 erhielt er den Tyrone Guthrie Award als vielversprechendster Jungschauspieler. Shatners Ambition war vom ersten Tag an, ein so guter Schauspieler zu werden wie Laurence Olivier, ein Vorbild, dem er stets nachzueifern versuchte (ohne jemals an dessen Qualitäten heranreichen zu können).
Das Bühnenstück »Tamburlaine«, in dem Shatner die zweite männliche Hauptrolle spielte, war in Kanada so erfolgreich, daß man den Sprung an den Broadway wagte. Dort erwies sich das Stück als nicht annähernd

William Shatner

so beliebt; nur Shatner konnte offenbar so überzeugen, daß Twentieth Century Fox ihm einen Siebenjahresvertrag mit einem wöchentlichen Lohn von 500 Dollar anbot. Shatner überschätzte sein Talent und lehnte ab, da er kein Hollywood-Schauspieler, sondern auf der Bühne erfolgreich werden wollte. Er kehrte nach Kanada zurück und schrieb das Theaterstück »Dreams«, in dem er gemeinsam mit Gloria Rand auftrat, die er bereits bei »Tamburlaine« kennengelernt hatte und wenig später heiratete.

1957 besuchte er die MGM-Studios und erhielt einen Fünfjahresvertrag, da man dort große Hoffnungen in ihn setzte. Diesmal willigte Shatner ein, und im gleichen Jahr bekam er dann auch eine erste Rolle in der MGM-Produktion *The Brothers Karamazov.* Unzufrieden mit dieser Art zu arbeiten, löste er den Vertrag mit MGM und zog nach New York, um am Broadway zu spielen. Dort bekam er die männliche Hauptrolle in »The World of Suzie Wong«, seine Partnerin war France Nuyen, die er später bei *Star Trek* wiedersehen würde. 1958 erhielt er den Theatre World Award als bester Schauspieler, 1959 wurde seine

Tochter Leslie Carol geboren. Im gleichen Jahr machte sich seine falsche Selbsteinschätzung und eine oft zu bemerkende Geringschätzung anderer bemerkbar, als er seine Kollegin France Nuyen in ihrer Abwesenheit kritisierte. 1961 war er am Broadway in »A Shot in the Dark« zu sehen. Das Angebot, die Hauptrolle in *Dr. Kildare* zu spielen, schlug er ebenfalls aus, da er sich nicht für eine Serie verpflichten wollte. Die Rolle ging an Richard Chamberlain; Shatner war lediglich in fünf Episoden Gastschauspieler.
Die Theaterarbeit machte sich aber nicht so bezahlt, wie er es erhofft hatte, und so sah Shatner sich schließlich doch gezwungen, Film- und Fernsehrollen anzunehmen. 1961 war er in dem Drama *Judgment at Nuremberg* zu sehen – zwar nicht in einer Hauptrolle, wie er es sich vielleicht gewünscht hatte, aber schließlich handelte es sich um einen Film mit Weltklasseformat.
Noch im gleichen Jahr wirkte er in Roger Cormans *The Intruder* mit, in dem er einen weißen Rassisten spielt, der die weißen Bewohner einer Kleinstadt gegen die schwarzen Mitbürger aufzubringen versucht. Anfangs scheint ihm das auch zu gelingen, doch der Erfolg steigt ihm zu Kopf, und zum Schluß steht er von allen verlassen da. Shatners Rolle war eine extrem unsympathische, die von jedem Schauspieler Überwindung erfordert hätte. Immerhin beurteilen viele Zuschauer einen Schauspieler nach der Rolle, in der sie ihn sehen, womit die Gefahr bestand, daß Shatner in der Folgezeit keine neuen Rollen mehr finden würde. Zum einen war diesmal das Gegenteil der Fall, zum anderen ist Shatner in keiner Rolle besser gewesen. In diesem Film kam er schauspielerisch seinem Idol Laurence Olivier am nächsten, aber er sollte eine derart intensive Darstellung nie wiederholen.
1962 wurde seine Tochter Lisabeth Marie geboren, 1965 Tochter Melanie Ann. Im gleichen Jahr bekam er eine feste Rolle in der Serie *For the People,* die aber nur 13 Episoden erlebte. Außerdem bekam er immer wieder Gastrollen in diversen Fernsehserien; die interessanteste war die Episode »The Project Strigas Affair« aus der Serie *The Man from U.N.C.L.E.,* in der er gemeinsam mit Leonard Nimoy auftrat, lange vor *Star Trek.*
Und dann kam Gene Roddenberry mit seiner Serie *Star Trek*, wobei die Versionen, warum Shatner die Rolle des James T. Kirk annahm, sehr weit auseinandergehen. Die Shatner-Version lautete, daß er die Rolle annahm, weil er in der Serie ein großes Potential erblickte. Eigentlich hätte er aber auch gut von den Gagen aus seinen Gastrollen und den Theaterauftritten leben können. Für den langjährigen Gegner aller festen Engagements war dies eine zumindest unverständliche Entscheidung.
Die andere Version besagt, daß Shatner wegen finanzieller Nöte fast bereit war, einen anderen Beruf zu ergreifen, und das Angebot von Gene Roddenberry gerade im richtigen Moment kam.

Die Serie entwickelte sich nicht so, wie Roddenberry es sich vorgestellt hatte, aber die Rolle des Captain Kirk entwickelte sich durchaus so, wie Shatner es sich wünschte. Er hatte bei Roddenberry durch sein energisches Auftreten einen so starken Eindruck hinterlassen, daß dieser ihm weitgehende Freiheit bei der Gestaltung der Rolle einräumte, was zwangsläufig dazu führte, daß die Rolle des James T. Kirk immer mehr in den Mittelpunkt rückte und Shatner das Geschehen immer stärker kontrollierte. Das ging so weit, daß er bei den Dreharbeiten vor jeder Szene seine Kollegen zusammenrief und über den Verlauf der Handlung mit ihnen diskutierte.
Das Ende der Serie bedeutete für Shatner eine mittlere Katastrophe in finanzieller Hinsicht. 1969 ließ er sich von seiner Frau Gloria Rand scheiden. Da die Unterhaltszahlungen auf seinen Einnahmen aus *Star Trek* basierten und vereinbart worden waren, als das Ende der Serie noch niemand für möglich hielt, fielen sie entsprechend hoch aus und zwangen Shatner dazu, viele schlechte Rollen in Filmen und beim Fernsehen anzunehmen. Außerdem machte er Werbespots und Anzeigen für Firmen, die trotz des frühen Endes der Serie das Image des Captain Kirk für gut genug hielten, um die Umsätze zu verbessern. Er besuchte auch Talkshows und Conventions, um überleben zu können.
Eine beachtlich gute Rolle bekam William Shatner 1970 in dem hochgelobten Fernsehfilm *The Andersonville Trial,* doch danach begann sein Stern dramatisch zu sinken. Zwei absolute Tiefpunkte in seiner Karriere waren 1974 *Big Bad Mama* und 1975 *The Devil's Rain.* Auch seine Auftritte in Fernsehserien ließen zu wünschen übrig, zumal Shatner kaum Wandlungsfähigkeit zeigte.
1973 heiratete er Marcy Lafferty, die bei *The Andersonville Trial* als Regieassistentin gearbeitet hatte. Der Versuch, mit der Serie *The Barbary Coast* ein Publikum zu finden, scheiterte schon nach wenigen Episoden, obwohl Shatner in seiner Rolle überzeugte und die Serie an sich auf einem ungewöhnlichen Konzept basierte. In den späten siebziger Jahren konnte er allmählich wieder Land gewinnen, um dann schließlich zu *Star Trek* zurückzukehren: in *Star Trek – The Motion Picture.*
Obwohl der Film finanziell nur knapp einem Reinfall entkam, wurde die Reihe fortgesetzt, was insbesondere nach dem Erfolg des zweiten und des vierten Films für William Shatner regelmäßig einen Geldregen bedeutete.
Seine neugewonnene Popularität führte 1982 dazu, daß er die Hauptrolle in einer neuen Serie bekam, als Polizist in *T. J. Hooker.* Die Serie war beim Publikum sehr beliebt, aus nicht nachvollziehbaren (aber möglicherweise in Shatners Person liegenden) Gründen aber beim Sender sehr unbeliebt, der sie auf immer spätere Sendeplätze legte und zum Schluß mitten in der Nacht ausstrahlte, um den Beweis zu erbringen, daß die Einschaltquoten zu niedrig waren.
Nachdem Leonard Nimoy beim dritten und vierten Kinofilm Regie ge-

führt hatte, fiel bei *Star Trek V – The Final Frontier* diese Aufgabe aufgrund vertraglicher Vereinbarung Shatner zu. Diese Tatsache führte zu beträchtlicher Kritik und Ablehnung, obwohl noch niemand den Film gesehen hatte, um sich ein Urteil bilden zu können. Das Ergebnis war keineswegs schlecht, aber die über Monate hinweg verbreiteten Vorurteile zeigten Wirkung und ließen den Film an den Kinokassen durchfallen. Hinzu kam, daß Shatner in den unvermeidlichen Interviews zum Film bevorzugt über sein Hobby Pferdezucht redete, das er seit Anfang der achtziger Jahre gemeinsam mit seiner Frau pflegte (inklusive regelmäßiger Auftritte bei sogenannten Showdeos – einer speziellen Art des Schaureitens).
William Shatner ließ sich davon nicht allzusehr beeindrucken, sondern begann im Anschluß an den Film einen Roman zu schreiben, »TekWar«, der ein immenser Erfolg wurde. Neben mehreren Fortsetzungen wurde die Idee auf eine Comic-Reihe und eine Reihe von Fernsehfilmen übertragen (bei denen Shatner allerdings nicht die Hauptrolle übernahm); die Verhandlungen, ob es sogar zu einer Fernsehserie kommen wird, sind noch nicht abgeschlossen. Trotz aller Beteuerungen von William Shatner, der SF-Autor Ron Goulart habe ihm lediglich geholfen, den Roman zu verwirklichen, halten sich bis heute hartnäckig Gerüchte, wonach der wirkliche Verfasser Ron Goulart allein sei und Shatner mehr oder weniger nur seinen Namen hergegeben habe, um den Roman besser verkaufen zu können.
Seit 1993 war Shatner in drei Rollen als Bösewicht zu sehen: in *National Lampoon's Loaded Weapon I,* in einer Episode von *Columbo* und in einer Episode von *SeaQuest DSV.* Bei all diesen Auftritten präsentierte Shatner ein neues Image, indem er jedesmal mit Schnauzer auftrat. Bedauerlicherweise sah keiner der drei Schnauzer echt aus; die schlimmste Version war in *Columbo* zu sehen, wo sich das Aussehen des Schnauzbarts im Verlauf des Films mehrfach sowohl in der Form als auch in der Farbe änderte.
In *Star Trek: Generations,* dem ersten Kinofilm der nächsten Generation, wirkt Shatner ebenfalls mit, an seiner Seite Walter Koenig und James Doohan, die für DeForest Kelley und Leonard Nimoy einspringen, obwohl das Verhältnis zwischen Shatner und Doohan noch nie das beste war. Die ungeliebte Kritik an seinen Kollegen hat Shatner aber auch während der Dreharbeiten zu diesem Film offenbar nicht unterdrücken können. Nach ersten Berichten wollte er Patrick Stewart, der von beiden unbestritten der bessere Schauspieler ist, Vorschriften machen, wie er eine bestimmte Szene zu spielen habe.

SERIEN:

1965 als David Koster in *For the People;*
1974 als Moderator von *Inner Space;*
1975–76 als Jeff Cable in *The Barbary Coast;*

1978 in *Little Women;*
1978 in *The Bastard/Kent Family Chronicles;*
1982–86 als T. J. Hooker in *T. J. Hooker;*
1991 als Präsentator von *Voice of the Planet;*
ab 1991 als Präsentator von *Rescue 911.*

GASTAUFTRITTE:

Alcoa Premiere (1963) »Million Dollar Hospital«; Alfred Hitchcock Presents (1957) »The Glass Eye«, (1960) »Mother, May I Go Out to Swim?«; The Amazing World of Kreskin; Amy Prentiss (1974) »Baptism of Fire«; Arrest and Trial (1964) »Onward and Upward«; Barnaby Jones (1973) »To Catch a Dead Man«; The Big Valley (1966) »A Time to Kill« (»Zu viele Blüten«); The Bob Hope Chrysler Theatre (1964) »The Shattered Glass«, (1966) »Wind Fever »; The Bold Ones (1973) »A Tightrope to Tomorrow«; Burke's Law (1964) »Who Killed Carrie Cornell«; Cade's County (1971) »The Armageddon Contract« (»Stirbt Madrid?«); CBS Playhouse (1969) »Shadow Game«; Channing (1963) »Dragon in the Den«; Circle Theatre; Climax (1958) »Time of the Hanging«; Columbo (1976) »Fade in to Murder« (»Mord im Bistro«), (1993) »Butterflies in Shades of Grey«; The Defenders; Dick Powell Theatre (1963) »Colossus«; Dr. Kildare; Family Classics (1960) »The Scarlett Pimpernel«; The FBI (1970) »Antennae of Death« (»Der gute Onkel«); Ford Theatre Playhouse (o. J.) »Mr. Finchley vs. the Bomb«; The Fugitive (1965) »Stranger in the Mirror«; Goodyear Playhouse (1956) »All Summer Long«; Gunsmoke (1966) »Quaker Girl«; Hallmark Hall of Fame (o. J.) »The Christmas Tree«; Hawaii Five-O (1972) »You Don't Have to Kill to Get Rich But It Helps« (»Wie man vorzeitig Erbe wird«); Thriller (1960) »The Hungry Glass«, (1961) »The Grim Reaper«; Ironside (1970) »Little Jerry Jessup« (»Martys letzte Chance«), (1971) »The Walls Are Waiting«, (1974) »The Chief« (»Amy Prentiss soll Chief werden«); Kaiser Aluminum Hour (1956) »Gwyneth« (1957) »The Deadly Silence«; Kodiak (1974); Kraft Theatre (1958) »The Velvet Trap«; Kung Fu (o. J.) »A Small Beheading« (»Caines Begnadigung«); Lamp Unto My Feet (1965) »The Cape«; The Magician (1973); The Man from U.N.C.L.E. (o. J.) »The Project Strigas Affair«; Mannix (o. J.) (»Tödliche Gerüchte«); Marcus Welby, MD (1972) »Heartbeat for Yesterday«; Medical Center (1970) »The Combatants«; Men at Law (1971) »One American«; Mission: Impossible (1971) »Encore« (»Da Capo«), (1972) »Cocaine« (»Rauschgift«); Mork and Mindy (1982) »Mork, Mindy and Mearth Meet MILT« (Shatner als Shatner!); Naked City (1962) »Portrait of a Painter«, »Without Stick of Sword«; The Name of the Game (1970) »The Glory Shouter«, »Tarot«; The Nurses (1963) »A Difference of Years«, »A Question of Mercy«; Omnibus (1956) »School for Wives«, (1957) »Oedipus Rex«; One Step Beyond (1960) »The Promise«; The Outer Limits (1964) »Cold Hands,

Warm Heart«; The Outlaws (1960) »Starfall«; Owen Marshall, Counselor at Law (1971) (»Ein Leben in Angst«), (1972) »Five Will Get You Six« (»Die Lüge und ihr Preis«); Paris 7000 (1970) »The Shattered Idol«; Philco Playhouse; Playhouse 90 (1958) »A Town Has Turned to Dust«; Police Story (1974) »Love, Mabel«; Police Surgeon (1973) »50 Kilos to Nowhere«; Police Woman (o. J.) »Smack« (»Sucht«); Prudential on Stage (1969) »The Skirts of Happy Chance«; The Ray Bradbury Theatre (o. J.) »The Playground« (»Der Spielplatz«); The Reporter (1964) »He Stuck in His Thumb«; Robert Herridge Theatre (1960) »A Story of a Gunfighter«; The Rookies (1975) »The Hunting Ground«; Route 66 (1963) »Build Your Own House with Their Back to the Sea«; SeaQuest DSV (1993) (»Der Alptraum«); 77 Sunset Strip (1963) »Five«; The Six Million Dollar Man (1974) »Burning Bright« (»Wahnsinn aus dem All«); The Sixth Sense (1972) »Can a Dead Man Strike from the Grave«; Songs of the Ages (o. J.) »The Search«; Studio One (1957) »The Deaf Heart«, »The Defenders«, »No Deadly Machine«; Sunday Showcase (1959) »The Indestructible Mr. Gore«; Suspicion (1958) »Protégé«; Thriller (1960) »The Hungry Glass«, (1961) »The Grim Reaper«; The Twilight Zone (1960) »Nick of Time«, (1963) »Nightmare at 20,000 Feet«; Theatre One (o. J.) »Legman«; Twelve O'Clock High (1965) »I Am the Enemy«; U.S. Steel Hour (1958) »A Man in Hiding«, »Old Marshalls Never Die«, »Walk with a Stranger«; The Virginian (1965) »The Claim«, (1959) »Black Jade«.

FILME:

1956 Dreams (TV);
1957 The Brothers Karamazov (Die Brüder Karamasow);
1960 Night of the Auk (TV);
1961 Explosive Generation (Frühreife Generation);
1961 Judgment at Nuremberg (Das Urteil von Nürnberg);
1961 The Intruder/The Stranger/Shame/I Hate Your Guts (Weißer Terror);
1963 Alexander the Great (TV-Pilotfilm);
1964 The Outrage (Carrasco, der Schänder);
1968 White Comanche (Rio Hondo);
1970 Sole Survivor (TV);
1970 The Andersonville Trial (TV);
1971 The People;
1971 Vanished (TV);
1972 The Hound of the Baskervilles (TV; Der Hund von Baskerville);
1972 The Guardians (TV);
1973 Horror at 37,000 Feet (TV);
1973 Incident on a Dark Street (TV);
1973 Pioneer Woman;
1973 Go Ask Alice (TV);

1974 Indict and Convict (TV);
1974 Big Bad Mama (dito/Liebe böse Mama);
1974 Dead of Night;
1974 Impulse;
1974 Pray for the Wildcats (TV);
1975 The Devil's Rain (Nachts, wenn die Leichen schreien);
1975 Incubus (in Esperanto);
1975 Benjamin Franklin: The Statesmen (TV);
1976 Perilous Voyage (TV);
1976 The Tenth Level (Die zehnte Stufe);
1977 The Land of No Return (Land ohne Wiederkehr);
1977 Kingdom of the Spiders (Mörderspinnen);
1977 A Whale of a Tale (Ferien mit einem Wal);
1977 Mysteries of the Gods;
1978 Crash of Flight 401 (Todesflug 401);
1978 The Bastard (TV);
1979 The Kidnapping of the President (dito);
1979 Disaster on a Coastliner (Die Weiche steht auf Tod);
1980 The Babysitter;
1982 Airplane II: The Sequel (Die unglaubliche Reise in einem verrückten Raumschiff);
1982 Visiting Hours (Das Horror-Hospital);
1984 Secrets of a Married Man;
1988 Broken Angel (TV; dito);
1988 North Beach and Rawhide (Die letzte Chance)
1993 National Lampoon's Loaded Weapon I (Loaded Weapon I);
1994 (i. V.) Duet for Life.

Wallace Shawn

Nagus Zek in »The Nagus« (D11), »Rules of Acquisition« (D27).

GASTAUFTRITT:

The Bill Cosby Show.

FILME:

1979 Simon (Simon, der Außerirdische);
1979 Manhattan (dito);
1981 My Dinner with Andre (Mein Essen mit André);
1982 The First Time;
1983 Deal of the Century (Das Bombengeschäft);
1983 Strange Invaders (Das Geheimnis von Centreville);
1984 The Bostonians (Die Damen aus Boston);
1984 Crackers (Die Chaotenclique);
1984 Micki & Maude (dito);
1985 Heaven Help Us/Catholic Boys (Die Himmelsstürmer);

1986 The Bedroom Window (Das Schlafzimmerfenster);
1986 Radio Days (dito);
1987 Nice Girls Don't Explode (Hübsche Mädchen explodieren nicht);
1987 Prick Up Your Ears (dito);
1987 The Princess Bride (Die Braut des Prinzen);
1988 The Moderns (dito);
1989 Scenes from the Class Struggle in Beverly Hills;
1989 She's Out of Control (Hände weg von meiner Tochter);
1989 We're No Angels (Wir sind keine Engel);
1992 The Double-O Kid (Double O'Kid);
1992 Mom and Dad Save the World (dito);
1992 Nickel & Dime (Wer erben will, muß zahlen);
1992 Shadows and Fog (Schatten und Nebel);
1993 The Cemetery Club.

Ann Shea

Nellen in »The Drumhead« (N95).

FILM:
1993 12:01 (dito).

Jack Shearer

Botschafter Vadosia in »The Forsaken« (D17).

Alan Shearman

Inspektor Lastrade in »Elementary, Dear Data« (N29).

FILM:
1985 Bullshot.

Carole Shelyne

Metroner in »Arena« (C19).

Mark Shepherd

Morn in *Star Trek – Deep Space Nine.*
Der Außerirdische Morn ist eine Hommage an die Serie *Cheers,* in der die Figur Norm (gespielt von George Wendt) die meiste Zeit ihres Lebens in der Bar »Cheers« verbringt.

William Morgan Sheppard

Dr. Ira Graves in »The Schizoid Man« (N32).

SERIE:
1987 als Blank Reg in *Max Headroom.*

GASTAUFTRITT:
Werewolf (1988) »Gray Wolf«.

FILM:
1988 Elvira, Mistress of the Dark.

Armin Shimerman

Letek in »The Last Outpost« (N5);
sprechende Box in »Haven« (N11);
Bractor in »Peak Performance« (N47);
Quark in *Star Trek – Deep Space Nine* und »First Born« (N173).
Geb. in Lakewood, New Jersey.
Mit 17 Jahren kam Armin Shimerman mit seiner Familie nach Los Angeles. Trotz anfänglicher Abneigung entdeckte er nach und nach seine Begeisterung für die Schauspielerei. Nach dem Abschluß an der Uni-

Armin Shimerman

versity of California in Los Angeles zog er nach New York, wo er sich zum Broadway-Schauspieler hocharbeitete. Nach diesem Erfolg kehrte er nach Los Angeles zurück und bekam verschiedene Fernseh- und Filmrollen.
Daß er neben einigen Gastauftritten in *Star Trek – The Next Generation* eine feste Rolle in *Star Trek – Deep Space Nine* erhielt, verdankte er einzig der Tatsache, daß die Rasse der Ferengi, der seine Rolle angehört, nach ihrem ersten Auftritt in der Serie drastisch überarbeitet wurde und seitdem fester Bestandteil geworden ist. Für die Rolle des Quark war er in der Gunst der Produzenten lange Zeit auf gleicher Höhe wie Max Grodénchik, aber letztlich bekam Shimerman den Zuschlag. Im Verlauf der ersten Season hat sich zwischen den Charakteren Quark und Odo eine ähnliche Haßliebe wie zwischen McCoy und Spock entwickelt – eine Tatsache, die ihm und René Auberjonois ein großes Interesse bei den Zuschauern eingebracht hat.

SERIE:

o. J. als Pascal in *Beauty and the Beast.*

GASTAUFTRITTE:

AfterMASH (1985) »Saturday's Heroes«; Alien Nation; Brooklyn Bridge; Cop Rock; L. A. Law; Married with Children; Who's the Boss?

FILME:

1987 Blind Date (Blind Date – Verabredung mit einer Unbekannten);
1987 Like Father, Like Son (Wie der Vater, so der Sohn);
1988 Tricks of the Trade (Die Tricks einer Frau);
1988 Dangerous Curves (Scharfe Kurven);
1989 Arena (Arena – Todesmatch der Giganten);
1990 Death Warrant;
1990 Miracle Landing (Katastrophenflug 243).

Cathie (= Catherine) Shirriff

Valkris in *Star Trek III – The Search for Spock.*
Geb. in Toronto, Kanada.
Cathie Shirriff arbeitete in den siebziger Jahren erfolgreich als Fotomodell.

SERIEN:

1982–83 als Co-Moderatorin in *Ripley's Believe It or Not;*
1984 als Zoya Antonova in *Shaping Up.*

GASTAUFTRITTE:

Airwolf (1984) »Once a Hero«; Magnum P. I. (1981) »Skin Deep«.

FILME:

1974 Vampira (dito);
1982 One Shoe Makes It Murder (Tote kriegen keine Post).

Daniel Shor

Dr. Arridor in »The Price« (N56).
Geb. in New York City.

SERIEN:

1979 als Studs Lonigan in *Studs Lonigan;*
1982 als Luke Geyser in *The Blue and the Gray;*
1985–86 als Jonah Newman in *Cagney & Lacey.*

FILME:

1979 Wise Blood (Die Weisheit des Blutes);
1980 Back Roads (Nebenstraßen);
1981 Strange Behavior;
1984 Mesmerized;
1984 Stranger's Kiss;
1984 Mike's Murder (Mikes Murder);
1992 Doppelgänger (Mask of Murder 2);
1992 Bill and Ted's Excellent Adventure (Bill & Teds verrückte Reise durch die Zeit).

Jan Shutan

Lt. Mira Romaine in »The Lights of Zetar« (C74).
Geb. in Los Angeles, Kalifornien.
Jan Shutan arbeitete zunächst als Sängerin, wechselte aber trotz guter Erfolgsaussichten zur Schauspielerei, da sie als Sängerin auf Tournee hätte gehen müssen und sich nicht so um ihre Familie hätte kümmern können, wie sie es sich vorstellte.
Ihr Schauspiellehrer war Jeff Corey, der später auch in *Star Trek* mitspielen sollte, und einer ihrer Mitschüler war Leonard Nimoy.

SERIEN:

o. J. in *Senior Year;*
1974 als Ruth Cramer in *Sons and Daughters.*

GASTAUFTRITTE:

The Andy Griffith Show; Ben Casey; Charlie's Angels; Dr. Kildare; The F.B.I.; The Fugitive; My Three Sons; Nancy and the Professor; Night Gallery; Quincy M. E.; Room 222.

FILME:

1963 The Balcony (Der Balkon);

1966 Dick Tracy (TV; Pilotfilm);
1971 The Seven Minutes;
1977 Zoltan – Hound of Dracula (Zoltan, Draculas Bluthund);
1981 This House Possessed (TV).

James B. Sikking

Captain Styles in *Star Trek III – The Search for Spock.*
Geb. 5. März 1934 in Los Angeles, Kalifornien.

SERIEN:

1973–76 in *General Hospital;*
1979 als Geoffrey St. James in *Turnabout;*
1981–87 als Lt. Howard Hunter in *Hill Street Blues.*

GASTAUFTRITTE:

The Bionic Woman; Columbo (1974) »Publish or Perish« (»Schreib oder stirb«); Combat! (1963) »The Long Way Home«; Doogie Howser, M. D. (o. J.) (»Der kurze Abschied«); The Fugitive (1964) »Last Second of a Big Dream«, »The Human Factor«; Hawaii Five-O (o. J.) (»Labyrinth der Lüge«); Hunter (1989) »City Under Siege«; The Incredible Hulk; Lottery (o. J.) »Chicago«; Love Boat (o. J.) (»Zu jung für die Liebe«); The Man from Atlantis (1977) »Killer Spores«; M*A*S*H (1972) »Tuttle«; Mission: Impossible (1970) »Homecoming«, (1972) »Committed«; My Favourite Martian; The Night Gallery (1970) »Nature of the Enemy«, (1971) »A Death in the Family«; The Outer Limits (1963) »The Human Factor«; The Rookies (1973) »Cauldron«; Search; Twelve O'Clock High (1966) »Duel at Mont Saint Martre«.

FILME:

1963 The Strangler (Der Würger von Boston);
1971 The Astronaut (TV);
1974 The Terminal Man;
1978 Capricorn One (Unternehmen Capricorn);
1980 Ordinary People (Eine ganz gewöhnliche Familie);
1980 Outland (Outland – Planet der Verdammten);
1984 Up the Creek (Das turbogeile Gummiboot);
1985 Morons from Outer Space (Star Cracks – Die irre Bruchlandung der Außerirdischen);
1986 Soul Man (dito);
1987 Bay Coven (TV; Die Hexen von Bay Coven);
1987 Police Story: The Freeway Killings (TV; Los Angeles: Mord auf dem Freeway);
1988 Too Good to Be True (TV; Zeit ohne Flügel);
1990 Narrow Margin (Narrow Margin – Zwölf Stunden Angst);
1991 Doing Time on Maple Street (Der Schein trügt);

Jean Simmons

1992 Final Approach;
1994 The Pelican Brief (Die Akte).

Jean Simmons

Admiral Nora Satie in »The Drumhead« (N95).
Geb. 31. Januar 1929 in Crouch Hill, London.
Jean Simmons wurde für ihre Schauspielarbeit seit den späten vierziger Jahren insgesamt fünfmal für einen Oscar nominiert. Für ihre Rolle in *The Thorn Birds* wurde ihr 1983 ein Emmy Award für die beste weibliche Nebenrolle in einer Miniserie verliehen.
Simmons war in erster Ehe mit dem Schauspielerkollegen Stewart Granger verheiratet.

SERIEN:

1983 als Fiona Cleary in *The Thorn Birds;*
1985 als Clarissa Main in *North and South.*

GASTAUFTRITTE:
Alfred Hitchcock Presents (1989) »Pen Pal«; Hotel (o. J.) (»Herz und Verstand«); Murder She Wrote (1989) »Mirror, Mirror on the Wall« (»Spieglein, Spieglein an der Wand«).

FILME:
1947 Black Narcissus (Schwarze Narzisse);
1948 Hamlet (dito);
1948 The Blue Lagoon (Die blaue Lagune);
1948 The Woman in the Hall (Die Schwindlerin);
1949 Great Expectations (Geheimnisvolle Erbschaft);
1949 Adam and Evelyne (Adam und Evelyne);
1950 Trio (So ist das Leben);
1950 The Clouded Yellow (Auf falscher Spur);
1950 Cage of Gold (Frau im Netz);
1952 Androcles and the Lion (Androkles und der Löwe);
1952 Angel Face (Engelsgesicht);
1953 The Robe (Das Gewand);
1954 Desirée (dito);
1954 The Egyptian (Sinuhe, der Ägypter);
1954 She Couldn't Say No;
1954 A Bullet Is Waiting (Eine Kugel wartet);
1955 Guys and Dolls (Schwere Jungs – leichte Mädchen);
1955 Footsteps in the Fog (Zwischen Haß und Liebe);
1956 Hilda Crane (Die Männer um Hilda Crane);
1957 This Could Be the Night (Kein Platz für feine Damen);
1957 Until They Sail (Land ohne Männer);
1958 The Big Country (Weites Land);
1959 This Earth Is Mine (Diese Erde ist mein);
1959 Home Before Dark (Bevor die Nacht anbricht);
1960 Elmer Gantry (dito);
1960 The Grass Is Greener (Vor Hausfreunden wird gewarnt);
1960 Spartacus (dito);
1965 Mister Buddwing (Gesicht ohne Namen);
1965 Life at the Top (Ein Platz ganz oben);
1966 Rough Night in Jericho (Als Jim Dolan kam);
1967 Heidi kehrt heim;
1967 Divorce American Style (Scheidung auf amerikanisch);
1969 The Happy Ending (Happy-End für eine Ehe);
1975 Mr. Sycamore;
1978 The Dain Curse (Der Privatdetektiv);
1978 Dominique Is Dead;
1981 A Small Killing;
1988 The Dawning;
1988 Going Undercover;
1989 Great Expectations.

Madge Sinclair

Silva LaForge in »Interface« (N155).
Geb. 28. April 1938 in Kingston, Jamaika.

SERIEN:
1977 als Bell in *Roots;*
1978–79 als Madge in *Grandpa Goes to Washington;*
1980–86 als Ernestine Shoop in *Trapper John, M. D.;*
1987 als Gussie Lemmons in *Ohara.*

GASTAUFTRITTE:
Gideon Oliver (o. J.) »Gideon's War« (»Gideons Kampf«); Starman (1987) »The Test«.

FILME:
1974 Conrack (Abschied von einer Insel);
1975 Cornbread, Earl and Me;
1977 Uncle Joe Shannon (TV; Solo mit Trompete);
1978 I Know Why the Caged Birds Sing (Schwarz bin ich, stolz bin ich);
1980 High Ice (Weiße Hölle);
1988 Coming to America (Der Prinz aus Zamunda);
1993 The Man with Three Wives (Blind Love).

Marina Sirtis

Counsellor Deanna Troi in *Star Trek – The Next Generation; Star Trek: Generations.*
Geb. 1960 in Nord-London.
Marina Sirtis hat einen älteren Bruder, Steve, der in Griechenland als Profifußballer arbeitet.
Sie ist die Tochter griechischer Eltern, ihr Vater John war Schneider und besaß ein Geschäft in der Londoner Oxford Street. Sowohl er auch als ihre Mutter Despina waren gegen Marinas Schauspielerkarriere eingestellt, und so erfuhren sie erst nach ihrer Aufnahme in die Guildhall School of Music and Drama, eine angesehene Schauspielschule, von dem Entschluß ihrer Tochter.
Sie erwies sich als gute Schülerin und konnte schon bald in verschiedenen Bühnenaufführungen mitspielen, außerdem war sie in britischen Film- und Fernsehproduktionen zu sehen.
Es folgte ein Engagement als Mitglied des europäischen Ensembles der Bühnenversion der »Rocky Horror Picture Show«, in der sie die Rolle der Magenta spielte und unter anderem auch in Deutschland auftrat.
1982 starb ihr Vater, ohne den ganz großen Karrieresprung miterlebt zu haben. 1986 flog Marina Sirtis nach Los Angeles, um ihre Chancen im Filmgeschäft zu nutzen, doch erst kurz vor Ablauf ihres Besuchervi-

Marina Sirtis

sums erhielt sie die Rolle der Deanna Troi, nachdem Roddenberry sie eine Zeitlang als Besetzung für die Rolle der Tasha Yar betrachtet hatte. Während ihr Charakter in der ersten Season weitgehend undifferenziert blieb, änderte sich das ab der zweiten Season, und ihre Rolle hielt sich bis zum Schluß auf einem konstant guten Niveau.

GASTAUFTRITT:

Hunter (1987) »Down and Under«.

FILME:

1983 The Wicked Lady (Die verruchte Lady);
1984 Blind Date (dito);
1985 Death Wish III (Death Wish III – Der Rächer von New York);
1990 One Last Chance;
1991 Waxwork II – Lost in Time (Spaceshift).

Michelan Sisti

Tol in »Bloodlines« (N174).

Rocco Sisto

Sakkath in »Sarek« (N71).

FILME:

1987 Red Riding Hood (Rotkäppchen);
1988 Ich und Er;
1992 Innocent Blood (Bloody Marie – Eine Frau mit Biß).

Ben Slack

K'Tal in »Redemption Part I« (N100).

GASTAUFTRITT:

Call to Glory (1984) »Moonchild«.

FILME:

1984 The Oasis (Tödliche Wüste);
1989 Society (Dark Society);
1990 Almost an Angel (Beinahe ein Engel);
1990 Silent Night, Deadly Night 4: Initiation (Welcome to Hell).

Christian Slater

Besatzungsmitglied der U.S.S. Excelsior in *Star Trek VI – The Undiscovered Country.*

FILME:

1985 The Legend of Billie Jean (Zeit der Vergeltung);
1985 Twisted (dito);
1986 The Name of the Rose (Der Name der Rose);
1988 Tucker: A Man and His Dream (Tucker);
1989 Desperate for Love (Aus Liebe und Verzweiflung);
1989 Beyond the Stars (Moon Trek);
1989 Gleaming the Cube (Gleaming Heart/Rebellen auf Skateboards);
1989 Heathers (dito/Lethal Attraction);
1989 The Wizard (dito);
1990 Pump Up the Volume (Hart auf Sendung);
1990 Tales from the Darkside, The Movie (Geschichten aus der Schattenwelt);
1990 Young Guns II (Blaze of Glory – Flammender Ruhm);
1991 Mobsters (Die wahren Bosse);
1991 Robin Hood: Prince of Thieves (Robin Hood – König der Diebe);
1991 Twisted: A Step Beyond Insanity;
1992 Fern Gully – The Last Rainforest (als Sprecher in der Originalfassung; Ferngully – Christa und Zaks Abenteuer im Regenwald);
1992 Kuffs (Kuffs – Ein Kerl zum Schießen);

Christian Slater

1992 Where the Day Takes You;
1993 Untamed Heart ;
1993 Real Love;
1993 True Romance (dito);
1994 (i. V.). Murder in the First.

James Sloyan

Admiral Jarok in »The Defector« (N58);
Dr. Mora Pol in »The Alternate« (D32);
K'Mtar in »First Born« (N173).
Geb. in Indianapolis, aufgewachsen in Europa.

SERIEN:

1977 als Sam Lanagan in *Westside Medical;*
1983–84 als Charlie Wayne in *Oh Madeline.*

GASTAUFTRITTE:

Baywatch (1989) »Sky Is Falling«; Beverly Hills 90210 (o. J.) (»Ein verlockendes Angebot«); CHiPs (1981) »Simple Operation«; Hotel (o. J.) (»Gesucht und gefunden«); Misfits of Science (1985) »Guess What's Coming to Dinner?«; Mission: Impossible (1988) »The System«; Murder She Wrote (o. J.) (»Jessica im Wahlkampf«).

FILME:
1979 Act of Violence (Akt der Gewalt);
1980 Xanadu (dito);
1981 Callie and Son;
1982 The Quest (Die Aufgabe ... Thronfolger gesucht);
1982 Prime Suspect;
1987 Bigfoot (Auf der Suche nach Bigfoot).

Peter Slutsker

Nibor in »Menage à Troi« (N72);
Dr. Reyga in »Suspicions« (N148);
Birta in »Bloodlines« (N174).

Frank Owen Smith

Curzon Dax in »Emissary« (D1/D2).

Kurtwood Smith

Föderationspräsident in *Star Trek VI – The Undiscovered Country.*
Geb. 1944 in New Lisbon, Wisconsin.

SERIEN:
1983 als Capt. Scanlon in *The Renegades;*

Kurtwood Smith

1986 in *North and South;*
1987–88 als Mr. Sue in *The New Adventures of Beans Baxter.*

GASTAUFTRITTE:

The A-Team (o. J.) »The Battle of Bel Air«; Call to Glory (1984) »Give Unto Caesar«; 21 Jump Street (1987) »Low and Away« , »In the Custody of a Clown«.

FILME:

1984 Flashpoint/Border Patrol (Flashpoint – Die Grenzwölfe);
1987 The Delos Adventure (TV);
1987 RoboCop (RoboCop – Das Gesetz in der Zukunft);
1988 Rambo III (dito);
1989 Dead Poets Society (Der Club der toten Dichter);
1989 The Nightmare Years;
1989 True Believer (Das dreckige Spiel);
1991 Company Business (dito);
1991 Oscar (Oscar – Vom Regen in die Traufe);
1992 Shadows and Fog (Schatten und Nebel);
1993 Doorways (Doorways – Die 4. Dimension);
1993 Fortress (Fortress – The Festung).

Patricia Smith

Dr. Sara Kingsley in »Unnatural Selection« (N33).
Geb. in New Haven, Connecticut.

SERIEN:

1969–70 als Charlotte Landers in *The Debbie Reynolds Show;*
1972–73 als Margaret Hoover in *The Bob Newhart Show.*

FILM:

1957 The Spirit of St. Louis (Lindbergh: Mein Flug über den Ozean).

Sandra Smith

Dr. Janice Lester in »Turnabout Intruder« (C80).

SERIEN:

1965 als Sandy Larson in *Our Private World;*
1970–71 als Lydia Thorpe in *The Interns.*

William Smithers

Capt. R. R. Merrick alias Merikus in »Bread and Circuses« (C55).
Geb. 10. Juli 1927 in Richmond, Virginia.

SERIEN:
1960–61 in *The Witness;*
1965–66 als David Schuster in *Peyton Place;*
1976–77 als Anderson Galt in *Executive Suite;*
1981 und 1984–85 als Jeremy Wendell in *Dallas.*

GASTAUFTRITTE:
Combat! (1965) »A Cry of the Ruins«; Hawkins (1973) »Murder in Movieland«; The Invaders; Lost in Space (o. J.) »The Flaming Planet«; Mission: Impossible; Tarzan (1967) »The Fanatics«; The Rookies (1974) »The Late Mr. Brent«; Spiderman; Voyage to the Bottom of the Sea (1966) »The Plant Man«.

FILM:
1978 Deathsport (Todesrallye in Helix-City).

Norman Snow

Torin in »Rightful Heir« (N149).

John Snyder

Bachra in »The Enemy« (N55);
Aaron Connor in »The Masterpiece Society« (N113).

Michael Snyder

Qol in »The Perfect Mate« (N121);
Morta in »Rascals« (N133).

Ron Soble

Wyatt Earp in »Spectre of the Gun« (C62).

SERIE:
1966–67 als Dirty Jim in *The Monroes.*

GASTAUFTRITTE:
Cain's Hundred (1961) »Five for One«; CHiPs (1980) »The Strippers«; Combat! (1966) »Headcount«; Garrison's Gorillas (1968) »Time Bomb«; McHale's Navy (1965) »The Bathtub Thief«; Mission: Impossible (1972) »Speed«; The Rookies (1973) »Snow Job«; Salvage-I (1979) »Bugatti Treasure«; Shaft (1973) »The Killing«; The Streets of San Francisco (o. J.) (»Der Superstar«).

Abraham Sofaer

Thasianer in »Charlie X« (C3).

GASTAUFTRITTE:

Alfred Hitchcock Presents (1961) »Change of Heart«; Kolchak: The Night Stalker (1974) »Horror in the Heights«; Mission: Impossible (1966) »Elena«; The Outer Limits (1964) »Demon with a Glass Hand«; The Rat Patrol (1967) »The Holy War Raid«; 77 Sunset Strip (1959) »Six Superior Skirts«; Tarzan (1967) »The Perils of Charity Jones«; Thriller (1961) »The Weird Tailor«; The Twilight Zone (1960) »The Mighty Casey«.

FILME:

1951 Quo Vadis (dito);
1951 Judgment Deferred;
1953 The Naked Jungle (Wenn die Marabunta droht);
1954 Elephant Walk (Elefantenpfad);
1954 His Majesty O'Keefe (Weißer Herrscher über Tonga);
1955 Bhowani Junction (Knotenpunkt Bhowani);
1963 Captain Sinbad (Kapitän Sindbad);
1967 Journey to the Center of Time (Reise ins Zentrum der Zeit);
1967 Time Warp.

Rudy Solari

Salish in »The Paradise Syndrome« (C59).
Geb. 1934, gest. 23. April 1991.

SERIEN:

1963 als Frank Martinez in *Redigo;*
1965–66 als Sherman Nagurski in *The Wackiest Ship in the Army;*
1967–68 als Casino in *Garrison's Gorillas.*

GASTAUFTRITTE:

The Bionic Woman; The Gallant Men (1962) »The Ninety-Eight Cent Man«; The Incredible Hulk; Mission: Impossible (1970) »Gitano«; The Outer Limits; The Powers of Matthew Star; Search; The Sixth Sense; Twelve O'Clock High (1965) »The Mission«, (1966) »Duel at Mont Sainte Marie«.

FILM:

1978 The Boss' Son (Der Sohn vom Boß)

Louise Sorel

Rayna Kapec in »Requiem for Methuselah« (C75).
Geb. 6. August 1940 in Los Angeles, Kalifornien.

SERIEN:

1969–70 als Jean Vale in *The Survivors;*

1972 als Barbara Robinson in *The Don Rickles Show;*
1979 als Amanda Gibbons in *Curse of Dracula;*
1980–81 als Elaine Holstein in *Ladies' Man;*
in den achtziger Jahren als Augusta Lockridge in *Santa Barbara.*

GASTAUFTRITTE:

Bonanza (o. J.) (»Die Hellseherin«); The Fugitive (1965) »The Survivors«; Magnum P. I. (1982) »One More Summer«; The Night Gallery (1970) »The Dead Man«, (1971) »Pickman's Model«; The Rat Patrol (1968) »The Fatal Reunion Raid«.

FILME:

1970 B. S. I Love You (dito);
1974 Get Christie Love!;
1982 Mazes and Monsters;
1984 Where the Boys Are '84 (Beach Parties).

Ted Sorel

Kaval in »Duet« (D19).

FILME:

1983 The Tempest;
1986 From Beyond (From Beyond – Aliens des Grauens).

Paul Sorvino

Nikolai Rozhenko in »Homeward« (N165).
Geb. 1939 in Brooklyn, New York.

SERIEN:

1975 als George Platt in *We'll Get by;*
1976 als Bert D'Angelo in *Superstar;*
1983 als Sheriff Skelter Willis in *Chiefs;*
ab 1985 als David Hayes, Sr., in *Moonlighting;*
1987–88 als Ike Porter in *The Oldest Rookie;*
ab 1989 in *Law and Order.*

GASTAUFTRITT:

The Streets of San Francisco (o. J.) (»Der Superstar«).

FILME:

o. J. Seventh Avenue (TV);
1972 A Touch of Class (Mann, bist du klasse!);
1973 The Day of the Dolphin (Der Tag des Delphins);

Paul Sorvino

1974 The Gambler (Spieler ohne Skrupel);
1976 I Will, I Will … For Now (Ich will, ich will … vielleicht?);
1978 Bloodbrothers (Heißes Blut);
1978 The Brinks Job (Das große Dings bei Brinks);
1979 Dummy (TV; Mauern des Schweigens);
1980 Cruising (dito);
1982 Melanie;
1982 Off the Wall;
1982 That Champion Season (Champion);
1982 A Question of Honor (TV; Polizei-Komplott);
1984 Urge to Kill;
1984 My Mother's Secret Life;
1984 The Stuff (Stuff – Ein tödlicher Leckerbissen);
1984 Chiller (Chiller – Kalt wie Eis);
1986 A Fine Mess (Ärger, nichts als Ärger);
1986 Vasectomy;
1986 TURK 182 (Das Schlitzohr);

1990 Dick Tracy (dito);
1990 Goodfellas (Good Fellas – Drei Jahrzehnte in der Mafia);
1991 The Rocketeer (Rocketeer);
1991 Age Isn't Everything;
1991 Don't Touch My Daughter/Nightmare (TV; Das Gesetz der Angst).

David Soul

Makora in »The Apple« (C35).
Geb. 28. August 1943 in Chicago, Illinois.
Wirklicher Name David Solberg.
David Soul begann in den sechziger Jahren als Folksänger, in »The Merv Griffin Show« konnte er regelmäßig Auftritte verzeichnen. Außerdem veröffentlichte er mehrere Langspielplatten. Den ersten vielversprechenden Erfolg in der Schauspielerei erzielte Soul mit seiner Rolle in *Here Come the Brides,* der große Durchbruch folgte mit der Serie *Starsky and Hutch,* in der er neben Paul Michael Glaser vier Jahre lang die Hauptrolle spielte. Im Gegensatz zu vielen Kollegen bedeutete

David Soul

für ihn das Ende der Serie nicht auch das Ende der Karriere. Vielmehr konnte er sich erfolgreich von dem Image seiner Serienrolle distanzieren und spielt seitdem konstant in vielen Fernseh- und Filmproduktionen größere Rollen.

SERIEN:

o. J. in *The Mannions of America;*
1968–70 als Joshua Bolt in *Here Come the Brides;*
1974 als Ted Warrick in *Owen Marshall, Counselor at Law;*
1975–79 als Ken »Hutch« Hutchinson in *Starsky and Hutch;*
1983 als Rick Blaine in *Casablanca;*
1983–84 als Roy Champion in *The Yellow Rose.*

GASTAUFTRITTE:

Alfred Hitchcock Presents (1989) »Don't Sell Yourself Short«; Flipper; McMillan and Wife (1974) »Guilt by Association«; The Rookies (1974) »Vendetta«.

FILME:

o. J. Mud;
1971 Johnny Got His Gun (Johnny zieht in den Krieg);
1973 Magnum Force (Calahan);
1974 Dogpound Shuffle (TV);
1977 Little Ladies of the Night (TV);
1977 The Stick-up;
1979 Salem's Lot (Brennen muß Salem);
1980 Homeward Bound (TV);
1980 Rage (TV);
1980 Swan Song;
1981 The Manions of America;
1982 World War III (TV; Weltkrieg III);
1983 Through Naked Eyes (TV; Blutzeuge);
1985 The Key to Rebecca;
1985 Fifth Missile (Top Missile);
1986 China Hand (Ein chinesisches Schlitzohr);
1987 The Hanoi Hilton (Hanoi Hilton);
1988 Appointment with Death;
1988 The FBI Murders (TV);
1989 Prime Target (Naked Steel);
1990 So Proudly We Hail (Mörder-Clan);
1990 Unknown Subject (Der Bischof des Teufels);
1990 In the Cold of the Night (Heißkalte Nächte);
1991 Cry in the Wind;
1992 Grave Secrets: The Legacy of Hilltop Drive.

Lance Spellerberg

Transporter Chief Herbert in »We'll Always Have Paris« (N24), »The Icarus Factor« (N40).

David Spielberg

Commander Calvin Hutchinson in »Starship Mine« (N144).
Geb. 6. März 1939 in Weslaco, Texas.

SERIEN:

1973 als Ted Henderson in *Bob & Carol & Ted & Alice;*
1976–77 als David Belford in *The Practice;*
1978 als Francis X. Casey in *The American Girls;*
1979–80 als Lt./Capt. Ross in *From Here to Eternity;*
1981 als Max Kenyon in *Jessica Novak;*
1987 als Skip Morgan in *Space;*
1988 als Herb Ketcher in *Wiseguy.*

GASTAUFTRITTE:

Airwolf (1985) »And a Child Shall Lead«; Automan (1984) »Death by Decision«; Blue Thunder (1984) »Revenge in the Sky«; CHiPs (1978) »Rainy Day«, (1980) »Wheels of Justice«; Hardcastle and McCormick (1985) »Too Rich and Too Thin«; Hunter (1988) »Heir of Neglect«; Mork and Mindy (1980) »Mork in Never Never Land«; Starman (1986) »The Probe«; Tucker's Witch (1982) »Curse of the Toltec Death Mask«.

FILME:

o. J. Judgment: The Trial of Julius and Ethel Rosenberg (TV);
1977 In the Matter of Karen Ann Quinlan (TV; Zum Leben verurteilt).
1980 Act of Love (TV);
1983 Policewoman Centerfold (TV).

Brent Spiner

Data in *Star Trek – The Next Generation, Star Trek: Generations;*
Lore in »DataLore« (N13), »Brothers« (N77), »Descent« (N152), »Descent Part II« (N153);
Noonian Soong in »Brothers« (N77), »Birthright Part I« (N142), »Inheritance« (N162).
Geb. in Houston, Texas.
Spiner erhielt in seiner Zeit an der High School einige vielversprechende Rollen, die ihn in seinem Entschluß, Schauspieler zu werden, nur bestärkten. Als er aber in New York versuchte, gute Rollen zu bekommen, fand er zunächst wenig Anklang. So gab es zwangsläufig weniger ruhmreiche Auftritte in kleinen Theatern und kurzlebigen Bühnenstücken.

Brent Spiner

Das Theaterstück »The Seagull« brachte aber eine Wende in seiner bis dahin unerfreulich verlaufenden Karriere; kurze Zeit später hatte er es dann geschafft und war sogar in Broadway-Produktionen zu sehen, darunter auch in »Sunday in the Park with George«, ein Stück, das für eine Fernsehausstrahlung aufgezeichnet wurde und zudem mit Spiner als LP/CD veröffentlicht wurde.
1984 zog er nach Los Angeles und faßte dort im Filmgeschäft Fuß. Er spielte kleine Rollen in Serien und war sogar in einem winzigen Auftritt in Woody Allens *Stardust Memories* zu sehen.
Seine Rolle als Data in *Star Trek – The Next Generation* brachte ihm dann den internationalen Durchbruch. (Ob er allerdings nach dem Ende der Serie nicht ausschließlich mit dieser Rolle identifiziert wird, bleibt abzuwarten.)
1991 nahm er die LP »Ol' Yellow Eyes Is Back« auf. Spiner stellte eine Auswahl der Titel zusammen, die er aus seiner Jugendzeit kennt und liebt.

GASTAUFTRITTE:

Cheers; Crazy from the Heart; Family Sins; Hill Street Blues; Hunter (1986) »The Contract«; Night Court; Robert Kennedy and His Times; The Twilight Zone (1986) »Dead Run«.

FILME:

1980 Stardust Memories (dito);
1985 Crime of Innocence (TV);
1986 Manhunt for Claude Dallas (dito).

Don Stark

Ashrock in »Melora« (D26).

Karen Steele

Eve McHuron in »Mudd's Women« (C7).

GASTAUFTRITTE:

The Wackiest Ship in the Army (1965) »Shakedown«.

FILME:

1956 Toward the Unknown (Einst kommt die Stunde);
1957 Decision at Sundown (Fahrkarte ins Jenseits);
1959 Ride Lonesome (Auf eigene Faust);
1960 The Rise and Fall of Legs Diamond (J. D., der Killer).

John Steuer

Alexander Rozhenko in »Reunion« (N81).
John Steuers Rolle wurde nach dieser Episode von Brian Bonsall übernommen.

Warren Stevens

Rojan in »By Any Other Name« (C52).
Geb. 2. November 1919 in Clark's Summit, Pennsylvania.

SERIEN:

1956–57 als William Storm in *Tales of the 77th Bengal Lancers;*
1963–64 in *The Richard Boone Show;*
1969–70 als John Bracken (nur Sprecher) in *Bracken's World;*
1981–82 als Merrit Madison in *Behind the Screen.*

GASTAUFTRITTE:

Alfred Hitchcock Presents (1955) »Premonition«, (1956) »Never Again«; Bonanza (o. J.) (»Die Tänzerin«); Cannon (o. J.) (»Die Untersuchung«); The Chevy Mystery Show (1961): »Trial by Fury«; Combat! (1964) »The Impostor«, (1966) »The Grin«; Hawaiian Eye (1960) »White Pigeon Ticket«, (1962) »The Missile Rogues«, (1962) »There'll Be Some Changes Made«; Inner Sanctum; Land of the Giants; M*A*S*H (1976) »The Gun«; The Man from U.N.C.L.E. (1965) »The Children's

Day Affair«; Men Into Space; Mission: Impossible (1968) »The Bargain«, (1971) »Image«; One Step Beyond (1964) »Keeper of the Purple Twilight«; The Rat Patrol (1966) »The Do or Die Raid«; The Return of Captain Nemo; Science Fiction Theatre; 77 Sunset Strip (1960) »Perfect Setup«, (1963) »Walk Among Tigers«; Surfside 6 (1960) »Bride and Seek«; Tarzan (1966) »Basil of the Bulge«; The Time Tunnel; The Twilight Zone (1962) »Dead Man's Shoes«, (1986) »A Day in Beaumont«; Voyage to the Bottom of the Sea (o. J.) »The Saboteur«, »Cave of the Dead«, (1966) »Deadly Invasion«; Wonder Woman.

FILME:

o. J. The Demon Prince: Genesis of the Vampire;
1951 The Frogmen (Froschmänner);
1952 Deadline USA (Die Maske runter);
1953 Shark River (Flucht vor dem Gesetz);
1954 The Barefoot Contessa (Die barfüßige Gräfin);
1954 Gorilla at Large (Der Würger von Coney Island);
1954 Black Tuesday (Schwarzer Freitag);
1955 On the Threshold of Space (Testpiloten);
1956 The Price of Fear (Schonungslos);
1956 Accused of Murder (Schach dem Mörder);
1956 Forbidden Planet (Alarm im Weltall);
1958 Intent to Kill (Duell mit dem Tod);
1958 The Case Against Brooklyn (Asphaltgeier);
1958 Man or Gun (Jede Kugel trifft);
1965 Gunpoint (Der Colt ist das Gesetz);
1966 Cyborg 2087 (dito);
1978 The Amazing Captain Nemo (Abenteuer in Atlantis);
1989 Chill Factor (dito).

Charles J. Stewart

Captain Remart in »Charlie X« (C3).

Daniel Stewart

Batai in »The Inner Light« (N125).
Sohn von Patrick Stewart.

Patrick Stewart

Capt. Jean-Luc Picard in *Star Trek – The Next Generation, Star Trek: Generations,* »Emissary« (D1/D2).
Geb. 13. Juli 1940 in Mirfield, Yorkshire, England.
Sohn von Alfred Stewart (einem Soldaten) und Gladys Baraclough.
Patrick Stewart verließ mit 15 Jahren die Schule und arbeitete als Zeitungsreporter. Nebenher trat er aber bereits als Amateurschauspieler

Patrick Stewart

auf – eine zeitraubende Tätigkeit, bei der seine eigentliche Arbeit deutlich zu kurz kam. Immer wieder mußte er Kollegen bitten, für ihn einzuspringen, bis sein Vorgesetzter ihn vor die Wahl stellte, weiter als Reporter zu arbeiten oder Schauspieler zu werden. Er verließ den Verlag. 1957 nahm er Schauspielunterricht an der Bristol Old Vic Theatre School, mit 19 bekam er seine erste Rolle im Theatre Royal in Lincoln in Robert Louis Stevensons »Die Schatzinsel«. 1963 ging er auf Theatertournee unter der Regie von Vivien Leigh, ein Jahr später kehrte er nach Bristol zurück. 1966 heiratete er Sheila Falconer. Aus dieser Ehe gingen der Sohn Daniel Freedom und die Tochter Sophie Alexandra hervor. Im Januar 1966 wurde Patrick Stewart Mitglied der Royal Shakespeare Company, ab 1967 war er dort sogenannter Associate Artist, was für ihn bedeutete, daß er zu jenen gehörte, die als erste für eine Rolle in Erwägung gezogen wurden, wobei sich für ihn ein anderes Problem ergab. Da er bereits früh eine beträchtliche Glatze bekam, wurde er vorwiegend für Rollen ausgesucht, für die er vom Aussehen her paßte, obwohl er gerne jüngere Charaktere gespielt hätte.
1979 erhielt er für seine Rolle in »Anthony and Cleopatra« den Society of West End Theatre Award für die beste Nebenrolle; für sein Rolle in »Who's Afraid of Virginia Woolf« wurde er mit dem London Fringe

Award als bester Schauspieler ausgezeichnet. Er war in zahlreichen britischen Fernsehproduktionen zu sehen, so in *I, Claudius* und in den beiden Mehrteilern *Smiley's People* und *Tinker, Tailor, Soldier, Spy.* Auch im Genre des SF-Films hatte er Erfahrung sammeln können, wenngleich seine Rollen in *Lifeforce* und in *Dune* ihn nicht in den Mittelpunkt rückten. Auf Stewart aufmerksam wurde Robert Justman bei einer Lesung an der Universität von Los Angeles, und er konnte Gene Roddenberry davon überzeugen, daß Stewart die beste Besetzung für die Rolle des Captain war. Roddenberry behielt sich dennoch vor, Stewarts Vertrag zunächst nur auf den Pilotfilm zu beschränken, mit einer Option auf 13 weitere Episoden. Dann bestand für Paramount abermals die Möglichkeit, ihn aus der Serie zu nehmen. Stewart hegte angesichts dieser Vertragsgestaltung keine großen Hoffnungen und lebte sechs Wochen lang aus dem Koffer, um bei einer Absage so schnell wie möglich in Richtung England abreisen zu können.

Er blieb aber in der Serie und konnte seiner Rolle mit jeder Episode ein wenig mehr Profil verleihen, wobei sich immer wieder Gelegenheiten boten, Shakespeare zu zitieren. 1988 trat Stewart erstmalig mit seiner Bühnenversion von Charles Dickens' »A Christmas Carol« auf, in der er alleine die über 30 Charaktere des Buchs verkörperte. Der Erfolg führte ihn 1992 an den Broadway, 1993 kam er in der Weihnachtsdrehpause nach London. 1992 führte er außerdem Regie und war Mitwirkender im Bühnenstück »Every Good Boy Deserves Favor«, in dem auch Brent Spiner, Jonathan Frakes, Gates McFadden und Colm Meaney zu sehen waren. Ebenfalls 1992 präsentierte er eine weitere Einmannshow, »Uneasy Lies the Head«.

1990 war er in einer Minirolle in *L. A. Story* zu sehen, wo er in der Originalversion einen Deutschen spielte (mit unübersehbarem Nazi-»Touch«); für deutsche Zuschauer wurde daraus ein Franzose.

Bei *Star Trek – The Next Generation* führte er mehrmals Regie.

SERIEN:

o. J. als Sejanus in *I, Claudius;*
o. J. als Karla in *Smiley's People* und *Tinker, Tailor, Soldier, Spy.*

FILME:

1975 Hedda (Hedda Gabler);
1975 Hennessy (Ein Mann namens Hennessy);
1980 Hamlet (TV, dito);
1980 Little Lord Fauntleroy (TV);
1981 Excalibur (dito);
1984 Dune (Der Wüstenplanet);
1985 Emerald (Codename Emerald);
1985 Lady Jane (Lady Jane – Königin für neun Tage);
1985 Lifeforce (Lifeforce – Die tödliche Bedrohung);

1990 L. A. Story (Los Angeles, ich liebe dich);
1992 Death Train (TV; dito).

David Ogden Stiers

Dr. Timicin in »Half a Life« (N96).
Geb. 31. Oktober 1942 in Peoria, Illinois.
Stiers war von 1962 bis 1969 Mitglied des California Shakespeare Festival in Santa Clara, danach arbeitete er vorwiegend als Bühnenschauspieler in den verschiedensten Rollen; sein Filmdebüt hatte er 1972 in *Drive, He Said* unter der Regie von Jack Nicholson. Seitdem schlossen sich zahlreiche Fernseh- und Filmrollen an sowie mehrere Einsätze als Sprecher für Zeichentrickfilme und -serien.

SERIEN:
o. J. in *The First Olympics;*
1976 als Stanley Moss in *Doc;*
1977–83 als Major Charles Emerson Winchester in *M*A*S*H;*
1985 als Sam Greene in *North and South.*

GASTAUFTRITT:
Charlie's Angels (o. J.) (»Das Geheimnis im Sumpf«).

FILME:
o. J. N. N. (TV; Die Bombe)
1972 Drive, He Said;
1979 Breaking Up Is Hard to Do;
1981 Harry's War (Harrys ganz privater Krieg);
1982 The Innocents Abroad (TV; Die Arglosen im Ausland);
1983 The Oldest Living Graduate;
1985 Better Off Dead (Lance dreht auf);
1985 Creator (Geliebtes Monster);
1987 The Alamo: Thirteen Days to Glory;
1988 The Accidental Tourist (Die Reisen des Mr. Leary);
1989 Final Notice (Blutige Skizzen);
1989 The Kissing Place (Billy's Tod);
1991 Doc Hollywood (dito);
1991 Wife, Mother, Murder: The Marie Hilley Story (Der Fall Marie Hilley);
1992 The Last of His Tribe;
1992 Beauty and the Beast (als Sprecher in der Originalfassung; Die Schöne und das Biest).

Albert Stratton

Kushell in »The Outrageous Okona« (N30).
Geb. in Hubbard, Ohio.

SERIEN:

1973–74 als Paul Drake in *Perry Mason;*
1976 als Martin Pope in *Sara.*

Gail Strickland

Alixus in »Paradise« (D35).
Geb. in Birmingham, Alabama.

SERIEN:

1985–86 als Alice West in *The Insiders;*
1986–87 als Joan Courtney in *What a Country;*
1988 als Marilyn McGrath in *Heartbeat;*
ab 1993 in *Medicine Woman.*

GASTAUFTRITT:

Kojak (o. J.) (»Ein Toter und sein Doppelgänger«).

FILME:

1976 Bound for Glory (Dieses Land ist mein Land);
1976 The Drowning Pool (Unter Wasser stirbt man nicht);
1978 Who'll Stop the Rain (Dreckige Hunde);
1980 Rape and Marriage: The Rideout Case (TV);
1982 Starflight One;
1984 Protocol (Protocol – Alles tanzt nach meiner Pfeife);
1986 Hyper Sapian: People from Another Star;
1986 Lies;
1991 The Man in the Moon;
1993 Three of Hearts.

Brenda Strong

Rachella in »When the Bough Breaks« (N17).

GASTAUFTRITT:

Misfits of Science (1985) »Twin Engines«.

Michael Strong

Roger Korby in »What Are Little Girls Made of?« (C8).

GASTAUFTRITTE:

The Man from Atlantis (1978) »The Siren«; Mission: Impossible (1967) »Operation – Heart«, (1968) »The Emerald«, (1970) »Decoy«; Planet of the Apes (1974) »The Surgeon«.

FILM:

1975 Queen of the Stardust Ballroom (Die Ballkönigin).

Carel Struycken

Mr. Homn in »Haven« (N11), »Man Hunt« (N45), »Menage à Troi« (N72), »Half a Life« (N96), »Cost of Living« (N120).
Geb. in den Niederlanden.
Als Struycken fünf Jahre alt war, wanderte seine Familie nach Curaçao aus. Als er Jahre später in die Niederlande zurückkehrte, beabsichtigte er zunächst, einen Beruf hinter der Kamera zu ergreifen. Dennoch stand er 1978 erstmalig vor der Kamera, und seine zu dieser Zeit noch bestehende Abneigung gegen die Schauspielerei änderte sich dann schnell.

SERIE:
Twin Peaks.

GASTAUFTRITT:
Hunter (1987) »City of Passion«.

FILME:
1978 Sgt. Pepper's Lonely Hearts Club Band (dito);
1984 The Ewok Adventure;
1986 Ewoks: The Battle for Endor (Kampf um Endor);
1987 The Witches of Eastwick (Die Hexen von Eastwick);
1990 The Servants of Twilight (Twilight);
1991 The Addams Family (Addams Family);
1993 The Addams Family Values (Die Addams Family in verrückter Tradition);
1994 Oblivion.

Liam Sullivan

Parmen in »Plato's Stepchildren« (C66).
Geb. 18. Mai 1923 in Jacksonville, Illinois.

SERIE:
1966–67 als Major Mapoy in The Monroes.

GASTAUFTRITTE:
The A-Team (1984) »Hot Styles«; Alfred Hitchcock Presents; Battlestar Galactica; Bonanza; Combat! (1963) »Hill 256«; Convoy (1965) »Felicia«; Lights Out; Logan's Run (1977) »Crypt«; Lost in Space; Magnum P. I. (1982) »Ki'i's Don't Lie«; The Man from U.N.C.L.E.; Misfits of Science (1986) »Center of Attention«; Ripcord (1962) »Hijack«; Silent Service; The Twilight Zone (1961) »The Silence«, (1962) »Changing of the Guards«; Voyage to the Bottom of the Sea (o. J.) »Leviathan«.

FILME:

1962 The Magic Sword (Das Zauberschwert);
1963 Gold, Glory and Custer (Der Scout der schwarzen Berge).

Max Supera

Patterson in »Disaster« (N105).

Jandi Swanson

Duana in »When the Bough Breaks« (N17).

Heidi Swedberg

Rekelen in »Profit and Loss« (D38).

Joel Swetow

Gul Jasad in »Emissary« (D1/2);
Yog in »First Born« (N173).

FILM:

1988 She's Back (Zurück aus dem Jenseits).

Joan Swift

Aurelan Kirk in »Operation: Annihilate!« (C30).

Kitty Swink

Rozahn in »Sanctuary« (D30).

FILM:

1988 Patty Hearst (dito).

T/U

George Takei

Hikaru Sulu in *Star Trek, Star Trek – The Motion Picture* bis *Star Trek VI – The Undiscovered Country.*
Geb. 20. April 1940 in Boyle Heights, Los Angeles.
Voller Name: George Hosato Takei.
Takeis Familie wurde in Arkansas interniert, nachdem Japan in den Zweiten Weltkrieg eingetreten war. Nach Kriegsende blieb die Familie dennoch in den USA.
George Takei schlug zunächst ein Architekturstudium ein, begann sich aber nach ersten Nebenjobs als Synchronsprecher (erste Arbeit für den japanischen SF-Film *Rodan*) für die Schauspielerei zu interessieren, die er dann auch als Studienrichtung wählte. Während des Studiums wirkte er in einem Musical mit, das nach New York ging. Auf Bitten des Produzenten verließ er die High School und zog mit. Als das Stück endete, nahm er diverse Aushilfsjobs an, trampte durch Europa und beendete nach der Rückkehr nach Los Angeles sein Studium.

George Takei

Nach mehreren Filmrollen und Gastauftritten in verschiedenen Serien teilte ihm sein Agent mit, daß er für eine Rolle in dem Pilotfilm zu *Star Trek* vorsprechen solle. Roddenberry engagierte ihn für die Rolle des Hikaru Sulu, die Takei während der drei Jahre, die die Serie lief, allerdings nur selten Gelegenheit gab, aktiv an der Handlung teilzunehmen. Nach dem Ende der Serie verschwand George Takei, anders als manche seiner Kollegen, nicht von der Bildfläche. Vielmehr engagierte er sich sehr stark in der Politik, war aber nach wie vor in der Film- und Fernsehbranche aktiv. 1973 kandidierte er für den Stadtrat von Los Angeles und unterlag nur knapp einem Konkurrenten. Er moderierte und produzierte eine Talkshow in Los Angeles mit dem Titel »Expression: East/West« und war in zahlreichen Serien und Filmen als Gaststar tätig. So wie die gesamte übrige Serienmannschaft kehrte auch George Takei zu *Star Trek* zurück, um seine Rolle als Sulu in *Star Trek – The Motion Picture* und den sich anschließenden Filmen zu spielen. 1980 veröffentlichte er den Roman »Mirror Friend, Mirror Foe«, dessen Fortsetzung mit dem Titel »Stellar Flower, Savage Flower« dann aber nicht mehr erschien.
Erst *Star Trek VI – The Undiscovered Country* brachte Takei das, was schon Jahre zuvor versprochen, aber nie gehalten worden war. Sulu war zum Captain befördert worden und kommandierte die »U.S.S. Excelsior«. Diese Beförderung hatte für Takei trotz einer bemerkenswert großen Beteiligung an der Handlung einen anderen Haken: Bis auf Grace Lee Whitney war er vom Rest der alten Crew abgetrennt, und er hatte nur einen kurzen gemeinsamen Auftritt mit ihr.
1990 schrieb Takei die Handlung zu dem DC-Comic »So Near the Touch«, eine *Star Trek*-Story, die sich natürlich um Sulu drehte.

GASTAUFTRITTE:

Assignment: Underwater (1961) »A Matter of Honor«; Baa Baa Black Sheep (1976) »Up for Grabs«; Bob Hope Chrysler Theatre (1966) »Wind Fever«; Bracken's World; The Californian; Checkmate; Chico and the Man; The Courtship of Eddie's Father; The Eleventh Hour; Espionage (1964) »A Free Agent«; The Felony Squad; Follow the Sun; The Gallant Men; The Hallmark Hall of Fame; Hawaii Five-O; Hawaiian Eye (1960) »Sword of the Samurai«, (1961) »The Manchu Formula«; Hennessey; The House on K Street (1959) »Hammer Fist«; I Spy (o. J.) »The Barter«, »Tiger of Heaven«; Ironside; The Islander; It Takes a Thief (o. J.) (»Ein leiser Löwe«); The John Forsythe Show (1966) »Doctor Soo«, »It Takes a Heap of Sergeants«; Khan; Kung Fu; MacGyver (o. J.) (»Das Wunschkind«); Marcus Welby, MD; Miami Vice; Mission: Impossible (o. J.) »The Carriers« (»Willkommen in Klein-Amerika«); Mr. Novack; Mr. Roberts (1965) »Getting There Is Half the Fun«, »Which Way Did the War Go?«; My Three Sons; O'Hara, Treasury Agent; Perry Mason (1959) »The Case of the Blushing Pearls«;

Playhouse 90 (1961) »Made in Japan«; The Six Million Dollar Man (o. J.) »The Coward« (»Der Feigling«); The Steve Allen Show; Theatre in America (1975) »Year of the Dragon«; This Is the Life (o. J.) »Mission of Mercy«, »The Password Is Faith«; The Twilight Zone (1964) »The Encounter«; The U.S. Steel Hour; Voyage to the Bottom of the Sea (1965) »The Silent Saboteurs«; The Wackiest Ship in the Army (1965) »Gold Snatchers«, (1966) »My Father's Keeper«.

FILME:

1959 Ice Palace (Titanen);
1960 Hell to Eternity (Aus der Hölle zur Ewigkeit);
1960 A Majority of One (1000 Meilen bis Yokohama);
1963 P.T. 109 (Patrouillenboot PT 109);
1965 Morituri (dito);
1965 Red Line 7000 (Rote Linie 7000);
1966 Walk, Don't Run (Nicht so schnell, mein Junge);
1966 An American Dream (Mord aus zweiter Hand);
1968 The Green Berets (Die grünen Teufel);
1970 Which Way to the Front (Wo, bitte, geht's zur Front?);
1975 The Young Divorcees;
1988 Return from the River Kwai (Zurück vom River Kwai);
1990 Prisoners of the Sun/Blood Oath (Blutiger Schwur);
1992 Live by the Fist;
1994 Oblivion.

Patricia Tallman

Kiros in »Starship Mine« (N144).

SERIE:

1993 in *Babylon 5* (Pilotfilm in Deutschland unter dem Titel *Spacecenter Babylon 5* veröffentlicht).

FILME:

1990 Night of the Living Dead (Die Rückkehr der lebenden Toten);
1992 Benefit of the Doubt (Im Bann des Zweifels);
1992 Army of Darkness (Die Armee der Finsternis – Tanz der Teufel III).

Barbara Tarbuck

Trion Leka in »The Host« (N97).

GASTAUFTRITTE:

Hunter (1988) »Boomerang«; She-Wolf of London (1992) »Eclipse«; The Twilight Zone (1985) »One Life, Furnished in Early Poverty«.

FILME:

1990 Death of the Incredible Hulk (TV; Der Tod des unheimlichen Hulk);
1991 Curly Sue (Curly Sue – Ein Lockenkopf sorgt für Wirbel).

Nick Tate

Dirgo in »Final Mission« (N83).

SERIE:

1975–77 als Alan Carter in *Space: 1999.*

FILME:

1975 The Devil's Playground (Spielplatz des Teufels);
1984 The Empty Beach (dito);
1992 The President's Child (TV: Spiel der Patrioten).

Richard Tatro

Norman in »I, Mudd« (C38).

Victor Tayback

Jojo Krako in »A Piece of the Action« (C47).
Geb. 6. Januar 1930 in Brooklyn, New York, gest. 25. Mai 1990.

SERIEN:

1973–74 als Barney Marcus in *Griff;*
1975 als Lt. Gubbins in *Khan;*
1976–85 als Mel Sharpes in *Alice.*

GASTAUFTRITTE:

Columbo (1971) »Suitable for Framing«; Emergency (o. J.) (»Hunde-elend«); Fantasy Island; Hawaii Five-O (o. J.) (»Wie ein Engel in Blau«); Hotel (o. J.) (»Illusionen«); Love Boat (o. J.) (»So schnell geht die Welt nicht unter«); M*A*S*H (1973) »The Incubator«; McCloud (1972) »Give My Regrets to Broadway«, (1974) »The Colorado Cattle Caper«; Mission: Impossible (1968) »The Mercenaries«; The Rookies (1972) »The Commitment«, (1974) »Take Over«.

FILME:

1968 Bullitt (dito);
1968 With Six You Get Eggroll (Der Mann in Mammis Bett);
1973 Papillon (dito);
1975 Alice Doesn't Live Here Anymore (Alice lebt hier nicht mehr);
1975 Lepke (Der Gangsterboß von New York);

1976 No Deposit, No Return (Das große Ferienabenteuer);
1976 The Big Bus (Die haarsträubende Reise in einem verrückten Bus);
1977 The Choirboys (Die Chorknaben);
1978 The Cheap Detective (Der Schmalspur-Schnüffler);
1978 Getting Married (Deine Braut gehört mir);
1979 Portrait of a Stripper;
1980 Rage;
1982 The Mysterious Two (Die unheimlichen Zwei);
1985 Hollywood Air Force Base (Crazy Air Force);
1986 George Carlin – Playin' with Your Head;
1986 Weekend Warriors;
1988 The Underachievers (Nachtakademie);
1989 Beverly Hills Body Snatchers (dito);
1990 Horseplayer.

Mark L. Taylor

Haritath in »The Ensigns of Command« (N50).

FILME:

1984 The Ratings Game (T.V. – Total verrückt);
1990 Arachnophobia (dito).

Ron Taylor

Klingonischer Wirt in *Star Trek – Deep Space Nine.*

John Tesh

Klingone in »The Icarus Factor« (N40).
Geb. in Garden City, New York; verheiratet mit der Schauspielerin Connie Sellecca.
Tesh war mehrere Jahre als Reporter für den Fernsehsender CBS tätig, 1986 wurde er Präsentator der Fernsehsendung *Entertainment Tonight.* Tesh ist ausgebildeter Pianist und komponiert Filmmusiken (so für den Film *Limit Up*) und auch Titelmelodien für Sportsendungen. 1983 erhielt er einen Emmy Award für die beste Komposition für eine Sportsendung für *The World University Games.*

FILM:

1989 Shocker.

Torin Thatcher

Marplon in »The Return of the Archons« (C22).
Geb. 1905, gest. 4. Mai 1981.

GASTAUFTRITTE:

The Alfred Hitchcock Hour (1964) »Bed of Roses«; Alfred Hitchcock Presents (1957) »The Hands of Mr. Ottermole«, (1959) »Relative Value«; Cowboy in Africa (1967) »What's an Elephant Mother to Do?«; Land of the Giants; Lost in Space; Mission: Impossible (1968) »The Heir Apparent«, (1969) »The Numbers Game«; The Night Gallery; One Step Beyond (1959) »Doomsday«; Search; Thriller (1961) »Well of Doom«; The Time Tunnel; Voyage to the Bottom of the Sea (o. J.) »The Secret of the Loch«.

FILME:

1936 The Man Who Could Work Miracles (Der Mann, der die Welt verändern wollte);
1952 Affair in Trinidad (Affäre in Trinidad);
1952 The Crimson Pirate (Der rote Korsar);
1952 The Snows of Kilimanjaro (Schnee am Kilimandscharo);
1953 Houdini (Houdini, der König des Varieté);
1953 Knock on Wood (Die Lachbombe);
1954 Bengal Brigade (Gewehre für Bengali);
1955 Love Is a Many Splendored Thing (Alle Herrlichkeit auf Erden);
1956 Diane (Diane – Kurtisane von Frankreich);
1958 The 7th Voyage of Sinbad (Sindbads siebente Reise);
1960 The Canadians (Die rote Schwadron);
1962 Drums of Africa (Sklavenjäger);
1962 Jack the Giant Killer (Der Herrscher von Cornwall);
1964 From Hell to Borneo (Die Hölle von Borneo);
1966 The King's Pirate (Der Pirat des Königs);
1968 The Strange Case of Dr. Jekyll and Mr. Hyde (TV).

William Thomas, jr.

Santos in »Preemptive Strike« (N176).

SERIE:

1992–93 als Dabnis Brickey in *The Bill Cosby Show.*

Brian Thompson

Klingone Lt. Klag in »A Matter of Honor« (N34);
Inglatu in »Rules of Acquisition« (D27).

SERIE:

ab 1988 als Nicholas Remy in *Werewolf.*

FILME:

1987 Catch the Heat/Feel the Heat (Fire Game);
1987 Commando Squad (dito);

1989 Beyond the Stars (Moon Trek);
1990 Hired to Kill;
1990 Nightwish (Nightwish – Out of Control);
1990 In the Cold of the Night (dito);
1990 A.W.O.L. (Leon);
1991 Life Stinks (Das Leben stinkt);
1992 Rage and Honor (dito);
1992 Doctor Mordrid (Rexosaurus).

Garland Thompson

Wilson in »The Enemy within« (C6).

Susanna Thompson

Varel in »The Next Phase« (N124);
Gefangene (Captain) in »Frame of Mind« (N147).

Scott Thomson

DaiMon Goss in »The Price« (N56).

Cameron Thor

Narik in »Gambit Part I« (N156), »Gambit Part II« (N157).

FILME:
1988 War Party (dito);
1991 Curly Sue (Curly Sue – Ein Lockenkopf sorgt für Wirbel).

Ken Thorley

Friseur Mot in »Ensign Ro« (N103), »Schisms« (N131);
Matrose in »Time's Arrow I« (N126).

FILM:
1985 Escapes.

Colleen Thornton

Barbara-Serie in »I, Mudd« (C38).

Maureen Thornton

Barbara-Serie in »I, Mudd« (C38).

Noley Thornton

Clara Sutter in »Imaginary Friend« (N122);

Taya in »Shadowplay« (D36).
Geb. 1981.

SERIE:

ab 1993 als Erika in *Beverly Hills 90210.*

FILME:

o. J. Heidi (TV)
1990 Danielle Steele's »Fine Things« (TV)

Linda Thorson

Gul Ocett in »The Chase« (N146).
Geb. 1947 in Toronto, Kanada.

SERIEN:

1968–69 als Tara King in *The Avengers;*
1987 in *Marblehead Manor.*

GASTAUFTRITT:

Spenser: For Hire (1986) »Hell Hath No Fury«.

FILME:

1973 The Lady Killer (TV);
1983 Curtains;
1984 Act of Passion;
1985 Walls of Glass (Mauern aus Glas);
1986 Sweet Liberty.

Maggie Thrett

Ruth Bonaventure in »Mudd's Women« (C7).

Malachi Throne

Commodore José Mendez in »The Menagerie« (C12/C13);
Senator Pardek in »Unification Part I« (N107), »Unification Part II« (N108).
Geb. 1927.
Gene Roddenberry hatte Malachi Throne für die Rolle des Schiffsarztes in »The Cage« (C1) vorgesehen. Der lehnte jedoch ab, da er lieber Spock gespielt hätte, für den Roddenberry aber bereits Leonard Nimoy vorgesehen hatte.

SERIE:

1968–69 als Noah Bain in *It Takes a Thief.*

GASTAUFTRITTE:

Batman; Combat! (1964) »Counter-Punch«; The Fugitive (1964) »Rat in a Corner«; The Gallant Men (1962) »Fury Is a Quiet Village«; Garrison's Gorillas (1967) »Forty-Eight Hours to Live«; Jericho (1966) »Long Journey Across a Short Street«; The Man from U.N.C.L.E.; Mission: Impossible (1964) »The Traitor«, (1969) »Robot«; The Outer Limits (1964) »Cold Hands, Warm Heart«; Project UFO; Search; 77 Sunset Strip (1963) »Six Feet Under«; The Six Million Dollar Man; Tarzan (1968) »The Convert«; The Time Tunnel; Voyage to the Bottom of the Sea (o. J.) »The Enemies«, »The Magnus Beam«, (1967) »The Return of Blackbeard«; The Wild Wild West (1967) »The Night of the Tartar«.

FILME:

1970 Assault on the Wayne (U-Boot Wayne in geheimer Mission/Einsatz im Pazifik);
1975 The Bionic Woman (TV; Pilotfilm; Das Sechs-Millionen-Dollar-Girl).

Lawrence Tierney

Cyrus Redblock in »The Big Goodbye« (N12).

GASTAUFTRITT:

Hunter (1988) »Black Dahlia«.

FILME:

1945 Dillinger (Jagd auf Dillinger);
1945 Those Endearing Young Charms;
1947 Born to Kill;
1947 The Devil Thumbs a Ride;
1950 Shakedown (Ohne Skrupel);
1951 Bushwackers (... jetzt wird abgerechnet);
1956 Female Jungle;
1975 Abduction;
1978 The Kirlian Witness (Nur die Pflanze war Zeuge);
1980 Midnight;
1987 Tough Guys Don't Dance (Harte Männer tanzen nicht);
1990 The Runestone (Anthony III);
1992 Reservoir Dogs (Reservoir Dogs – Wilde Hunde).

Kenneth Tobey

Rurigan in »Shadowplay« (D36).
Geb. 1919.

SERIEN:

1956–59 als Chuck Martin in *The Whirlybirds;*
1965 als Dick Robinson in *Our Private World.*

GASTAUFTRITTE:

Alfred Hitchcock Presents (1959) »An Occurence at Owl Creek Bridge«; Columbo (1975) »A Case of Immunity«; Daktari (1967) »The Elephant Raid«; Ripcord (1962) »The Human Kind«; The Rookies (1974) »Death at 6 A.M.«; Starman (1986) »Fatal Flow«; Target: The Corruptors (1962) »Viva Vegas«; The Twilight Zone (1986) »A Day in Beaumont«; The Unexpected (1952) »The Perfectionists«.

FILME:

1950 Kiss Tomorrow Goodbye;
1951 The Thing (Das Ding aus einer anderen Welt);
1953 The Beast from 20,000 Fathoms (Panik in New York);
1953 The Bigamist (Mann mit zwei Frauen);
1955 Davy Crockett, King of the Wild Frontier (Davy Crockett – König der Trapper);
1955 It Came from Beneath the Sea;
1956 Davy Crockett and the River Pirates (Davy Crockett und die Flußpiraten);
1956 Street Jungle (Stahlharte Männer);
1957 The Wings of Eagles (Dem Adler gleich);
1957 The Vampire (Immer bei Anbruch der Nacht);
1961 X-15 (Die X-15 startklar);
1962 Elfego Baca: Six Gun Law (Elfego Baca – Sechs gegen das Gesetz);
1966 40 Guns to Apache Pass (Gewehre zum Apachen-Paß);
1971 Terror in the Sky (Panik in den Wolken);
1971 Ben (dito);
1973 Dirty Mary, Crazy Larry (Kesse Mary – Irrer Larry);
1983 Strange Invaders (Das Geheimnis von Centreville).

Mark Tobin

Joaquin in »Space Seed« (C23).

GASTAUFTRITTE:

Combat! (1965) »Breakout«; McHale's Navy (1966) »Binghamton, at 20 Paces«.

Brian Tochi

Ray Tsingtao in »And the Children Shall Lead« (C60);
Ensign Kenny Lin in »Night Terrors« (N91).
Geb. 2. Mai 1959 in Los Angeles, Kalifornien.

SERIEN:

1968–80 als Joey Lee in *Hawaii Five-O;*

1972 als Chulalongkorn in *Anna and the King;*
1977–80 als Tee Garson in *Space Academy* (in Deutschland als Videoveröffentlichung: *Die Weltraum-Akademie*);
1983 als Dragon in *Renegades;*
1984–85 als Dr. Alan Poe in *St. Elsewhere.*

GASTAUFTRITTE:

He & She (1968); The Twilight Zone (1985) »Wong's Lost and Found Emporium«.

FILME:

1971 The Omega Man (Der Omega-Mann);
1992 The Player (dito).

Hallie Todd

Lal in »The Offspring« (N64).
Stieftochter von Guy Raymond, der in »The Trouble with Tribbles« (C45) als Barkeeper zu sehen war; Tochter der Schauspielerin Anne Morgan Gilbert.

GASTAUFTRITTE:

Brooklyn Bridge; Brothers; Going Places; Golden Girls; Growing Pains; Murder She Wrote; Sarah.

FILME:

1982 Fast Times at Ridgemont High (TV);
1986 The Check Is in the Mail.

Tony Todd

Commander Kurn in »Sins of the Father« (N65), »Redemption Part I« (N100), »Redemption Part II« (N101).
Tony Todd hatte sich bereits viermal erfolglos für andere Rollen in *Star Trek – The Next Generation* vorgestellt; nach drei weiteren Anläufen für die Rolle des Commander Kurn wurde er dann endlich genommen. Seine Versuche, die Hauptrolle in *Star Trek – Deep Space Nine* zu bekommen, waren wiederum vergeblich.

SERIE:

o. J. in *Mundo Realo.*

GASTAUFTRITTE:

MacGyver; Night Court; 21 Jump Street (1987) »You Oughta Be in Prison«; Werewolf (1987) »The Unicorn«.

FILME:

1985 Sleepwalk (dito);
1986 Platoon (dito);
1987 Enemy Territory (Terror Night – Hochhaus in Angst);
1990 Ivory Hunters (Safari des Todes – Auf der Suche nach dem weißen Gold);
1990 Criminal Justice (dito);
1990 Night of the Living Dead;
1992 Candyman (Candymans Fluch);
1992 Excessive Force (dito).

Dierk Torsek

Dr. Harry Bernard in »When the Bough Breaks« (N17).

GASTAUFTRITT:

Tour of Duty (1989) »I Wish It Would Rain«.

Beth Toussaint

Ishara Yar in »Legacy« (N80).

SERIE:

o. J. in *Dallas.*

GASTAUFTRITTE:

Booker (1989) »Deals and Wheels«; Melrose Place (o. J.) (»Ohne Geld keine Hoffnung«); Nightmare Café (1992) »Dying Well Is the Best Revenge«.

FILME:

1987 Berserker – The Nordic Curse (Berserker);
1991 Blackmail Thriller (TV).

Constance Towers

Botschafter Taxco in »The Forsaken« (D17).

FILME:

1959 The Horse Soldiers (Der letzte Befehl);
1960 Sergeant Rutledge (Mit einem Fuß in der Hölle);
1963 Shock Corridor (Schock-Korridor);
1965 The Naked Kiss (Der nackte Kuß);
1985 Sylvester (dito);
1986 On Wings of Eagles (Dem Adler gleich);
1992 The Nutty Nut (Die total beknackte Nuß).

Robert Towers

Rata in »The Battle« (N9).

Harry Townes

Reger in »The Return of the Archons« (C22).
Geb. 1914.

GASTAUFTRITTE:

Alfred Hitchcock Presents; Buck Rogers in the 25th Century; The Immortal; The Incredible Hulk; Inner Sanctum; The Invaders; Men Into Space; The Night Gallery; One Step Beyond; The Outer Limits (1963) »O.B.I.T.«; Planet of the Apes; Quincy (o. J.) (»Die falsche Blutprobe«); The Sixth Sense; Suspense; Target: The Corruptors (1961) »The Fix«; Tarzan (1967) »Mountains of the Moon«; Thriller; The Twilight Zone; Voyagers!

FILME:

1957 Screaming Mimi (Die blonde Venus);
1973 Santee;
1982 Angel of H.E.A.T.;
1984 The Warrior and the Sorceress.

Barbara Townsend

Admiral Rossa in »Suddenly Human« (N78).

SERIE:

1983–84 als Mildred Potter in *AfterMASH*.

Saxon Trainor

Lt. Linda Larson in »The Nth Degree« (N93).

GASTAUFTRITT:

Hunter (1991) »Room Service«.

Scott T. Trost

Lt. Shipley in »Schisms« (N131).

Tom Troupe

Lt. Harold in »Arena« (C19).

GASTAUFTRITTE:

CHiPs (1979) »Pressure Point«; Mission: Impossible (1967) »Action!«; The Rookies (1972) »Dirge for Sunday«.

David Troy

Lt. Matson in »The Conscience of the King« (C14).

Marcello Tubert

Acost Jared in »Devil's Due« (N87).

Hélène Udy

Ferengi Pel in »Rules of Acquisition« (D27).

FILME:

1987 Nightflyers (Nightflyer – Tödliche Mission im All);
1991 Hollywood Detective (dito).

V

Liz Vassey

Kristin in »Conundrum« (N114).

Ned Vaughn

Corey in »Tapestry« (N141).

GASTAUFTRITTE:
China Beach (1988) »Home«; 21 Jump Street (1987) »Don't Stretch the Rainbow«.

FILM:
1992 Wind (dito).

Reese Vaughn

Lt. Latimer in »The Galileo Seven« (C17).

GASTAUFTRITT:
Twelve O'Clock High (1966) »The Slaughter Pen«.

Nancy Vawter

Admiral Blackwell in »The Pegasus« (N164).

Ben Vereen

Dr. LaForge in »Interface« (N155).
Geb. 10. Oktober 1946 in Miami, Florida, aufgewachsen in Brooklyn, New York.
Ben Vereen arbeitet als Schauspieler, Tänzer und Sänger. Für seine Rolle in dem Musical *Pippin* wurde er mit einem Tony Award ausgezeichnet.
Vereen war und ist nicht nur in diversen Serien und Filmen zu sehen, 1978 stand er auch im Mittelpunkt der Dokumentation *The Sentry Collection Presents Ben Vereen – His Roots,* die im gleichen Jahr mit einem Emmy Award ausgezeichnet wurde. In einem Film über Louis Armstrong verkörperte er die Titelrolle.

SERIEN:
1975 als Präsentator der Serie *Comin' at Ya;*
1977 als Chicken George in *Roots;*
1980 als E. L. »Tenspeed« Turner in *Tenspeed and Brown Shoe;*

Ben Vereen

ab 1984 als Phillip Long in *Webster;*
1986/87 als Präsentator der Serie *You Write the Songs;*
ab 1988 als E. L. »Tenspeed« Turner in *J. J. Starbuck;*
ab 1993 als Captain Hutchinson in *Palm Beach Duo.*

GASTAUFTRITTE:

Booker (1988) »The Life and Death of Chick Sterling«; Love Boat (o. J.) (»Vaters allzu gute Ratschläge«).

FILME:

1970 Gas-s-s-s! or: It Became Necessary to Destroy the World in Order to Save It (G.A.S.S. Oder: Es war notwendig, die Welt zu vernichten, um sie zu retten);
1975 Funny Lady (dito);
1976 Louis Armstrong – Chicago Style (TV);
1979 All That Jazz (Hinter dem Rampenlicht);
1984 Ellis Island;
1984 Puss in Boots;
1985 The Zoo Gang (Zoo Gang);
1989 Buy and Cell (Zwei tolle Hechte im Knast);
1992 Intruders (Intruders – Die Aliens sind unter uns).

John Vickery

Hagan in »Night Terrors« (N91).

FILM:

1992 Dr. Giggles (dito).

Jean-Paul Vignon

Edouard in »We'll Always Have Paris« (N24).

Steve Vinovich

Joseph in »Paradise« (D35).

Nana Visitor

Major Kira Nerys in *Star Trek – Deep Space Nine.*
Geb. in New York City.
Nana Visitor ist die Tochter eines Broadway-Choreographen und einer Ballettlehrerin und Leiterin einer Tanzschule. Mit sieben Jahren bekam sie Ballettunterricht, als Jugendliche sammelte sie erste Musical-Erfahrung. Nach dem Abschluß der High School trat sie mit Angela Lansbury in der Tourproduktion »Gypsy« auf. Sie wirkte in der Folgezeit in weiteren auch in Europa bekannten Bühnenproduktionen mit, so unter anderem in »42nd Street« und »My One and Only«. Außerdem war sie in den in New York produzierten Soap Operas *Ryan's Hope, The Doctors* und *One Life to Live* zu sehen. Nebenbei verdiente sie sich zusätzlich Geld als Tänzerin.

Nana Visitor

1977 hatte sie ihr Spielfilmdebüt in dem Horrorfilm *The Sentinel.* 1985 zog sie von New York nach Los Angeles und erwies sich auch im Fernsehgeschäft als erfolgreich. Sie wurde für Gastauftritte in vielen Fernsehserien engagiert. Zwar machte keine dieser Rollen sie einem breiteren Publikum bekannt, zumal sie immer wieder ihr Aussehen veränderte, aber im Gegensatz zu vielen Kollegen war sie stets im Fernsehen präsent. Ihre erste feste Rolle hatte sie in der Serie *Working Girl,* die auf dem gleichnamigen Film von 1988 basierte, aber kein Erfolg wurde. Die Rolle als Kira Nerys in *Star Trek – Deep Space Nine* hat ihr den bislang größten Bekanntheitsgrad eingebracht, was auch daran liegt, daß die Figur erheblich von Roddenberrys Konzept abweicht und durch ihre widerstrebende Einstellung noch stärker in den Mittelpunkt rückt.

SERIEN:

o. J. in *Ryan's Hope;*
o. J. in *The Doctors;*
o. J. in *One Life to Live;*
1989 als Bryn Newhouse in *Working Girl.*

GASTAUFTRITTE:

Baby Talk (o. J.) (»Die verschwundene Braut«); Doogie Howser, M. D. (o. J.) (»Der kurze Abschied«); Empty Nest; Hunter (1985) »Biggest Man in Town«; In the Heat of the Night; Jake and the Fatman (o. J.) (»Feine Damen«); Knight Rider (o. J.) »Hills of Fire« (»Die Brandstifter«); L. A. Law (o. J.) (»Bergsteigen mit dem Boß«); Matlock (o. J.) (»Die Frau im Dunkel«); Murder She Wrote (o. J.) (»Heirat um jeden Preis«); Night Court (o. J.) (»Psycho«); Ohara (o. J.) (»Laura«); Scarecrow and Mrs. King (o. J.) (»Hochzeit mit Hindernissen«); Thirtysomething; The Twilight Zone (1985) »Dead Woman's Shoes«.

FILME:

1977 The Sentiuel (Hexensabbat);
1987 The Spirit (TV-Pilotfilm);
1988 A Father's Homecoming (TV; Wenn Vater der Direktor ist).

Jon de Vries

Premierminister Wilson Granger in »Up the Long Ladder« (N44).

W

Lou Wagner

DaiMon Solok in »Chain of Command Part I« (N136);
Krax in »The Nagus« (D11).

GASTAUFTRITT:

McMillan and Wife (1973) »Two Dollars on Trouble to Win«.

FILME:

1968 Planet of the Apes (Planet der Affen);
1970 Beneath the Planet of the Apes (Rückkehr zum Planet der Affen);
1972 Good Night, My Love (Ein Koffer für das Syndikat);
1975 The UFO Incident (Begegnung aus dem Nichts).

Gary Walberg

Commander Hanson in »Balance of Terror« (C15).
Geb. in Buffalo, New York.

SERIEN:

1970–74 als Speed in *The Odd Couple;*
1976–83 als Lt. Frank Monahan in *Quincy, M. E.;*

GASTAUFTRITTE:

Columbo (1971) »Lady in Waiting«; Combat! (1963) »No Hallelujahs for Glory«; Hardcastle and McCormick (1984) »Third Down and Twenty Years to Life«; Hotel (o. J.) (»Erinnerungen«); Target: The Corruptors (1961) »To Wear a Badge«.

Robert Walker, jun.

Charlie Evans in »Charlie X« (C3).

GASTAUFTRITTE:

CHiPs (1982) »Ice Cream Man«; Columbo (1974) »Mind Over Mayhem« (»Teuflische Intelligenz«); Combat! (1966) »Ollie Joe«; Next Step Beyond (1978) »Other Voices«; Route 66 (1962) »Across Walnuts and Wine«; The Streets of San Francisco.

FILME:

1969 Easy Rider (Easy Rider – Die wilden jungen Männer);
1974 Death in Space (TV);

1982 Kampuchea Express (Angkor – Das Tor zur Hölle);
1984 Heated Vengeance (Kambodscha-Connection);
1990 Fatal Charm (Tödlicher Charme).

Gwynyth Walsh

B'Etor in »Redemption Part I« (N100) »Redemption Part II« (N101), »First Born« (N173), »Past Prologue« (D3), *Star Trek: Generations.*

GASTAUFTRITTE:

Alfred Hitchcock Presents (1988) »Driving Under the Influence«; War of the Worlds (1988) »The Resurrection«; The Twilight Zone (1988) »Cat and Mouse«.

FILM:

1987 Blue Monkey.

Ray Walston

Boothby in »The First Duty« (N119).
Geb. 2. November 1917 in New Orleans, Louisiana.
Walston hatte sein Bühnendebüt 1938 in Houston; 1945 zog er nach New York, wo er in der Folgezeit in zahlreichen Bühnenaufführungen zu sehen war. Seit dieser Zeit ist er immer wieder in Spielfilmen und als Gast in Fernsehserien zu sehen. Seine größte Popularität erreichte er als Außerirdischer in der Serie *My Favorite Martian.*

SERIEN:

1963–66 als Onkel Martin in *My Favorite Martian;*
1979 als Bob Richards in *Stop Susan Williams;*
1985 als Harry Summers in *Silver Spoons;*
1986 als Arnold Hand in *Fast Times;*
1994 in *The Stand.*

GASTAUFTRITTE:

Buck Rogers in the 25th Century (1979) »Cosmic Wiz Kid«; Cain's Hundred (1961) »In the Balance«; Garrison's Gorillas (1967) »The Great Crime Wave«; Love Boat; Misfits of Science (1985) »Steer Crazy«; Mission: Impossible (1972) »Tod-5«; Otherworld (1985) »Rules of Attraction«; The Rookies (1974) »Take Over«; Superboy (1988) »The Russian Exchange Student«; Target: The Corruptors (1961) »Touch of Evil«; 21 Jump Street (1987) »In the Custody of a Clown«; The Wild Wild West (1967) »The Night of Montezuma's Hordes«.

FILME:

o. J. Satan's Waitin' (TV; Pilotfilm);
1958 Damn Yankees;
1958 South Pacific (dito);

1959 Say One For Me (Engel auf heißem Pflaster);
1960 The Apartment (Das Appartement);
1960 Tall Story (Je länger – je lieber);
1963 Who's Minding the Store (Der Ladenhüter);
1963 Wives and Lovers (Ach, Liebling … nicht hier!);
1964 Kiss Me, Stupid (Küß mich, Dummkopf);
1966 Caprice (dito);
1969 Paint Your Wagon (Westwärts zieht der Wind);
1973 The Sting (Der Clou);
1976 Silver Streak (Trans-Amerika-Expreß);
1977 The Happy Hooker Goes to Washington;
1979 Institute for Revenge;
1979 The Fall of the House of Usher;
1980 Popeye (Popeye – Der Seemann mit dem harten Schlag);
1981 Galaxy of Terror (Planet des Schreckens);
1982 Fast Times at Ridgemont High (TV);
1982 The Kid with the Broken Halo;
1983 Private School;
1984 For Love or Money (Herz ist Trumpf);
1984 The Jerk, Too;
1985 Black Cats (dito);
1986 Rad;
1987 Blood Relations;
1987 From the Hip;
1987 O. C. & Stiggs;
1988 Runaway Ralph;
1988 Saturday the 14th Strikes Back (Samstag der 14. schlägt zurück);
1989 Blood Salvage;
1989 A Man of Passion;
1990 Mad Jake (dito);
1990 Ski Patrol (Ski Academy);
1991 Pink Lightning (Fünf Tage noch);
1991 The Mouse and the Motorcycle;
1991 Popcorn;
1992 Intimate Terror: Angel of Death (Spur in den Tod 3);
1992 Of Mice and Men (Von Mäusen und Menschen);
1992 The Player (dito).

Tracey Walter

Kayron in »The Last Outpost« (N5);
Berik in »Rascals« (N133).
Geb. in Jersey City, New Jersey.

SERIE:

1981–82 als Frog in *Best of the West.*

GASTAUFTRITTE:
Airwolf (1986) »Wildfire«; Hunter (1984) »Pen Pals«.

FILME:
1981 Raggedy Man;
1982 Time Rider (dito);
1984 Conan the Destroyer (Conan der Zerstörer);
1984 Repo Man (dito);
1986 Something Wild (Gefährliche Freundin);
1987 Malone (dito);
1989 Homer and Eddie (Homer und Eddie);
1990 The Two Jakes (Die Spur führt zurück – The Two Jakes);
1991 City Slickers (City Slickers – Die Großstadt-Helden);
1991 Delusion;
1991 Silence of the Lambs (Das Schweigen der Lämmer);
1992 Mortuary Academy;
1992 Out of the Dark (dito).

Herta Ware

Yvette Gessard Picard in »Where No One Has Gone Before« (N6).

FILME:
1985 Cocoon (dito);
1987 Slam Dance (dito);
1988 Dakota (Wehr dich, Dakota);
1988 Critters 2: The Main Course (Critters II);
1989 Cocoon: the Return (Cocoon II – Die Rückkehr);
1990 Miracle Landing (Katastrophenflug 243);
1991 Lonely Hearts (Wie ein Stachel im Fleisch).

Doug Warhit

Kazago in »The Battle« (N9).

David Warner

St. John Talbot in *Star Trek V – The Final Frontier;*
Kanzler Gorkon in *Star Trek VI – The Undiscovered Country;*
Gul Madred in »Chain of Command Part I« (N136), »Chain of Command Part II« (N137).
Geb. 29. Juli 1941 in Manchester, England.
David Warner ist Mitglied der Royal Shakespeare Company. 1981 wurde er mit einem Emmy-Award für die beste Nebenrolle in der Serie *Masada* ausgezeichnet.

David Warner

SERIEN:

1978 als Reinhard Heydrich in *Holocaust;*
1981 als General Pomponious Falco in *Masada.*

GASTAUFTRITTE:

Dick Van Dyke (o. J.) »The House on Sycamore Street« (»Das Mörderhaus«); Murder She Wrote (o. J.) (»Todbringendes Souvenir«)

FILME:

1963 Tom Jones (Tom Jones – Zwischen Bett und Galgen);
1966 Morgan, a Suitable Case for Protest (Protest);
1968 The Fixer (Ein Mann wie Hiob);
1969 Michael Kohlhaas – der Rebell;
1970 Perfect Friday (Treffpunkt London Airport);
1970 The Ballad of Cable Hogue (Abgerechnet wird zum Schluß);
1971 Straw Dogs (Wer Gewalt sät);
1973 A Doll's House (Nora);
1973 From Beyond the Grave;
1975 The Old Curiosity Shop;
1976 The Omen (Das Omen);
1976 The Disappearance (Sein letzter Mord);
1977 Cross of Iron (Steiner – Das eiserne Kreuz);

1977 Providence (dito);
1978 Silver Bears (Silber, Banken und Ganoven);
1978 The Thirty-Nine Steps (Die 39 Stufen);
1979 Airport 80 – The Concorde (Airport 80 – Die Concorde);
1979 Nightwing (Schwingen der Angst);
1979 The Island (Freibeuter des Todes);
1979 S. O. S. Titanic;
1979 Time After Time (Flucht in die Zukunft);
1980 The Island (Freibeuter des Todes);
1981 Time Bandits (dito);
1982 Tron (dito);
1983 The Man with Two Brains (Der Mann mit zwei Gehirnen);
1984 Blue Hotel;
1984 Frankenstein (Seelenlos – Ein Mann spielt Gott);
1984 A Christmas Carol (Charles Dickens' Weihnachtsgeschichte);
1985 The Boy Who Left Home to Find Out About the Shivers;
1985 The Company of Wolves (Die Zeit der Wölfe);
1986 I Was a Teenage Vampire (Liebe mit Biß);
1987 Desperado (dito);
1988 Hostile Take Over;
1988 Waxwork (Reise zurück in der Zeit);
1988 Mr. North (Mr. North – Liebling der Götter);
1989 Code Name: Chaos;
1989 Mortal Passions (dito);
1989 Grave Secrets (Die phantastische Geisternacht);
1989 Keys to Freedom (Fluchtpunkt Hongkong);
1989 Tripwire (Trip Wire);
1990 Blue Tornado (Blue Tornado – Männer wie Stahl/Time Flash);
1990 Magdalene;
1990 Spymaker: The Secret Life of Ian Fleming (Das geheime Leben des Ian Fleming – Spymaker);
1991 Cast a Deadly Spell (Hexenjagd in L. A.);
1991 Teenage Mutant Ninja Turtles II: The Secret of the Ooze (Turtles II – Das Geheimnis des Ooze);
1992 The Unnamable II;
1992 Spies Inc./S.P.O.O.K.S. (Die Chaotenspione).

Julie Warner

Christy Henshaw in »Booby Trap« (N54), »Transfigurations« (N73).

FILME:

1991 Doc Hollywood (dito);
1992 Mr. Saturday Night (Der letzte Komödiant);
1993 Indian Summer (dito).

Beverly Washburn

Lt. Arlene Galway in »The Deadly Years« (C42).
Geb. ca. 1943.

SERIEN:

1955 als Kathryn Wilson in *Professional Father;*
1962–63 als Vickie Massey in *The New Loretta Young Show.*

GASTAUFTRITT:

Wagon Train.

Kenneth Washington

John B. Watkins in »That Which Survives« (C73).
Geb. 1918; gest. 24. Juni 1971.

SERIE:

1970–71 als Sgt. Richard Baker in *Hogan's Heroes.*

Suzanne Wasson

Lethe in »Dagger of the Mind« (C10).

James Louis Watkins

Hagon in »Code of Honor« (N4).
Geb. 7. November 1944 in Philadelphia, Pennsylvania.

SERIE:

1973–74 als Jerry Wallace in *The Magician.*

Bruce Watson

Green in »The Man Trap« (C2).

Fritz Weaver

Cardassianer Kovat in »Tribunal« (D45).
Geb. 19. Januar 1926 in Pittsburgh, Pennsylvania.

SERIE:

1978 als Josef Weiss in *Holocaust.*

GASTAUFTRITTE:

Cain's Hundred (1962) »The Manipulator«; Combat! (1966) »The Chapel at Able Five«; The Invaders (o. J.) »The Captive«; Magnum P. I. (1980) »Don't Eat the Snow in Hawaii«; The Man from U.N.C.L.E. (1964) »The Vulcan Affair«; Mission: Impossible (1966) »Operation

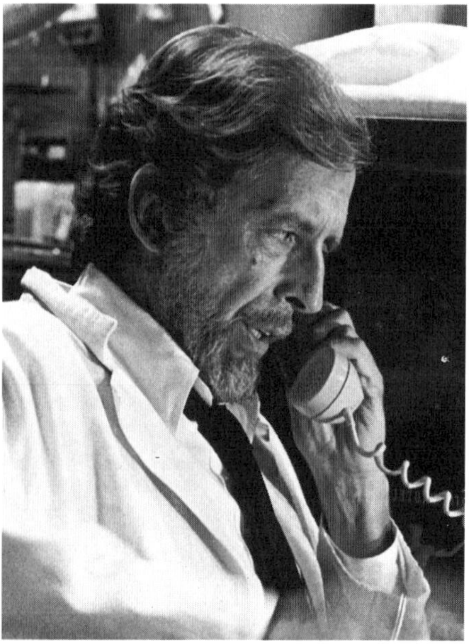

Fritz Weaver

Rogosh«, (1967) »Charity«, (1968) »Illusion«, (1971) »Underwater«; The Night Gallery (1971) »A Question of Fear«; Tales from the Darkside (1984); Twelve O'Clock High (1964) »The Hours Before Dawn«; The Twilight Zone (1960) »Third from the Sun«, (1961) »The Obsolete Man«, (1985) »The Star«.

FILME:

1964 Fail-Safe (Angriffsziel Moskau);
1964 To Trap a Spy (Agent auf Kanal D);
1967 The Borgia Stick (Das Mördersyndikat);
1970 Berlin Affair (Affäre in Berlin);
1970 A Walk in the Rain (Die Frau des anderen);
1971 Hunter (Jeder Kopf hat seinen Preis);
1973 The Day of the Dolphin (Der Tag des Delphins);
1973 Shock-A-Bye, Baby (TV);
1974 The Book of Murder (TV);
1975 The Jolly Corner;
1977 Black Sunday (Schwarzer Sonntag);
1977 Demon Seed (Des Teufels Saat);
1980 King Kobra (dito);
1982 Creepshow (Die unheimlich verrückte Geisterstunde);

1984 Jaws of Satan;
1991 Ironclads.

Richard Webb

Lt. Cmd. Benjamin Finney in »Court-Martial« (C21).
Geb. 1915.

SERIE:

1955 in *Captain Midnight.*

GASTAUFTRITTE:

The Six Million Dollar Man.

FILME:

o. J. The Werewolf of Woodstock;
1941 Among the Living (Zum Leben verdammt);
1947 Out of the Past (Goldenes Gift);
1948 The Night Has a Thousand Eyes (Die Nacht hat tausend Augen);
1950 The Invisible Monster;
1951 Distant Drums (Die Teufelsbrigade);
1967 Hillbillys in a Haunted House;
1972 Beware the Blob;
1976 The Time Travellers (2071 – Mutan-Bestien gegen Roboter).

Steven Webber

Day in »The Siege« (D23).

SERIE:

o. J. in *Wings.*

Derek Webster

Lt. Sanders in »Gambit Part I« (N156).

Andreana Weiner

Kestra in »Dark Page« (D159).

Erick Weiss

Ensign Kane in »Relics« (N130).

James Wellman

Prof. Starnes in »And the Children Shall Lead« (C60).

Gary Werntz

Mavek in »Frame of Mind« (N147).

Doug Wert

Jack R. Crusher in »Family« (N76), »Violations« (N112), »Journey's End« (N172).

FILME:

1990 By the Sword (Das Duell der Meister);
1992 Crisis in the Kremlin (Die letzten Tage der Sowjetunion);
1992 The Assassination Game;
1992 Dracula Rising (Cormans Dracula).

McKenzie Westmore

Junges Mädchen in »When the Bough Breaks« (N17).
McKenzie Westmore ist die Tochter des für *Star Trek – The Next Generation* und *Star Trek – Deep Space Nine* tätigen Maskenbildners Michael Westmore.

Brad Weston

Ed Appel in »The Devil in the Dark« (C26).

Amy Wheaton

Junges Mädchen in »When the Bough Breaks« (N17).
Jüngere Schwester von Wil Wheaton.

Jeremy Wheaton

Junge in »When the Bough Breaks« (N17).
Jüngerer Bruder von Wil Wheaton.

Wil Wheaton

Wesley Crusher in *Star Trek – The Next Generation* (bis N83), »The Game« (N106), »The First Duty« (N119), »Parallels« (N163), »Journey's End« (N172).
Geb. 29. Juli 1972 in Burbank, Kalifornien.
Voller Name: Richard William Wheaton III.
Wil Wheaton war bereits mit sieben Jahren in Werbespots zu sehen. Über diese ersten Engagements führte der Weg ins Fernsehgeschäft; Wheaton erhielt Gastrollen in vielen Fernsehserien, Fernsehfilmen und Kinoproduktionen. 1981 hatte er seine erste große Rolle in *A Long Way Home.* Populär wurde er in seiner Rolle als Gordie Lachance in Rob Reiners Film *Stand by Me,* der Verfilmung einer Kurzgeschichte

Wil Wheaton

von Stephen King. Auch in dem den Film begleitenden Musikvideo von Ben E. King war er zu sehen.
Während nach dem großen Interesse des Publikums an *Star Trek* jeder Schauspieler begehrt war, der eine Rolle in der Serie hatte bekommen können, war das für Wil Wheaton in *Star Trek – The Next Generation* nicht ganz so einfach. Sein Charakter Wesley Crusher wurde von vielen Zuschauern regelrecht gehaßt, was sich hauptsächlich damit erklärte, daß Wil Wheaton in einer unglücklichen Aneinanderreihung von Episoden immer wieder in den Mittelpunkt der Handlung rückte. Die Zuschauer wollten ganz offensichtlich nicht, daß ein Jugendlicher schlauer war als der Captain, verwechselten aber wie so oft Rolle und Schauspieler. Nicht nur Wesley Crusher wurde regelrecht gehaßt, die Verärgerung richtete sich auch gegen Wil Wheaton.
Kurz nach Beginn der vierten Season verließ er schließlich *Star Trek – The Next Generation.* Die Gründe für diese Entscheidung waren unterschiedlicher Art. Zum einen wollte er vermeiden, für immer als Wesley Crusher betrachtet zu werden und keine neuen Rollen zu erhalten. Zum anderen empfand er es für seine Figur als unpassend, daß Wesley

plötzlich gegen seine Mutter agierte. Darüber hinaus hatten die Drehbuchautoren aufgrund des Zuschauerwiderstands Bedenken, Wesley Crusher zu sehr in die Handlung einzubeziehen. Da er dennoch verfügbar sein mußte, konnte er keine Filmangebote wahrnehmen.
Sein Abschied aus der Serie wurde so gestaltet, daß er jederzeit problemlos zurückkehren konnte. Insgesamt viermal kehrte er für Gastauftritte zurück, wobei »Journey's End« ein sehr überraschendes Ende nahm. Gemeinsam mit dem Reisenden (Eric Menyuk) wechselte er in eine andere Dimension, was den Drehbuchautoren Gelegenheit gibt, ihn bei *Star Trek – Deep Space Nine* und *Star Trek: Voyager* wieder auftreten zu lassen. Inwieweit dies auch Wheatons Wunsch war, ist unklar; seine bisherigen Versuche, in der Filmbranche Fuß zu fassen, waren jedenfalls bislang nicht so erfolgreich.

GASTAUFTRITTE:

Family Ties; Highway to Heaven; St. Elsewhere.

FILME:

1981 A Long Way Home (TV; Der lange Weg nach Hause);
1982 The Secret of NIMH (als Sprecher in der Originalfassung; Mrs. Brisby und das Geheimnis von NIMH);
1984 The Buddy System (Biete Mutter – Suche Vater);
1984 The Last Starfighter;
1986 Long Time Gone (TV; Schon verdammt lang her);
1986 Stand by Me (Stand by Me – Das Geheimnis eines Sommers);
1986 The Man Who Fell to Earth (Der Mann, der auf die Erde fiel);
1987 The Curse;
1987 Young Harry Houdini (TV);
1991 December;
1991 The Last Prostitute Who Took Pride in Her Work (Eine Frau ohne Vergangenheit);
1991 Toy Soldiers (Boy Soldiers).

John Wheeler

Gav in »Journey to Babel« (C40).

Callan White

Krite in »The Outcast« (N117).

Peter White

Botschafter Sharat in »Armageddon Game« (D33).

SERIE:

ab 1985 als Arthur Cates in *Dynasty II – The Colbys.*

FILM:
1970 The Boys in the Band (Die Harten und die Zarten).

Grace Lee Whitney

Janice Rand in *Star Trek* (bis C14), *Star Trek – The Motion Picture, Star Trek III – The Search for Spock, Star Trek IV – The Voyage Home, Star Trek VI – The Undiscovered Country.*
Geb. 1. April 1930 in Ann Arbor, Michigan.
Grace Lee Whitney wurde von den leiblichen Eltern kurz nach der Geburt zur Adoption freigegeben; mit neun Jahren erfuhr sie, daß sie ein Adoptivkind ist.
Ihren ersten Job fand sie als Sängerin auf dem Babalow Boat, einer Fähre, die Kinder zu einem Detroiter Vergnügungspark bringt. Sie bekam die Gelegenheit zu einem Auftritt in einem Detroiter Radiosender, an den sich zahlreiche Engagements in diversen Jazz-Clubs im Raum Detroit anschlossen.
Nach dem Abschluß der High School zog sie nach Chicago, wo sie wieder in vielen Clubs als Sängerin auftrat.
Was nur ein kurzer Urlaub in New York hatte sein sollen, wurde für die 21jährige Grace Lee Whitney zu einer festen Rolle in dem Musical *Top Banana* am Broadway. Trotz ihrer mangelnden Musical-Erfahrung wurde sie als zweite Besetzung für die weibliche Hauptrolle engagiert und kam tatsächlich auch zum Einsatz. Das Musical wurde wenig später verfilmt, und wieder wurde Whitney in die Besetzungsliste aufgenommen. Anschließend spielte sie neben Shirley MacLaine in dem Musical *The Pajama Game.*
1959 erhielt sie eine Rolle in *Some Like It Hot.* Durch diesen raschen Erfolg bestärkt, zog sie nach Hollywood, mußte dort aber wieder ganz von vorne anfangen: Sie drehte zunächst Werbespots.
Ihre erste Fernsehrolle erhielt sie in der Serie *Mickey Spillane,* 1963 konnte sie eine Rolle in *Irma La Douce* bekommen.
Das Jahr 1964 markierte eine drastische Wende in ihrem Leben. Ihr erster Mann ließ sich von ihr scheiden, was sie seelisch so sehr belastete, daß sie sich in Tablettenabhängigkeit flüchtete.
Wenig später bekam sie zwar ihre Rolle in *Star Trek,* wo sie als Yeoman Janice Rand Kirks Mädchen für alles war. Dieses »alles« ließ aber nach der Ansicht von NBC jegliche Interpretation zu. Mit dem Argument, daß sich zwischen den Rollen Rand und Kirk ein zu intensives außerdienstliches Verhältnis zu entwickeln drohe, wurde sie noch im Verlauf der ersten Season aus der Serie geworfen.
Dieses drastische Ende führte dazu, daß sich zu ihrer Tablettensucht auch noch Alkoholismus gesellte, was nicht zuletzt auf die Tatsache zurückzuführen war, daß niemand ihrer Schauspielerkollegen sich je für sie einsetzte oder sich um sie kümmerte. Da die Scheidung von ihrem

ersten Mann gerade lief, als Whitneys Karriere vielversprechende Dimensionen annahm, verzichtete sie auf jegliche Unterhaltszahlungen für ihren gemeinsamen Sohn Scott – eine Entscheidung, die sich nach ihrem vorzeitigen Ende als Yeoman Rand bitter rächte. Hinzu kam, daß sie auch keine anderen Rollen für Filme und Serien angeboten bekam.

1970 heiratete sie Jack Dale, der sie zu allem Überfluß mit Drogen in Kontakt brachte, und so wurde die Ehe nach kurzer Zeit geschieden.

Erst 1975 nahm DeForest Kelley Kontakt mit ihr auf und konnte sie dazu überreden, mit Gene Roddenberry Termine für Convention-Auftritte zu vereinbaren. Das Interesse an ihr lebte daraufhin auf, und ihre Karriere als Sängerin bekam neuen Auftrieb, aber die Sucht bekam sie noch nicht in den Griff, bis sie sich Ende der siebziger Jahre dem christlichen Glauben zuwandte und dort den Halt fand, den sie benötigte.

Sie brauchte insgesamt 15 Jahre, um 1981 endlich sagen zu können, daß sie ihre Abhängigkeit überwunden hatte.

Grace Lee Whitney kehrte im ersten Kinofilm zwar zurück in ihre Rolle als Janice Rand, hatte aber nur eine größere Szene. Nachdem sie im zweiten Film völlig unberücksichtigt geblieben war, verschaffte ihr Leonard Nimoy im dritten Film einen minimalen Gastauftritt. Er holte sie auch für den vierten Film zurück vor die Kamera; der diesmal umfangreicher geplante Einsatz fiel aber der Schere zum Opfer, übrig blieb nur eine kurze, textlose Szene.

Nachdem sie auch im fünften Film wieder gefehlt hatte, gelangte sie im sechsten Film endlich auf die Brücke, diesmal auf der »U.S.S. Excelsior« unter dem Kommando von Captain Sulu. Sie trug zwar auch diesmal wenig zur Handlung bei, hatte aber immerhin Dialoge, die nicht geschnitten worden waren.

Heute leitet Grace Lee Whitney Selbsthilfegruppen für Alkoholabhängige und ist regelmäßiger Gast auf Conventions.

GASTAUFTRITTE:

Acapulco; Arrest and Trial; Barney Miller; Bat Masterson (1961) »The Good and the Bad«; Batman (1967) »King Tut's Coup, Batman's Waterloo«; Bewitched; The Big Valley (1968) »Run of the Savage«; Bob Hope Chrysler Theatre (1964) »White Snow, Red Ice«; The Bold Ones; Bonanza; Cannon; Cimmaron Strip (1968) »Knife in the Darkness«; Death Valley Days; Divorce Court (1991); The Eleventh Hour (o. J.) »Make Me a Place«; Gunsmoke; Hawaiian Eye (1962) »A Secret of Whales«; Hennessey; Mannix; Michael Shayne, Private Detective (1961) »No Shroud for Shayne«, »Four Lethal Ladies«; Mickey Spillane; Mod Squad; Mona McCluskey (1965); The Name of the Game; Next Step Beyond (1979) »The Confession«; One Step Beyond (1964) »Controlled Experiment«; The Outer Limits; The Outsider (1969) »The Secret of Maring Bay«; Police Story (1966); Rango (1967); The Real McCoys;

The Rifleman (1962) »The Tin Horn«, (1966) »Rose«; The Roaring Twenties (1961) »Another Time, Another War«; Robert Taylor's Detectives (1961) »Hit and Miss«; Run for Your Life (1968) »The List of Alice McKenna«; 77 Sunset Strip (1961) »The Missing Deadly Caper«, (1962) »Penthouse on Skid Row«, (1963) »Falling Stars«, »88 Bars«; Surfside Six (1962) »Neutral Corner«; The Twilight Zone; The Untouchables (1963) »Line of Fire«; The Virginian (o. J.) »The Mustangers«; Walt Disney's Wonderful World of Color (1964) »Way Down Cellar«.

FILME:

1954 Top Banana;
1958 The Naked and the Dead (Die Nackten und die Toten);
1959 Some Like It Hot (Manche mögen's heiß);
1963 Irma La Douce (Das Mädchen Irma La Douce).

Michael Whitney

Tyree in »A Private Little War« (C49).

Jane Wiedlin

Mitglied der Sternenflotte in *Star Trek IV – The Voyage Home.* Ehemaliges Mitglied der Popgruppe »The Go-Go's« und mittlerweile Solointerpretin. Sie war auf einem der überdimensionalen Bildschirme im Hauptquartier der Sternenflotte zu sehen.

FILM:

1989 Bill and Ted's Excellent Adventure (Bill & Teds verrückte Reise durch die Zeit).

Lisa Wilcox

Yuta in »The Vengeance Factor« (N57).

SERIEN:

o. J. in *General Hospital;*
1993 in *Scorch.*

GASTAUFTRITTE:

The Hogan Family; Knots Landing; MacGyver.

FILME:

o. J. Wedding Bells;
1988 Bring Me the Head of Dobie Gillis (TV);
1988 A Nightmare on Elm Street 4: The Dream Master;
1989 A Nightmare on Elm Street 5: The Dream Child (A Nightmare on Elm Street 5 – Das Trauma).

Edward Wiley

Gouverneur Vagh in »The Mind's Eye« (N98);
Gul Toran in »Profit and Loss« (D38).

FILME:

1992 In the Line of Duty: Siege at Marion (TV);
1992 Relentless 3 (Der Sunset-Killer 3).

Barbara Williams

Anna in »Liaisons« (N154).

FILME:

1984 Thief of Hearts (Nachts werden Träume wahr);
1986 Jo Jo Dancer, Your Life Is Calling (Jo Jo Dancer – Dein Leben ruft);
1987 Tiger Warsaw;
1988 Watchers;
1990 Peter Gunn (dito);
1991 City of Hope;
1992 Indecency (Der Duft des Todes).

R. J. Williams

Ian Andrew Troi in »The Child« (N27).

SERIE:

1985 als Dunc Wyman in *Detective in the House.*

GASTAUFTRITT:

Baywatch (1990) »Eclipse«.

Spice Williams

Vixis in *Star Trek V – The Final Frontier.*

SERIEN:

o. J. in *Berrenger's;*
o. J. in *General Hospital;*
o. J. in *Women in Prison.*

FILME:

1984 Getting Physical (TV);
1987 Dangerous Affection (TV);
1987 Stranded (Stranded – Gestrandet);
1987 The Lost Boys;

1988 Twins (Zwillinge);
1989 Hollywood Hot Tubs II: Educating Crysta (Der turbogeile Sauna-Club);
1991 Mutronics (dito).

Fred Williamson

Anka in »The Cloud-Minders« (C77).
Geb. 5. März 1938 in Gary, Indiana.
Ex-Profi-Footballer, Filmdebüt 1970 in *M*A*S*H.*

SERIEN:

1970–71 als Steve Bruce in *Julia;*
1974 als Ansager in *Monday Night Football;*
1978 als Leonard Wingate in *Wheels;*
1985 als Chester Long in *Half Nelson.*

GASTAUFTRITTE:

CHiPs (1979) »Roller Disco«; The Rookies (1974) »Johnny Lost His Gun«.

FILME:

1970 M*A*S*H (dito);
1972 Godfather of Harlem (Der Pate von Harlem);
1972 The Legend of Nigger Charley (Nigger Charley);
1973 Tough Guys (Zwei Fäuste des Himmels);
1973 Crazy Joe (Testament in Blei);
1973 Black Caesar;
1973 Hell Up in Harlem;
1974 Three the Hard Way;
1975 Adios Amigo;
1975 Boss;
1975 Bucktown;
1975 Deadly Impact;
1975 Take a Hard Ride (Einen vor den Latz geknallt);
1976 Mean Johnny Barrows (auch Regie);
1978 Quel maledetto treno blindato (Ein Haufen verwegener Hunde);
1978 Blind Rage;
1979 Express to Terror;
1981 Vigilante (Streetfighters);
1982 I guerrieri del'anno 2072 (Die Schlacht der Centurions);
1982 I nuovi barbari (Metropolis 2000);
1982 Last Fight (Last Fight – Endkampf ums Überleben);
1982 1990: I cavalieri del Bronx (The Riffs – Die Gewalt sind wir);
1983 The Big Score (auch Regie) (Chicago Cop);
1983 White Fire (White Fire – Der Todesdiamant);

1983 One Down, Two to Go (auch Regie);
1983 Warriors of the Wasteland;
1984 Giant Killer (dito);
1985 Capotto de legno (Gefährliche Zeugen);
1986 Foxtrap (auch Regie);
1986 Delta Force Commando (dito);
1987 The New Gladiators;
1988 Deadly Intent;
1988 Warrior of the Lost World (Last Warrior – Der Kämpfer einer verlorenen Welt);
1989 The Kill Reflex (C.-C.-Action-Punk);
1990 Black Cobra 3;
1991 Delta Force, Commando Two (Delta Force 2 – The Columbian Connection);
1991 Steele's Law (auch Regie);
1992 Night Caller (Dangerous Action).

Noble Willingham

Texas in »The Royale« (N38).
Geb. in Mineola, Texas.

SERIEN:

1980 als Bulldog in *When the Whistle Blows;*
1983 als Major Warren Jarvis in *Cutter to Houston.*

GASTAUFTRITTE:

AfterMASH (1984) »It Had to Be You«; »Another Saturday Night«; Airwolf (1985) »Natural Born«; The A-Team (1983) »Till Death Do Us Part«, (1986) »A Little Town with an Accent«; CHiPs (1981) »Finders Keepers«; Hawkins (1973) »Die, Darling, Die«; The Man from Atlantis (1977) »Shoot-Out at Land's End«; McMillan and Wife (1972) »Terror Times Two«; Tucker's Witch (1983) »Murder Is the Key«.

FILME:

1974 Where Have All the People Gone (dito);
1978 Fast Charlie ... the Moonbeam Rider (Der rasende Charlie);
1978 Just Me and You (TV; Nur ich und du);
1985 Shooter (Shooter – Reporter in der Hölle);
1987 Good Morning Vietnam (dito);
1989 The Heist (Der Gentleman-Coup);
1991 Career Opportunities;
1991 City Slickers (City Slickers – Die Großstadt-Helden);
1991 The Last Boy Scout (Last Boy Scout);
1991 Pastime;
1991 Sweet Poison (Gefährlicher Engel);

1992 Of Mice and Men (Von Mäusen und Menschen);
1993 Fire in the Sky.

Rudolph Willrich

Reittan Grax in »Menage à Troi« (N72).

Starr Wilson

Maisie-Serie in »I, Mudd« (C38).

Tamara Wilson

Maisie-Serie in »I, Mudd« (C38).

William Windom

Commodore Matt Decker in »The Doomsday Machine« (C36).
Geb. 23. September 1923 in New York City.
William Windom begann in den fünfziger Jahren als Bühnenschauspieler und wechselte in den sechziger Jahren zum Fernsehen, wo er seitdem in nahezu jeder Serie mindestens einen Gastauftritt verzeichnen konnte. 1970 wurde er mit einem Emmy als bester Schauspieler in einer Comedy-Serie, *My World and Welcome to It,* ausgezeichnet.

SERIEN:

1963–66 als Glen Morley in *The Farmer's Daughter;*
1969–70 als John Monroe in *My World and Welcome to It;*
1973–74 als Stuart Kline in *The Girl with Something Extra;*
1979 als Larry Krandall in *Brothers and Sisters;*
ab 1985 als Seth Hazlitt in *Murder She Wrote.*

GASTAUFTRITTE (kleine Auswahl):

Airwolf (1985) »Eagles«; The A-Team (1983; Pilotfilm); Automan (1983) »Staying Alive While Running with a High Flashdance Fever«; Columbo (1967) »Prescription Murder« (»Mord nach Rezept«), (1972) »Short Fuse«; Combat! (1963) »Off Limits«; The Gallant Men (1962; Pilotfilm); Hardcastle and McCormick (1985) »Surprise on Seagull Beach«; Hawkins (1973) »A Life for a Life«; Hotel (o. J.) (»Enthüllungen«); Hunter (1984) »The Hot Grounder«; The Invaders (1967) »Summit Meeting«, »Doomsday Minus One«; Knight Rider (1985) »Knight Racer«; McMillan and Wife (1974) »The Game of Survival«, (1977) »Phillip's Game«; Mission: Impossible (1967) »The Train«, »The Widow«, (1971) »Blues«, (1973) »The Fighter«; The Night Gallery (1971) »They're Tearing Down Tim Riley's Bar«, (1972) »Little Girl Lost«; The Rookies (1972) »Time Is the Fire«; 77 Sunset Strip (1963) »The Checkmate Caper«; The Streets of San Francisco (o. J.) (»Schuld und keine Reue«); Surf Side 6 (1961) »Affair at Hotel Delight«, (1962)

»Anniversary Special«; Thriller (1962) »Man of Mystery«; Twelve O'Clock High (1966) »Gauntlet of Fire«; The Twilight Zone (1961) »Five Characters in Search of an Exit«, (1963) »Miniature«; The Wild Wild West (1966) »The Night of the Flying Pie Plate«.

FILME:

1963 One Man's Way (Stärker als der Haß);
1968 The Detective (Die Klette);
1969 The Gypsy Moths (Die den Hals riskieren);
1970 Assault on the Wayne (U-Boot Wayne in geheimer Mission/Einsatz im Pazifik);
1971 Escape from the Planet of the Apes (Flucht vom Planet der Affen);
1971 Marriage: Year One (Beginn einer Ehe);
1972 Now You See Him, Now You Don't (Es kracht und zischt – zu sehn ist nischt);
1974 Murder in the First Person Singular (TV);
1975 Bridger (Der Mann aus den Bergen);
1976 Richie Brockelman: The Missing 24 Hours (Die Frau ohne Gedächtnis);
1981 Leave 'em Laughing;
1984 Grandview, U.S.A. (Speedway Trio);
1986 Space Rage: Breakout on Poison Planet (Proxima Centauri 3 – Revolte im All);
1987 Dennis the Menace (TV; Dennis – Der Quälgeist);
1987 Pinocchio and the Emperor of the Night;
1987 Committed (dito);
1987 Funland (Funland – Ein tödliches Vergnügen);
1987 Mace (dito);
1987 Street Justice (dito);
1987 Planes, Trains & Automobiles (Ein Ticket für zwei);
1987 She's Having a Baby (dito);
1991 Chance of a Lifetime (Der Unwiderstehliche);
1993 Sommersby (dito).

Paul Winfield

Captain Clark Terrell in *Star Trek II – The Wrath of Khan;*
Captain Dathon in »Darmok« (N102).
Geb. 22. Mai 1941 in Los Angeles, Kalifornien.

SERIEN:

1968–70 als Paul Cameron in *Julia;*
1979 als Dr. Horace Huguley in *Roots: The Next Generations;*
1982 als Jonathan in *The Blue and the Gray;*
1987–88 als Mirror in *The Charmings;*
1994 in *Scarlett.*

Paul Winfield

GASTAUFTRITTE:

Cowboy in Africa (1967) »What's an Elephant Mother to Do?«; Daktari (1966) »The Diamond Smugglers«; Mission: Impossible (1968) »Trial by Fury«.

FILME:

1967 Who's Minding the Mint;
1970 R.P.M.;
1971 Brother John (Brother John – Der Mann aus dem Nichts);
1972 Sounder (Das Jahr ohne Vater);
1972 Trouble Man;
1974 Conrack (Abschied von einer Insel);
1974 Huckleberry Finn;
1974 It's Good to Be Alive;
1975 Hustle (Straßen der Nacht);
1977 The Greatest (Ich bin der Größte);
1977 Damnation Alley (Straße der Verdammnis);
1977 High Velocity (Bluthunde vom Teufel zerrissen);
1977 Twilight's Last Gleaming (Das Ultimatum);
1978 Gordon's War (Jagd auf linke Brüder);
1978 A Hero Ain't Nothin' But a Sandwich;

1978 King (TV);
1981 On the Run;
1981 The Sophisticated Gents;
1982 White Dog (Der weiße Hund von Beverly Hills/Weiße Bestie);
1984 The Terminator (Terminator);
1984 Mike's Murder (Mikes Murder);
1986 Blue City (dito);
1986 Death Before Dishonor (Helden USA);
1988 Big Shots (Big Shots – Zwei Kids gegen die Unterwelt);
1988 The Serpent and the Rainbow (Die Schlange im Regenbogen);
1990 Presumed Innocent (Aus Mangel an Beweisen);
1990 83 Hours 'till Dawn (83 Stunden – Nervenkrieg gegen die Zeit);
1993 Dennis the Menace (Dennis).

Jason Wingreen

Dr. Linde in »The Empath« (C68).
Geb. 1920 in Brooklyn, N. Y.

SERIEN:

1966–67 als Shorty Dawes in *The Rounders;*
1977–83 als Harry Snowden in *All in the Family.*

GASTAUFTRITTE:

The Girl from U.N.C.L.E.; The Green Hornet; Mission: Impossible; The Night Gallery; The Outer Limits (1963) »O.B.I.T.«, »The Special One«, »Expanding Human«; The Six Million Dollar Man; The Sixth Sense; Starman; Twelve O'Clock High (1965) »The Clash«, (1966) »Duel at Mont Sainte Marie«; The Twilight Zone; Voyage to the Bottom of the Sea (o. J.) »The Exile«; The Wild Wild West.

FILME:

1970 The Dunwich Horror;
1974 Captain America (TV);
1974 The Terminal Man;
1978 The Suicide Club (TV);
1979 The Golden Gate Murders (TV; Der Golden-Gate-Mörder).

Pamela Winslow

McKnight in »Clues« (N88), »Face of the Enemy« (N140).

John Winston

Lt. Kyle in *Star Trek* und *Star Trek II – The Wrath of Khan.*
Winston zählt zu jenen Schauspielern, die in der Serie zwar immer wieder zu sehen waren und bisweilen auch Dialog erhielten, doch konnte

er sich nie anderweitig etablieren und aus dieser Rolle der dritten Garde nach vorne treten. Er gehört zu den wenigen, die auf eine Kontinuität der Reihe schließen lassen. Besonders gelungen war sein kurzer Auftritt im zweiten Kinofilm.

Marco Winters

Glen Daro in »The Wounded« (N86).

William Wintersole

Abrom in »Patterns of Force« (C51).

SERIE:

1976 als George Bailey in Sara.

GASTAUFTRITTE:

Airwolf (1986) »Day of Jeopardy«; Columbo (1975) »A Deadly State of Mind«; The Immortal (1970) »White Elephants Don't Grow on Trees«; Jericho (1966) »A Jug of Wine, A Loaf of Bread – and POW«; McCloud (1970) »Horse Stealing on Fifth Avenue«; Mission: Impossible (1968) »A Game of Chess«, (1970) »Submarine«, (1971) »Cat's Paw«; Tarzan (1967) »The Last of the Supermen«; The Wild Wild West (1967) »The Night of the Tottering Tontine«.

Ray Wise

Liko in »Who Watches the Watchers?« (N52).

SERIEN:

1982 als Blair Sullivan in *Dallas;*
1986 als Spiros Koralis in *The Colbys;*
1990 in *Twin Peaks.*

GASTAUFTRITTE:

The A-Team (1985) »Lease with an Option to Die«; Airwolf (1986) »Hawke's Run«; Blue Thunder (1984) »Payload«; Hunter (1986) »Crime of Passion«; Stingray (o. J.) (»Echos aus der Vergangenheit«).

FILME:

1982 Swamp Thing (Das Ding aus dem Sumpf);
1985 The Journey of Natty Gann (Natty Gann);
1986 Condor (dito);
1987 RoboCop (RoboCop – Das Gesetz in der Zukunft);
1989 Endless Descent;
1989 Race for Glory (Donner des Todes);
1989 The Rift (Sirene 1);

1989 Season of Fear;
1992 Bob Roberts (dito);
1992 Sunstroke (Flucht durch die Nacht);
1992 Twin Peaks: Fire Walk with Me (Twin Peaks – Der Film);
1993 Rising Sun (Die Wiege der Sonne).

Venita Wolf

Yeoman Teresa Ross in »The Squire of Gothos« (C18).

Sheldon Peters Wolfchild

Joe Falling Hawk in »Time's Arrow Part I« (N126).

Ian Wolfe

Septimus in »Bread and Circuses« (C55);
Mr. Atoz in »All Our Yesterdays« (C79).
Geb. 4. November 1896 in Canton, Illinois, gest. 23. Januar 1992.
1919 hatte Wolfe in »The Claw« seinen ersten Bühnenauftritt, ab 1934 arbeitete er in Hollywood und später für das Fernsehen.

SERIE:

1983 als Tranquil in *Wizards and Warriors.*

GASTAUFTRITTE:

Cain's Hundred (1961) »Five for One«; The Fugitive (1963) »Nightmare at North Oak«; Hawkins (1974) »Candidate for Murder«; Hec Ramsey (1973) »The Mystery of the Yellow Rose«; Jericho (1966) »Four O'Clock Bomb to London«; One Step Beyond (1959) »Father Image«; The Rookies (1972) »The Informant«; The Twilight Zone (1963) »Uncle Simon«.

FILME:

1935 Mutiny on the Bounty (Meuterei auf der Bounty);
1935 The Raven (Der Rabe – Duell der Zauberer);
1935 Mad Love;
1939 The Return of Dr. X;
1940 Foreign Correspondent (Mord);
1941 The Son of Monte Cristo (Stunde der Vergeltung);
1943 Sherlock Holmes in Washington (Sherlock Holmes' gefährlichster Auftrag);
1943 Sherlock Holmes Faces Death (Sherlock Holmes sieht dem Tod ins Gesicht);
1944 The Pearl of Death (Die Perle der Borgia);
1944 The Invisible Man's Revenge (Der Unsichtbare nimmt Rache);
1944 The Scarlet Claw (Die Kralle);

1945 The Brighton Strangler;
1946 Bedlam;
1946 Dressed to Kill (Sherlock Holmes jagt den Teufel von Soho);
1947 Marauders;
1948 Julia Misbehaves (Julia benimmt sich schlecht/Die unvollkommene Dame);
1949 Colorado Territory (Vogelfrei);
1950 Copper Canyon (Flammendes Tal);
1953 Houdini (Houdini, der König des Varieté);
1955 Rebel without a Cause (Denn sie wissen nicht, was sie tun);
1956 Diane (Diane – Kurtisane von Frankreich);
1960 The Lost World (Versunkene Welt);
1962 The Wonderful World of the Brothers Grimm (Die Wunderwelt der Gebrüder Grimm);
1963 Diary of a Madman (Tagebuch eines Mörders);
1971 THX 1138 (dito);
1974 Homebodies (Straße des Bösen);
1991 Dick Tracy (dito).

Laura Wood

Elaine Johnson in »The Deadly Years« (C42).

Barbara Alyn Woods

Kareen Briannon in »The Schizoid Man« (N32).

GASTAUFTRITTE:

Crime Story; Hooperman; Married with Children.

FILME:

1990 Repossessed (Von allen Geistern verlassen);
1991 Dance with Death (Tanz mit dem Tod);
1992 Inside Out;
1992 Waterdance (dito).

Grant Woods

Lt. Cmd. Kelowitz in »The Galileo Seven« (C17), »Arena« (C19), »This Side of Paradise« (C25).

SERIE:

1967 als Capt. Miles Keogh in *Custer.*

Katherine Woodville

Natira in »For the World Is Hollow and I Have Touched the Sky« (C64).

Geb. in England.
Katherine Woodville arbeitete zunächst als Schauspielerin am Theater in London. Sie übersiedelte in die USA, zog sich aber nach der Geburt ihrer Tochter völlig von der Schauspielerei zurück.

GASTAUFTRITTE:

Kolchak: The Night Stalker (1975) »Primal Scream«; Mission: Impossible (1967) »The Spy«.

FILME:

1962 The Informers (Polizeispitzel × 2);
1970 The Aquarians (Gefahr in der Tiefe);
1975 Posse (Männer des Gesetzes).

Morgan Woodward

Dr. Simon van Gelder in »Dagger of the Mind« (C10);
Captain Ronald Tracey in »The Omega Glory« (C53).

SERIE:

1958–61 als Shotgun Gibbs in *The Life and Legend of Wyatt Earp;*
ab 1980 als Punk Anderson in *Dallas.*

GASTAUFTRITTE:

The A-Team (1983) »When You Comin' Home, Range Rider«, (1984) »Showdown«; CHiPs (1980) »The Strippers«; Gunsmoke; Hec Ramsey (1974) »The Green Feather Mystery«; Hunter (1984) »A Long Way from L. A.«; Knight Rider; Logan's Run (1977) »Judas Goat«, (1978) »Carousel«; McMillan and Wife (1974) »Cross and Double Cross«; Murder She Wrote (o. J.) (»Eine Million Dollar«); Planet of the Apes (1974) »The Horse Race«; Salvage-I (1979) »Dry Spell«; Starsky & Hutch (o. J.) (»Lisa ist nicht zu fassen«); Tarzan (1968) »King of the Dusari«; Then Came Bronson (1970) »What's an Ark without Centaurs«; T. J. Hooker.

FILME:

1955 The Great Locomotive Chase (In geheimer Mission);
1963 How the West Was Won (Das war der wilde Westen);
1963 The Gun Hawk (Stadt ohne Sheriff);
1970 Blood Whisky (dito);
1970 Yuma (dito);
1976 A Small Town in Texas (Jagdzeit in Texas);
1977 Final Chapter – Walking Tall;
1977 Which Way Is Up? (Wie geht's aufwärts?);
1977 The Other Side of Hell (Die andere Seite der Hölle);
1977 Speed Trap (Speed Trap – Einsteigen, Starten, Abhauen);

1980 Battle Beyond the Stars (Sador, Herrscher im Weltraum);
1985 Girls Just Want to Have Fun (Lipstick & Icecream).

Henry Woronicz

J'Ddan in »The Drumhead« (N95).

Jane Wyatt

Amanda in »Journey to Babel« (C40), *Star Trek IV – The Voyage Home.*
Geb. 12. August 1912 in Campgaw, New Jersey.
Voller Name: Jane Waddington Wyatt.
Jane Wyatt wuchs in New York auf; einen ihrer ersten Auftritte hatte sie in der Broadway-Aufführung »Trade Winds«. Sie war von dem Wechsel von der Theaterbühne zum Film zunächst nicht sonderlich begeistert, zumal die Produzenten am Broadway sich förmlich um sie rissen. So blieb sie in New York, bis mit Beginn der großen Depression auch die Zahl der Broadway-Produktionen drastisch zurückging, da sich nur wenige noch einen Besuch im Theater leisten konnten. Diese Veränderung zwang Jane Wyatt zum Umdenken, und schließlich ging sie doch nach Hollywood. Der Vertrag, den sie mit den Universal Studios abschloß, erwies sich aber als äußerst unvorteilhaft, da sie lediglich für Filmproduktionen im Sommer vorgesehen war. So mußte sie die restliche Zeit des Jahres mit mittlerweile schlechtbezahlten Broadway-Engagements überbrücken. Ihr Filmdebüt hatte Wyatt 1934 in *One More River.*
1935 heiratete sie Edgar B. Ward. 1936 wurde sie entgegen ersten Planungen nicht für eine Rolle in *Dracula's Daughter* verpflichtet, kurz danach beendete Universal den Vertrag, da für Jane Wyatt keine neuen Rollen vorhanden waren. Von 1954 bis 1960 spielte sie zum einzigen Mal in ihrer Karriere eine feste Rolle in einer Serie, die weibliche Hauptrolle in *Father Knows Best,* für die sie in den Jahren 1957, 1959 und 1960 jeweils mit dem Emmy Award für die beste weibliche Hauptrolle ausgezeichnet wurde. 1977 kehrte sie in diese Rolle zurück für zwei Fernsehfilme, die die Serie fortsetzten.
Ihr Auftritt in »Journey to Babel« war eine der wenigen Gastrollen, die sie im Verlauf ihrer Karriere annahm. Die Fans liebten ihre Rolle als Spocks Mutter, aber es dauerte bis zum vierten Kinofilm, ehe sie in dieser Rolle einen weiteren Auftritt verbuchen konnte.

SERIE:

1954–60 als Margaret Anderson in *Father Knows Best.*

GASTAUFTRITTE:

Gemini Man; Hotel (o. J.) (»Alle Jahre wieder«); Starman (o. J.) »The Gift« (»Der Ring«).

FILME:

1934 One More River;
1937 Lost Horizon (In den Fesseln von Shangri-La);
1943 Buckskin Frontier;
1943 The Kansan;
1943 The Young in Heart (Der Sheriff von Kansas);
1944 None But the Lonely Heart;
1946 Great Expectations (Geheimnisvolle Erbschaft);
1947 Boomerang (Bumerang);
1947 Gentleman's Agreement;
1948 Pitfall;
1949 Canadian Pacific (dito);
1949 Task Force (Stern über dem Pazifik);
1950 Our Very Own (Unser eigenes Ich);
1950 House by the River (Das Todeshaus am Fluß);
1973 Tom Sawyer (TV);
1975 Katherine (TV);
1976 Amelia Earhart (TV);
1978 The Nativity (Eines Tages in Galiläa);
1982 Missing Children: A Mother's Story (TV);
1989 Amityville 4: The Evil Escapes (Amityville Horror Teil 4).

Meg Wyllie

Talosier in »The Cage« (C1).

SERIEN:

1959–62 als Mrs. Shafer in *Hennessey;*
1963–64 als Mrs. Kissel in *The Travels of Jaimie McPheeters.*

GASTAUFTRITTE:

Misfits of Science (1986) »Three Days of the Blender«; 77 Sunset Strip (1960) »The Double Death of Benny Markham«.

Y

Celeste Yarnall

Yeoman Martha Landon in »The Apple« (C35).

GASTAUFTRITTE:

Columbo (1971) »Ransom for a Dead Man«; The Man from U.N.C.L.E. (1966) »The Monks of St. Thomas Affair«; McMillan and Wife (1972) »Terror Times Two«.

FILME:

1965 Around the World Under the Sea (Unter Wasser um die Welt);
1970 Beast of Blood (Beast of Blood – Drakapa, das Monster mit der Krallenhand);
1971 The Velvet Vampire.

Patti Yasutake

Schwester Alyssa Ogawa ab »The Game« (N106).

Biff Yeager

Lt. Commander Argyle in »Where No One Has Gone Before« (N6), »DataLore« (N13).

FILM:

1984 Girls Just Want to Have Fun (Lipstick & Icecream).

Dey Young

Hannah Bates in »The Masterpiece Society« (N113).

FILME:

1979 Rock 'n' Roll High School;
1984 Doin' Time (Knast total – Hier sitzen Sie richtig);
1987 The Serpent and the Rainbow (Die Schlange im Regenbogen);
1987 Zärtliche Chaoten;
1989 Spontaneous Combustion (Fire Syndrome);
1990 No Place to Hide (Cold Heart – Der beste Bulle in L. A.);
1990 Pretty Woman (dito);
1991 Murder 101;
1992 Back in the U. S. S. R.;
1993 Conflict of Interest (Hit Back).

Keone Young

Buck Bokai in »If Wishes Were Horses« (D16).
Geb. in Honolulu, Hawaii.
Die »Rolle« des Baseball-Spielers Buck Bokai war zuvor von Greg Jein, einem der *Star Trek*-Modellbauer, übernommen worden, der aber lediglich ein Foto zur Verfügung gestellt hatte, das – zur Sammelkarte umgestaltet – Commander Siskos Tisch in dessen Büro zierte. Als die Rolle mit Leben erfüllt werden sollte, bekam Keone Young den Zuschlag.

SERIE:

1986–88 als Michael Kwan in *Kay O'Brien*.

GASTAUFTRITTE:

Bring 'em Back Alive (1982) »Seven Keys to Singapore«; MacGyver (1992) »Stringer«; Tour of Duty (1988) »Paradise Lost«; 21 Jump Street (1987) »Christmas in Saigon«.

FILME:

1988 Beverly Hills Body Snatchers (dito);
1989 Trenchcoat in Paradise (Ananas und blaue Bohnen);
1990 Fear (Fear – Todesangst);
1991 Once Upon a Time in Shanghai (Shanghai 1920);
1992 Surf Ninjas (dito).

Tony Young

Kryton in »Elaan of Troyius« (C69).
Geb. 1932 in New York City.

SERIE:

1961 als Cord in *Gunslinger*.

Harris Yulin

Aamin Marritza alias Gul Darhe'el in »Duet« (D19).
Geb. 1937.

FILME:

1969 End of the Road;
1970 Doc (dito);
1973 Watched!;
1974 Melvin Purvis: G-Man (Machine Gun Kelly/Die Story von Gun Kelly);
1974 Parker Addison, Philosopher;
1975 The Kansas City Massacre;

1976 Victory at Entebbe (Unternehmen Entebbe);
1978 N. N. (Wer den ersten Stein wirft ...);
1980 Steel (Sechs Männer aus Stahl);
1983 Scarface (dito);
1987 The Believers (Das Ritual);
1987 Candy Mountain (dito);
1987 Fatal Beauty (dito);
1988 Bad Dreams (Vision der Dunkelheit);
1989 Short Fuse;
1989 Tailspin;
1989 Daughter of the Streets (Tochter der Nacht);
1990 Ghostbusters II (dito);
1992 The Heart of Justice (Heart of Justice);
1993 The Last Hit.

Z

Michael Zaslow

Darnell in »The Man Trap« (C2);
Ensign Jordan in »I, Mudd« (C38).

FILME:

1977 You Light Up My Life (Stern meines Lebens);
1986 Seven Minutes in Heaven (Ticket zum Himmel).

Bo Zenga

Asoth in »Babel« (D5).

Jillian Ziesmer

Asha in »Cardassians« (D25).

William Zuckert

Johnny Behan in »Spectre of the Gun« (C62).

SERIEN:

1964–65 als Arthur Bradwell in *Mr. Novak;*
1965–66 als General Cross in *The Wackiest Ship in the Army;*
1967 als Chief Segal in *Captain Nice.*

GASTAUFTRITT:

Columbo (1990) »Murder in Malibu«.

Anhang I: Episodenübersicht

Star Trek (Raumschiff Enterprise)

ERSTE SEASON (1966/1967)

C1: The Cage (Der Käfig)
C2: The Man Trap (Das Letzte seiner Art)
C3: Charlie X (Der Fall Charlie)
C4: Where No Man Has Gone Before (Spitze des Eisbergs)
C5: The Naked Time (Implosion in der Spirale)
C6: The Enemy Within (Kirk : 2 = ?)
C7: Mudd's Women (Die Frauen des Mr. Mudd)
C8: What Are Little Girls Made of? (Der alte Traum)
C9: Miri (Miri, ein Kleinling)
C10: Dagger of the Mind (Der Zentralnervensystem-Manipulator)
C11: The Corbomite Maneuver (Pokerspiele)
C12/
C13: The Menagerie – Parts I + II (Talos IV – Tabu; Teile I + II)
C14: The Conscience of the King (Kodos, der Henker)
C15: Balance of Terror (Spock unter Verdacht)
C16: Shore Leave (Landeurlaub)
C17: The Galileo Seven (Notlandung auf Galileo 7)
C18: The Squire of Gothos (Tödliche Spiele auf Gothos)
C19: Arena (Ganz neue Dimensionen)
C20: Tomorrow Is Yesterday (Morgen ist gestern)
C21: Court-Martial (Kirk unter Anklage)
C22: The Return of the Archons (Landru und die Ewigkeit)
C23: Space Seed (Der schlafende Tiger)
C24: A Taste of Armageddon (Krieg der Computer)
C25: This Side of Paradise (Falsche Paradiese)
C26: The Devil in the Dark (Horta rettet ihre Kinder)
C27: Errand of Mercy (Kampf um Organia)
C28: The Alternative Factor (Auf Messers Schneide)
C29: The City on the Edge of Forever (Griff in die Geschichte)
C30: Operation: Annihilate! (Spock außer Kontrolle)

ZWEITE SEASON (1967/1968)

C31: Amok Time (Weltraumfieber)
C32: Who Mourns for Adonais? (Der Tempel des Apoll)
C33: The Changeling (Ich heiße Nomad)
C34: Mirror, Mirror (Ein Parallel-Universum)
C35: The Apple (Die Stunde der Erkenntnis)
C36: The Doomsday Machine (Planeten-Killer)
C37: Catspaw (Das Spukschloß im Weltall)
C38: I, Mudd (Der dressierte Herrscher)

C39: Metamorphosis (Metamorphose)
C40: Journey to Babel (Reise nach Babel)
C41: Friday's Child (Im Namen des jungen Tiru)
C42: The Deadly Years (Wie schnell die Zeit vergeht)
C43: Obsession (Tödliche Wolken)
C44: Wolf in the Fold (Der Wolf im Schafspelz)
C45: The Trouble with Tribbles (Kennen Sie Tribbles?)
C46: The Gamesters of Triskelion (Meister der Sklaven)
C47: A Piece of the Action (Epigonen)
C48: The Immunity Syndrome (Das Loch im Weltraum)
C49: A Private Little War (Der erste Krieg)
C50: Return to Tomorrow (Geist sucht Körper)
C51: Patterns of Force
C52: By Any Other Name (Stein und Staub)
C53: The Omega Glory (Das Jahr des roten Vogels)
C54: The Ultimate Computer (Computer M5)
C55: Bread and Circuses (Brot und Spiele)
C56: Assignment: Earth (Ein Planet, genannt Erde)

DRITTE SEASON (1968/1969)

C57: Spock's Brain (Spocks Gehirn)
C58: The Enterprise Incident (Die unsichtbare Falle)
C59: The Paradise Syndrome (Der Obelisk)
C60: And the Children Shall Lead (Kurs auf Markus 12)
C61: Is There in Truth No Beauty? (Die fremde Materie)
C62: Spectre of the Gun (Wildwest im Weltraum)
C63: The Day of the Dove (Das Gleichgewicht der Kräfte)
C64: For the World Is Hollow and I Have Touched the Sky (Der verirrte Planet)
C65: The Tholian Web (Das Spinnennetz)
C66: Plato's Stepchildren (Platos Stiefkinder)
C67: Wink of an Eye (Was summt denn da?)
C68: The Empath (Der Plan der Vianer)
C69: Elaan of Troyius (Brautschiff Enterprise)
C70: Whom Gods Destroy (Wen die Götter zerstören)
C71: Let That Be Your Last Battlefield (Bele jagt Lokai)
C72: The Mark of Gideon (Fast unsterblich)
C73: That Which Survives (Gefährliche Planetengirls)
C74: The Lights of Zetar (Strahlen greifen an)
C75: Requiem for Methuselah (Planet der Unsterblichen)
C76: The Way to Eden (Die Reise nach Eden)
C77: The Cloud-Minders (Die Wolkenstadt)
C78: The Savage Curtain (Seit es Menschen gibt)
C79: All Our Yesterdays (Portal in die Vergangenheit)
C80: Turnabout Intruder (Gefährlicher Tausch)

Star Trek Animated (Zeichentrickserie, 1974/1975; Die Enterprise)

A1: Yesteryear (Die Täuschung)
A2: One of Our Planets Is Missing (Ein Planet wird gerettet)
A3: The Lorelei Signal (Planet der Amazonen)
A4: More Tribbles, More Troubles (Invasion der Wollmöpse)
A5: The Survivor (Geliebter Spion)
A6: The Infinite Vulcan (Planet der Riesen)
A7: The Magicks of Megas-tu
A8: Once Upon a Planet (Urlaub im Wunderland)
A9: Mudd's Passion (Der Liebeskristall)
A10: The Terratin Incident (Auch Kleine haben oft groß angefangen)
A11: Time Trap (Klingons Hinterlist)
A12: The Ambergris Element (Das unheimliche Wesen)
A13: Slaver Weapon
A14: Beyond the Farthest Star (Keine Blumen für Kirk)
A15: The Eye of the Beholder (Die gejagten Jäger)
A16: Jihad
A17: The Pirates of Orion (Verfolgung im Weltraum)
A18: Bem (Echsenjagd)
A19: Practical Joker (Das lachende Ungeheuer)
A20: Albatross
A21: How Sharper Than a Serpent's Tooth (Die versunkene Welt)
A22: The Counter-Clock Incident (Weltraumkosmetik)

Star Trek – The Next Generation (Raumschiff Enterprise – Das nächste Jahrhundert)

ERSTE SEASON (1987/1988)

N1/2: Encounter at Farpoint (Der Mächtige/Mission Farpoint)
N3: The Naked Now (Gedankengift)
N4: Code of Honor (Der Ehrenkodex)
N5: The Last Outpost (Der Wächter)
N6: Where No One Has Gone Before (Der Reisende)
N7: Lonely Among Us (Die geheimnisvolle Kraft)
N8: Justice (Das Gesetz der Edo)
N9: The Battle (Die Schlacht von Maxia)
N10: Hide and Q (Rikers Versuchung)
N11: Haven (Die Frau seiner Träume)
N12: The Big Goodbye (Der große Abschied)
N13: DataLore (Das Duplikat)
N14: Angel One (Planet Angel One)
N15: 11001001 (11001001)
N16: Too Short a Season (Die Entscheidung des Admirals)
N17: When the Bough Breaks (Die Sorge der Aldeaner)
N18: Home Soil (Ein Planet wehrt sich)
N19: Coming of Age (Prüfungen)

N20: Heart of Glory (Worfs Brüder)
N21: The Arsenal of Freedom (Die Waffenhändler)
N22: Symbiosis (Die Seuche)
N23: Skin of Evil (Die schwarze Seele)
N24: We'll Always Have Paris (Begegnung mit der Vergangenheit)
N25: Conspiracy (Die Verschwörung)
N26: The Neutral Zone (Die Neutrale Zone)

ZWEITE SEASON (1988/1989)

N27: The Child (Das Kind)
N28: Where Silence Has Lease (Illusion oder Wirklichkeit?)
N29: Elementary, Dear Data (Sherlock Data Holmes)
N30: The Outrageous Okona (Der unmögliche Captain Okona)
N31: Loud as a Whisper (Der stumme Vermittler)
N32: The Schizoid Man (Das fremde Gedächtnis)
N33: Unnatural Selection (Die jungen Greise)
N34: A Matter of Honor (Der Austauschoffizier)
N35: The Measure of a Man (Wem gehört Data?)
N36: The Dauphin (Die Thronfolgerin)
N37: Contagion (Die Iconia-Sonden)
N38: The Royale (Hotel Royale)
N39: Time Squared (Die Zukunft schweigt)
N40: The Icarus Factor (Rikers Vater)
N41: Pen Pals (Brieffreunde)
N42: Q Who (Zeitsprung mit Q)
N43: Samaritan Snare (Das Herz eines Captains)
N44: Up the Long Ladder (Der Planet der Klone)
N45: Man Hunt (Andere Sterne, andere Sitten)
N46: The Emissary (Klingonenbegegnung)
N47: Peak Performance (Galavorstellung)
N48: Shades of Gray (Kraft der Träume)

DRITTE SEASON (1989/1990)

N49: Evolution (Die Macht der Naniten)
N50: The Ensigns of Command (Die Macht der Paragraphen)
N51: The Survivors (Die Überlebenden auf Rana-Vier)
N52: Who Watches the Watchers? (Der Gott der Mintakaner)
N53: The Bonding (Mutterliebe)
N54: Booby Trap (Die Energiefalle)
N55: The Enemy (Auf schmalem Grat)
N56: The Price (Der Barzanhandel)
N57: The Vengeance Factor (Yuta, die Letzte ihres Clans)
N58: The Defector (Der Überläufer)
N59: The Hunted (Die Verfemten)
N60: The High Ground (Terror auf Rutia-Vier)
N61: Déjà Q (Noch einmal Q)
N62: A Matter of Perspective (Riker unter Verdacht)
N63: Yesterday's Enterprise (Die alte Enterprise)

N64: The Offspring (Datas Nachkomme)
N65: Sins of the Father (Die Sünden des Vaters)
N66: Allegiance (Versuchskaninchen)
N67: Captain's Holiday (Picard macht Urlaub)
N68: Tin Man (Der Telepath)
N69: Hollow Pursuits (Der schüchterne Reginald)
N70: The Most Toys (Der Sammler)
N71: Sarek (Botschafter Sarek)
N72: Menage à Troi (Die Damen Troi)
N73: Transfigurations (Wer ist John?)
N74: The Best of Both Worlds Part I (In den Händen der Borg)

VIERTE SEASON (1990/1991)

N75: The Best of Both Worlds Part II (Angriffsziel Erde)
N76: Family (Familienbegegnung)
N77: Brothers (Die ungleichen Brüder)
N78: Suddenly Human (Endars Sohn)
N79: Remember Me (Das Experiment)
N80: Legacy (Die Rettungsoperation)
N81: Reunion (Tödliche Nachfolge)
N82: Future Imperfect (Gedächtnisverlust)
N83: Final Mission (Die letzte Mission)
N84: The Loss (Das kosmische Band)
N85: Data's Day (Datas Tag)
N86: The Wounded (Der Rachefeldzug)
N87: Devil's Due (Der Pakt mit dem Teufel)
N88: Clues (Beweise)
N89: First Contact (Erster Kontakt)
N90: Galaxy's Child (Die Begegnung im Weltraum)
N91: Night Terrors (Augen in der Dunkelheit)
N92: Identity Crisis (Der unbekannte Schatten)
N93: The Nth Degree (Die Reise ins Ungewisse)
N94: Qpid (Gefangen in der Vergangenheit)
N95: The Drumhead (Das Standgericht)
N96: Half a Life (Die Auflösung)
N97: The Host (Odan, der Sonderbotschafter)
N98: The Mind's Eye (Verräterische Signale)
N99: In Theory (Datas erste Liebe)
N100: Redemption Part I (Der Kampf um das klingonische Reich I)

FÜNFTE SEASON (1991/1992)

N101: Redemption Part II (Der Kampf um das klingonische Reich II)
N102: Darmok (Darmok)
N103: Ensign Ro (Fähnrich Ro)
N104: Silicon Avatar (Das Recht auf Leben)
N105: Disaster (Katastrophe auf der Enterprise)
N106: The Game (Gefährliche Spielsucht)
N107: Unification Part I (Wiedervereinigung?, Teil 1)

N108: Unification Part II (Wiedervereinigung?, Teil 2)
N109: A Matter of Time (Der zeitreisende Historiker)
N110: New Ground (Die Soliton-Welle)
N111: Hero Worship (Der einzige Überlebende)
N112: Violations (Geistige Gewalt)
N113: The Masterpiece Society (Das künstliche Paradies)
N114: Conundrum (Mission ohne Gedächtnis)
N115: Power Play (Ungebetene Gäste)
N116: Ethics (Die Operation)
N117: The Outcast (Verbotene Liebe)
N118: Cause and Effect (Déjà Vu)
N119: The First Duty (Ein mißglücktes Manöver)
N120: Cost of Living (Hochzeit mit Hindernissen)
N121: The Perfect Mate (Eine hoffnungsvolle Romanze)
N122: Imaginary Friend (Die imaginäre Freundin)
N123: I, Borg (Ich bin Hugh)
N124: The Next Phase (So nah und doch so fern)
N125: The Inner Light (Das zweite Leben)
N126: Time's Arrow Part I (Gefahr aus dem 19. Jahrhundert, Teil 1)

SECHSTE SEASON (1992/1993)

N127: Time's Arrow Part II (Gefahr aus dem 19. Jahrhundert, Teil 2)
N128: Realm of Fear (Todesangst beim Beamen)
N129: Man of the People (Der unmoralische Friedensvermittler)
N130: Relics (Besuch von der alten Enterprise)
N131: Schisms (In den Subraum entführt)
N132: True Q (Eine echte »Q«)
N133: Rascals (Erwachsene Kinder)
N134: A Fistful of Datas (Eine Handvoll Datas)
N135: The Quality of Life (Datas Hypothese)
N136: Chain of Command Part I (Geheime Mission auf Seltris, Teil 1)
N137: Chain of Command Part II (Geheime Mission auf Seltris, Teil 2)
N138: Ship in a Bottle (Das Schiff in der Flasche)
N139: Aquiel (Aquiel)
N140: Face of the Enemy (Das Gesicht des Feindes)
N141: Tapestry (Willkommen im Leben nach dem Tode)
N142: Birthright Part I (Der Moment der Erkenntnis, Teil 1)
N143: Birthright Part II (Der Moment der Erkenntnis, Teil 2)
N144: Starship Mine (In der Hand von Terroristen)
N145: Lessons (Der Feuersturm)
N146: The Chase (Das fehlende Fragment)
N147: Frame of Mind (Phantasie oder Wahrheit)
N148: Suspicions (Verdächtigungen)
N149: Rightful Heir (Der rechtmäßige Erbe)
N150: Second Chances (Riker : 2 = ?)
N151: Timescape (Gefangen in einem temporären Fragment)
N152: Descent (Angriff auf Borg, Teil 1)

SIEBTE SEASON (1993/1994)

N153: Descent Part II (Angriff auf Borg, Teil 2)
N154: Liaisons (Indiskretionen)
N155: Interface (Interface)
N156: Gambit Part I (Der Schachzug, Teil 1)
N157: Gambit Part II (Der Schachzug, Teil 2)
N158: Phantasms (Traumanalyse)
N159: Dark Page (Ort der Finsternis)
N160: Attached (Kontakte)
N161: Force of Nature (Die Raumkatastrophe)
N162: Inheritance (Soongs Vermächtnis)
N163: Parallels (Parallelen)
N164: The Pegasus (Das Pegasus-Projekt)
N165: Homeward (Die oberste Direktive)
N166: Sub Rosa (Ronin)
N167: Lower Decks (Beförderung)
N168: Thine Own Self (Radioaktiv)
N169: Masks (Der Komet)
N170: Eye of the Beholder (Der Fall »Utopia Planitia«)
N171: Genesis (Genesis)
N172: Journey's End (Am Ende der Reise)
N173: First Born (Ritus des Aufsteigens)
N174: Bloodlines (Boks Vergeltung)
N175: Emergence (Neue Intelligenz)
N176: Preemptive Strike (Die Rückkehr von Ro Laren)
N177: All Good Things ... (Gestern, heute, morgen)

Star Trek – Deep Space Nine (dito)

ERSTE SEASON (1993)

D1/2: Emissary (Der Abgesandte)
D3: Past Prologue (Die Khon-Ma)
D4: A Man Alone (Unter Verdacht)
D5: Babel (Babel)
D6: Captive Pursuit (Tosk, der Gejagte)
D7: Q-Less (»Q« – unerwünscht)
D8: Dax (Der Fall »Dax«)
D9: The Passenger (Der Parasit)
D10: Move Along Home (Chula – Das Spiel)
D11: The Nagus (Die Nachfolge)
D12: Vortex (Der Steinwandler)
D13: Battle Lines (Die Prophezeiung)
D14: The Storyteller (Die Legende von Dal'Rok)
D15: Progress (Mulliboks Mond)
D16: If Wishes Were Horses (Die Macht der Phantasie)
D17: The Forsaken (Persönlichkeiten)
D18: Dramatis Personae (Meuterei)

D19: Duet (Der undurchschaubare Marritza)
D20: In the Hands of the Prophets (Blasphemie)

ZWEITE SEASON (1993/1994)

D21: The Homecoming (Die Heimkehr)
D22: The Circle (Der Kreis)
D23: The Siege (Die Belagerung)
D24: Invasive Procedures (Der Symbiont)
D25: Cardassians (Die Konspiration)
D26: Melora (Das »Melora«-Problem)
D27: Rules of Acquisition (Profit oder Partner)
D28: Necessary Evil (Die Ermittlung)
D29: Second Sight (Rätselhafte Fenna)
D30: Sanctuary (Auge des Universums)
D31: Rivals (Rivalen)
D32: The Alternate (Metamorphosen)
D33: Armageddon Game (Das Harvester-Desaster)
D34: Whispers (O'Briens Identität)
D35: Paradise (Das Paradiesexperiment)
D36: Shadowplay (Die Illusion)
D37: Playing God (Der Trill-Kandidat)
D38: Profit and Loss (Profit und Verlust)
D39: Blood Oath (Der Blutschwur)
D40: The Maquis Part I (Der Maquis, Teil 1)
D41: The Maquis Part II (Der Maquis, Teil 2)
D42: The Wire (Das Implantat)
D43: Crossover (Die andere Seite)
D44: The Collaborator (Die Wahl des Kai)
D45: Tribunal (Der Tribunal)
D46: The Jem'Hadar (Der Plan des Dominion)

Star-Trek-Filme

1979 Star Trek – The Motion Picture (Star Trek – Der Film)
1982 Star Trek II – The Wrath of Khan (Star Trek II – Der Zorn des Khan)
1984 Star Trek III – The Search for Spock (Star Trek III – Auf der Suche nach Mr. Spock)
1986 Star Trek IV – The Voyage Home (Zurück in die Gegenwart – Star Trek IV)
1989 Star Trek V – The Final Frontier (Star Trek V – Am Rande des Universums)
1991 Star Trek VI – The Undiscovered Country (Star Trek VI – Das unentdeckte Land)
1994 Star Trek: Generations (Star Trek – Treffen der Generationen)

Anhang II: Serienüberblick

Originaltitel	*Deutscher Titel*
Airwolf	Airwolf
The A-Team	Das A-Team
Amazing Stories	Unglaubliche Geschichten
Anna and the King	Anna und der König
Automan	Automan – Der Superdetektiv
The Avengers	Mit Schirm, Charme und Melone
Baby Talk	Babygeflüster
The Bad News Bears	Die Bären sind los
Bagdad Café	Bagdad Café
The Baileys of Balboa	Schiff ahoi!
Banacek	Banacek
The Barbary Coast	Die Küste der Ganoven
Bare Essence	Parfum – Magnet der Sinne
Batman	Batman
Beauty and the Beast	Die Schöne und das Biest
Beverly Hills 90210	Beverly Hills 90210
The Bill Cosby Show	Bill Cosbys Familienbande/ Bill Cosby Show
The Bionic Woman	Die Sieben-Millionen-Dollar-Frau
The Blue Knight	Bumpers Revier
Born Free	Frei geboren
Bourbon Street Beat	New Orleans Bourbon Street
The Brady Bunch	Drei Jungen und drei Mädchen
Buck Rogers in the 25th Century	Buck Rogers
Cade's County	Sheriff Cade
Cagney & Lacey	Cagney & Lacey
Charlie's Angels	Drei Engel für Charlie
Cheers	Prost Helmut!
Chiefs	Die Polizeichefs von Delano
Columbo	Columbo
Cop Rock	Profis contra Ganoven
Counterstrike	Auf eigene Faust
Dallas	Dallas
Dan August	Dan Oakland
Daktari	Daktari
Dark Justice	Die Verschwörer – Im Namen der Gerechtigkeit
Days of Our Lives	Zeit der Sehnsucht

Dear John	Mein lieber John
Dick Van Dyke/	Dick Van Dyke
Diagnosis Murder	
A Different World	College-Fieber
Doogie Howser, M. D.	Doogie Howser
The Dukes of Hazzard	Ein Hazzard kommt selten allein
Dynasty	Der Denver-Clan
Dynasty II: The Colbys	Die Colbys
The Earth Day Special	Unser Planet Erde
Emergency	Notruf California
The Equalizer	Der Schutzengel von New York/ The Equalizer
The F.B.I.	FBI
Falcon Crest	Falcon Crest
Fame	Fame/Der Weg zum Ruhm
Family Affair	Lieber Onkel Bill
Family Ties	Familienbande/ Jede Menge Familie
Fantasy Island	Fantasy Island
Father Dowling	Ein gesegnetes Team
Father Knows Best	Vater ist der Beste
Finder of Lost Loves	Agentur Maxwell
The Fugitive	Auf der Flucht
General Hospital	General Hospital
Gentle Ben	Mein Freund Ben
Gideon Oliver	Gideon Oliver
The Greatest Show on Earth	Zirkusdirektor Johnny Slate
The Guiding Light	Die Springfield-Story
Gunsmoke	Rauchende Colts
Harry-O	Harry-O
Hart to Hart	Hart, aber herzlich
Hawaii Five-O	Hawaii Fünf-Null
Hec Ramsey	Hec Ramsey
Highway to Heaven	Der Engel kehrt zurück/ Ein Engel auf Erden
The Highwayman	Highwayman
Hill Street Blues	Polizeirevier Hill Street
The Hitchhiker	Hitchhiker
Hogan's Heroes	Ein Käfig voller Helden
Hooperman	Inspektor Hooperman
Hotel	Hotel
Hunter	Hunter
I, Claudius	Ich, Claudius, Kaiser und Gott
I Dream of Jeannie	Bezaubernde Jeannie
In the Heat of the Night	In der Hitze der Nacht
The Invaders	Invasion von der Wega
The Invisible Man	Der Unsichtbare

Ironside	Der Chef
It Takes a Thief	Ihr Auftritt, Al Mundy
Jake and the Fatman	Fatman oder Der Dicke und ich/ Jake und McCabe
Knight Rider	Knight Rider
Knots Landing	Unter der Sonne Kaliforniens
Kojak	Kojak/Einsatz in Manhattan
Kung Fu	Kung Fu
Kung Fu – The Legend Continues	Kung Fu – Im Zeichen des Drachen
L. A. Law	L. A. Law – Staranwälte, Tricks, Prozesse
Lady Blue	Die Lady mit dem Colt
The Law and Harry McGraw	Privatdetektiv Harry McGraw
Leave It to Beaver	Erwachsen müßte man sein
Little House on the Prairie	Unsere kleine Farm
Little Women	Meine drei Schwestern und ich
Lois and Clark	Superman – Die Abenteuer von Lois und Clark
Lottery	Lotterie
Lou Grant	Lou Grant
Love Boat	Love Boat
M Squad	Dezernat M
MacGyver	MacGyver
The Magician	Der Magier
Magnum P. I.	Magnum
A Man Called Hawk	Hawk
The Man from Atlantis	Der Mann von Atlantis
The Man from U.N.C.L.E.	Solo für O.N.C.E.L./ Solo für U.N.C.L.E.
Mancuso F.B.I.	Einer gegen alle – Mancuso F.B.I.
Married … with Children	Eine schrecklich nette Familie
*M*A*S*H*	M*A*S*H
Masquerade	Operation Maskerade
Matlock	Matlock
McCloud	Ein Sheriff in New York
Medicine Woman	Dr. Quinn, Ärztin aus Leidenschaft
The Men from Shiloh	Die Leute von der Shiloh-Ranch
Miami Vice	Miami Vice
Mission: Impossible	Kobra, übernehmen Sie/ Unmöglicher Auftrag/ In geheimer Mission
Mod Squad	Twen Police
The Moneychangers	Die Bankiers
Monte Carlo	Monte Carlo

Moonlighting	Das Model und der Schnüffler
Mork and Mindy	Mork vom Ork
Murder She Wrote	Mord ist ihr Hobby
My Favourite Martian	Mein Onkel vom Mars
My Three Sons	Meine drei Söhne
Nero Wolfe	Nero Wolfe
Nick Knight	Midnight Cop
Night Court	Harrys wundersames Nachtgericht
North and South	Fackeln im Sturm
The Nurses	Hallo, Schwester
Ohara	Ohara
The Oldest Rookie	Die unschlagbaren Zwei
Our House	Unser Haus
Owen Marshall, Counselor at Law	Owen Marshall
Perry Mason	Perry Mason
Planet of the Apes	Planet der Affen
Police Woman	Mit Make-up und Pistolen
Primus	Gefahr unter Wasser
Quantum Leap	Zurück in die Vergangenheit
Quincy M. E.	Quincy
The Ray Bradbury Theatre	Die Bradbury-Trilogie
Remington Steele	Remington Steele
Renegade	Renegade – Gnadenlose Jagd
Rich Man, Poor Man	Arm und reich
The Rifleman	Westlich von Santa Fé
Ripcord	Sprung aus den Wolken
The Rounders	Diese Pechvögel
Santa Barbara	California Clan
Scarecrow and Mrs. King	Agentin mit Herz
Scarlett	Scarlett
Scorch	Scorch
Sea Hunt	Abenteuer unter Wasser
SeaQuest DSV	SeaQuest DSV
77 Sunset Strip	77 Sunset Strip
Simon and Simon	Simon und Simon
Sins	Im Labyrinth der Rache
The Six Million Dollar Man	Der Sechs-Millionen-Dollar-Mann
Smiley's People	Smileys Leute
Soap	Die Ausgeflippten
Space: 1999	Mondbasis Alpha 1
Space Rangers	Space Rangers
Spenser: For Hire	Spenser
St. Elsewhere	Chefarzt Dr. Westphall
Starman	Der Mann vom anderen Stern
Starsky & Hutch	Starsky & Hutch

The Streets of San Francisco	Die Straßen von San Francisco
Superboy	Superboy
Supercarrie	Superforce
Superstar	Der Superstar
Switch	Die zwei mit dem Dreh
T. J. Hooker	T. J. Hooker
Tales of the Gold Monkey	Die Himmelhunde von Boragora
Task Force Police	Task Force Police
The Thorn Birds	Die Dornenvögel
The Time Tunnel	Time Tunnel
Tinker, Tailor, Soldier, Spy	Dame, König, As, Spion
Tucker's Witch	Detektei mit Hexerei
The Twilight Zone	Unwahrscheinliche Geschichten/ The Twilight Zone
Twin Peaks	Das Geheimnis von Twin Peaks
The Untouchables	Chicago 1930
The Valley of the Dolls	Das Tal der Puppen
The Virginian	Die Leute von der Shiloh-Ranch
The Waltons	Die Waltons
Washington Behind Closed Doors	Washington hinter verschlossenen Türen
Werewolf	Werwolf
Who's the Boss?	Wer ist hier der Boß?
The Wild Wild West	Verrückter Wilder Westen
WIOU	Fernsehfieber
Wiseguy	Kampf gegen die Mafia
A Woman Named Jackie	Das Schicksal der Jackie O.
The Yellow Rose	Kampf um Yellow Rose
The Young and the Restless	Schatten der Leidenschaft

Anhang III:
Darsteller, sortiert nach ihrer Rolle

Rolle	Schauspieler
Admiral Aaron	*Ray Reinhardt*
Abrom	*William Wintersole*
Accolan	*Dan Mason*
Adam	*Charles Napier*
Dr. Tristan Adams	*James Gregory*
Ah-Kel	*Randy Oglesby*
Ajur	*Karen Landry*
Teer Akaar	*Ben Gage*
Akuta	*Keith Andes*
Alans	*Whitney Rydbeck*
Lt. Cmdr. Albert	*Ed Lauter*
Albino	*Bill Bolender*
Alden	*Lloyd Haynes*
Alexander	*Michael Dunn*
Alice	*Alyce Andrece, Rhea Andrece, Marcia Brown*
Alixus	*Gail Strickland*
Ves Alkar	*Chip Lucia*
Kanzler Alrik	*Mickey Cottrell*
Amanda	*Cynthia Blaise, Jane Wyatt*
Amaros	*Tony Plana*
Anan VII	*David Opatoshu*
Anara	*Benita Andre*
Andrea	*Sherry Jackson*
Angela	*Barbara Baldavin*
Anka	*Fred Williamson*
Anna	*Barbara Williams*
Anthware	*Ned Romero*
Anya	*Mädchen Amick, Paddi Edwards*
Apella	*Arthur Bernard*
Manua Apgar	*Gina Hecht*
Dr. Nel Apgar	*Mark Mangolis*
Apollo	*Michael Forest*
Ed Appel	*Brad Weston*
Ardra	*Marta DuBois*
Lt. Commander Argyle	*Biff Yeager*
Ariana	*Danitza Kingsley*
Ariel	*Patricia McPherson*
Arjin	*Geoffrey Blake*
Aron	*Peter Neptune*
Dr. Arridor	*Daniel Shor*
Asha	*Jillian Ziesmer*
Ashrock	*Don Stark*
Asoth	*Bo Zenga*
Jeremy Aster	*Gabriel Damon*
Lt. Marla Aster	*Susan Powell*
Yeoman Doris Atkins	*Carolyn Nelson*
Mr. Atoz	*Ian Wolfe*
Ayelborne	*John Abbott*
Azetbur	*Rosana DeSoto*
B'Etor	*Gwynyth Walsh*
B'ljik	*Erick Avari*
B'Tardat	*Terence McNally*
Ba'el	*Jennifer Gatti*
Bachra	*John Snyder*
Badar N'D'D	*Marc Alaimo*
Lt. Dave Bailey	*Anthony Call*
Baker	*Barbara Baldavin*
Lt. Ballard	*Judyann Elder*
Balok	*Clint Howard*
Baltrim	*Terrence Evans*
Baran	*Richard Lynch*
Barash	*Chris Demetral*
Barbara	*Colleen Thornton, Maureen Thornton*
Lt. Reginald Barclay	*Dwight Schultz*
Vedek Bareil	*Philip Anglim*

Nilz Baris	*William Schallert*
Barnaby	*James Horan*
Dr. Barron	*James Greene*
Yeoman Tonia Barrows	*Emily Banks*
Commodore Barstow	*Richard Derr*
Bartell	*Stacie Foster*
Countess Regina Bartholomew	*Stephanie Beacham*
Dr. Julian Bashir	*Siddig El Fadil*
Batai	*Richard Riehle, Daniel Stewart*
Hannah Bates	*Dey Young*
Capt. Morgan Bateson	*Kelsey Grammer*
Johnny Behan	*William Zuckert*
Bele	*Frank Gorshin*
Ben	*Bruce Beatty*
Slade Bender	*Robert Costanzo*
Boeren Benson	*Gerard Prendergast*
Benton	*Seamon Glass*
Benzan	*Kieran Mulroney*
Berel	*George Hearn*
Berik	*Tracey Walter*
Ensign Berkley	*Larry Anthony*
Dr. Harry Bernard	*Dierk Torsek*
Premier Bhavani	*Elizabeth Hoffman*
Bilar	*Ralph Maurer*
Birta	*Peter Slutsker*
Admiral Blackwell	*Nancy Vawter*
DaiMon Bok	*Lee Arenberg, Frank Corsentino*
Buck Bokai	*Keone Young*
Lt. Boma	*Don Marshall*
Ruth Bonaventure	*Maggie Thrett*
Raymond Boone	*John Beck*
Boothby	*Ray Walston*
Boratus	*Michael Champion*
Borum	*Michael Bell*
Bosus	*Richard Gilbert Hall*
Dr. Phillip Boyce	*John Hoyt*
Admiral Brackett	*Karen Hensel*
Bractor	*Armin Shimerman*
Dr. Leah Brahms	*Susan Gibney*
Commander Branch	*David Gautreaux*
Admiral Brand	*Jacqueline Brookes*
Botschafter Briam	*Tim O'Connor*
Kareen Briannon	*Barbara Alyn Woods*
Janet Brooks	*Kim Braden*
Brossmer	*Shelby Leverington*
Dr. Brown	*Harry Basch*
Brul	*Joey Aresco*
Lt. Ensign Burke	*Glenn Morshower*
Byleth	*Michael Harris*
Calloway	*Johanna McCloy*
Minister Campio	*Tony Jay*
Lt. Carlisle	*Arnold Lessing*
Mrs. Carmichael	*Pamela Kosh*
Dr. Carter	*Ed McReady*
Admiral Cartwright	*Brock Peters*
Lt. Richard Castillo	*Christopher McDonald*
Chandra	*Clara Bryant*
Capt. Chandra	*Reginald Lalsingh*
General Chang	*Christopher Plummer*
Prüfungsleiter Chang	*Robert Ito*
Christine Chapel	*Majel Barrett*
Admiral Chekote	*Bruce Gray*
Pavel Chekov	*Walter Koenig*
Ben Childress	*Gene Dynarski*
Ensign Chilton	*Alison Brooks*

Chorgen	*Stephen Lee*
Doctor Christopher	*John S. Ragin*
Captain John Christopher	*Roger Perry*
Clancy	*Anne Elizabeth Ramsay*
Dr. Howard Clarke	*Paul Lambert*
Claudius Marcus	*Logan Ramsey*
Claymare	*Peter Brocco*
Lt. Cleary	*Michael Rougas*
Samuel Clemens	*Jerry Hardin*
Sonny Clemons	*Leon Rippy*
Zefrem Cochrane	*Glenn Corbett*
Samuel T. Cogley	*Elisha Cook, jr.*
Dr. Arthur Coleman	*Harry Landers*
Yeoman J. M. Colt	*Laurel Goodwin*
Colyus	*Kenneth Mars*
Compton	*Geoffrey Binney*
Aaron Connor	*John Snyder*
Corey	*Ned Vaughn*
Donald Cory	*Keye Luke*
Cos	*Albert Henderson*
Cowl	*Nicholas Shaffer*
Nancy Crater	*Jeanne Bal*
Robert Crater	*Alfred Ryder*
Croden	*Cliff DeYoung*
Cromwell	*Don Keefer*
Crosis	*Brian Cousins*
Dr. Beverly Crusher	*Gates McFadden*
Jack R. Crusher	*Doug Wert*
Wesley Crusher	*Wil Wheaton*
Jake Curland	*Stephen Gregory*
Lt. D'Amato	*Arthur Batanides*
D'Tan	*Harriet Leider*
Roga Danar	*Jeff McCarthy*
Caithlin Dar	*Cynthia Gouw*
Galek Dar	*Albert Hall*
Dara	*Michelle Forbes*
Daras	*Valora Norland*
Nella Daren	*Wendy Hughes*
Gul Darhe'el	*Harris Yulin*
Darnell	*Michael Zaslow*
Data	*Brent Spiner*
Captain Dathon	*Paul Winfield*
Ensign Davies	*Nicholas Cascone*
Carmen Davila	*Susan Diol*
Arne Davin	*Charlie Brill*
Ensign Davis	*Craig Benton*
Davod	*Chuck Courtney*
Curzon Dax	*Frank Owen Smith*
Jadzia Dax	*Terry Farrell*
Day	*Steven Webber*
Dr. Richard Daystrom	*William Marshall*
Lt. Cmdr. Hester Dealt	*Seymour Cassel*
Lt. Dean	*Dan Kern*
Debin	*Douglas Rowe*
Decius	*Lawrence Montaigne*
Commodore Matt Decker	*William Windom*
Commander Willard Decker	*Stephen Collins*
Mickey Dee	*Gregory Beecraft*
Deela	*Kathie Browne, Karen Hensel*
Dr. Elizabeth Dehner	*Sally Kellerman*
Lt. DePaul	*Sean Kenney*
Ensign Dern	*Carlos Ferro*
Ensign Stefan DeSeve	*Barry Lynch*
Captain Robert Desoto	*Michael Cavanaugh*
Devor	*Tim Russ*
Alexana Devos	*Kerrie Keane*
Lt. Dickerson	*Arell Blanton*
Chief DiFalco	*Marcy Lafferty*
Dionyd	*Derek Partridge*
Dirgo	*Nick Tate*
Divok	*Charles Esten*
Dobara	*Penny Johnson*

John Doe *Mark LaMura*
Klim Dokachin *Graham Jarvis*
Gul Dolak *Frank Collison*
Doran *Lynnda Ferguson*
Drea *Leslie Dalton*
Droxine *Diana Ewing*
Drusilla *Lois Jewell*
Duana *Jandi Swanson*
Gul Dukat *Marc Alaimo*
Gul Dunar *Vaughn Armstrong*
König Duncan *Karl Bruck*
Duras *Patrick Massett*
Durg *Christopher Collins*
Kanzler Avel Durkin *George Coe*
Duur *Kirk Raymone*
E'Tyshra *Darleen Carr*
Morgan Earp *Rex Holman*
Virgil Earp *Charles Maxwell*
Wyatt Earp *Ron Soble*
Ed *Charles Seel*
Edouard *Jean-Paul Vignon*
Einstein *Jim Norton*
Ekor *Eric Holland*
Elaan *France Nuyen*
Eleen *Julie Newmar*
Eline *Margot Rose*
Elliot *John Copage*
Endar *Sherman Howard*
Eneg *Patrick Horgan*
Eric *Rickey D'Shon Collins*
Eris *Molly Hagan*
Esoqq *Reiner Schöne*
Captain J. T. Esteban *Phillip Richard Allen*
Ethan *Chris Demetral*
Evans *Lee Duncan*
Charlie Evans *Robert Walker, jr.*
Gul Evek *Richard Poe*
Joe Falling Hawk *Sheldon Peters Wolfchild*
Fallit Kot *Peter Crombie*
Keeve Falor *Scott Marlowe*
Falow *Joel Brooks*
Dr. Farallon *Ellen Bry*
Dr. Farek *Ethan Phillips*
Faren Kag *Jim Jansen*
Farrell *Pete Kellett*
Lt. John Farrell *Jim Goodwin*
Col. Fellini *Ed Peck*
Ensign Felton *Sheila Franklin*
Fenna *Salli Elise Richardson*
Fento *John McLiam*
High Commissioner Ferris *John Crawford*
Fields *John Arndt*
Kyril Finn *Richard Cox*
Finnegan *Bruce Mars*
Lt. Cmd. Benjamin Finney *Richard Webb*
Jamie Finney *Alice Rawlings*
Fisher *Edward Madden*
Admiral Fitzgerald *Richard Derr*
Admiral Fitzpatrick *Ed Reimers*
Flavius Maximus *Rhodes Reason*
Flint *James Daly*
Foster *Phil Morris*
Botschafter Robert Fox *Gene Lyons*
Francine *Kelly Ashmore*
Ensign Freeman *Paul Baxley*
Sigmund Freud *Bernard Kates*
Gabrielle *Isabel Garcia Lorca*
Lt. Gaetano *Peter Marko*
Gai *Leland Orser*
Lt. Gaines *Tim Kellehr*
Prof. Richard Galen *Norman Lloyd*
Galis Blin *Geraldine Farrell*
Irina Gallin *Mary Linda Rapelye*

Lt. Galloway	*David L. Ross*
Galt	*Joseph Ruskin*
Lt. Arlene Galway	*Beverly Washburn*
Garak	*Andrew Robinson*
Dr. Garin	*Richard Cansino*
Captain Rachel Garrett	*Tricia O'Neill*
Garrison	*Adam Roarke*
Ensign Garrovick	*Stephen Brooks*
Garth of Izar	*Steve Ihnat*
Garvin	*Michael Rothaar*
Gav	*John Wheeler*
Dr. Simon van Gelder	*Morgan Woodward*
Gem	*Kathryn Hays*
Gi'Ral	*Christine Rose*
Gia	*Kimberley Cullum*
Ensign Gibson	*Jennifer Barlow*
John Gill	*David Brian*
Chief Gillespie	*Duke Moosekian*
Commander Giotta	*Barry Russo*
Ensign Giusti	*Sabrina Lebeauf*
Miss Gladstone	*Dawn Armenian*
Glen Daro	*Marco Winters*
Ensign Sonya Gomez	*Lycia Naff*
Jay Gordon	*John Christopher Graa*
Gorgan	*Melvin Belli*
Kanzler Gorkon	*David Warner*
Gorta	*Colm Mitchell*
Gosheven	*Grainger Hines*
DaiMon Goss	*Scott Thomson*
Herm Gossett	*John Kowal*
Goval	*Michael Riley Burke*
Gowron	*Robert O'Reilly*
Gral	*Lee Arenberg*
Premier Wilson Granger	*Jon de Vries*
Grant	*Robert Bralver*
Dr. Ira Graves	*William Morgan Sheppard*
Reittan Grax	*Rudolph Willrich*
Grebnedlog	*Christopher Collins*
Green	*Bruce Watson*
Colonel Green	*Phillip Pine*
Admiral Gromek	*Georgiann Johnson*
Guinan	*Whoopi Goldberg, Isis J. Jones*
Sir Guy of Gisborne	*Clive Revill*
Hacom	*Morgan Farley*
Admiral Haden	*John Hancock*
Lt. Hadley	*William Blackburn*
Hadran	*Gordon Clapp*
Admiral Anthony Haftel	*Nicolas Coster*
Hagan	*John Vickery*
Hagon	*James Louis Watkins*
Jean Hajar	*Walker Brandt*
Hanar	*Stewart Moss*
Haneek	*Deborah May*
Lt. Hansen	*Hagan Beggs*
Commander Hanson	*Gary Walberg*
Admiral J. P. Hanson	*George Murdock*
Haritath	*Mark L. Taylor*
Mitana Haro	*Joycelyn O'Brien*
Lt. Harold	*Tom Troupe*
Ensign Harper	*Sean Morgan*
Dr. Harrison	*John Bellah*
Haskell	*Charles Douglass*
Dr. Theodore Haskins	*Jon Lormer*
Admiral Hayes	*Renata Scott*
Hayne	*Donald Mirrault*
General Hazar	*Michael Durrell*
Nancy Hedford	*Elinor Donahue*

Hedril	*Kirsten Dunst*
Ensign Hendorff	*Mal Friedman*
Hengist	*John Fiedler*
Admiral Henry	*Earl Billings*
Christy Henshaw	*Julie Warner*
Heraklit	*Ted Scott*
Transporter Chief Herbert	*Lance Spellerberg*
Hermann	*Ted LeGarde, Tom LeGarde*
Hildebrandt	*Ann H. Gillespie*
Dan Hill	*Gary Armagnal*
Lt. Cmdr. Christopher Hobson	*Timothy Carhart*
Hodin	*David Hurst*
Hogue	*Michael Riley Burke*
Eli Hollander	*John Pyper-Ferguson*
Doc Holliday	*Sam Gilman*
Admiral Holt	*Warren Munson*
Mr. Homn	*Carel Struycken*
Hovath	*Lawrence Monoson*
Felisa Howard	*Ellen Albertini Dow*
Maggie Hubbell	*April Grace*
Lt. Commander Cal Hudson	*Bernie Casey*
Hugh	*Jonathan Del Arco*
Chief Humboldt	*George Sawaya*
Commander Calvin Hutchinson	*David Spielberg*
Ibudan	*Stephen James Carver*
Ilia	*Persis Khambatta*
Inad	*Eve Brenner*
Inglatu	*Brian Thompson*
Valeda Innis	*Anna Katarina*
Isabella	*Shay Astar*
Isak	*Richard Evans*
J'Ddan	*Henry Woronicz*
J'onn	*Rex Holman*
Dr. Ja'Dar	*Richard McGonagle*
Schwester Jabara	*Ann H. Gillespie*
Lt. Karl Jaeger	*Richard Carlyle*
Jaglom Shrek	*James Cromwell*
Cpt. Jaheel	*Jack Kehler*
Anne Jameson	*Marsha Hunt*
Admiral Mark Jameson	*Clayton Rohner*
Ensign Janeway	*Lucy Boryer*
Mary Janowski	*Pamelyn Ferdin*
Acost Jared	*Marcello Tubert*
Minister Jaro	*Frank Langella*
Admiral Jarok	*James Sloyan*
Jarth	*Rick Scarry*
Jarvis	*Charles Macauley*
Gul Jasad	*Joel Swetow*
Jean-Luc	*Chris Demetral*
Captain Edward Jellico	*Ronny Cox*
Jenna	*Michele Scarabelli*
Jessel	*Pamela Kosh*
Jev	*Ben Lemon*
Jo'Bril	*James Horan*
Joachim	*Judson Scott*
Joaquin	*Mark Tobin*
John	*Michael J. Pollard*
Lt. Johnson	*David L. Ross*
Elaine Johnson	*Laura Wood*
Robert Johnson	*Felix Locher*
Etana Jol	*Katherine Moffatt*
Jomat Luson	*Sharon Conley*
Cyrano Jones	*Stanley Adams*
Dr. Miranda Jones	*Diana Muldaur*
Jono	*Chad Allen*
Ensign Jordan	*Michael Zaslow*
Joseph	*Steve Vinovich*
Lt. Josephs	*James X. Mitchell*
Joval	*Deirdre Imershein*

Jovet	*Don Reilly*
K'Ehleyr	*Suzie Plakson*
K'mpec	*Charles Cooper*
K'Mtar	*James Sloyan*
K'nera	*David Froman*
K'Tal	*Ben Slack*
K'Temoc	*Lance LeGault*
Captain K'Vada	*Stephen D. Root*
Kahless	*Kevin Conway, Robert Herron*
Kainon	*Tony Rizzoli*
Ty Kajada	*Caitlin Brown*
Kalita	*Shannon Cochrane*
Kalo	*Lee Delano*
Leila Kalomi	*Jill Ireland*
Kamala	*Famke Janssen*
Ensign Kane	*Erick Weiss*
Kang	*Michael Ansara*
Rayna Kapec	*Louise Sorel*
Lt. Kaplan	*Dick Dial*
Kara	*Marj Dusay, Tania Lemani*
Kareel	*Nicole Orth-Pallavicini*
Kargan	*Christopher Collins*
Anton Karidian	*Arnold Moss*
Lenore Karidian	*Barbara Anderson*
Karnas	*Michael Pataki*
Kartan	*Dave Armstrong*
Kateras	*Edward Penn*
Katie	*Ivy Bethune*
Kaval	*Ted Sorel*
Kayron	*Tracey Walter*
Kazago	*Doug Warhit*
Kazinski	*Stanley Kamel*
Keel	*Cal Bolder*
Captain Walker Keel	*Jonathan Farwell*
Edith Keeler	*Joan Collins*
Keena	*Annie O'Donnell*
Kelinda	*Barbara Bouchet*
Botschafter Kell	*Lawrence Dobkin*
Lt. Cmd. Kelowitz	*Grant Woods*
Kelsey	*Marie Marshall*
Lee Kelso	*Paul Carr*
Admiral Kennelly	*Cliff Potts*
Kestra	*Andreana Weiner*
Louisa Kim	*Elizabeth Lindsey*
Dr. Sara Kingsley	*Patricia Smith*
Major Kira Nerys	*Nana Visitor*
Aurelan Kirk	*Joan Swift*
James T. Kirk	*William Shatner*
Peter Kirk	*Craig Hundley*
Kiros	*Patricia Tallman*
Kivas Fajo	*Saul Rubinek*
Klaa	*Todd Bryant*
Lt. Klag	*Brian Thompson*
Kloog	*Mickey Morton*
Kolos	*Tom McClesiter*
Koloth	*William Campbell*
Sima Kolrami	*Roy Brocksmith*
Admiral Komack	*Byron Morrow*
Konmil	*Charles H. Hyman*
Ensign Kopf	*James Lashly*
Commander Kor	*John Colicos*
Koras	*Vaughn Armstrong*
Korax	*Michael Pataki*
Roger Korby	*Michael Strong*
Korob	*Theo Marcuse*
Koroth	*Alan Oppenheimer*
General Korrd	*Charles Cooper*
Magda Kovacs	*Susan Denberg*
Kovat	*Fritz Weaver*
Krag	*Craig Richard Nelson*
Jojo Krako	*Victor Tayback*
Kras	*Tige Andrews*

Captain Krasnowsky	*Bart Conrad*
Krax	*Lou Wagner*
Krell	*Ned Romero*
Krim	*Stephen Macht*
Kristin	*Liz Vassey*
Krite	*Callan White*
Krodak	*Gene Dynarski*
Krola	*Michael Ensign*
Commander Kruge	*Christopher Lloyd*
Kryton	*Tony Young*
Kulge	*Jordan Lund*
Kurak	*Tricia O'Neill*
Commander Kurn	*Tony Todd*
Kushell	*Albert Stratton*
Lt. Kwan	*Tim Lounibos*
Lt. Kyle	*John Winston*
Ms. Kyle	*Jennifer Edwards*
L'Kor	*Richard Herd*
Dr. LaForge	*Ben Vereen*
Geordi LaForge	*LeVar Burton*
Silva LaForge	*Madge Sinclair*
Lakanta	*Tom Jackson*
Lal	*Alan Bergmann, Leonard John Crofoot, Hallie Todd*
Yeoman Martha Landon	*Celeste Yarnall*
Landru	*Charles Macauley*
Lanel	*Bebe Neuwirth*
Lt. Lang	*James Farley*
Natima Lang	*Mary Crosby*
Langor	*Kimberly Farr*
Capt. Larg	*Michael G. Hagerty*
Lars	*Steve Sandor*
Lt. Linda Larson	*Saxon Trainor*
Inspektor Lastrade	*Alan Shearman*
Lt. Latimer	*Reese Vaughn*
Ensign Sam Lavelle	*Dan Gauthier*
Yeoman Tina Lawton	*Patricia McNulty*
Lazarus	*Robert Brown*
Felix Leach	*Harvey Jason*
Leda	*Michele Marsh*
Ensign Robin Lefler	*Ashley Judd*
Martha Leighton	*Natalie Norwick*
Dr. Thomas Leighton	*William Sargent*
Commander Susana Leitjen	*Maryann Plunkett*
Trion Leka	*Barbara Tarbuck*
Gul Lemec	*John Durbin*
Mr. Lemli	*Roger Holloway*
Par Lenor	*Max Grodénchik*
Lt. Leslie	*Eddie Paskey*
Dr. Janice Lester	*Sandra Smith*
Letek	*Armin Shimerman*
Lethe	*Suzanne Wasson*
Lettian	*Paul Lambert*
Leyor	*Kevin Peter Hall*
Li Nalas	*Richard Beymer*
Liko	*Ray Wise*
Ensign Kenny Lin	*Brian Tochi*
Abraham Lincoln	*Lee Bergere*
Roberta Lincoln	*Teri Garr*
Dr. Linde	*Jason Wingreen*
Lindstrom	*Christopher Held, William Meader*
Sgt. Lipton	*Lincoln Demyan*
Liva	*Stephanie Erb*
Nicholas Locarno	*Robert Duncan McNeill*
Chefingenieur Logan	*Vyto Ruginis*
Lojal	*Michael Ensign*
Lokai	*Lou Antonio*
Jack London	*Michael Aron*
Loquel	*Paul Elding*
Lore	*Brent Spiner*
Lorin	*Lenore Kasdorf*
Losira	*Lee Ann Meriwether*

Lote	*John P. Connolly*
Louis	*Dennis Creaghan*
Captain Phillipa Louvois	*Amanda McBroom*
Luma	*Sheila Leighton*
DaiMon Lurin	*Mike Gomez*
Mr. Lurry	*Whit Bissell*
Lursa	*Barbara March*
Lutan	*Jessie Lawrence Ferguson*
Leland T. Lynch	*Walker Boone*
Dr. M'Benga	*Booker Marshall*
Maab	*Michael Dante*
Sarah MacDougal	*Brooke Bundy*
Gul Macet	*Marc Alaimo*
Macias	*John Franklyn-Robbins*
Ardrian MacKenzie	*Eileen Seeley*
Bruce Maddox	*Brian Brophy*
Madeline	*Rhonda Aldrich*
Gul Madred	*David Warner*
Maihar'du	*Tiny Ron*
Maisie	*Starr Wilson, Tamara Wilson*
Makora	*David Soul*
Arthur Malenson	*Mario Roccuzzo*
Lt. Mallory	*Jay Jones*
Maltz	*John Larroquette*
Ensign Mandel	*Cameron Arnett*
Kurt Mandel	*Walter Gotell*
Janice Manheim	*Michelle Phillips*
Dr. Paul Manheim	*Rod Loomis*
Mara	*Susan Howard*
Dr. Carol Marcus	*Bibi Besch*
David Marcus	*Merritt Butrick*
Mareel	*Megan Gallagher*
Marissa	*Erika Flores*
Marouk	*Nancy Parsons*
Marple	*Jerry Daniels*
Marplon	*Torin Thatcher*
Dr. Kila Marr	*Ellen Geer*
Aamin Marritza	*Harris Yulin*
Marta	*J. C. Brandy, Yvonne Craig*
Martia	*Iman*
Dr. Martin	*Rick Fitts*
Angela Martine	*Barbara Baldavin*
Angela Martine-Teller	*Barbara Baldavin*
Lawrence Marvick	*David Frankham*
Lt. Charlene Masters	*Janet MacLachlan*
Lt. Matson	*David Troy*
Matthews	*Vince Deadrick*
Maturin	*Michael Keenan*
Mauric	*Robin Gammell*
Mavek	*Gary Werntz*
Mavig	*Deborah Downey*
Captain Benjamin Maxwell	*Bob Gunton*
Sev Maylor	*Susan French*
Martus Mazur	*Chris Sarandon*
Dr. Leonard »Bones« McCoy	*DeForest Kelley*
Ensign McDowell	*Kenneth Messerole*
Kieran McDuff	*Erich Anderson*
Lt. Marla McGivers	*Madlyn Rhue*
Eve McHuron	*Karen Steele*
McKnight	*Pamela Winslow*
McNary	*William Boyett*
Mea III	*Barbara Babcock*
Yeoman Mears	*Phyllis Douglas*
Melakon	*Skip Homeier*
Admiral Mendak	*Alan Scarfe*
Commodore José Mendez	*Malachi Throne*
Mendon	*John Putch*
Dr. Mendoza	*Castulo Guerra*
Ki Mendrossen	*William Denis*
Meribor	*Jennifer Nash*
Merikus	*William Smithers*

Capt. R. R. Merrick	*William Smithers*
Midro	*Henry Evans*
Steven Miller	*Robert Ellenstein*
Victoria Miller	*Nan Martin*
Wyatt Miller	*Rob Knepper*
Minuet	*Carolyn McCormick*
Miramanee	*Sabrina* Scharf
Miri	*Kim Darby*
Mirok	*Thomas Kopache*
Mirt	*Jay Jones*
Gary Mitchell	*Gary Lockwood*
Lt. Monroe	*Jana Marie Hupp*
Montgomery	*Jerry Catron*
Dr. Mora Pol	*James Sloyan*
Morag	*Reg E. Cathey*
Mordoc	*Jake Dengel*
Mordok	*John Putch*
Marlena Moreau	*Barbara Luna*
Professor James Moriarty	*Daniel Davis*
Morla	*Charles Dierkop*
Morn	*Mark Shepherd*
Admiral Morrow	*Robert Hooks*
Morta	*Michael Snyder*
Dr. Hal Mosely	*Stefan Gierasch*
Mr. Mot	*Shelly Desai, Ken Thorley*
General Movar	*Nicholas Kepros*
Harcourt (Harry) Fenton Mudd	*Roger C. Carmel*
Stella Mudd	*Kay Elliot*
Anne Mulhall	*Diana Muldaur*
Mullibok	*Brian Keith*
N'Vek	*Scott MacDonald*
Ensign Nagel	*Leslie Neale*
Nagilum	*Earl Boen*
Admiral Nakamura	*Clyde Kusatsu*
Botschafter Nanclus	*Darryl Henriques*
Lt. Nara	*Nancy Harewood*
Narik	*Cameron Thor*
Natira	*Katherine Woodville*
Nava	*Barry Gordon*
Premierminister Nayrok	*James Cromwell*
Elena Nechayev	*Natalija Nogulich*
Neela	*Robin Christopher*
Neil	*Tom Nibley*
Nellen	*Ann Shea*
Tom Nellis	*Dallas Mitchell*
Prokonsul Neral	*Norman Large*
Col. Nesvig	*Morgan Jones*
Isaac Newton	*John Neville*
Nibor	*Peter Slutsker*
Nidell	*Salli Elise Richardson*
Nilrem	*Steven Anderson*
Noe	*Richard Allen*
Dr. Helen Noel	*Marianna Hill*
Nog	*Aron Eisenberg*
Noor	*Megan Cole*
Norman	*Richard Tatro*
Nu'Daq	*John Cothran jr.*
Nuria	*Kathryn Leigh Scott*
Keiko O'Brien	*Rosalind Chao, Caroline Junko King*
Miles Edward O'Brien	*Colm Meaney*
Molly O'Brien	*Hana Hatae*
Steve O'Connell	*Caesar Belli*
Brenna O'Dell	*Rosalyn Landor*
Danilo O'Dell	*Barrie Ingham*
Lt. O'Herlihy	*Jerry Ayres*
Lt. O'Neil	*Sean Morgan*
Gul Ocett	*Linda Thorson*
Odan	*Franc Luz*
Odo	*René Auberjonois*
Odona	*Sharon Acker*

Ralph Offenhouse	*Peter Mark Richman*
Alyssa Ogawa	*Patti Yasutake*
Oji	*Pamela Segall*
Captain Thadiun Okona	*William O. Campbell*
Omag	*William Bastiani*
Kai Opaka	*Camille Saviola*
Jil Orra	*Heather Lauren Olson*
Orta	*Jeffrey Hayenga*
Orton	*Glenn Morshower*
Bela Oxmyx	*Anthony Caruso*
Dr. Ozaba	*David Roberts*
Kotan Pa'Dar	*Robert Mandan*
Carolyn Palamas	*Leslie Parrish*
Pallra	*Katherine Moffatt*
Lt. Palmer	*Dr. Mae Jamison, Elizabeth Rogers*
Senator Pardek	*Malachi Throne*
Parem	*Brian Cousins*
Parmen	*Liam Sullivan*
Legate Parn	*John Schuck*
Patakh	*Steve Rankin*
Patterson	*Max Supera*
Melora Pazlar	*Daphne Ashbrook*
Selin Peers	*Richard Lineback*
Pel	*Hélène Udy*
Perrin	*Joanna Miles*
Petri	*Jay Robinson*
Philana	*Barbara Babcock*
Jean-Luc Picard	*David Tristan Birkin, Marcus Nash, Patrick Stewart*
Marie Picard	*Samantha Eggar*
Maurice Picard	*Clive Church*
René Picard	*David Tristan Birkin*
Robert Picard	*Jeremy Kemp*
Yvette Gessard Picard	*Herta Ware*
Walter Pierce	*Mark Rolaston*
Piersall	*Mark Erickson*
Captain Christopher Pike	*Jeffrey Hunter, Sean Kenney*
Miss Piper	*Julie Parrish*
Dr. Mark Piper	*Paul Fix*
Pitcairn	*Clegg Hoyt*
Plasus	*Jeff Corey*
Pomet	*Alan Altshuld*
Portal	*Darryl Henriques*
Jake Potts	*Cory Danzinger*
Prak	*Lee Arenberg*
Pran	*William Lithgow*
Admiral Erik Pressman	*Terry O'Quinn*
Peter Preston	*Ike Eisenmann*
Lt. George Primmin	*James Lashly*
Proka	*Terrence Evans*
Dr. Katherine Pulaski	*Diana Muldaur*
Q	*John DeLancie*
Q2	*Corbin Bernsen*
Qo1	*Michael Snyder*
Dr. Dalen Quaice	*Bill Erwin*
Quark	*Armin Shimerman*
Admiral Gregory Quinn	*Ward Costello*
Ned Quint	*Shay Duffin*
Commander Quinteros	*Gene Dynarski*
Rabal	*Michael Corbett*
Rachella	*Brenda Strong*
Tongo Rad	*Victor Brandt*
Radue	*Jerry Hardin*
Rael	*Jason Evers*
Ensign Rager	*Lanei Chapman*
Lt. Rahda	*Naomi Pollack*
Devinoni Ral	*Matt McCoy*
Ramsey	*Sam Hennings*
Janice Rand	*Grace Lee Whitney*

Berlingoff Rasmussen	*Matt Frewer*
Rata	*Robert Towers*
Rayburn	*Budd Albright*
Clare Raymond	*Gracie Harrison*
Cyrus Redblock	*Lawrence Tierney*
Reganod	*Leslie Morris*
Reger	*Harry Townes*
Rekelen	*Heidi Swedberg*
Captain Remart	*Charles J. Stewart*
Dexter Remick	*Robert Schenkhan*
Richterin Renora	*Anne Haney*
Rex	*Rod Arrants*
Dr. Reyga	*Peter Slutsker*
Lt. Rhodes	*Amy Pietz*
Captain Paul Rice	*Marco Rodriguez*
Kyle Riker	*Mitchell Ryan*
Thomas Riker	*Jonathan Frakes*
William T. Riker	*Jonathan Frakes*
Kevin Thomas Riley	*Bruce Hyde*
Riva	*Howie Seago*
Rivanne	*Brenda Bakke*
Captain Rixx	*Michael Berryman*
Ensign Rizzo	*Jerry Ayres*
Ensign Ro Laren	*Michelle Forbes, Megan Perlan*
Ro-Kel	*Randy Oglesby*
Roana	*Barbara Bosson*
Lt. Esteban Rodriguez	*Perry Lopez*
Amanda Rogers	*Olivia d'Abo*
Rojan	*Warren Stevens*
Rom	*Max Grodénchik*
Lt. Mira Romaine	*Jan Shutan*
Romas	*Richard Lineback*
Ronin	*Duncan Regehr*
Yeoman Teresa Ross	*Venita Wolf*
Admiral Rossa	*Barbara Townsend*
Jeremiah Rossa	*Chad Allen*
Roughneck	*Michael Hungerford*
Frederick La Rouque	*Marc Alaimo*
Lt. Rowe	*Mike Howden*
Rozahn	*Kitty Swink*
Alexander Rozhenko	*Brian Bonsall, John Steuer*
Helena Rozhenko	*Georgia Brown*
Nikolai Rozhenko	*Paul Sorvino*
Sergej Rozhenko	*Theodore Bikel*
Rugal	*Vidal Peterson*
Ruk	*Ted Cassidy*
Rumpelstilzchen	*Michael John Anderson*
Rurigan	*Kenneth Tobey*
Russ	*Tim Burns*
Dr. Toby Russell	*Caroline Kava*
Ruth	*Shirley Bonne*
Lt. Saavik	*Kirstie Alley, Robin Curtis*
Sabin	*Bruce French*
Sakkath	*Rocco Sisto*
Sakonna	*Bertila Damas*
Salazar	*Benito Martinez*
Salia	*Jamie Hubbard*
Salish	*Rudy Solari*
Lt. De Salle	*Michael Barrier*
Lt. Sanders	*Derek Webster*
Elias Sandoval	*Frank Overton*
Santos	*William Thomas, jr.*
Sar VI	*Robert Sampson*
Miss Sarda	*Kelly Curtis*
Sarek	*Mark Lenard*
Sarjenka	*Nikki Cox*
Captain Satelk	*Richard Fancy*
Admiral Nora Satie	*Jean Simmons*
Satler	*Tim deZarn*
Admiral Savar	*Henry Darrow*
Sayana	*Shari Nims*
Schmitter	*Biff Elliot*
Montgomery Scott	*James Doohan*

Captain Tryla Scott	*Ursaline Bryant*
Sela	*Denise Crosby*
Lt. Selar	*Suzie Plakson*
Selok	*Sierra Pecheur*
Septimus	*Ian Wolfe*
Serova	*Margaret Reed*
Setok	*Martin Goslins*
Gary Seven	*Robert Lansing*
Dr. Sevrin	*Skip Homeier*
Seyetik	*Richard Kiley*
Shahna	*Angelique Pettyjohn*
Admiral Shanthi	*Fran Bennett*
Botschafter Sharat	*Peter White*
Lt. Areel Shaw	*Joan Marshall*
Lt. Shea	*Carl Byrd*
Golin Shel'La	*Jonathan Banks*
Lt. Commander Shelby	*Elizabeth Dennehy*
Sheliak	*Mart McChesney*
Jim Shimoda	*Benjamin W. S. Lum*
Lt. Shipley	*Scott T. Trost*
Shras	*Reggie Nalder*
Lt. Commander Singh	*Kavi Raz*
Mr. Singh	*Blaisdell Makee*
Khan Noonian Singh	*Ricardo Montalban*
Sirah	*Irene Kelley, Kay E. Kuter*
Sirol	*Michael Mack*
Benjamin Sisko	*Avery Brooks*
Jake Sisko	*Thomas Hobson, Cirroc Lofton*
Jennifer Sisko	*Felecia M. Bell*
Ensign Sito Jaxa	*Shannon Fill*
Skoran	*Michael G. Hagerty*
Sobi	*Judson Scott*
Lt. Orfil Solis	*George de la Pena*
DaiMon Solok	*Lou Wagner*
Lt. Comm. Sonak	*Jon Rashad Kamal*
Sonji	*Kim Hamilton*
Noonian Soong	*Brent Spiner*
Vedek Sorad	*Robert Curtis-Brown*
Soren	*Melinda Culea, Malcolm McDowell*
Sovak	*Max Grodénchik*
Lt. Spinelli	*Blaisdell Makee*
Spock	*Leonard Nimoy*
Ssestar	*John Durbin*
Prof. Starnes	*James Wellman*
Tommy Starnes	*Craig Hundley*
Lt. Andrew Stiles	*Paul Comi*
Commodore George Stocker	*Charles Drake*
Commodore Stone	*Percy Rodrigues*
Stonn	*Lawrence Montaigne*
Dr. Paul Stubbs	*Ken Jenkins*
Captain Styles	*James B. Sikking*
Lee Ann Su	*Julia Nickson*
Hikaru Sulu	*George Takei*
Sunad	*Charles Dennis*
Surak	*Barry Atwater*
Surmak Ren	*Matthew Faison*
Clara Sutter	*Noley Thornton*
Ensign Daniel Sutter	*Jeff Allin*
Sybo	*Pilar Seurat*
Sybok	*Laurence Luckinbill*
Sylvia	*Bonnie Beecher, Antoinette Bower*
Syrus	*David Selburg*
T'Bok	*Marc Alaimo*
T'Kar	*Tim Russ*
T'Lar	*Dame Judith Anderson*
Dr. T'Pan	*Joan Stuart Morris*
T'Pau	*Celia Lovsky*
T'Pel	*Sierra Pecheur*
T'Pring	*Arlene Martell*

Captain Taggart	*J. Patrick McNamara*
Tahna Los	*Jeffrey Nordling*
Commander Taibak	*John Fleck*
Juliana Tainer	*Fionnula Flanagan*
Taitt	*Alex Datcher*
Tal	*Jack Donner*
St. John Talbot	*David Warner*
Tallera	*Robin Curtis*
Talur	*Ronnie Claire Edwards*
Tam Elbrum	*Harry Groener*
Tamar	*Jon Lormer*
Tamoon	*Jane Ross*
Yeoman Tamura	*Miko Mayama*
Enina Tandro	*Fionnula Flanagan*
Ilon Tandro	*Gregory Itzin*
Yeoman Tankris	*Judy McConnell*
Tark	*Joseph Bernard*
Tarmin	*David Sage*
DaiMon Tarr	*Mike Gomez*
Tarrana	*Susan Christy*
Simon Tarses	*Spencer Garrett*
Ensign Taurik	*Alexander Enberg*
Tava	*Sachi Parker*
Taxco	*Constance Towers*
Taya	*Noley Thornton*
Tayar	*Stephen James Carver*
Dr. Gillian Taylor	*Catherine Hicks*
Tayna	*Juli Donald*
Tejon	*Merritt Butrick*
Glen Telle	*Marco Rodriguez*
Temarek	*Elkanah J. Burns*
Tepo	*John Harmon*
Captain Clark Terrell	*Paul Winfield*
Texas	*Noble Willingham*
Thann	*Willard Sage*
Tharn	*Vic Perrin*
Subcommander Thei	*Anthony James*
Thelev	*William O'Connell*
Kover Tholl	*Stephen Markle*
Yeoman Leslie Thompson	*Julie Cobb*
Dr. Timicin	*David Ogden Stiers*
Timothy	*Winston DeLugo, Joshua Harris*
Palor Toff	*Nehemiah Persoff*
DaiMon Tog	*Frank Corsentino*
Tokath	*Alan Scarfe*
Tol	*Michelan Sisti*
Tomalak	*Andreas Katsulas*
Tomar	*Robert Fortier*
Lt. Robert Tomlinson	*Stephen Mines*
Toq	*Sterling Macer*
Gouverneur Torak	*Wayne Grace*
Toral	*John David Cullum*
Toran	*Michael Bofshever*
Gul Toran	*Edward Wiley*
Toras	*Carolyn Seymour*
Toreth	*Carolyn Seymour*
Torg	*Stephen Liska*
Torin	*Norman Snow*
Joe Tormolen	*Stewart Moss*
Tosk	*Scott MacDonald*
Captain Ronald Tracey	*Morgan Woodward*
Lt. Karen Tracy	*Virginia Aldridge*
Trajok	*C. Nelson Norris*

Trazko	*Robert Mackenzie*
Trefayne	*David Hillary Hughes*
Trelane	*William Campbell*
Trent	*Leonard John Crofoot*
Deanna Troi	*Marina Sirtis*
Ian Andrew Troi	*Amick Byram, R. J. Williams*
Kestra Troi	*Kirsten Dunst*
Lwaxana Troi	*Majel Barrett*
Kalin Trose	*William Newman*
Ray Tsingtao	*Brian Tochi*
Tula	*Brioni Farrell*
Tumak	*Andrew Koenig*
Mark Twain	*Jerry Hardin*
Ensign Tyler	*Gina Ravarra*
José »Joe« Tyler	*Peter Duryea*
Tyree	*Michael Whitney*
Lt. Aquiel Uhnari	*Renee Jones*
Nyota Uhura	*Michelle Nichols*
Kevin Uxbridge	*John Anderson*
Rishan Uxbridge	*Anne Haney*
Botschafter Vadosia	*Jack Shearer*
Gouverneur Vagh	*Edward Wiley*
Valeris	*Kim Cattrall*
Valkris	*Cathie Shirriff*
Vandenberg	*Ken Lynch*
Vanessa	*Jill Jacobson*
Vanna	*Charlene Polite*
Rao Vantika	*James Harper*
Varani	*William Schallert*
Varel	*Susanna Thompson*
Varis Sul	*Gina Phillips*
Captain Varley	*Thalmus Rasulala*
Varria	*Jane Daly*
Vash	*Jennifer Hetrick*
Vayna	*Betty McGuire*
Vekna	*Laura Drake*
Vekor	*Caitlin Brown*
Verad	*John Glover*
Jason Vigo	*Ken Olandt*
Vina	*Susan Oliver*
Vixis	*Spice Williams*
Volnath	*Mark Lawrence*
Vorin	*Brian Markison*
Voval	*Eric Pierpoint*
Wagnor	*Andrew Bickell*
Dr. Janet Wallace	*Sarah Marshall*
Dr. Mary Warren	*Lois Hall*
John B. Watkins	*Kenneth Washington*
Watson	*Victor Brandt*
Webb	*Richard Merrifield*
Dr. Weld Ram	*Matt McKenzie*
Commodore Wesley	*Barry Russo*
Colonel West	*René Auberjonois*
Admiral Westervliet	*Byron Morrow*
Whelan	*David Selburg*
Cloud William	*Roy Jenson*
Wilson	*Garth Pillsbury, Garland Thompson*
Vedek Winn	*Louise Fletcher*
Woban	*Jordan Lund*
Colonel Worf	*Michael Dorn*
Lieutenant Worf	*Michael Dorn*
Wrenn	*Raye Birk*
Ensign Wyatt	*Brad Forrest*
Mirasta Yale	*Carolyn Seymour*
Yanara	*Rosalind Ingledew*
Ishara Yar	*Beth Toussaint*
Tasha Yar	*Denise Crosby*
Yareena	*Karole Selmon*
Yareth	*Leslie Engelberg*
Yeto	*Steve Rankin*
Yog	*Joel Swetow*
Yranac	*Alan Altshuld*
Yuta	*Lisa Wilcox*

Yutan	*Gary Pillar*
Zabo	*Steve Marlo*
Zarabeth	*Mariette Hartley*
Zayner	*J. Michael Flynn*
Zayra	*Edward Laurence Albert*
Zef'No	*Mike Genovese*
Nagus Zek	*Wallace Shawn*
Zlangco	*Paul Collins*
Zolan	*Dion Anderson*
Zora	*Carol Daniels Dement*
Groppler Zorn	*Michael Bell*
Zyree	*Emilia Crow*

Anhang IV: Schauspieler, sortiert nach Episoden

Episode	*Schauspieler*
11001001	Gene Dynarski, Carolyn McCormick
All Good Things ...	Alison Brooks, John DeLancie, Andreas Katsulas, Tim Kellehr, Pamela Kosh, Clyde Kusatsu
All Our Yesterdays	Mariette Hartley, Ian Wolfe
Allegiance	Stephen Markle, Joycelyn O'Brien, Reiner Schöne
The Alternate	Matt McKenzie, James Sloyan
The Alternative Factor	Robert Brown, Janet MacLachlan
Amok Time	Celia Lovsky, Arlene Martell, Lawrence Montaigne, Byron Morrow
And the Children Shall Lead	Caesar Belli, Melvin Belli, Pamelyn Ferdin, Craig Hundley, Brian Tochi, James Wellman
Angel One	Leonard John Crofoot, Sam Hennings, Patricia McPherson
The Apple	Keith Andes, Jerry Daniels, Dick Dial, Mal Friedman, Jay Jones, Shari Nims, David Soul, Celeste Yarnall
Aquiel	Reg E. Cathey, Wayne Grace, Renee Jones
Arena	Jerry Ayres, James Farley, Sean Kenney, Carole Shelyne, Tom Troupe
Armageddon Game	Darleen Carr, Peter White
The Arsenal of Freedom	Julia Nickson, George de la Pena, Marco Rodriguez, Vyto Ruginis, Vincent Schiavelli
Assignment: Earth	Paul Baxley, Lincoln Demyan, Teri Garr, Morgan Jones, Don Keefer, Robert Lansing
Attached	Robin Gammell, Lenore Kasdorf
Babel	Matthew Faison, Geraldine Farrell, Ann H. Gillespie, Jack Kehler, Bo Zenga
Balance of Terror	John Arndt, Barbara Baldavin, Paul Comi, Mark Lenard, Stephen Mines, Lawrence Montaigne, Gary Walberg
The Battle	Frank Corsentino, Doug Warhit
Battle Lines	Jonathan Banks, Paul Collins, Camille Saviola

The Best of Both Worlds Part I	Elizabeth Dennehy, George Murdock
The Best of Both Worlds Part II	Elizabeth Dennehy, George Murdock
The Big Goodbye	Gary Armagnal, William Boyett, Harvey Jason, David Selburg, Lawrence Tierney
Birthright Part I	James Cromwell, Siddig El Fadil, Jennifer Gatti, Richard Herd, Sterling Macer, Christine Rose
Birthright Part II	James Cromwell, Jennifer Gatti, Richard Herd, Sterling Macer, Christine Rose, Alan Scarfe
Blood Oath	Michael Ansara, Bill Bolender, William Campbell, John Colicos, Christopher Collins
Bloodlines	Lee Arenberg, Ken Olandt, Amy Pietz, Michelan Sisti, Peter Slutsker
The Bonding	Gabriel Damon, Susan Powell
Booby Trap	Susan Gibney, Albert Hall, Julie Warner
Bread and Circuses	Lois Jewell, Logan Ramsey, Rhodes Reason, William Smithers, Ian Wolfe
Brothers	Cory Danzinger, James Lashly
By Any Other Name	Barbara Bouchet, Carl Byrd, Julie Cobb, Leslie Dalton, Robert Fortier, Stewart Moss, Waren Stevens
The Cage	Peter Duryea, Laurel Goodwin, Clegg Hoyt, John Hoyt, Jeffrey Hunter, Jon Lormer, Edward Madden, Susan Oliver, Adam Roarke, Meg Wyllie
Captain's Holiday	Michael Champion, Max Grodénchik, Jennifer Hetrick, Deirdre Imershein, Karen Landry
Captive Pursuit	Kelly Curtis, Gerrit Graham, Scott MacDonald
Cardassians	Dion Anderson, Sharon Conley, Terrence Evans, Karen Hensel, Robert Mandan, Vidal Peterson, Jillian Ziesmer
Catspaw	Antoinette Bower, Theo Marcuse
Cause and Effect	Kelsey Grammer
Chain of Command Part I	Ronny Cox, John Durbin, Natalija Nogulich, Lou Wagner, David Warner
Chain of Command Part II	Ronny Cox, John Durbin, Heather Lauren Olson, David Warner

The Changeling	Arnold Lessing, Blaisdell Makee
Charlie X	Patricia McNulty, Dallas Mitchell, Abraham Sofaer, Charles J. Stewart, Robert Walker jr.
The Chase	John Cothran jr., Norman Lloyd, Maurice Roeves, Linda Thorson
The Child	Dawn Armenian, Seymour Cassel, R. J. Williams
The Circle	Philip Anglim, Richard Beymer, Louise Fletcher, Mike Genovese, Frank Langella, Stephen Macht
The City on the Edge of Forever	Joan Collins, David L. Ross
The Cloud-Minders	Jeff Corey, Henry Evens, Diana Ewing, Charlene Polite, Fred Williamson
Clues	Rhonda Aldrich, Pamela Winslow
Code of Honor	Jessie Lawrence Ferguson, Karole Selmon, James Louis Watkins
The Collaborator	Philip Anglim, Louise Fletcher, Camille Saviola
Coming of Age	Ward Costello, Stephen Gregory, Robert Ito, John Putch, Robert Schenkhan
The Conscience of the King	Barbara Anderson, Karl Bruck, Bruce Hyde, Arnold Moss, Natalie Norwick, William Sargent, David Troy
Conspiracy	Michael Berryman, Ursaline Bryant, Ward Costello, Henry Darrow, Jonathan Farwell, Ray Reinhardt
Contagion	Thalmus Rasulala, Carolyn Seymour
Conundrum	Erich Anderson, Liz Vassey
The Corbomite Maneuver	Anthony Call, Clint Howard
Cost of Living	Majel Barrett, Tony Jay, Carel Struycken
Court-Martial	Hagan Beggs, Bart Conrad, Elisha Cook jr., Winston DeLugo, Reginald Lalsingh, Joan Marshall, William Meader, Alice Rawlings, Percy Rodrigues, Richard Webb
Dagger of the Mind	Larry Anthony, John Arndt, James Gregory, Marianna Hill, Suzanne Wasson, Morgan Woodward
Dark Page	Majel Barrett, Amick Byram, Andreana Weiner
Darmok	Ashley Judd, Paul Winfield

Data's Day	Shelly Desai, April Grace, Sierra Pecheur, Alan Scarfe
DataLore	Biff Yeager
The Dauphin	Mädchen Amick, Jennifer Barlow, Paddi Edwards, Jamie Hubbard, Peter Neptune
Dax	Fionnula Flanagan, Gregory Itzin, Richard Lineback
The Day of the Dove	Michael Ansara, Susan Howard, David L. Ross
The Deadly Years	Charles Drake, Felix Locher, Sarah Marshall, Carolyn Nelson, Beverly Washburn, Laura Wood
The Defector	John Hancock, Andreas Katsulas, James Sloyan
Déjà Q	Corbin Bernsen, Richard Cansino, John DeLancie
Descent	Stephen James Carver, Brian Cousins, Richard Gilbert Hall, Stephen Hawking, John Neville, Natalija Nogulich, Jim Norton
Descent Part II	Jonathan Del Arco, Michael Riley Burke, Brian Cousins, Alex Datcher, James Horan, Benito Martinez
The Devil in the Dark	Biff Elliot, Ken Lynch, Janos Prohaska, Barry Russo, Brad Weston
Devil's Due	Marta DuBois, Paul Lambert, Marcello Tubert
Disaster	Cameron Arnett, Erika Flores, John Christopher Graa, Jana Marie Hupp, Max Supera
The Doomsday Machine	Tim Burns, Jerry Catron, John Copage, Elizabeth Rogers, William Windom
The Drumhead	Earl Billings, Bruce French, Spencer Garrett, Ann Shea, Jean Simmons, Henry Woronicz
Duet	Robin Christopher, Tony Rizzoli, Ted Sorel, Harris Yulin
Elaan of Troyius	Victor Brandt, Lee Duncan, France Nuyen, Jay Robinson, Tony Young
Elementary, Dear Data	Daniel Davis, Anne Elizabeth Ramsay, Alan Shearman
Emergence	David Huddleston, Thomas Kopache
Emissary	Felecia M. Bell, Lynnda Ferguson, April Grace, Thomas Hobson, Ca-

	mille Saviola, Frank Owen Smith, Joel Swetow
The Emissary	Georgiann Johnson, Lance LeGault, Suzie Plakson
The Empath	Alan Bergmann, Kathryn Hays, David Roberts, Willard Sage, Jason Wingreen
Encounter at Farpoint	Michael Bell, John DeLancie, DeForest Kelley
The Enemy	Andreas Katsulas, Steve Rankin, John Snyder
The Enemy Within	Jim Goodwin, Edward Madden, Garland Thompson
Ensign Ro	Frank Collison, Jeffrey Hayenga, Scott Marlowe, Cliff Potts, Ken Thorley
The Ensigns of Command	Richard Allen, Grainger Hines, Mart McChesney, Eileen Seeley, Mark L. Taylor
The Enterprise Incident	Jack Donner, Joanne Linville
Errand of Mercy	John Abbott, Peter Brocco, John Colicos, David Hillary Hughes
Ethics	Caroline Kava
Evolution	Ken Jenkins
Eye of the Beholder	Nancy Harewood, Tim Lounibos, Johanna McCloy, Mark Rolaston
Face of the Enemy	Barry Lynch, Scott MacDonald, Carolyn Seymour, Pamela Winslow
Family	Theodore Bikel, David Tristan Birkin, Georgia Brown, Dennis Creaghan, Samantha Egger, Jeremy Kemp, Doug Wert
Final Mission	Kim Hamilton, Nick Tate
First Born	Rickey D'Shon Collins, Barbara March, Colm Mitchell, James Sloyan, Joel Swetow, Gwynyth Walsh
First Contact	Steven Anderson, George Coe, Michael Ensign, George Hearn, Bebe Neuwirth, Sachi Parker, Carolyn Seymour
The First Duty	Walker Brandt, Jacqueline Brookes, Richard Fancy, Shannon Fill, Ed Lauter, Robert Duncan McNeill, Ray Walston
A Fistful of Datas	John Pyper-Ferguson
For the World Is Hollow and I Have Touched the Sky	Byron Morrow, Katherine Woodville

Force of Nature	Lee Arenberg, Michael Corbett, Margaret Reed
The Forsaken	Benita Andre, Majel Barrett, Michael Ensign, Jack Shearer, Constance Towers
Frame of Mind	Andrew Prine, David Selburg, Susanna Thompson, Gary Werntz
Friday's Child	Tige Andrews, Cal Bolder, Robert Bralver, Michael Dante, Ben Gage, Julie Newmar, Kirk Raymone
Future Imperfect	Chris Demetral, April Grace, Andreas Katsulas, Carolyn McCormick
Galaxy's Child	Lanei Chapman, Susan Gibney, April Grace
The Galileo Seven	John Crawford, Phyllis Douglas, Peter Marko, Don Marshall, Reese Vaughn, Grant Woods
Gambit Part I	Alan Altshuld, Caitlin Brown, Robin Curtis, Bruce Gray, Sabrina Lebeauf, Richard Lynch, Cameron Thor, Derek Webster
Gambit Part II	Robin Curtis, Martin Goslins, Sabrina Lebeauf, Richard Lynch, Cameron Thor
The Game	Ashley Judd, Katherine Moffatt
The Gamesters of Triskelion	Mickey Morton, Angelique Pettyjohn, Jane Ross, Joseph Ruskin, Steve Sandor
Genesis	Carlos Ferro, Dwight Schultz
Half a Life	Majel Barrett, Michelle Forbes, Terence McNally, David Ogden Stiers, Carel Struycken
Haven	Majel Barrett, Raye Birk, Anna Katarina, Danitza Kingsley, Rob Knepper, Nan Martin, Armin Shimerman, Carel Struycken
Heart of Glory	Vaughn Armstrong, David Froman, Charles H. Hyman
Hero Worship	Sheila Franklin, Joshua Harris
Hide and Q	John DeLancie
The High Ground	Richard Cox, Kerrie Keane
Hollow Pursuits	Dwight Schultz
Home Soil	Walter Gotell, Elizabeth Lindsey, Gerard Prendergast, Mario Roccuzzo
The Homecoming	Michael Bell, Richard Beymer, Frank Langella

Homeward	Susan Christy, Penny Johnson, Brian Markison, Edward Penn, Paul Sorvino
The Host	Franc Luz, William Newman, Nicole Orth-Pallavicini, Barbara Tarbuck
The Hunted	Andrew Bickell, James Cromwell, J. Michael Flynn, Jeff McCarthy
I, Borg	Jonathan Del Arco
I, Mudd	Alyce Andrece, Rhea Andrece, Roger C. Carmel, Kay Elliot, Mike Howden, Ted LeGarde, Tom LeGarde, Richard Tatro, Colleen Thornton, Maureen Thornton, Starr Wilson, Tamara Wilson, Michael Zaslow
The Icarus Factor	Mitchell Ryan, Lance Spellerberg, John Tesh
Identity Crisis	Jim Norton, Maryann Plunkett
If Wishes Were Horses	Michael John Anderson, Keone Young
Imaginary Friend	Jeff Allin, Shay Astar, Sheila Franklin, Noley Thornton
In the Hands of the Prophets	Philip Anglim, Robin Christopher, Louise Fletcher
In Theory	Michele Scarabelli
Inheritance	Fionnula Flanagan, William Lithgow
The Inner Light	Scott Jaeck, Jennifer Nash, Richard Riehle, Margot Rose, Daniel Stewart
Interface	Warren Munson, Madge Sinclair, Ben Vereen
Invasive Procedures	Megan Gallagher, John Gover, Steve Rankin, Tim Russ
Is There in Truth No Beauty?	David Frankham, Diana Muldaur
The Jem'Hadar	Molly Hagan, Alan Oppenheimer
Journey to Babel	Mark Lenard, James X. Mitchell, Reggie Nalder, William O'Connell, John Wheeler, Jane Wyatt
Journey's End	Tom Jackson, Eric Menyuk, Natalija Nogulich, Richard Poe, Ned Romero, Doug Wert
Justice	Brenda Bakke
The Last Outpost	Jake Dengel, Mike Gomez, Darryl Henriques, Armin Shimerman, Tracey Walter
Legacy	Donald Mirrault, Beth Toussaint

Lessons	Wendy Hughes
Let That Be Your Last Battlefield	Lou Antonio, Frank Gorshin
Liaisons	Paul Elding, Michael Harris, Eric Pierpoint, Barbara Williams
The Lights of Zetar	Jan Shutan
Lonely Among Us	Marc Alaimo, John Durbin, Kavi Raz
The Loss	Kim Braden
Loud as a Whisper	Marnie Mosiman, Howie Seago
Lower Decks	Bruce Beatty, Alexander Enberg, Shannon Fill, Dan Gauthier, Don Reilly
A Man Alone	Edward Laurence Albert, Stephen James Carver
Man Hunt	Rhonda Aldrich, Rod Arrants, Majel Barrett, Robert Costanzo, Mick Fleetwood, Carel Struycken
Man of the People	Lucy Boryer, Stephanie Erb, Susan French, Chip Lucia, Rick Scarry
The Man Trap	Jeanne Bal, Alfred Ryder, Bruce Watson, Michael Zaslow
The Maquis Part I	Bernie Casey, Bertila Damas, Tony Plana
The Maquis Part II	Bernie Casey, Natalija Nogulich, Tony Plana, John Schuck
The Mark of Gideon	Sharon Acker, Gene Dynarski, David Hurst
Masks	Rickey D'Shon Collins
The Masterpiece Society	John Snyder, Dey Young
A Matter of Honor	Christopher Collins, Laura Drake, John Putch
A Matter of Perspective	Juli Donald, Gina Hecht, Mark Mangolis, Craig Richard Nelson
A Matter of Time	Sheila Franklin, Matt Frewer, Stefan Gierasch
The Measure of a Man	Brian Brophy, Clyde Kusatsu, Amanda McBroom
Melora	Daphne Ashbrook, Peter Crombie, Don Stark
Menage à Troi	Majel Barrett, Frank Corsentino, Ethan Phillips, Peter Slutsker, Carel Struycken, Rudolph Willrich
The Menagerie	Hagan Beggs, Sean Kenney, Julie Parrish, George Sawaya, Malachi Throne
Metamorphosis	Glenn Corbett, Elinor Donahue

The Mind's Eye	Denise Crosby, Lawrence Dobkin, John Fleck, Edward Wiley
Miri	Kim Darby, Jim Goodwin, Michael J. Pollard
Mirror, Mirror	Pete Kellett, Barbara Luna, Vic Perrin, Garth Pillsbury
The Most Toys	Jane Daly, Nehemiah Persoff, Saul Rubinek
Move Along Home	Joel Brooks, Clara Bryant, James Lashly
Mudd's Women	Roger C. Carmel, Susan Denberg, Gene Dynarski, Seamon Glass, Jim Goodwin, John Kowal, Karen Steele, Maggie Thrett
The Nagus	Lee Arenberg, Barry Gordon, Tiny Ron, Wallace Shawn, Lou Wagner
The Naked Now	Brooke Bundy, Benjamin W. S. Lum
The Naked Time	John Bellah, Bruce Hyde, Stewart Moss
Necessary Evil	Robert Mackenzie, Katherine Moffatt
The Neutral Zone	Marc Alaimo, Gracie Harrison, Anthony James, Peter Mark Richman, Leon Rippy
New Ground	Jennifer Edwards, Sheila Franklin, Richard McGonagle
The Next Phase	Brian Cousins, Thomas Kopache, Shelby Leverington, Kenneth Messerole, Susanna Thompson
Night Terrors	Duke Moosekian, Brian Tochi, John Vickery
The Nth Degree	Dwight Schultz, Saxon Trainor
Obsession	Jerry Ayres, Stephen Brooks
The Offspring	Nicolas Coster, Leonard John Crofoot, Judyann Elder, Hallie Todd
The Omega Glory	Roy Jenson, Irene Kelley, Ed McReady, David L. Ross, Morgan Woodward
Operation: Annihilate!	Dave Armstrong, Craig Hundley, Joan Swift
The Outcast	Megan Cole, Melinda Culea, Callan White
The Outrageous Okona	William O. Campbell, Rosalind Ingledew, Kieran Mulroney, Joe Piscopo, Douglas Rowe, Albert Stratton
Paradise	Gail Strickland, Steve Vinovich

The Paradise Syndrome	Sean Morgan, Sabrina Scharf, Rudy Solari
The Passenger	Caitlin Brown, Christopher Collins, James Harper, James Lashly
Past Prologue	Vaughn Armstrong, Susan Bay, Barbara March, Jeffrey Nordling, Gwynyth Walsh
Patterns of Force	Paul Baxley, David Brian, Chuck Courtney, Richard Evans, Skip Homeier, Patrick Horgan, Ralph Maurer, Ed McReady, Valora Norland, William Wintersole
Peak Performance	Roy Brocksmith, Glenn Morshower, Leslie Neale, Armin Shimerman
The Pegasus	Michael Mack, Terry O'Quinn, Nancy Vawter
Pen Pals	Nicholas Cascone, Nikki Cox, Ann H. Gillespie, Whitney Rydbeck
The Perfect Mate	Mickey Cottrell, Max Grodénchik, Famke Janssen, Tim O'Connor, Michael Snyder
Phantasms	Bernard Kates, Clyde Kusatsu, Gina Ravarra
A Piece of the Action	William Blackburn, Anthony Caruso, Lee Delano, John Harmon, Jay Jones, Steve Marlo, Victor Tayback
Plato's Stepchildren	Barbara Babcock, Michael Dunn, Derek Partridge, Ted Scott, Liam Sullivan
Playing God	Geoffrey Blake, C. Nelson Norris
Preemptive Strike	Shannon Cochrane, Michelle Forbes, John Franklyn-Robbins, Natalija Nogulich, Richard Poe, William Thomas jr.
The Price	Castulo Guerra, Kevin Peter Hall, Elizabeth Hoffman, Matt McCoy, Daniel Shor, Scott Thomson
A Private Little War	Paul Baxley, Arthur Bernard, Booker Marshall, Gary Pillar, Janos Prohaska, Ned Romero, Michael Whitney
Profit and Loss	Michael Riley Burke, Mary Crosby, Heidi Swedberg, Edward Wiley
Progress	Michael Bofshever, Terrence Evans, Brian Keith, Annie O'Donnell
Q Who	John DeLancie, Lycia Naff
Q-Less	John DeLancie, Jennifer Hetrick, Tom McClesiter

Qpid	John DeLancie, Jennifer Hetrick, Clive Revill
The Quality of Life	Ellen Bry
Rascals	David Tristan Birkin, Mike Gomez, Isis J. Jones, Caroline Junko King, Megan Perlan, Michael Snyder, Tracey Walter
Realm of Fear	Dwight Schultz, Renata Scott
Redemption Part I	John David Cullum, Denise Crosby, Nicholas Kepros, Barbara March, Robert O'Reilly, Ben Slack, Tony Todd, Gwynyth Walsh
Redemption Part II	Fran Bennett, Timothy Carhart, Denise Crosby, Michael G. Hagerty, Nicholas Kepros, Jordan Lund, Barbara March, Robert O'Reilly, Tony Todd, Gwynyth Walsh
Relics	Lanei Chapman, James Doohan, Stacie Foster, Erick Weiss
Remember Me	Bill Erwin, Eric Menyuk
Requiem for Methuselah	James Daly, Louise Sorel
The Return of the Archons	Morgan Farley, Brioni Farrell, Sid Haig, Christopher Held, Jon Lormer, Charles Macauley, Ralph Maurer, Sean Morgan, Torin Thatcher, Harry Townes
Return to Tomorrow	Diana Muldaur
Reunion	Charles Cooper, April Grace, Patrick Massett, Robert O'Reilly, Suzie Plakson, John Steuer
Rightful Heir	Kevin Conway, Charles Esten, Robert O'Reilly, Alan Oppenheimer, Norman Snow
Rivals	Barbara Bosson, Albert Henderson, Chris Sarandon
The Royale	Gregory Beecraft, Jill Jacobson
Rules of Acquisition	Emilia Crow, Tiny Ron, Wallace Shawn, Hélène Udy
Samaritan Snare	Christopher Collins, Leslie Morris, Lycia Naff
Sanctuary	Robert Curtis-Brown, Michael Durrell, Andrew Koenig, Deborah May, Betty McGuire, Leland Orser, William Schallert, Nicholas Shaffer, Kitty Swink
Sarek	William Denis, Mark Lenard, Joanna Miles, Rocco Sisto

The Savage Curtain	Barry Atwater, Lee Bergere, Arell Blanton, Carol Daniels Dement, Robert Herron, Phillip Pine, Janos Prohaska
Schisms	Lanei Chapman, Ken Thorley, Scott T. Trost
The Schizoid Man	Suzie Plakson, William Morgan Sheppard, Barbara Alyn Woods
Second Chances	Dr. Mae Jamison
Second Sight	Mark Erickson, Richard Kiley, Salli Elise Richardson
Shadowplay	Kenneth Mars, Noley Thornton, Kenneth Tobey
Ship in a Bottle	Stephanie Beacham, Daniel Davis, Dwight Schultz
Shore Leave	Barbara Baldavin, Emily Blake, Shirley Bonne, Marcia Brown, Perry Lopez, Bruce Mars, Oliver McGowan
The Siege	Philip Anglim, Richard Beymer, Louise Fletcher, Frank Langella, Stephen Macht, Steven Webber
Silicon Avatar	Susan Diol, Ellen Geer
Sins of the Father	Charles Cooper, Patrick Massett, Tony Todd
Skin of Evil	Walker Boone
Space Seed	Barbara Baldavin, Blaisdell Makee, Ricardo Montalban, Madlyn Rhue, Mark Tobin
Spectre of the Gun	Bonnie Beecher, Sam Gilman, Rex Holman, Charles Maxwell, Ed McReady, Charles Seel, Ron Soble, William Zuckert
Spock's Brain	Marj Dusay, Sheila Leighton
The Squire of Gothos	Michael Barrier, William Campbell, Richard Carlyle, Venita Wolf
Starship Mine	Alan Altshuld, Tim deZarn, Marie Marshall, Glenn Morshower, Tom Nibley, Tim Russ, David Spielberg, Patricia Tallman
The Storyteller	Jim Jansen, Kay E. Kuter, Jordan Lund, Lawrence Monoson, Gina Phillips
Sub Rosa	Ellen Albertini Dow, Shay Duffin, Michael Keenan, Duncan Regehr
Suddenly Human	Chad Allen, Sherman Howard, Barbara Townsend
The Survivors	John Anderson

Suspicions	James Horan, Joan Stuart Morris, Tricia O'Neill, John S. Ragin, Peter Slutsker
Symbiosis	Merritt Butrick, Kimberley Farr, Richard Lineback, Judson Scott
Tapestry	J. C. Brandy, Clive Church, John DeLancie, Marcus Nash, Ned Vaughn
A Taste of Armageddon	Barbara Babcock, Sean Kenney, Miko Mayama, David Opatoshu, David L. Ross, Robert Sampson
That Which Survives	Arthur Batanides, Brad Forrest, Booker Marshall, Lee Ann Meriwether, Naomi Pollack, Kenneth Washington
Thine Own Self	Kimberley Cullum, Ronnie Claire Edwards, Michael G. Hagerty, Michael Rothaar
This Side of Paradise	Michael Barrier, Jill Ireland, Frank Overton
Time's Arrow Part I	Marc Alaimo, Michael Aron, Jerry Hardin, Michael Hungerford, Pamela Kosh, Ken Thorley, Sheldon Peters Wolfchild
Time's Arrow Part II	Michael Aron, Jerry Hardin, Pamela Kosh
Tin Man	Michael Cavanaugh, Harry Groener
Tomorrow Is Yesterday	Richard Merrifield, Ed Peck, Roger Perry
Too Short a Season	Marsha Hunt, Michael Pataki, Clayton Rohner
Transfigurations	Charles Dennis, Mark LaMura, Julie Warner
Tribunal	John Beck, Fritz Weaver
The Trouble with Tribbles	Stanley Adams, Paul Baxley, Whit Bissell, Charlie Brill, William Campbell, Michael Pataki, Guy Raymond, Ed Reimers, David L. Ross, William Schallert
True Q	Olivia d'Abo, John P. Connolly, John DeLancie
Turnabout Intruder	Barbara Baldavin, Roger Holloway, Harry Landers, Sandra Smith
The Ultimate Computer	William Marshall, Sean Morgan, Barry Russo
Unification Part I	Erick Avari, Karen Hensel, Graham Jarvis, Norman Large, Mark Lenard,

	Joanna Miles, Leonard Nimoy, Stephen D. Root, Malachi Throne
Unification Part II	Erick Avari, William Bastiani, Denise Crosby, Norman Large, Harriet Leider, Leonard Nimoy, Stephen D. Root, Malachi Throne
Unnatural Selection	J. Patrick McNamara, Patricia Smith
Up the Long Ladder	Barrie Ingham, Rosalyn Landor, Jon de Vries
The Vengeance Factor	Joey Aresco, Elkanah J. Burns, Michael Lamper, Marc Lawrence, Stephen Lee, Nancy Parsons, Lisa Wilcox
Violations	Craig Benton, Eve Brenner, Rick Fitts, Ben Lemon, David Sage, Doug Wert
Vortex	Gordon Clapp, Cliff DeYoung, Leslie Engelberg, Randy Oglesby
The Way to Eden	Victor Brandt, Deborah Downey, Skip Homeier, Charles Napier, Mary Linda Rapelye
We'll Always Have Paris	Kelly Ashmore, Dan Kern, Rod Loomis, Isabel Garcia Lorca, Michelle Phillips, Lance Spellerberg, Jean-Paul Vignon
What Are Little Girls Made of?	Budd Albright, Harry Basch, Ted Cassidy, Vince Deadrick, Sherry Jackson, Michael Strong
When the Bough Breaks	Ivy Bethune, Jerry Hardin, Paul Lambert, Michele Marsh, Dan Mason, Brenda Strong, Jandi Swanson, Dierk Torsek, McKenzie Westmore, Amy Wheaton, Jeremy Wheaton
Where No Man Has Gone Before	Paul Carr, Paul Fix, Lloyd Haynes, Sally Kellerman, Gary Lockwood
Where No One Has Gone Before	Stanley Kamel, Eric Menyuk, Herta Ware, Biff Yeager
Where Silence Has Lease	Earl Boen, Charles Douglass
Who Mourns for Adonais?	Michael Forest, Leslie Parrish
Who Watches the Watchers	James Greene, Lois Hall, John McLiam, Kathryn Leigh Scott, Pamela Segall, Ray Wise
Whom Gods Destroy	Yvonne Craig, Steve Ihnat, Keye Luke
Wink of an Eye	Geoffrey Binney, Kathie Browne, Jason Evers, Eric Holland

Wolf in the Fold	Virginia Aldridge, Joseph Bernard, Charles Dierkop, John Fiedler, Tania Lemani, Charles Macauley, Judy McConnell, Pilar Seurat
The Wounded	Marc Alaimo, Bob Gunton, John Hancock, Marco Rodriguez, Marco Winters
Yesterday's Enterprise	Christopher McDonald, Tricia O'Neill

Literaturverzeichnis

Aldiss, Brian: *Der Milliarden-Jahre-Traum,* Bergisch Gladbach 1987.
Alpers/Fuchs/Hahn/Jeschke: *Lexikon der Science Fiction Literatur,* München 1987.
Asherman, Allan: *The Making of Star Trek II – The Wrath of Khan,* Pocket.
Asherman, Allan: *The Star Trek Compendium,* Pocket.
Asherman, Allan: *The Star Trek Interview Book,* Pocket.
Brooks, Tim: *The Complete Guide to Prime Time TV Stars,* Ballantine.
Brooks, Tim/Marsh, Earle: *The Complete Guide to Prime Time TV Shows,* Ballantine.
Gerrold, David: *The Trouble with Tribbles,* Ballantine.
Gerrold, David: *The World of Star Trek,* Ballantine; erweiterte und überarbeitete Neuausgabe: Bluejay.
Hahn, Ronald M.: *Die Star Trek-Filme,* Heyne 1993.
Hahn, Ronald M./Jansen, Volker: *Lexikon des Science Fiction Films,* München 1993.
Heitland, Jon: *The Man from U.N.C.L.E. Book*, Titan Books.
Just, Lothar R. (Hrsg.): *Filmjahrbuch,* Heyne Filmbibliothek, ab 1987.
Katholischer Filmdienst (Hrsg.): *Lexikon des internationalen Films,* Rowohlt.
Martin, Mick/Potter, Marsha: *Video Movie Guide 1994,* Ballantine.
Nemecek, Larry: *The Star Trek – The Next Generation Companion,* Pocket.
Nicholls, Peter: *The Encyclopedia of Science Fiction,* London 1979.
Okuda, Michael und Denise: *Star Trek Chronology – The History of the Future,* Pocket.
Okuda, Michael und Denise/Mirek, Debbie: *The Star Trek Encyclopedia,* Pocket.
Sackett, Susan/Roddenberry, Gene: *The Making of Star Trek – The Motion Picture,* Pocket.
Sander, Ralph: *Das Star Trek-Universum* (Ausgabe 1994), Heyne.
White, Patrick J.: *The Complete Mission: Impossible Dossier,* New York 1991.
Whitfield, Stephen E./Roddenberry, Gene: *The Making of Star Trek,* Ballantine.
Zicree, Marc Scott: *The Twilight Zone Companion,* Bantam.

Ferner alle verfügbaren Ausgaben folgender Periodika:
Celebrity Comics;
Cinefantastique;
Personality Comics;
Starburst;
Starlog (D);
Starlog (US; einschl. aller Sonderveröffentlichungen);
TV Zone.

DANKSAGUNG

Neben allen, denen ich bereits im »*Star Trek*-Universum« meinen Dank ausgesprochen habe, gilt mein besonderer Dank nochmals meiner Frau Sabine, die sich in den letzten Monaten durch zahlreiche Serien quälen mußte, um die Gaststars zu finden, die für dieses Buch maßgeblich sind, zusätzlich natürlich Herrn Bernhard Matt, Rolf Thissen und all den helfenden Händen im Heyne Verlag, die meist im Hintergrund bleiben.

BILDNACHWEIS

Bildarchiv Engelmeier 6, 13, 19, 29, 39, 40, 47, 59, 66, 68, 77, 84, 87, 91, 103, 105, 109, 113, 117, 121, 128, 134, 137, 143, 147, 151, 157, 174, 179, 185, 188, 189, 201, 203, 205, 210, 213, 225, 229, 231, 233, 236, 253, 259, 265, 271, 279, 281, 293, 304, 309, 347, 355, 359, 362, 364, 365, 370, 371, 374, 377, 383, 399, 405, 411, 421
Archiv Lothar Just 48, 80, 83, 97, 144, 169, 221, 255, 398, 408
Archiv Interfoto 32, 53, 101, 139, 277, 342